早川孝太郎全集

第十一巻

民俗研究法・採訪録

編集／宮本常一・宮田登・須藤 功

未来社刊

民俗研究法・採訪録

目次

一　研究法と調査

二　家と民具

三　採訪と聞書

凡　　例

一　著作収集録にあたり、原則として旧仮名は新仮名に、漢字は現行の字体に改めた。また一部の漢字は平仮名に改めた。ただし引用文については原文どおり再録するよう心掛けた。

二〔　〕内の補注は編者が付けたものである。

三　既発表論文の欄外等に著者が補足的に書き込みをした注記は可能なかぎり採録した。

四　著者の筐底にあった整理途中の切抜き、自筆原稿などで、発表誌紙や発表の有無の不明のものも、そのまま収録した。未整理の草稿類は、記述事項の順序を入れかえ、小見出しを付すなど、編者が整理した上で収録した。

＊

故・宮本常一、宮田登両氏にかわり、須藤功氏に本巻以降の編集をお願いいたしました。——未來社

民俗研究法・採訪録

一　研究法と調査

民間伝承の採集

まえがき

一

あたかも今年の六月初めであります、私は津軽半島の一部を歩いていて自分としては尊い経験をまたひとつ重ねました。そこは西津軽郡十三湖畔のある淋しい村の入口で、路傍に由緒ありげな大小二本の柱が建っているのを見出しました。ひどく風雨に晒されて白骨のような肌をしております。私の友人の一人はそれに近づいて、しばらくその前に眼をやっていましたが、後をふりかえるなり「砂鉄が上げてある」と叫びました。いかにも墓標のような柱の前の地面に、よく視ると焦色にキラキラと光る粉末が撒かれてあります。丸く円を描いている点から察して、何人かの故意になしたことは直ぐうなずかれました。浜の波打際に縞のごとく上ったこの磁鉄鉱の粉末を、村の人たちが吉兆とすることも聞いていました。

それで私は、これをたとえば神仏などに供える風習を、誰かに訊ねてみたいと思って、四辺を見まわすとちょうど一〇間ばかり隔れた所に、私たちの行動を熟視している女の児があります――年は一〇歳くらいかと思われる――私はその子供に近づいて問いかけました。砂鉄のことより、まず柱の何であるかを試みたのです。言葉がよくわかりませんが、浜で死んだ人を祀ったというような意味の答えで、子供は案外にも識っていました。その時ふと気がつくと、何か手に持っている、赤いエナメルのブリキ缶で、中にはいま問題にしている品物がいっぱい詰まっていました。あるいは撒いた一人はこの子供かも知れません、浜から持って来たものとみえます。しかしこの場合、さらに問い質したって、満足な回答は期待できぬことに考え及んで、そのまま別れました。

　おそらくその子供の行為も誰かから見習ったであろう、そうしてその前には、誰が創めたかわからない。古い時代から承け継いできたことで、浄い河原や浜の真砂を信仰への現われとして使うことは、類似の現象は今もなお各地に遺っていたのであります。こうして、前々から承け継いできた行為の源をなす心の存在——伝統——の、信仰とか慣習、説話、歌謡等のすべての生活の観念を基礎として民間伝承の研究は興るのであります。日本のこの学問は、過去三〇年間、たゆまず歩一歩とその成果を挙げてきました。そうして一方に未だ耕されない原野が、広く間遠かったことが、次第に事実の上に証示されたのであります。私どもはこの新しい学問の建設のために闘ってきた先輩の人々の忍苦と励精とに対して深い感慨に打たれます。次には民間伝承の研究が、われわれの文化史のほとんどすべての点に重要な地歩と領域をもっていることをも知ったのであります。

二

文化史の基幹をなす資料はだいたい次の三つの場合に限られていました。一は文書の形式で遺されたもの、次は造形物であります。そうして他のもうひとつは、未だ記録せられない民間の伝承であります。われわれが祖先から承け伝えてきたこの無形の存在物は、学問的資料としての価値について、かつては危惧と疑問が懸けられた時代もありましたが、今は全くその不安から解放せられて、一方それに伴う伝承採集の事業が、少なからぬ期待と責任を負担する期に際しました。

　一例を挙げますれば、今日もまだいずれの土地にも残っているものに憑かれるという思想であります。狐憑き、犬神などもそのひとつで、これを単純に気狂いというてもただの精神病者ではありません。その現象の起こる原因には、いろいろな要素が存在したのでありますが、これをこともなく無知とか迷信によるなどと解釈づけることは承認されません。この種の軽率は、一般世間からももはや学問の逃避とまで見られるに至りました。迷信とすればその拠って起こる原因があったはずであります。

よってまずたくさんの例証を識ろとうする態度が興ります。その他のいわゆる奇習とか怪伝とするものの存在に対しても、ようやく興味中心の立場を捨てて、理由を究めるべく凝視しようとする傾向の現われを見ます。事実に立脚せぬ、無理解の境地から発せられる理論には、次第に不満の感情がみなぎってきました。

新たな例証のひとつをも索めようと焦慮に燃えております。しかし翻って考えますと、こうした気運の中にあって、伝承採集の事業は、一部に不安と忍従の伴っていたことも否むわけにゆきません。そのひとつの現われとして、今日でも地方の研究者などから聞くことでありますが、この研究は他の考古学や歴史の探究と異なって、一般的の支援に縁遠い、かりにある珍しい慣習なり説話を採録しても、学界への反響は至って微力である、まして地方的には何ら貢献する点はない、ある種の理論家のカードを増すに過ぎないと。これは一面に理由あることで、無下に否み難い心地もせられます。しかしもう一度その不満を聴いてみますと、この怨嗟の言葉の蔭には密接な関係にある歴史考古学のごとく、まず郷人の関心を喚ぶことができぬという意もありました。早くいえば恵まれなかったのであります。事実、考古学者が貴重な前代の遺物を発掘し得たごとく、また歴史家が史上有名な人物の墳墓や邸宅の跡を発見した類の、辛労に酬ゆる世間の礼讃と尊敬は得られなかったのであります。

これは一面、この学問の分野が大きかったのと、一方発生が新しいために、大衆への期待を果たすような問題にも未だ触れる暇がなく、大きな基礎工事の材料として消化されてしまったのであります。したがって地方的の伝説を一部分集積し得たとしても、そこから報酬的に何ら解決へ導くものはなかったので、これはこの研究が久しく興らなかった一面の理由であります。ひとつの学問の建設はそう単純ではないのであります。将来幾度もの改訂を行なった上でないと、解決の彼岸には達せぬのであります。心ない一部の郷人や一時的の礼讃等は研究の永遠性を思えば、むしろ学問としての頼もしさでありますが、これがむしろ警戒すべきでありました。のみならず、日々の新聞紙上などに現われる、世界的の珍植物を発見したとか鳥を生捕った類の誇大な報道が、忠実な研究者を苦笑させている例をわれわれは目睹《もくと》しているのであります。かりに一片の土器の破片から、一躍斯界に重きをなすごとき僥倖があったとして、しかもそれが学界の方向を左右するごとき実証法は、この研究の承認しなかったところで、この点、今日までの建設に尽くされた先輩の学問的慎重さを感謝したいのであります。そうして第一期の辛労多い工事は遂げられたので、われわれの将来は、たとえば砂金採集業者が、おびただしい土砂の中から、ある成因からなる物質を弁別するような、忍苦に伴う希望が一方に懸けられていたのであります。

三

研究の視野は広くかつ遙かであったことは前にいいました。そうしてそこに抱合された微細なひとつの存在までが、ことごとく相互関連であったことは、この事業が共同の成果にまたねばならぬことを諭えていたのでありります。たとえば一田植えの行事を凝視しましても、そこには作業の方法から観念・器具・慣習等においても幾多の問題を遺していたのであります。しかも一方眼を翻すと、それが家の行事、村のしきたりから、生活にまで連鎖的に関連があったことは、村の生活に少しく関心を抱くものなら心づくところで、ひとつの生産の様式を形成する要素も、きれぎれに各種の事象に現われていたことを知ります。歳の初めに執り行なう重要な行事にも、秋の刈上げの儀式にも、家族の健康までが繋がっていました。したがってひとつの水口を穿ち畔を設けることも、無事成育を祈る心にも、依り来るところはるかに遠かったのであります。それを知るためには、その及ぼす範囲の多くの例証をともに探らねば能わなかったので、われわれの生活は伝統を離れては存在しなかったのでありま す。しかもその多くの事実が不可解のまま葬り去られんとするのであります。これを湮滅から救うことは、やがて解決の曙光に浴する期待と、将来への自信を先輩によって示されたのであります。次の問題はこの貴重な遺物を、一日も早く放任の曠野から救わねばならぬ自責であります。ことにわが国においては近世の政治上の改革を一転機として、旧生活を組織していた分子は、猛烈な速度で消散への途をたどっていたのであります。

一方、伝承といいましても、それは私ども採集家に与えらるべく喚びかけていたわけではありません。これを適当に発見し摘出して記録することが、採集事業の持つ意義深さであります。よって次に起こる問題は、それに携わる者の資格と用意で、これには第一にその態度の上に、理論の偏見を捨てることが要求せられます。無色でそうして透明なスクリーンのごとき態度と、朗らかな心境を抱いて目的の前に立たねばなりません。しかしこれは可及的理論への抑圧で、無知に還れではありません。取扱いは客観的でありますが、眼光と心意は、深い思索と比較から出発します。そうして真摯に純情に、正確な観察を遺すことであります。いたずらに量の集積を望むことはむしろ戒めるところでありました。誤られた観察の下に営まれた作業は、放任以上の暴挙であることを強く認識したいのであります。

民間伝承のあらわれ

一

民間伝承とは何か――これは論理学的には幾多の主張もありましょうが、私はこれをただ概念的に、民間に存在するすべての精神的所産――民俗――と解釈して、その存在をまず注意するために、ひとつの貧しい例証を挙げてみます。これが話としての順序であります。

春が巡ってきて、山々の自然薯が芽を出す頃になると、この薯のことから忠実な一人の弟を殺した杜鵑《ほととぎす》が、その弟を懐うて鳴くという民譚は、杜鵑伝説としても有名で、同型の説話は各所に行なわれております。そうして杜鵑の前生は盲目でありました。ある対象をまって、記憶が新たに蘇るとする形式は、説話伝説のもつひとつの重要な要素であります。さらに付け加えれば、この要素から研究者は、杜鵑の鳴き声を聴いて、この譚を想い出した昔の人の心持ちを推し量ったのであります。伝承が対象をもとめてそれにより継承記憶せられたことはひとつの法則であります。よって研究者としては何故にそれに杜鵑が選ばれたかについて、関心を求めてゆきます。『民俗学概論』（ミス・バーン著、岡正雄氏訳）には――民間伝承研究者の注意を喚起するのは、鋤の形式ではなく、耕作者が大地に鋤を打ち入れる際に執り行なう儀式である――と説いておりますが、この場合、かりにその儀式が存在したとすれば、その作業は――大地と鋤によって促された――伝承の現われを示す一種のレンズであります。われわれの日常生活にも、この例証は随時に知ることができます。たとえば新しい器具や衣服等を使用する際に、それを手にし、また身に纏う瞬間、ある純真な感情に捉えられます。これがひとつの伝承の拠り所であります。新しい器具を使用するに先立って、それにある呪術に似た行為――たとえば一部分をそこなうとか汚すとか――また衣服ならば神前を訪れるとかいったん畳んだ後に用いる等で、これを一種の形態的現われとみることもできます。

さらに例を挙げれば、われわれの居常には、身には洋服を着け、口に紙巻の煙草をくわえるような生活改善の一方には、歳が改まれば家の前に山から樹を伐って建てるような行為を繰り返えさねば、何ものか満たされぬものがありました。それについて思い出しますのは、たしか昭和二年（一九二七）の春、私は三河の北辺の村を歩いていました。あたかも世は大正天皇の喪に服している期で、重くるしい厳粛な気持は、この山深い辺土にもたなびいていました。その日は旧暦の正月を控えた前日というのに、いずれの屋敷にも門飾りの注連縄ひとつ見られません。これが平素の年なら、二、三日も前から格別賑やかに樒《しきみ》の枝や樫の木を立て飾るだけに、諒闇《りょうあん》の春の寂しさが顧われます。それが日の暮近くなって気がつくと、彼方此方の家にほんの印ばかりではあるが、門神の柱が立って、藁縄などが結びつけられております。その光景がいかにも世を憚るもののようで、私はその時、民間伝承の吐く幽かな息遣いに、強く打たれたごとく感じたのであります。

二

この三河の奥在所に現われた一事象から推し測っても、当然思い浮かぶのは、明治改元の間もなく暦法を革めて、太陽暦採用の布告を受けた当時の、政治とのもつれからきた村々の生活意識の動揺であります。さらにその以前に遡っても幾多の改革を繰り返えしながら、次々の文化へと歩んで、失いつつもなお遺し伝えてきた古い伝統への執着が思われます。この文化との交渉は、民間伝承の存在を知る上において、関心を要する点でありました。すらすらと温室の花のごとく、何の圧迫も抵抗も受けずに、伸びてゆくことはなかったのであります。伝承の姿を例にかりて形容すれば、あたかも浮動せる水蒸気のごときものであります。その時代時代の文化の風の吹くに遭って、時には雨となり雪となり、あるいは影もなく吹き払われたと思うと、山の端に霧となって姿を止めたこともあります。この例証は適切でないかもしれませんが、とにかく外界の刺戟を受けて、なお厳然として動ぜぬ巌のごときではなかったのであります。したがってもっとも表面的な外界に接触しやすい部分から同化されて、次第に内部に分解と醇化作用が行なわれたのであります。この法則に随って、把持力の小さなものは、かりに小さな炭は火の回りが早いように――分解醇化の行き渡るのも早かったかわり、外からの影響は割合に少なかったのであります。たとえば一個の生活様式について見ましても、農民――ことに農耕を主とする者はそれを包含する全体としての把持力が大きかっただけ、文化の影響による共通点もまた多かったのでありますが、他面に同化の行き渡らぬ部分も残りました。この法則からみまして、特殊の集団になる職業的社会には、著しく文化との交渉の少ないものがありました。木地師、漆掻き、山窩、ぼん、しゃあ、またぎ（一般の狩猟者も）、孤島の生活等には、作業の形式方法はしばらく別にして、その社会生活には、多くの特殊性が遺されていました。そうして狩猟方法や、孤島の生活等のあるものには、時代との交渉がないとまで思われるものもありました。これを別に村の祭りについて見ましても、行事中の代表的または中心と認められる部分は、その時代時代に変改が加えられてゆきましたが、一般的に注意をひかぬ部分は古い姿が保存せられていて、宵宮とか、祭りの後始末等には忘却もあったかわりに、後の者の手心は加えられていなかったのであります。これは祭りの中心となった神社とか寺院等においても同じで、一国一郡を抱合するような大社などより、村々の鎮守、氏の神、家の神とか、あるいは名も知れぬような叢祠の行事などに、われわれの注意を喚ぶ点がかえって多かったのであります。以上はすべて結果からの観察でありますが、これを発生的に見る時は、ちょうど逆になったのであります。この発生と改変と忘却が、八算（ママ）無尽に絡まり織りなされたのが、ひとつの時代の姿でもありました。

三

文化との交渉の他面には、伝承自体の側からいう歩み――動き――であります。（これは外部の影響が間接にはあったが）民間伝承がもともと人間の精神的所産であってみれば、これに生命力を認めたのは当然で、その歩みすなわち動きの法則を理解することもまた必要でありました。伝承そのものも時々の呼吸が必要で、したがってこれを阻止すれば、何らかの形にもねじけてゆきました。たとえば前にいうた正月の松飾りのごとき、またはその他の一般的風習のように、定期または連続的に動いていたものと、一方不定期に間歇的のものとであります。前者は自然的変化の法則にもよりますが、主として文化の光に露出する機会が繁多なだけに、徐々に、目に見えぬ消長を繰り返えしていたのであります。よく田舎の行事などで、昔と少しも変わらぬという説明を聞きますが、変化がないと思っても比較すれば必ずそこに移動はありました。これに対して後者の場合は、漸動的の変化は少なく、外部の影響律も僅少なかわりに、停止――潜伏――の期間が不規則で、多くは永かったために、忘却と誤解からくる変動もありました。歳々の村の行事等に比較して、たとえば雨乞い、日和乞い等の臨時的のものには、当面の期待も痛切ではありましたが、呪法等を混えた古い様式を具えたものがありました。さらに天界に対する観念に見ましても、日常接している太陽とか月または星におけるよりは、日蝕、月蝕、彗星等との間には、著しい時代的の隔りを認めるのであります。このことは村人の観念の発達の痕を見ましても例証が挙げられます。山間または孤島の生活は、風雨、雷電、洪水等の天然の脅威が繁かっただけ、それに対する観念は著しく発達して、あらゆるものをそこに取り入れて、複合と分裂を遂げたのであります。伝説などもひとつにはこの法則を忠実に現わしていたので、たとえば原生動物のアミーバのごとくに、あらゆる要素を吸収して、ある大きさに達するとそこで分裂する、複合と分裂と吸収作用を繰り返えしていたのであります。比較をしてみれば直ぐわかることで、あらゆる要素と分子の交錯の中にも、核に類するものだけは、保存していました。これを失えばもう存在はなかったのであります。

次にもうひとつ、ここでいわぬと纏りがつかぬので付け加えます。それは伝承の目――外界に存在を示す――についてであります。これも伝説に例をとった方が都合がよろしいのでそのまま説明を進めます。前にいうたアミーバ観が、伝説の性能を現わしたものとすれば、これは形態的の規格についてであります。私のいう目とは潜航艇における展望鏡のごときものであります。浮遊の状態にあった口碑なり説話が前にいうたようにある対象を求めてそれにもたれる――その対象であります。採集者の側からいえば顔とでもいうべきもので、最も注意と関心を要するものでありました。武蔵野などでもよく目にする情景でありますが、よく整理された畑や路の傍に、わざわざ刈り残したり、取除きを忘れたような樹木や塚があります。そこには必ず何らかの説話なり由来が語り継がれてあります。伝説はまずこうした形でわれわれに働きかけていたのであります。あたかも狩人に退治された妖怪の譚のように、眼に見せたのは娘なり婆さんの姿で、本体は傍の行燈にあったとするごときものであります。また汚物を見た時、子供などがそれに唾を吐きかける些々たる風習なども、その行為の蔭には、穢れたものに対する時の呪術的の伝承が無意識の中に働いていたのであります。

正しき理解へ

ただひとつの山の姿にしても、登山家と画家と地質研究家とでは、認識に著しい相違があります。山の姿はいつも変わることはなかったのでありますが、それぞれの観る者の立場から異なった観察が生まれ、しかも山を見たことにおいては何人も変わりはなかったのであります。

　これを思いましても、民間伝承のように無形の存在に対しては、一個の現象に対しても正当に理解し認識する上には、よほどの慎重を要したので、ある時は登山家となって山頂をきわめ、眺望とか植物の分布状態等を識るとともに、地質学者として土壌とか、隆起の状態、岩質の変化を究め、一方画家として山相の変化特色を発見するごとき、勤勉と情熱の結果にまたねばなりませんが、こうした注意は実は誰でも当然考えることで、いまさら喋々するまでもないのであります。およそ正しい理解を主張することに対して、これを否とする何人もなかったのでありますが、実際に目的とするものに当面すると、机上で想像したものはことごとく覆されたのであります。実行は容易でないのであります。たとえば信仰の状態を識ろうとする場合、何を標準にするかがまず問題となります。そこから特色を発見して、誤らざる観察を下すためには深く思いを致さねばならぬのであります。したがっていかに比較眼に長けていても、通り一遍の採訪くらいで真実を究めることは能わぬのであります。同一の語で表現されていても、都会人の観念と田舎の人の抱いていた気持とは別であります。私はかつて数年間、天龍川奥地の村々の祭りを見て回って、その感を深くしたのであります。単に敬い尊ぶとする意識には変わりはなくとも、それへの現われとか認識は自ずから異なってきたのであります。一口に信仰の盛んをいいましても、むやみに堅くなってかしこまるような気持ばかりが、旺盛な信仰とはいわれなかったので、共に語り怒りまた笑うこともその現われのひとつで、今日都会の人々が一般に肯定しているような窮屈なものより、もう少し自由な解放的な、そうして複雑なものであります。あるいは信仰の語で代表するのは不適当かもしれません。これを不用意に一流の経験を標準にして観察し判断するとすれば、大きな錯誤を期待せねばなりません。私の見学した天龍川奥地の村々の祭りは、一種の伎楽を中心とするものでありますが、だんだん土地の人たちとも親しくなり、もっとも厳重とする、神部屋という役の者の仕度部屋に入りますと、そこには思い半ばに過ぐる光景が展開されております。祭りの庭へ種々の神に扮装して出現する、その仮面が一方の棚に祀ってあるかと思えば、一方では土足の男が突立って酒を煽っている、その傍らでは今しも一人が鬼の装束を着けてもらっているという、まことに雑然混然たるものであります。そうして村人がその仮面に接し取り扱う態度を視ましても、実に粗野とも形容すべきもので、片手で壇から取り下ろす、急ぎの用事ができて、思わず下に置く、それを一方の者が跨いでから、簡単にしまったなどと叫んでいるのであります。この無作法を見て直ちに村人の仮面に対する信仰衰退の証徴とすれば、甚しい誤解と速断であります。たとえばそれを持つ時の態度にしても、いわゆる目八分に捧げてとか、尻を向けぬ等の作法は、儀礼としては適当かもしれませんが、それを山深い土地の、生活に追われていた人々が一様に弁えているわけはないのであります。われわれが見て危ぶむような態度も、村の人にとっては必ずしも神への冒瀆ではなかったので、こうした例から考えると、信仰と儀礼とは別個の立場から観察することもあるいは必要でありました。この点がとかく混同に陥ったのであります。

二

前いうたような事例を挙げると、あの地方の村々の祭りは、神の象徴と考えている仮面の取扱いが何だかめちゃくちゃのようにも聞こえますが、決してそうばかりではないのであります。一般的の神前の作法を心得た人もあり、そうして大部分の村人も、それに対するかしこまりの気持を弁えていましたが、われわれがとかく速断を下すように、祭りの開始から終了まで、あたかも気遣いな役人にでも向かっているようにばかりは考えなかったのであります。要するに村人の仮面に対する感情は複雑であり、一方に畏怖の心があると思えば他面には最も親しみの情の深いものがある。その事実は、仮面の表情に対する村人の解釈を聴いても想像することができます。

われわれの眼にはただ怪奇の存在としか思われぬ鬼の面にも限りない思慕と愛惜の心を抱いていたのであります。したがって外部の者の自己の主観的な立場からの解釈は、無意味なる修飾に過ぎなかったのであります。

それらの祭りを年々繰り返えして見ていますと、祭りの持つひとつの力あるいは動きとでも説明すべきものの存在が、胸に迫るのを感ずることがあります。行事の中心をなす舞いが、前夜の開始から翌日の正午迄も、少しの倦怠もなしに興奮状態を続けることはない、その中に自ずからしおどきともいう時期があります。徐々にそうして自然に興奮に導かれていって、当事者から見物まで、全体の雰囲気が高調に達して、真に神人合一ともいうべき境地はごく短いものであります。この状態にはいった一刻は、作法も巧拙も超越していたのでありますが、そうした現象に接することは稀であり、一方ある手心がそこに加えられたりして、このしおどきを不自然に早く招くようなことがあれば、後は頗る荒涼散漫ないわゆる気の抜けたものになってしまう。こうした存在があるいは信仰の持つひとつの現われであったのかと思うと、理解の容易でないことが顧われるのであります。

村人の感情への理解としては、嫌厭、羞恥、悦び等に対して、それを誘発する動機とか原因対象にも、細心の注意を払うことであります。これを単純に忖度することには、事実を誤るものが多いのであります。田舎の農家などを訪れましたさい、土間の一方に積んである米俵の上などに、鶏とか時には鼠などが遊ぶ光景に接することがあります。これを見て田舎の人の無関心を叫ぶとすれば当たらぬ場合があります。同じ無関心としても、一方鶏とか鼠に対する村人の抱いている思想をまず知ることであります。炉の火に巻煙草や紙屑を投げ込むのを厭う一方で、土足のまま踏み込む等の矛盾にも理由あることを思わねばならぬのであります。

速断に陥りやすいのは流行、退化等の現象に対しても同じであります。さまざまな眼に見えぬ動きが絶えず消えたり現われていたので、たとえば服飾のあるものにおいても、実用とか信仰、それから装飾に対して、離れて見、また凝視することも用意のひとつであると思います。

方法と分類要目

一

民間伝承の採集をするためには、まず伝承の何であるか、いかなる過程に存在し変化していたかを考え、そうしていかなる方法によってこれに臨むべきか、一方それに対する自己の立場をも考慮せねばなりません。これもひとつの準備であります。採集の方法は予め対象の分野を定めて、進むべき途を選ぶと同時に、一方、民間伝承の抱含する問題の範囲に随って、これが事項と要目を知っておくことであります。

柳田国男先生は、かつて学的方法論として、民間伝承の採集をわが国の特殊性に基づいて、左の三段階に分類することを主張せられました。これには各部に対して未だ固有の題名は与えられてありません。

第一部　生活外形

第二部　生活概観

第三部　生活意識

この分類法に遵って採集上の説明を試みますと、第一部に対して先生は、一面から眼の採集すなわち旅人の採集と名づけられ、これに生活技術誌の名目を寄与するを妥当とせられました。在来の研究はほとんどこれの範囲に留っていて、外部からの観察が基礎となって、すべて客観的に比較と推理とをもって臨んだのであります。したがって採集法と称するものも、多くはここに対象をおいて考究されていたのであります。真に生活を理解しその存在を確立するためには、この方法のみではなお多くの欠陥を認めねばなりません。かりにひとつの造形物についていえば、外形のもつ感触すなわち形の上から判断を下して、そこから使用価値から深い表作上の心理までも推断しようと試みたのであります。生活も慣習も感情の発動をも異にした者の経験と想像を標準として、解釈を試みたのでは、正しい理解への途は能わなかったので、一方、使用者または表作者の側からの主張はいっこう加わらないのであります。

第二部の生活概観は、耳と目との採集で、一方の旅人に対して、寄寓者の採集ともいうべきもので、生活に対してある程度の理解と同情を持っている者の観察であります。すべての言語芸術はこれからはいると解説されております。第一部に比較して、対象の範囲が一段拡大されたので、単に視力の領域のみから索めていた以外の、接触点があったわけで、たとえば歌謡、説話、言慣わし、言語等、これは旅人には能わなかった領域であります。これを現在の採集傾向に基づいて、例をひとつの労働謡についていえば、通り一遍の旅人の立場からは、単なる節回しとか詞の一部分を知るにすぎません。詞またはそこに現わされた比喩等にはすでに及び難いので、いきおい、適当な中立の役目をする者を求めて欠陥を補っています。事実、謡と労働との交渉とか面白さ等は、その生活なり仕事の上に理解をもたぬ限り、知ることはできぬのであります。

第三部は、深く生活意識にわたっての所産で、将来の研究は、この点に多大の期待と希望をかけていたのであります。

これは境遇、環境、習慣を等しくする者の心意を透しての採集で、心の採集もしくは同郷人の採集とも名づくべきものであります。この方法を閑却しては生活の核心なり情緒に触れる途はないのであります。かりに外形的の推断が的中していたとしても、それを誤りでないとする根拠はなかったのであります。すべてに理解から出発するので、旅人のごとく故意に同感的態度を装う必要もなく、一方、利害の関心も同じ場合がありますから、相手としても内に匿す等の不自然さもなく、共に信じ知り感ずることができたのであります。たとえば生、死等に対する観念、疾病、信仰等における、微細な心意の波動への認識さえ与えられたのであります。したがってこれには、採訪技術の要諦のごとく考えられている、挨拶の仕方、話しかけの方式など、相手に誤解と猜疑を忘れしめるような手段も必要はなかったのであります。この生活を等しくする者が研究に当たり得ることは、学問の大きな幸福であると思います。しかしながらその一方には、親代々同じ土地に見慣れ聞き尽くしていた等の事実から、他との振合い、すなわち比較眼に欠如して、特異性弁別とか実感の喚起に鈍い等の欠点をくわねばなりません。それを補うには、外来者または寄寓者の力にまたねばならぬかもしれません。

二

方法とともに当然考えられるのは、問題事項の分類によって要目を知ることであります。これについて目的の分野を定め、それぞれ特殊事項を参酌して草案を作らねばなりません。多くの場合、採集を不完全に陥らしめるのは、この要目に対して注意の足らぬ場合であります。採訪に携わる場合、問題の要点を誤ってだらだらと話の糸に引きずられて、あてもなく進展したのでは、片端から畑を耕すような結果は得られません。たとえば目前に材料は横たわっているのを感じながら、いたずらに焦慮したり質問が渋滞したりして、供給者の感興をも妨げるような例が問題によってままあります。そうして後に至って整理してみると、あの点が不備この部に穿鑿《せんさく》が不足と、まるでそっちこっち食い散らしたようなものになります。これらは一面には学的素養と経験で補うこともできますが、多くは調査要目の不備に帰する点があったと思います。単に素養といい経験にしても限りあることで、これではいつまでたっても確実あるものはできません。採集の回数を重ねてゆくことは、理解への第一要諦ではありますが、無秩序の作業は戒めねばなりません。しかもお互いなすべき仕事は多く、いちいちそれを補っているわけにはゆきません。はては片寄ったものをいくつとなく重ねてそれを抱いて嗟嘆するなどの境涯は、今後は繰り返えしたくないと思います。

調査要目の作表には、予め学界の傾向とか先人の研究業蹟を知っておく必要があり、共同の成果をあげることに目標をおかねばなりません。ひとつ前人未到の問題に向ってなどはふざけたものとしても、他人の研究を気にしたり問題の独占を希うごときは、人情としてはとにかく、研究のためには排斥しなければなりません。余事にわたりましたが、たとえば一民謡の採集についても、将来は単に歌詞の集積をもってのみ、こと足れりとするごときは、あまりにも学界の趨勢に疎いことを考えねばなりません。歌詞は民謡の大なる要素ではありますが、一方に謡とその雰囲気、曲調、作業とか踊りとの関係、手足の拍子、囃子詞、音頭取り、信仰娯楽の要素等も、それを形成する上の重要な分子であります。これは一民謡だけの問題ではありません。

さて、前に戻って一般的問題事項の要目でありますが、バーンの著書には、部門をすべて一七項に分かって、一〇〇余種の要目を摘記しておりますが、これは主として未開蒙昧の民族を対象として立案されていただけに、特殊の条件にあるわが国にそのまま応用することには無理があります。しかし客観的立場から作表されていただけに、模範とするものがありますので、試みに部門だけを左に引用してみます。

一　土地と天空と
二　植物界
三　動物界（獣類、鳥類、爬虫類、魚類）
四　人　間
五　人工物
六　霊魂と他生と
七　超人間的存在

八　予兆と卜占と
九　呪術技法
十　疾病と民間医方と
十一　社会的及び政治的制度
十二　個人生活の諸儀式
十三　生業と工業と
十四　暦、斎日及び祭日
十五　競技、運動及び遊戯
十六　説　話
十七　歌謡と譚歌と

（『民俗学概論』による）

三

日本の特殊事項に基づいて立案された採集事項の要目は、現在発表されているものでは、折口信夫さんの編纂になる「蒐集事項目安民間伝承」があります。個人の秘録を別にしてはほとんど唯一のものでありますが、これは大正一一年度の編纂とのことでありますから、その後訂正増補が加えられていることと信じます。それによると部門を一四項に分って、各項目間に必要な要目をあげ、さらに一八〇余の細目が加えられてあります。民間伝承の抱含する問題を識るために引用してみますと、

一、　信仰に関するもの

1　国家的信仰
2　民間信仰
3　他界観念
4　巫術、蠱《こ》術、妖術
5　神社と寺院と
6　叢祠其他
7　祭礼
8　妖怪

二、医療、禁厭

1　民間薬物名彙
2　病災除却法
3　防止法
4　疾病の地方的名彙
5　民間療法
6　疾病の司神

三、一般風習

1　地方的一般年中行事
2　特殊年中行事
3　婚姻

4　誕生
5　葬儀
6　由来不明のしきたり、、、
7　社会的訓諭の文句
8　町村の交渉
9　衣服
10　食物
11　住家・建築

四、階級制度
1　親方と子方
2　老若制度
3　特殊民

五、口碑・民譚
1　説話物の曲調を採る個処、話のはじめ、話の終わり
2　一郷、一族の歴史と信ぜられ来たりし民譚
3　庶物、地物を対象とする民譚
4　社寺、叢祠に関する口碑
5　童　話
6　巨人譚、英雄譚の地方的発達をなせるもの

7　古典的なる恋愛譚
8　性欲的の民譚
9　ウソツキ村、馬鹿村などに関したる話の集団
10　国家的歴史、民譚、戯曲、童謡あるいは小説より拗曲したりと見ゆる地方的のもの
六、言語遊戯
1　方　言
2　言語遊戯
3　遊　戯
七、民謡・民間芸術
1　労働謡
2　民間声楽
八、童　謡
九、舞踊及び演芸（末流的、非都会的のもの）
十、演　劇
十一、影　絵
十二、ノゾキカラクリ
十三、巡業手工職人の余興演芸
十四、右の外地方地方の事情によりて特殊事項を加う

（『民俗学』三巻、二七頁）

各事項間の細目と注意事項を除いた結果、編纂者に対して相済まぬ気がされますが、これは単に問題の範囲を窺うために掲げたのであります。

なおここで付け加えておきたいのは、蒐集要目選定の場合、あまりに細目にわたることは、事実これの接触が空疎になる場合の生じることであります。これにはむしろ多少の余裕を与えておくことも必要と考えます。事実の存在は、多くの場合、理論の圏外にあったことを考慮せねばならぬと思います。

時と環境を測る

採集作業が、その季節または時を無視することのできなかったには根拠があります。これを測り知ることはやがてひとつの技術でもありました。問題に応じて自然に最も合理的に方法を選ばねばなりません。だしぬけに訪れて、サア盆踊りの唄を聞かせてくれなどと手帳を出したとて、その効果はしれています。

私なども忙しいままに時折それをやって、相手の当惑したような渋面に何度も遇ってきました。でも後になって、こちらがかえって忘れた頃に、いつぞやのお訊ねはこうでしたなどと聞かされることがありますが、こんな心づくしは何度も期待はできません。彼の人に尋ねたが何も知らなんだなどというあきらめの蔭には、時期または環境の選択が機宜を得なかったとは決められません。説話や歌の文句でなくとも、記憶を喚び起こすにはほぼ条件というようなものが必要でありました。月の光や切れ断れに流れてくる楽の音に、数十年間忘れていた記憶が泉のごとく蘇える等のありふれた構想も、一部の文芸家の発明ではなかったのであります。月や笛の音はいわばひとつの条件で、全体の情調というようなものがそれを助けています。採集もほぼそうした理法に基づいて、まず環境の構成から考えてみることであります。

一方に藁屑などが散らかって、それを境するように粗末な風除けの衝立の蔭では、炉の火がてらてらと燃えている。焚火にすかして見ると、自在から真黒い鍋が下って、四角な炉縁の一方の端に白い瀬戸物の茶碗が置き忘れてある。こうした絵様は田舎ならよく見かける構図であるが、その衝立の蔭は、さまざまの民話や民譚が語り継がれてきた場所であります。焚火の持つ魅力は思い出の大きな誘惑で、しかも炉縁というものが恰好にできていました。名を忘れましたがアフリカのある民族が、朝から正午への間に、村の者がことごとく外に出て、垣や石によりかかったりして、数時間茫然として過ごす風があって、その間がちょうど日本の炉辺のような状景であると聞きましたが、それに似た経験は私などにもあった。

少年時代、春の柴山の道作りといえば、村中が出る一種の共同作業で、それだけに怠けるのが常識のようになっていた。少し働いたと思うと、もう路傍に寝そべってしまう。身も心も溶けてゆくような五月の陽を浴びて話上手の老人を中心にして、夢のように話の糸を追っていた。おおよそこんなふうに生活も気苦労も忘れた境地でないと、思い出の蘇る隙はなかった。それにはひとつはきっかけとなる誘いでありました。これを適宜に可及的に用い条件を作ることが採集のもっとも自然な方法と信じます。『能美郡民謡集』の説話者は、少女時代に他家に子守りに雇われて、天気がよければ毎日村のバンバ（馬場）へ行って、いろいろ歌を知ったと語った。そこは子供相手の老人や子守たちが集まって、人の噂や歌などを謡って過ごす場所で、こうした所がすべて話や謡の市場でありました。採集者としてはわざわざこんな場所にまで出かける必要はないかもしれぬが、当面の生活苦を離れて心おきなく語り謡う場所としての意義は深いのであります。こうした事実から考えても、朝の仕事の掛かりなどはもっとも不適当な時期で、これに反し雨の夜、雪の日の炬燵等は、これまで採集にたびたび選まれたのであります。田舎わたりの旅芸人などからしみじみとその生活や伎芸相承の関係等を知るのは、雨の夜などはことにふさわしかったかもしれません。夜は大体に気持が落着いて燈の光が大いに役立ちます。

誘いのためには酒や煙草の力をかりることもあります。単に興奮へ導くためでなく、通りすがりの者などは、親密な場面を造る上にも役立ちました。一本の煙草が、思わぬ問題の緒口を摑む機縁ともなりますが、これはその人々の適宜であります。旅先などでは雨雪にあってはことに活動を妨げられますが、一方にはそれが幸いになって、思わぬ収穫に浸ることもできます。雪国などの服飾は、やはりその季節に特色が顕われます。これはひとり服飾ばかりではありません。春が来てどこも一様に草木で彩られては、特色は半分も失われます。

以前は話をするための夜でもあった、村々のお日待ちとか庚申祭りの夜の状景を考えましても、誘いとなる種がなくてははずんできません。そうした例からいうても、採集者が適当に誘いの言葉を使うことは必要でありました。次々に思い出の糸を手繰ってやること、これもまたひとつの技術であります。

質問の第一語

採集者が目的の土地に入った場合は、土地の状勢とかその他建築、児童の行動、遊戯、農耕の形式、器具服飾等にまで、視聴と思索を働かせて、まずそこから何ものか特異性の発見に努めて普遍性との識別を試みます。一方、神社とか墓地、その他の人寄りの場所などに行ってみることもひとつの方法であります。しかしこれは比較眼の如何にもよることで、かりに農具の形式から、直ちに特異性を発見する等は尋常の経験を持った者には困難であります。したがってもっとも得意とする部分に注意する結果となります。そうしてそこから質問の第一歩を切ってゆきます。これは主として未知の土地における場合で、柳田先生のいわゆる旅人の採集におけるものであります。最初眼に訴えて言葉にすがることは、方法としてもっとも自然かつ無難であります。よく耳にする事柄でありますが、伝説とか慣習等を採集の目的で旅行した際に、相手を求めて漫然と質問の第一語に、変わった話とか、興をひく風習はないかと聞く方法であります。これなどは採訪状態を円滑に進展させる上にあるいは障害となるおそれがあると思います。しからば他に適当な語があったかというと、実はその語のことで苦しんでいるのであります。これに簡単で要領を得ていて効果の伴う呪文のような語の存在を希うではありませんが、少なくとも相手に警戒と猜疑の念を抱かしめぬ、そうして相手の回答によって、次の質問が自然に目的の端緒に連絡する形式を具えたものであります。なんら深い意図を含まぬ恬澹《てんたん》な意志を示すための語としても、何か変わったなどというごとき空疎な内容を持つものでは、次の辞への脈絡はつきません、おそらくサアというたような当惑顔を見ることになります。ことに手紙の文書などと異なって、訂正や補足は可能というものの、最初の質問が全体に至大な影響を及ぼすことはいうまでもありません。ことに採集者は相手方に対してとかく優越的な印象を与えがちであります。したがってこの類の質問が、その土地なり相手を蔑視した意味に聞えぬとは限りません。したがって第一印象においてこちらの真摯な態度を理解せしめることに向かって努めねばなりません。前いうたごとき質問法で、かりに数回の応酬の果てにこちらの目的が相手に理解されたとしても、それまでにはこちらがかえって饒舌を重ねる結果に陥るのであります。採集者の饒舌は最も戒むべきで、これはいうまでもなく、相手に充分語らせる機会を奪うものであります。

採集者としては、相手のたどたどしい語りぶりにも倦怠の色を現わさぬこと、性急に目的の貫徹を期せぬ等、心得べき条項は何程でもあったことと思いますが、要するに用語の選択としては、相手の心境を惑乱に導かしめぬ点にあるので、たとえば由緒ありげな塚なり樹木を発見してその伝説を尋ねるにしても、この塚（樹木）に何か伝説はありませんか等の質問が、相手の心を混乱させる以外に役立たぬは当然で、しかるべく名称などの質問から入らねばなりません。単刀直入に目的に触れようとするは不合理で、質問の第一語の意味もまたこれにあったのであります。説明がとかく理屈に陥った点は恥ずべきと思います。

原形に忠実なること

話をうまく聞き出すなどといいましても、一面からいえば情熱と勤勉には及ぶべくもないので、早くいえば脚の採集の勝利であります。技巧にわたるものは、採集としてはごく末節であったと思います。民間伝承の採集においては、技巧ないし技術が承認されるとすれば、原形すなわち生きた存在を、いかにして把えるかにあったかと思います。もちろん問題によって難易の差別はありますが、いずれにしても新たな考慮と方法も用いねばなりません。たとえば方言の採集なども、この感を深くすることのもっとも適切なものであります。標準語に比較して、無造作に単語の数を積み上げるために、試験台に上せたような気持で饒舌《しゃべ》らせたのでは、言葉の働きは大半失われていたと思います。特色ある香気を消散させた缶詰とならぬとはいえません。用語例に注意を喚んだのも、ひとつにはこの要求に基づきます。その不満を償うためには、どうしても二人宛の共同作業か、別に一人の相手を選んで、一方で談話を交換するのを、一人が筆録する等の方法であります。会話のスケッチ等も重要な作業のひとつでありました。これは諺のようなものでも同じで、単に物識りを多勢集めて数ばかり並べたのでは、実生活との生きた関連を絶たれた、いわゆる血の気の失せた形骸に過ぎなかったのであります。採集の感謝さるべき業績は、繰り返しいう通り、量の集積のみではないので、量を要求するとすれば、むしろ付帯事項すなわちその事柄を包含する状態を、ありのまま付け加えてゆくことにあります。神隠しとかものの祟りなどの例証にしても、現象の一局部のみでなく、視野を拡大して、でき得る限り前後の状況とか時季、本人の境遇、年齢、性格等を知ること、次には事象に対する周囲の者の態度とか観念等にまで及ぶことであります。

特殊の慣習や行事等を記録する場合は、漫然とこうした事実ああした例というに止めず、説明の一方に、それに付帯する事実の見聞とか傍証をも挙げてゆくことであります。平面的から立体的の存在に向かって観察を進めねばなりません。これを期する上には、写真とか絵画、レコード等の要求も起こります。ことに形態を具えたものでは、スケッチまたは写真は必要で、百千語を連ねた文章より一枚の写真がかえって雄弁に事実の存在を物語るのであります。器具などは名称とその限界、使用法、材料、表作者または表作地等のみでなく、そのものに対する観念とか技法、部分的の名称等の穿鑿《せんさく》も必要で、数百年も前に忘却せられていたはずの名彙が、思いもかけぬ器具の端などに遺っていた例は、しばしば遭遇するのであります。ことに生命力を断たれた廃語古語等が、見る影もない農家の土間などに捨てられた器具、あるいは特殊の作業などに辛うじても元の命脈への繋がりを摑んでいたりしたのであります。

以前『郷土研究』に報告せられた信濃の遠山地方で山畠に豆を播くための、二尺五寸くらいの棒の先に銕《てつ》を着けたホグセという器具が（四巻四四三頁）古語の火串の名残りとして著名な国学者を懐かしがらせた事実がありますが、私の郷里などでは、それは一尺ほどの扁平の竹の串で、一方が尖っていて、豆を播くにも使うが主として除草の道具で、一方に紐など付けて納屋の入口などに吊してありました。

その他、原形を忠実に記録するためには、存在への確実性を期する上に、供給者の氏名、年齢、職業等を忘れぬこと、できれば性格等の現われに注意し、写真を添えることも必要であります。そうして事実をさらに反覆すること、一方で聞いたことはそれに満足せず他方で訊してみる、おおよそひとつの事柄について、ただ一人の識者しか存在せぬ等はきわめて稀で、必ずそれを支持する者が他にあります。しかも幾分でも形を変えている。それをそのまま形を崩さずに記録しておくことも、採集者としてのゆかしい心掛けの現われであります。

伝承者を選ぶこと

一

採訪の一項目として、伝承者の選択とこれに対する考察もまた看過することはできません。村へ行くといずれの地方にも、物識りという一種の名称を与えられている階級の人があります。村の起原から歴史、城跡とか古墳の存在、しきたりの類から歌謡、昔ばなし、伝説というふうに、あらゆる事項にわたって、こちらが問いそうなことはことごとく知っております。

こういう人々を、ことごとくわれわれのいわゆる伝承者と決めてしまうについては、少し疑問を抱いております。理由は何でも知っているからというような漠然としたものではありません。

もちろんその中には、われわれのいう伝承者も含んでいたでしょうが、真に忠実な伝承の保持者はひとつの事柄に対しても自己の解釈は加わらないのであります。したがって範囲などは問題でありません。己れ一流の解釈は偏見ともいいます。この偏見を持ち合わせた人が第一に頭をもたげてきたのであります。

土地の状況に疎い旅人などはこの種の人々を利便としましたが、研究者としては依頼できません。一種の仲立業ともいうべきもので、実は来訪者のためにできていて、一見要領は得ますが、その材料はことごとくその人の偏見を通していたことを思わねばなりません。

この種の偏見のないありのままを伝えている人をわれわれは索めていたのであります。それなら昔話のただひとつを知っていても伝承者とするかとの疑問が起こりますが、それは議論であります。たとえば歌謡とか民譚、伝説にしても、普通の人より五倍も一〇倍も、時には数十倍を保持していた人々で、生活に対しても一種の関心を抱いておりました。われわれとしては単なる材料の供給者とは区別しなければならぬのであります。以前から故老とかものしりの名で呼ばれて、立派に存在を認められていました。故老とかものしりといえば、一に老人の代名詞のようになっていて、時には男に限るもののようにも考えられますが、仔細にこの種の人を索めてゆきますと、これはなにも老人に限られていない、村の生活組織には、その後継者または助言者というような地位の人も、控えていたのであります。こうした人々はある時代には村として必要でもあって、今日村々に古い時代の生活要素が保存されていたのも、一にこの種の人々の力でありました。たとえばそれぞれの事項にわたって、盆の踊りの型とか歌の文句、節回しなどに精通した人の一方には、伝説とか昔話、またはしきたりとか祭りの次第等を多く心得ていた者もあります。これは職業の上にもしかりで、狩人とか杣の作法、海村であれば天然の現象から暗礁の所在等にまで精通していた者、その他、巫女とか万才のごとき特殊の地位にあるもので、祭文とか謡いの文句等において、かけがえのないほど貴重なものを伝えた者もありました。

二

われわれのいう伝承者には、大体共通した性格的の型があったことも注意せられております。そうして一方には、年齢、職業、男女等によって、影響または特色のあったことも、将来証明せられようとしております。いちがいに伝承者といえば、年齢が資格の大部分のごとく考えられた時代もありますが、当たってはいなかったのであります。その一証としては、これはつい近頃の事実でありますが、武藤鉄城氏が蒐集された、出羽角館地方の昔話集（未刊書）の説話者の中に、一人で四〇〇余種を知っていた人がありますが、それは中学をやっと卒業したくらいの青年で、しかも主として話を供給したのは二、三年前であるときいております（佐々木喜善氏談）。一人で四〇〇種といえば常人にはちょっとできぬことで、佐々木さんの老媼夜譚の説話者の、一七〇種は、かつて学界を刮目せしめたものでありました。現に私の知っていた中にも、少年時代いくつとも知れぬ昔話を記憶していた人があります（『民族』三巻五六五頁拙稿）。要するにこの事実は、その人々にとって話が生活の一部でもあったのであります。昔話や歌について、多くの伝承者の例に徴しても、覚えた機会は年少時代であったことを考えれば、年少者にあったとて不思議はありません。ただ年長者は一方に経験という武器があり、物識りとして箔もついていたので聴く者も安心して耳を傾けていたのであります。これを思いましても伝承者といえば、ことごとく老人に限るごとく考えるのは誤りであります。年少者と老人と、その中間にいる人にはどうかというと、これは今日までの例では何とも断定はできません。柳田先生は、昔話の継承される経路の考察から（主として女性）中年時代をば話の潜伏期といわれております（談話）。内田国彦さんの『津軽口碑集』は、伝承取扱いの態度にも資料蒐録の業績の上にも、われわれの学ぶべき点の多い書物でありますが、巻頭に摘記された説話者六人の中（全部でない主な人々で男子三〇歳未満三名、五〇歳以上三名）で、そのうち年少者は二五、六歳、最年長者は明治元年（一八六八）生まれとあるから、当時六〇くらいのもので、いずれかといえば働き盛りの人が多いのであります。これは一面、内田さんの日常生活の関係と、印象とによる点もあった思いますが、これをみても中年者を排斥する根拠にはならぬと思います。働き盛りの年配の人の中にも気持の純真な、伝承者として尊敬すべき人はありました。これには職業または境遇の影響もあるかと思います。こうしてみると伝承者と年齢には格別の差別は認められぬことになります。ただ採集者の立場からみて、中年者には、ある成心を抱いた人が多いこと、問題によって利害の関心が盛んなことから、供給された材料に対して、時に戒心すべき点もありますが、それとて単なる供給者としての場合で、伝承者とするほどの素質を具えた者なら、その杞憂はないと思うのであります。

境遇が伝承に影響する例は、これを考えてみる題目のひとつであったかと思います。家族上にもきわめて恵まれぬ、同情すべき地位に甘んじていた人、あるいは村としてあまり有力な地位をしめぬ職業に携わる人々に、見出される例はしばしば聞くことであります。

いわゆる厄介者とか、貧しい独身者などに、古い生活に対して関心を抱いていた人があります。飯炊きなどをして大家の台所から一歩も出ないというような階級の人が、昔話を豊富に記憶していた例も聞いております。

実はこの境遇と伝承者について、少しばかり考えついたことを、かつて発表したことがありますが（『民俗学』二巻四七七頁）、その中には一部分改訂せねばならぬ個所もあります。ただこの種の人は生活上に地位が低かったために、表面に多く現われなかったのであります。採集者としてはこの人々の存在を閑却することはできぬのであります。

三

伝承者への将来の期待は、男女の性的区別等を撤して、いずれかといえば女性に多くの望みをかけております。これは一般の供給者としても同じであります。たとえば伝承継承のあとをたどってみましても、母系継承は最も大きくかつ力強いものであったことは、東西古今の例でも証明しております。女性に期待を持つ根拠は、単にそれだけの理由ではありません。男性と異なって成心を持たなかったこと、生活の視野が狭く限られていたために、記憶にも比較的混乱がなく性格的にも保守的で、見たまま聞いたままを忠実に保持していた点に尊重すべきものがありました。ことにこれまでの事業が男性を対象とした概念的の傾向に走っていた点からいうても、女性対象への転換も要求されていたのであります。たとえば出産、育児等の、主として女性以外の容喙を許さなかった領域から、生死の観念、信仰等においても、男子の気づかぬ深刻な敏感さをもって対していたのであります。その他、神隠しのような特殊な現象に対しても、特有の敏感から驚怖懐疑の観念も強く、男性が数十年あるいは数百年前に忘れたようなさまざまな世界を見ていたのであります。私の手許に蒐めた神隠しの類例がざっと三五、六種ありますが、偶然かもしれませんが、その中の約八割は直接女性の口から得たものであります。その中には一人で一〇余種も知っていたのがあります。

ただ、なにぶんにも男性と異なって懇意の間柄でもない限り、関心なく接することが困難であります。これには方法として前にいうた生活意識すなわち同郷人の採集の例に倣って、女性自身の活動にもまたねばならぬと思います。

結びの語

民間伝承の採集における以上挙げた数項はいずれも概論に終わりました。これは一面には、与えられた題目が、民間伝承の採集というごとき漫然かつ厖大な範囲にわたるものであることにもよります。したがって次の問題は、前に挙げたごとき方法と事項によって、各部門を分って実際論に入るわけで、採集法としての意義もまたそこにあったのでありますが、こうした限られた紙面では、能わないのであります。それについて、一方、佐々木喜善さんの、民譚採訪術において、重要な一部門が満たされるわけでありますから、多くの貴重な例証を学ぶことができると信じます。なお採集者としては、採集方法を単なる理論としてでなく、一方、現実の問題に対照して、そこから経験を得ることも必要と思います。さらに進んでは、先進のなした業績について、自己の体験を比較して、進むべき途を発見すべきであります。その意味における参考として、今日まで資料採訪の目的をもってなされた事業を索めますれば、炉辺叢書（郷土研究社）中の多くの著書等も、そのひとつに挙げられます。その他の方面にも、推奨さるべき事業はなお多かったのでありますが、それらの中から、事象取扱いの態度において、私どもの以て模範とすべき点は、もちろん多々挙げられますが、もっとも強く主張したいのは、学問的思索から生まれた人格ともいうべきものの現われであります。将来の採集事業は、表面的な見聞録の作表とは別で、無秩序の集積から目醒めて、組織的の構成に努力せねばならぬと信じます。このことは、一歩誤れば偏見の虜となる虞なしとはいえません。

たとえば理論のために事象の存在を取り扱う類で、その間の隔たりはほんに紙一重でありますが、偏見とは根本から別であります。事実に当面した場合、これが公正な観察は、採集者としてはあらゆる機会に要求せられていて、口にこそ容易でありますが、実行の段は難しいことであります。第一何を標準にすべきかに迷うのでありますが、これを遂行する上には、学問的組織の構成に進むより他に途はないのであります。かくして事象に対する純固たる信念を摑み得ると思うのであります。採集の意義もまたここにあったので、われわれが事象を取り扱う場合、何ら成心なく対することは難しいのでありますが、それは前いうた人格で匡（ママ）めてゆくことができると思います。そこに研究への進歩があります。将来の採集事業に、人格の現われを主張するゆえんもこれに過ぎぬのであります。

（昭和六年七月二九日）

民俗研究の一つのゆき方

こんど熊本県の山村に用事がありまして、ちょうどそれを機会に鹿児島まで参りました。そんな次第で「九州民俗の会」にも寄せていただきました。何か話をと野間さんからおっしゃっていただきましたが、旅行先のことで何もまとまった話などできません。それでほんの思いついたことを申し上げてみたいと思います。

九州の民俗研究ということが重要なことは前からいろいろいわれておりました。私も以前こちらにお世話になった折、そちこち歩いて教えられた点が多いのであります。ひと頃までよく九州というところは歴史的資料は豊富にあるが民俗的資料は少ない、そうして残っている民俗も東北地方に比べると大分崩れているといわれ、私自身もはじめはそんな感じを持っていたのであります。そういうわけでとかく東北地方に関心を持つ傾向が強かったのでありますが、しかし一度九州にはいってみますと、それが誤りであったことに気づき、しかも九州には東北地方に見られない特異なものが残っていることに気づいたのであります。そういう意味で九州の民俗研究は大切であると思います。こんど「九州民俗の会」が誕生して、各方面の方々が連絡して研究を進められることは、まことに喜ばしいことで、幸いこの会には九大の諸先生方もお力添えいただけるようですから、是非健やかに生長するよう祈ってやまない次第であります。

民俗学の目的とか解釈につきましては、いまさら私などがとかく申し上げるまでもないのでありますが、生活慣行として伝えられている資料を、できるだけ早く正しく調査しておくことについては異存のないところと考えます。それについて私自身としては最近いろんな方面にひっぱり出されておりまする関係で、民俗調査の必要、ことにより深い探求を痛切に感じているのであります。そういうことからこの研究も、何と申すかいま少し行き方を変えて、計画的にいっそう深く掘りさげることを念じているのであります。これは一面から申すとよくない傾向かもしれませんが、私は必ずしも邪道ではないと信じております。そんなことから、今日は、ただいま私自身が考えかつやっていることを申し上げて御批判をいただきたいと思います。

日本の民俗学はほとんど柳田先生がはじめられたものであります。私なども村々の探訪を命じられて多少やってきたのでありますが、その間にも昔からあったものがどんどん消えてゆく。それは誇張して申せば朝日にさらされた霜のようにも感じられます。この点まことにいらだたしさを感ずるのでありますが、そういって、民間の生活に残っているものの全部を採集するということは不可能です。それで手近の特に関心をもつものから手をつけてゆくことになります。それと同時に当面迫られているもの、急を要すると考えるものに問題をせばめてゆく、そういうことを考えております。早い話が江戸趣味というようなことは、研究すればなかなか重大なことがある。大切な問題がありますが、それよりももっと迫られていることがある。そういう場合にいずれを採るかということであります。徳川時代の都市の生活も大切であるが、それよりももっと切迫した問題がある。しかもそれが今のうちならば調査も可能である、というようなことがありとすれば、そこに重点をおいて進めてゆく。もっともそれは人々の主観の相違で閑問題必ずしも閑問題でない場合もありますが、その選択をしてゆく。ことにこんな時勢になりまして国民生活の方向に関して何らか結論をつけなければならぬとなりますと、それに関係の深いものを求めてゆく。結論を急ぐことは戒しめねばなりませんが、何とか恰好をつけねばならない。そのために求めてゆく。こういうことであります。これは私自身、現在携わっている仕事から申すのでありますが、民俗学では一応結論がついて分かったはずのものが実際問題と結びつけると、まだまだ不十分なところがあるから、これを何とかせねばならぬ。慎重を期している間にも時世はどんどん進んでゆく。そこでこれを少しでも正しい方向に向けるようにするには、お互いの持ち合わせているものを活用もせねばならぬが、至らぬ点はいっそう求めてみる。早い話が、ただいまは日本的性格に立ち還ることが頻りに叫ばれていますが、いま動きつつあるものは必ずしもそうでないとすれば、これを少しでも正しい方向に向けることを心がけねばならない。それには、できるだけ多くの人に納得のゆくように形も必要となる。単にこういう事実があるというだけでなくて、こういう事実があるから、それはかくせねばならぬと、信念を持たねばならない。その信念の根拠となるものを摑むのでありす。それにはある程度計画的な調査がなされねばならぬ。計画性を持つことによって問題がいっそう深く進められてゆく。そういう風に考えております。

私はただいま農村関係の団体に籍をおいている関係上、今後の農村のあり方について絶えず目標を定めるべく迫られている立場にあります。そんなわけで、現在日本の農村が持っている特色というようなものが何であるか、あるいは日本的なものが濃厚に残っているとすれば、それは何によるかというようなこともつねづね考えさせられているのであります。そういう立場にありますと、どうしても調査研究が計画的ならざるをえないのでありま す。日本的性格が濃厚に遺るとすればそれは何によるか、自然環境かあるいは社会事情か、または職業的関係であるか——そういうことを考えてゆきますと、これは職業的に農業というものが大きな要素をなしているというようなことも考えられ、農業というものをより深く識らねばならない。そうなるとこれは漫然とそこに表われた事実を目あてにした自然採集だけでは不充分である。どうしても計画的に次々に問題を求めてゆかねばならぬようになります。しかもそういうことをやっておりますと、農業というものは同じく生産行為であっても、都市の工業などとは根本的に違っている。自然を対象とすることにおいて、そこには遙かに古代とも共通の要素がある。そこに古代と共通のものがあれば、それをめぐる感情にもまた共通のものがある。かようなことから農業そのものが一つの民間伝承であるということにもなり、そこに古い生活要素が遺ることは必然的であるということができるのであります。かようなつきつめた考え方はあるいは一般民俗の研究からいえば警戒せねばならぬかとも思いますが、ただいま私はそういう立場にあって農村生活というものを目標にして、計画的にひとつの実験を進める気持でやっております。そうしてこれが必ずしも農村という限られた部門を識る作業だけではない、やがて日本を識る上の一つのゆき方であると、かように考えております。

はなはだとりとめないことを申しましたが、これをもって御挨拶に代えたいと思います。なおいい足りません点は、いずれ他の機会に補わせていただきたいと思います。

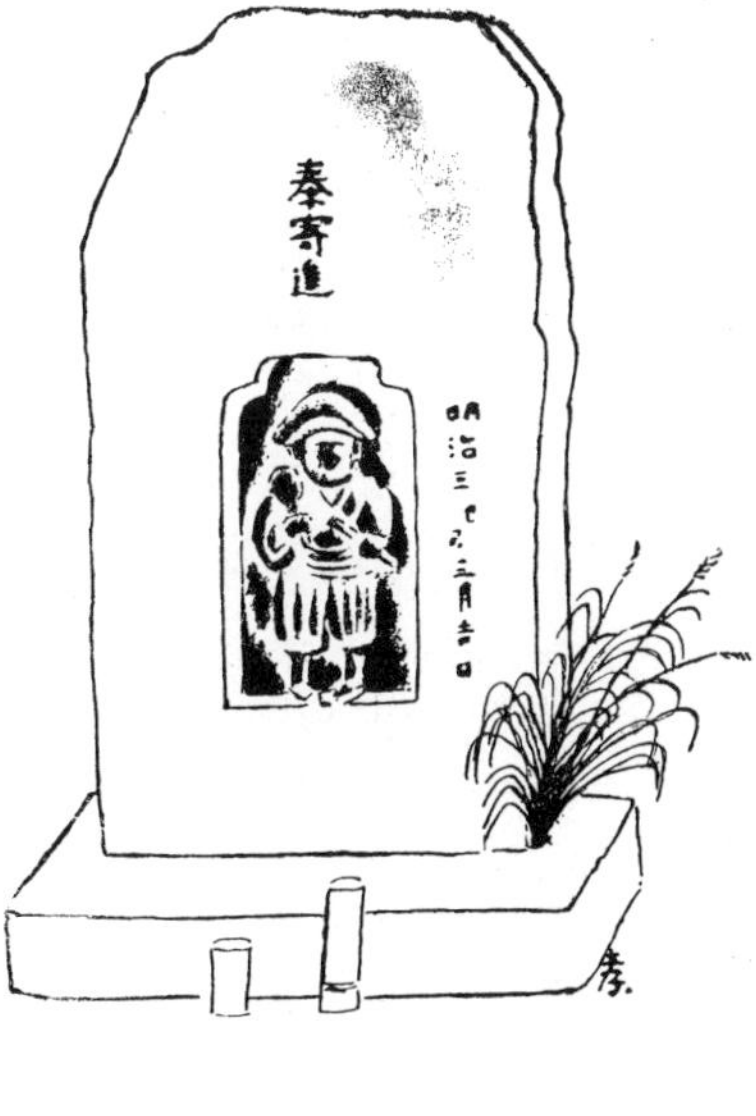

鹿児島県薩摩郡入来村牟多田の田の神

資料採集の潮時

民俗資料採集の目標が、資料としての純粋素、いいかえれば、より単純性を索める欲求から、できるだけ文化の浸潤の浅い部面に置く。このことは、見方によっては、学問の対象が交通不便な山村または離れ小島にあった結果ともなる。事実、文化の影響の少ないほど資料としての価値は高かったのだから、皆人山村孤島に注意が集まることともなる。必ずしも奇習異俗を趁《お》うていたのではないが、結果からいってそういう観察も成り立つ。

以上はすべて対象を平面的に横に観た場合であるが、一方時間的に縦に取り扱うと、あるひとつの土地について、現在よりも過去に、少なくもより以前の形に向って視野が偏しがちになる。これは現実の上に過去のある形を盛って見るのだから、不合理のものではない。したがって、より古い形とか姿を捉えようとする。眼前からはすでに失われた、いわゆる故老・物識りの経験ないし見聞に耳を傾けると、問題以外の存在はすべて影を隠して、ある形態だけが展開されるから、魅力を持っているのは自然である。

この意味から、外形的に、新文化の色彩の濃厚さを断定させる生活様式に触れると、かりにその奥に、外形とは似もつかぬ伝統的現象が潜んでいようとも、そこまで探り出す気がしなくなる。木曽の薗原から、湯舟沢の森林を抜けて、霧ヶ原の部落から一気に山を降り、美濃の中津の町の、輝く電燈の光に接した時は、もう何ひとつたずねて見よう気もしなかった。これは採集者のわがままないしは身勝手で、態度としては大いに誤ったものである。あるいは一種の懐古趣味に、しらずしらず陥っていたともいえる。

秋田県の舟岡村（河辺郡）などで、二月と師走の九日に、家の軒先に竹竿を立て、それに篩を掲げる風習なども、類型は各地にあり、格別珍しくもないが、ここ三、四〇年前までは、その下に筵を敷いて供物を飾り、家人のある者がそこに寝て夜を明かしたという。いかにも物質を離れた古典的信仰生活が目に見えるようで、他のすべての生活までが、そこに制約される心地がする。

漫然とこうした事実を拾ってゆくと、ここ三〇年あるいは五〇年前に遡ると、たとえば婚姻とか誕生、葬制等の風習なども、われわれの予想以上の例がざらにあって、資料としての純粋素に大いに恵まれたろうと考えることもある。村の祭りに現われた作法なども、失われたものは、その古風さにおいて、淡い憧れすら抱きがちである。もしそれを現実に、目のあたり見たとしたら、果して淡い夢は破られなかったとは断言できぬ。そうして別のもっと力強い存在を摑み得たかも知れぬ。後に談話として語られるほどに、理解の点で単純ではなかったろう。問題によってはともかく、信仰関係などは、一部の形が古風だからというて、採集の効果がそれに比例して恵まれたろうとは断じられぬ。あるいは眼前に失われていたことが、かえって効果の上によい結果をもたらさぬとも限らぬ。

新潟県三面《みおもて》（岩船郡）等は、その地理的環境からいうても、また歴史的交渉にも、村としての生活条件等も、民俗学的にひとつの標本のような土地である。そこに今も行なわれている狩猟生活においても、特有の原始的猟具、中世の武士階級の伝統的趣味を現わしたとも思われる服装から、狩猟生活の機構ないし雰囲気からいうても、他の地方におけるこの種の生活から、五〇年あるいは八〇年を引き放すことは決して無理ではない。鉄砲などにしても、ある場合によっては、これを使用することは、一種の冒瀆のように考える気持がいまだあるらしい。鎗と鉄砲を、神を祭る場合の、切り火の火とマッチの火の違いぐらいには少なくも考えていたようだ。

ところが一度その機構の内部にはいって、お互いの間に交される狩詞のひとつを求めても、ほとんど聞き出すことはできない。もっとも方法によって、たとえば酒とかその他のトリックを利用することから、対手を一時的にあざむきでもすれば、不可能ではないかも知れぬが、そうした場合に直面すると、個々の問題を拾い上げるよりも、それらが機構を形作っている雰囲気に対する魅力の方が大きかった。第一先方をあざむくなどは、よくよく民俗そのものに無理解でない限り能うものでなかったと思う。

神棚の前で牛肉を食い、石油のランプを灯していても、なお一歩山にはいると、そこはいまだ輝かしい伝統の世界であり聖地でもある。それを村人全体が護っていたのだ。

土地のいわゆる山詞は、狩りの宰領をなすヤマサキによって統制されていて、里に在っては口外を堅く戒しめている。したがって一度山にはいれば山神との交渉が生きた存在であって、里の生活とは全く縁を断って別個の社会がなる。行動用語等も別になって、ヤマサキすなわちヤマオヤカタの権威は絶対であった。これを神というてもあえて不合理の感は与えない。狩詞のコウザキなどというのもあるいは関係を思わせる。その日常は寡言で、一種暗黙の理解が、山の生活の大きな基調であったらしい。

これを要するに、断片的事実の採録のためには、果樹の実はいまだ青かったことになる。自然に熟れて、手を伸べるものに応えるには時期がなお早かったのだ。しかしいずれにもせよ、結果としては明らかに採集は失敗であった。実をいうと同じ失敗であっても非常に横着な失敗で、そこには全く手が下せないのではない。山入りの仲間に加わって、その社会の一員となれば宜しかったらしい。この点は少なくも果樹は一部熟れていたのだ。これを里の座敷に座っていて求めようなどは、木によって魚を求めるに近い。ちょうど祭り以外の期に、神の來臨の神秘またはその声を聴こうとするようなもので、かりにある種の方法によって目的を達したとしても、それは全体的に著しい欠陥のあることを予期せねばならぬ。

日本海上の粟島を訪れてもそうであったが、釜谷《かまや》という部落などでは、生活の個々の事実を知ろうよりも、村人の外来者に対する態度や、一種の昂奮した気分を感得することに関心が奪われがちになる。これもある意味において、いまだ作業の潮時に達していなかったことにもなる。

そんなこんなを思うと、時によって、作業時期の手遅れを云々するものの中には、例外を認める必要もあった。形が崩れて、初めて求められる場合もある。いちがいに早急に手を差し伸べることが、成功の全部とはいえないと思う。しかしそれは、断片的事実の蒐集が目的の全部であった場合だけにいい得ることで、勿論採集の意義は、それのみでなかったことを前提としてである。

民俗採訪余事

ウソトキ

『江刺郡昔話』で初めて知ったのだが、あの中の第何話かに金《きん》の牛《べここ》の口碑として、昔千人沢というところで金掘りが親金の黄金の牛を掘り当てて、その場で歓びの酒宴を開いていると、不意に坑の口が墜ちて千人の人がことごとく死んでしまった。その中にたった一人助かった者があって、名をウソトキという正直者であったという。同じ著者の『東奥異聞』『聴耳草紙』にも各地の類話が採録されている。この説話の筋はとにかくとして、たった一人生き残った正直者の名がウソトキというのが、単に語彙から受ける感じからいうと少し揶《もてあそ》れているような、しんけんに聴き耳を立てていて、最後の落ちで放り出されたというところがある。それだけ話としては印象の強い点もあろう。

それとはまるで内容において縁のないことで、単に言葉の関係から思いついていうのだが、採訪旅行などのさい途中で出遇った人などから、貴重な材料を提供されても、その場の状況や問題の帰趨から、すっかりだまくらかされでもしたようで、資料としての採録に躊躇することがある。そういった事例の一つである。

以前、羽前の西田川郡の海辺を歩いた時であった。最上川を渡って袖浦村の十里塚という村へ往ってみた。もともと目標があるのでない、古の袖ヶ浦という地名にも半分は引かれたのである。ちょうど村のお宮の傍らに煙草を売る店があったので、まずそこへ寄って何かの話の緒口を摑もうとしたのである。なんとか信用組合の標札が出ていて、主人というのは酒田あたりの出身で少し体が不自由らしく見えた。しばらく身の上話を聞いているうち、そこへふらふらとどこから出て来たかを疑うように、五〇がらみの男がはいって来た。黒の股引を腰高に履いて野良仕事のついででもあるらしい。どこか人の良さそうな、自分をキョロキョロと見守っている様子が少し頓狂さもある。よく旅で経験することだが、相手の身分も性格も皆目わからぬのに、何かこうその人の抱いているもの――知識的特色とでもいうのか――をどこかに現わしていて、同じものを訊ねるにも、自ずと引つけられる、早くいうと尋ねがいのありそうな人があるものだ。伝承者の特徴が、内面的の性格または境遇のみでなく、外貌にも現われるとすれば、そうした型かもしれぬ。今そこへはいって来た人がやはりそういった感を抱かしめる。十里塚の区長の高橋吉左衛門さんだと、煙草屋の主人から紹介された。わずか一時間ほどの立話であったが、いろいろのことを識っているいわゆる村の物識りであった。村の成立ち、神様のことから、付近の土地の風習などにも詳しかった。以前『民族』に報告したオコゼを山の神に供える風習などもこの人から聞いたものである。最後に暇乞いしてからであった。高橋さんの履いている股引のことで、話がまたひとしきり続いた。そこで思い出して、二日前、山形の町で、これも通りがかりの物売りらしい爺さんから聞いたつまのある草鞋の名を問うてみると、いかにも山形辺ではオソトキまたはオソフキワラジというが、この辺ではウソまたはウソツキという、藁《みご》の代りに蒲を使用することもある、とのことだ。もちろん、これはありうる語呂の変化で、ことにウソツキの語にしても、われわれのいう虚誕吐きを意味するとは限らないのだが、それを聞いてから、急にそれまで聞いたことごとくに、落ちをいわれたような気がした。相貌と伝承者とを繫ぐ、一人ぎめの思惑もたちまちぐらついてしまい、態度や語りぶりまでを心中でいま一度詮議してみたりした。ばかばかしいわけだが、そんなことからその折聞いた東田川郡狩川のナンジャモンジャの樹のことも、半分は疑う気にもなってきた。あの区長さんにだまされたか、などとひそかに思ってもみたが、後に山形県史蹟名勝保存会の記録を見ると、熊野神社の境内に五、六株あり、無名樹一にナンジャモンジャというと立派に出ている。

採訪者の勝手

前と同じ時であるが、宮の浦から十里塚へゆく砂丘の道は一帯の松林を縫って往く。その間ちょうど五月末のことで、道の両側で雉が頻りに鳴く、その数がおびただしいものである。後で禁猟区と知ったが、初めは合点がゆかぬ。酒田のような市街地を控えて、銃猟家はいないのかなどと考えたりした。誰かに訊ねようとするが、あいにく人一人にも遇わぬ、やっと松林の中に二つ三つの畑を開いたところがあって、そこに婆さんを見つけた。早速近づいて聞いたがどうも言葉がわからぬ。こちらの問う要領がまるで呑みこめぬらしい。少しもどかしくなって、半分は諦めかけていると、不意にその時、三、四間先の草叢でケンケンと二声ないた。アレダ、あの鳥は何かととっさにいうと、

なーんだキンズのことか

でけりはついたが、これなどにしても、のみこみの悪い婆さんだなどと身勝手をいうものの、こちらの言葉の方がよほど危なかしいものだ。それに、そこいらに何程でも鳴いている雉の名なんぞを、もっともらしく訊ねる者の気がしれぬであろう。それと同じわけで、採集者の方では何だ彼だと聞きたがるが、今ごろは誰かが何か尋ねて来るだろうなどと、待ってなどいようはずがない。突然に飛び込んで行って、やれ昔話だ歌だとせがみ立てても、相手は面喰らうだけである。まして言葉に馴れぬ土地へ行って、とんちんかんの返事を聞いて一人合点する

くらいはありがちのことだと思う。

ちょうどその後であった。十里塚から村役場の所在地である黒森へ、これも一里ばかりの間、松林の中を行く。その間には人家はもちろん畑もろくにない。道を半分ほど来たと思う時、そこの路傍に休んでいる女連があった。三〇前後と一人は四〇恰好と見られる。市の帰りでもあろう空の魚籠と天秤棒があった。こうした場合、自分の癖で、黙って通るのも気まずいので、立ち止って女たちの身に着けている物の名をまず聞いてみることにした。何でもござれ手当り次第に目に触れるものから縋《すが》り着いてゆく行き方である。脇に取り除けてある笠の名から、襟にあてている布、腰の所に縫いつけた銭入れの袋などと、何だか昔話の、和尚と門前の娘の寝物語の問答のようなところもある。草鞋から股引の名まで聞いて、さてありがとうと一礼して立ち去ろうとすると、二人の女が妙に顔を見合っていたが、アンサちょっと待った――ときた。

もう用はないかな
ここに用はないかな――というて、前垂の真ん中を叩いて見せた。

後で酒田の宿へ帰ってその時の話をして大いに笑われたが、しかし先の女たちにすれば、彼奴何者だと思ったかもしれぬ。こちらの目的がどこにあるのか、まじめなのか、からかっているのかも判断がつかなんだことと思う。服飾の採集などにしても、田舎の旅なればこそで、東京などなら失礼なと一喝されてしまう。そういうて道の通りすがりに、手前はこういう目的でしてなどと、いちいち語っているわけにもゆかぬ場合があるが、やはりごく簡単でよいから、目的だけはいうべしだと思う。去年の六月も津軽の旅で、陸奥赤石行の汽車の中で、前方に腰掛けている婦人の、被りものの名を脇にいる男にそっと訊ねたら、何と勘違いしたか、アリャ好い女でしょうといわれて、ひどく気まずい思いをしたことがあった。花祭の採訪に行った時なども、そんなことを聞いてどこから金が出るのかなどと、まじめに反問されて時には憤慨したこともあったが、これは先方の不審がるのがむしろ当然であろう。同じ三河であるが、神隠しの類例として、天狗に産の薬を授かったという話を、当時の詳しい状況を知りたいと思って、本人の息子がまだ生きているというので、その家へ尋ねて行った時である。ひととおり来意を告げると、それを聞いてお前様その薬を売り出す気かとやられたことがあった。

こうした類の経験談は、民俗の採集を試みた人なら、何程でも持っているであろうが、それだけに一方、被採訪者の側からいえば、随分迷惑の場合が多かろうと思う。そういってこちらも忙しいから、いずれゆっくりなどともいっていられない。忙しい稲刈りの田圃で蹲んで、お前様のような商売人（専門家）ではないからいちいち覚えてもいないわなどと、剣突を喰って引き下るくらいは覚悟せねばならぬ。

小問題

民間のあらゆる伝承事実が、問題の分類なり選択の方法が届かぬために、せっかく採集したものでも、資料として意義立てる機会なしに終ることもあろうと思う。あるいは半分聞いただけで、またの機会に譲ったり実際の踏査を予定しているうちに、忘れてゆくものもある。とんでもない時分に、古い手控えなど引くり返して、なるほどこんなこともあったなどと、気がつく程度で済んでしまう。もちろん採集者にしても、そんな非学問的の方法を用いている者ばかりないであろうが、そういうて、いちいちカードにして分類保存することも実は容易でない。現在のように、資料蒐集の事実が、一部の篤志家――に委ねられている状態では、なおさらである。お互いが食うべき道を持っている忙しい体でみれば、カードはおろか採集そのことが関の山である。各自が問題の範囲を限定してあたれば後の整理も楽であるが、そうすると材料の収穫率が下る。ない事実を捜すより出た時勝負で、まずそこに存在することから、拾い上げる気になるのは人情である。したがって専門の雑誌なりまたは記録として遺すほどでもない、破片に類するものがだんだん溜る。このごろことに盛んである地方中心の研究雑誌等も、こうした結果を補う要求から来た点もあろう。中央の学会へ報告しても、その土地に理解のない人からは一顧だも与えられぬものでも、地方としてみれば意義の多いものがある。あるいはそれを積み重ねれば、大きな問題となる場合もある。見聞が狭いなどと笑われれば笑われた時として、ひととおりは記録に遺しておきたいものもある。さて文句は別として、そんなこんなの手前味噌から、忘れていた手控えの中から発見したものを、不完全でも並べてみて、それを対象に記憶やら感想ともつかぬことをいってみる。

どもっこのこと

羽越街道を北に進んで、山形・秋田の県界をなす御崎峠、古の有耶無耶の関の趾を左に見ての道である。峠といってもちょっとした坂道といった方が感じが出る。この小さな峠を境に風俗が著しく違う。手前の女鹿《めか》では女たちが額から顎にかけて、絣のハンコタナという布を巻いているが、峠の彼方の小砂川にはいると、例のどもっこまたはどもこうという頭巾に近いものに変ってしまう。紺地が多いのでだれやらの形容した烏帽子はまさに当たっているが、これは烏帽子を被ったのでなく、襟から上全体が烏帽子である。眼ばかりを細く出しているところは、傍へ寄って声を聞くまでは、若い人か年寄りかもわからぬくらいだ。これを被って真白い手拭で頬かむりして、その上をさらに檜木笠で覆っている女もある。小砂川から象潟、それから東に進んで中山の小さな峠を越して伊勢居地あたりでも、田圃に働く人を幾人となく見るが、さらに山を越して仁賀保の奥へはいると、以前はあったというが、めったに見ることはない。さらに女の被るフルシキにしても、酒田付近にあってかえってこの地方が少なくて、北に進むとまた出てくる。太平洋横断飛行の淋代《さびしろ》〔青森県淋代海岸〕出発の写真を見ると、そこに働く女たちがことごとくそれを被っている。こうしたものの現在の分布図のようなものを作ってみたら、考えさせる点が多かろうと思う。

灰で顔を塗った神

あるいは今も行なわれているかもしれぬが、羽越街道上の、平沢から金浦、それに前いうた伊勢居地などで、三、四〇年前まで、正月一五日の晩に、村の子供が蓑笠姿で顔に灰を塗って、家々を訪れる式があったそうだ。これは例の男鹿半島などにある「なまはげ」の鬼と共通点があるというて、いっしょくたにみてしまうわけにはゆかぬらしい。

その次第は、一五日の晩に子供たちが作った「さいど小屋」に火を掛けて焼く、いわゆるドンド焼の類で、この火をワカビというて村の老人も大人もことごとく出てこの火に当りながら掌や頰を撫ぜたものだという。それがすっかり燃えてしまった時、水を掛けて、後の灰を掻き回してクタクタにする。その灰泥を顔に塗るのである。眼と鼻の穴と口ばかりを見せて、蓑を着け笠を被って、三人五人と夜の暗がりを思う家々へ押しかけてゆく。土足のまま座敷に上って、ドンドン床を踏みぬいて荒れて、お互いも蓑の毛をむしり合う。そうしてお祝いの餅をもらって引き上げてゆく。家によっては後に蓑の毛がうず高いまで落ちていることがあるという。それをフクだというて家々で袋に入れて一年間しまっておいた。この話は伊勢居地出身のある女性から聞いたが、それ以来もっと詳しい話を聞こうとして、そのままになっていた。でも先年同地を訪うた時、二、三の農家を訪れて、この話にある点の実感を加えることはできた。

話はそれだけであるが、この塵を福と称して袋に貯える風は、地を替えて三河にもあるのに驚いたことがある。大分形式は変わっているが、先年家々の聞書きを作った時にわかったのであるが、正月元旦にまず掃き初めというてひとわたり座敷を掃く、そうしてその塵を大黒柱の傍に集めて唱え言があり、そのまま翌年までそっとおくのである。現在もなおこれを実行しつつある家があった。こうなると農家を訪れても、柱の根にあるかなきかの塵もうかと見逃すわけにはゆかなくなる。

民俗採集法

序　言

実感を基礎にして

見方によっては民俗学はきわめて難解の学科である。民間伝承を対象として、それを観察採集し体系立てて、将来の研究資料たらしむることは、作業の方法よりもその前にこの学問に対する理解が肝要である。民俗学の目的が、終局において一般の史学と共通点にあったとしても、文献と遺物を基点とする態度と方法をもって臨んだのでは、容易に到達しがたい、あるいは不可能を思わせるほど、その組織と道程は異なっていたのである。したがってそこにはいるためには、現在ではその人の資格と素質を、局限されているごとき結果を生じた。しかし一面にはもっとも平易な与しやすい形態を持っている。路上に立って子供の遊び詞《ことば》をそのまま採録しても、田圃に働く農人から作業上の禁忌を聞くことも、すでにこの学問の建設に関連をもち寄与するものであった。しかしながらその作業はたとえば考古学上のある土器の破片を拾得せると同じで、やがて重要な啓示と貢献ではあるが、それをもってただちに学問的工作とするのとは別である。たとえば今日ならばごくありふれた問題である椀貸伝説である。その資料的価値をもっとも高く評価された時期もあったが、それは研究のある過程においてであって、これを新たな計画的作業の側からみれば、単に断片的価値しか認めえない。椀貸伝説の資料としての意義は、その説話の根を張っている場所を中心として、これを語り支持する者のその説話に対する観念の動きを、各種の例証にわたって明確にすることで、早くいえば生活との関連である。形式的の章句だけでは、たとえば解剖学における切開終了後の骨片ないし血管のごときもので、そのものの機能的価値を知ることに無理があったのである。柳田先生のいわれるごとく、民俗生活における伝説はこれを植物にたとえれば花であって、そのものの生態上におけるひとつの現象に過ぎぬ。これには幹も葉もあり、さらに大地に根の連絡していたことを思わねばならぬ。単に断片を取ってその全体を判断する上には多くの不合理がある。考古学上の価値は、おそらく埋没されていた遺物の形式のみではなかった。したがって遺物はその位置を離れれば、資料としての意義は著しく減殺される。これを民俗学でいえばその位置と遺物の埋没状態こそ、当時の生活観念に連繋を知る有力な道であった。単に断片的存在によって、それを比較し例証とするだけならば、これまでのいわゆる偶然記録で充分かもしれぬ。わが国の民俗学の創世期には、この不用意な偶然記録をすべての資料のごとく取り扱わねばならぬ苦悩もあった。その結果、一部の無理解な見地から、何でも変わったもの、取るに足らぬ材料を表看板にして、自己陶酔に陥っているようにも誤解されたが、これは根本を理解せぬ者にはもっともなことでもあった。採集すなわち事実への接触を離れて民俗学の存在意義はない。生活現象に対する実感を基礎として出発する。人間の考え方――民族的にといえるかもしれぬ――ある行為の源となる心の態容が目標である。われわれの観念がいかなる点に重点をおいて現在に到達したか、それを知る根拠は生活技術の尖端である心の反映にあった。これを個々の事象について観測を進めてゆくので、その所産である説話も歌謡も行為もすべての伝承が、いかなる法則をもって生活に現われていたかの例証を捉えねばならぬ。

民間の伝承が、行為の源である心意の有機的現われである以上、これは人間生活に対象をおくすべての学科の基礎となるもので、民俗学が一面からいうて補助学科であり、また基礎学でもあるゆえんであった。路傍に立つ石仏とか梵天の類、あるいは民謡とか行事の類を、簡単に民俗学の領域と限定して、これを他山の石とすることの誤りはいうまでもない。ある種の絵画彫刻とか文学、または社会と同じく、ことごとくそこに集まり来て、この人間観念の結成に瞳を凝らさねばならぬはずである。しかしお互いが忙しかった、それぞれの分科的作業を続けてゆく上には、多くの部面にわたることは不可能である。よってこれはその道に立つ者の手で整理し体系を立て、将来共同の利用に資せねばならぬ。伝統境遇を異にした限界に立つ者にも、理解と納得の能うべく工作を続けねばならぬ。したがって方法としては時に迂遠であって、共同の作業の必要を痛感するのである。自分のいう採集の目的もそこにあった。

採集の対象点

民俗の採集といえば、とかく村の――ことに山村とか島の生活が対象となる。事実、以前の社会生活は個々の隔離された村にあったのだから、少しも不合理の感はない。かくいうたからとて、採集すなわち民俗学の対象がそこに限られていなかったことはいうまでもない。都会地のアスファルトの街路にも、アパートの屋根の下にも、生活の営まれる限り民俗的要素は発現し得たが、それを発見し検出することは、困難というよりも徒労が多かった。そこには理知観念がすでに生活を支配していたために、事象の存在が孤立して問題の範囲を局限され、しかも不純である。たとえば一本の箸に対する観念にしても、今日都会生活に育くまれた子供なら、これを人体の栄養をとるための器具すなわち食器としての目的以外には、他に意義を求めえない、簡便とか美的欲求もその派生である。これに対して一方の村の生活に交渉を持った者なら、その観念には多くの民俗要素の潜むものがあって、これをその取扱いにも遙かに複雑な心意の動きがある。仮に両者が野外で食事をする場合に箸の必要を感じて、これを傍らの梢から選ぶとすれば、そこには理知と伝統の両極端が現われるであろう。しかして後の処置にもまた関連してゆく。この意味において村の生活と民俗要素の関係は、なお密接な融合状態にあったといってよい。明治維新以後、政治的統制の下におかれた時期を転機として、著しい速度で解消しつつあったといっても、まだまだ消滅しきれぬ部面がたくさんにある。村の生活は一〇〇年あるいは数百年が一続きで、同じ環境を条件におかれた場合が多い。

このごろ発見した伊豆の長浜という村の、漁民に関する文書が、いま渋沢子爵の手で整理されつつあるが、それを通じて考えられるもっとも大きな事実は、天文年間から明治初年に至る三百数十年の制度はほとんど一続きである。これは文書を通して見た漁業制度の問題であるが、一方、精神生活の容態も、この律によって考えられぬことはない。これは一長浜に限らなかったことに注意を喚《よ》びたいのである。それと同時に明治維新以後の変化の顕著をいまさらのごとく懐うのである。村の生活は、社会全般をひとつの川に例えてみれば、あたかも淵の底のような地位にある。隔離されていて外部からの文化の迫力の微弱である点は、池とか湖水の静けさを思わせる。最初にどこからか流れて来て、根を下したであろう苔とか藻のようなものも、そのままに伸びていた観があって、石とか岩の配置も思いのほか動かされておらぬ。山中暦日なしの譬も少し誇張であるが、山村の生活のあるものなどはことにその感を深くする。もちろんかくいっても社会が何百年も昔のまま缶詰になっていたのとは違う。その時々の文化の呼吸をも続けていたのである。その間には飢饉とか政治的の変動などの巻添えを喰って、無茶に掻き回されることはあっても、後は元の静けさに還り得られた。人の移動も少なく親から子・孫と継がれて、民俗的要素の解消を比較的促されぬ環境にあった。この意味で同じ村といっても、交通等の関係から、次第にあるものは異なった境涯を作ってゆく。したがって村には民俗学的にいくつもの段階ができていった。その中の最も外部の影響の少ない土地にはいれば、異種民族の社会を訪れたのとは異なって、人も同じであり風俗生活も概括的に共通していながら、部分的には見るもの聞くものが、別に前代を感ぜぬわけにはゆかなくなる。そうして一方に人間生活に現われた考え方の不思議を喚起せずにはおかぬのである。そこを発足点として、一方文化の浸潤の濃厚な社会とを比較することは、この学問の意義と存在を知る有力な道である。文字や詞による指導にまつよりも、体験により自覚することが、理解への捷径でありかつ正道と信じたい。それも対象がなくなった場合はやむをえぬが、交通の幹線からわずかに離れれば、未だ国内に新しい学徒の訪れを待つ土地はなんぼでもある。そうして一日を空しうするを許さぬ事情が喚びかけていたのである。あるいは余計な工程かもしれぬが、かく事実への接触をさらにいくども繰り返して、新しい興奮と刺激に浸ってゆくことは、単に認識を深くする利益のみではなかった。

事象とこれが記述

民俗学における採集作業は、画家の製作における素描のごとき関係にあって、これによって自然の法則の洗礼を受けて、ともすれば鈍ってゆく、すなわち型に嵌ってゆく観察力を正道に引き戻し新にしてゆくこともできた。事実の存在は文献とは異なった特殊の魅力と清新味を蔵していたのである。しかしこれを書斎とか研究室の作業に比較すれば、遙かに苦難の多いものであることを覚悟せねばならぬ。時には思索に動揺と混乱を来す場合もあるが、これがもっとも大なる意義である。したがって実際問題として書斎生活への誘惑に打ち克つ努力も必要となる。事実の存在そのものは、それ自身をただちに学問的資料として取り扱えぬ場合がある。未だ多くの不純物を含んだ未工程の原石である。たとえば一個の社会現象である盆踊りにしても、これを文書または談話とか絵画の形式によったものと実際とは別で、これにはある種の分類と要約がなされてあるから、そこからは容易に概念をつかむこともでき、ある要素も平易に受け入れられて、思索にはもっとも便益が多い。これに反して現実そのものは、あまりにも刺激が強烈であって、その間に概念も思索も容れられる余地はない。感情も肉体も嫌厭も、または歌詞も手拍子も生活もすべてがひとつになって迫ってくる。この迫力が現実の持つ特異性で資料の原石の意もそこにある。しかしそれも二回三回と経験を重ねてゆけば、その間に自ずから統一もでき、思索の余地もできる。その重圧の中から、分類と摘出穿索の工程を加えたものが一個の資料であった。したがって資料と原石との間には、その迫力において差などのあることはやむをえぬ。しかしてその工程のいかんが後の価値に影響することはいうまでもない。これを前にいうた箸の問題についていえば、野外の食事でこれを選ぶ場合に、その生活に民俗的要素を持っていた者ならば、樹の種類とか梢の生態あるいはそのもののある位置等に多くの制限を受ける、そのことがやがて外面的にもひとつの形態となって現われる。この現象を採録する場合は、単にこういうタブーがあるとか、言慣わしが行なわれるというに止めず、そこに動く心意を、客観的状勢において、精確に誇張なく可及的立体的に表現することの努力が要求せられる。この場合の記述における表現形式は、抽象的な暗示方法よりも、むしろ率直に唯物的に取り扱って、これを第三者の位置にある者に、理解の簡明なることを期せねばならぬ。ここにおいて採集と叙述の技巧も問題となる、いわゆる美辞麗句は排斥せねばならぬが、粗笨なる記述法は戒めねばならぬ。そのことはひいて当事者の素質と感受性の問題にも触れてゆく。採集者の資格とか見識が云々せられる理由もそこにあった。この場合、不徹底で無理解の臆断を取り扱うなどは論外であるが、そういうてこの弊害を排斥するあまり、採集者の資格として、単に純真な感情のみを要求することも一種の反動思想とみねばならぬ。計画的採集事業には、知識的な観察力の養成を必要とすることは論をまたぬ。これは何も記述される材料のことごとくが、厳密な理論の根拠に立って分析整理されることをいうのでない、取捨の能わぬものは、できるだけ鮮明にその全容を描写することにある。そのために迂遠を笑う者があれば、それは民俗学の実状を理解せぬ者で、分類を惑う事実は遙かに多いのである。よってその一方に絵画とか写真の応用も必要となる。いかなる場合にも、境遇を異にした第三者を念頭におくことである。この点から考えられるのは、これまでの偶然記録のあるものにも、かつては計画的に営まれたものもあったが、これに対する読者の理解の行き届くことから、不用意の結果を将来したものもあろう。こんなことは書くまでもない、これだけいえば後は想像がつくなどの高踏的趣味から、あまりにも簡約の行なわれた弊もあった。したがって問題によっては、わざわざ教えを乞うまでもなく、そうかというて、他に識る機会はない、一種錯誤的にわかったような心理に陥って済んでしまうことも多かった。これではいつまで経っても確固たる信念下の事業は期待されぬ。将来はこの点にも充分の考慮が払われねばならぬと思う。現在ならば容易に判断し得ることでも、後には全く不明に帰するものがないとは保証できぬ。かくては民俗学にはいるごとに、まず準備として万巻の書を読破せねば、その緒口にも到達しえない憾がないとはいえぬ。この意味で採集作業は、民俗学を研究室の作業に移す前に、どうしても払わねばならぬ当然の犠牲であった。幸か不幸かこの国では、柳田先生が口を酸っぱくして説いておられるように、民俗要素の豊富に残存しつつある時代にこの研究が興り得た。一方、研究室に籠って思索と比較を進めねばならぬと同時に、他面にはその幹である野外の作業を一日も空しゅうすることはできぬ。ここに日本の民俗学の特殊なる地歩と意義があった。これだけのことを前提として、次には採集項目の分類をあらかじめなすことであるが、その総括的分類はしばらく保留しておき、一足飛びに採集技術にはいることとする。よってその方法として適宜に項目を選出して、そこから観測と記述に対する態度を定め、これによって技術上の一般法則を求め、ひいてそれぞれの項目の地位と意義の普遍性をも考えてゆきたいと思う。

（未完）

外貌と内容

一

民俗の採集というたところが、一つの存在について、慎重に正しく観測し記録すれば、それで万事足ったわけで、採集者はそれ以上を考える必要はない、目かくしした馬車馬のように、与えられた道をただ一途に進む、こういった意味で事象と採集作業を関連さしているとすれば、大きな誤りといわねばならぬ。片っ端から、畑でも掘りくり返えすような気でやるといっても、いったい何を探し出せばよいのか、犬子噺の正直爺さんのように、ココホレココホレと教えられて、光った小判でも出てくれば文句はないが、そうはゆかぬ。問題によっては、努力が方法の全部で、目的が達せられることもあるが、一般フォクロアとしては、目に見えぬもの、平素露われていないものを索める場合が多いから、そこに方法も考えられる。あらかじめその性質とか態容も知っておく必要がある。一方、がらくたばかり後生大事に拾い出してきたからといって、初めっから無知だ努力が足らぬと、冷眼視するのは無理だ。直接作業を続けてみれば、つまらない土塊のひとつも、人間生活に密接な意義をもつ存在だったのだから。

自分の生まれた村などでは、家の入口を跨ぐと、そこはたいてい仕事場兼用の土間で、一方に厩があり、突当りのちょうど土間の中央あたりに柱があって、その傍に兎の餅搗の絵にあるような、中央がくびれた立臼が二つ並んでいた。竈はその奥になっている。この臼と柱を中心とした所が、家として重要な意義を持っている。律儀な家庭なら、その柱には年中青々とした松とか檳《はな》の枝が、竹筒などに入れて挿してあった。つつじとか女郎花など、季節ごとの花を飾った家もある。ここにコウジンサマがおいでるなどと聞かされて、何かこう神聖な感を抱いたものだ。真っ黒に煤けていようが、傍《はた》の者が見て汚なかろうが、神聖は瀆されてはいない。何にも知らぬいわゆる伝統境遇を異にした者が、仮にそこにある空の立臼に近づいて杵をとってこれを搗くとしたら、家人としては、おそらく頭の奥の大切な部分でも突かれるような、苦痛に襲われて、猶予なくその手を押えるだろう。自分などもその気持は未だ持っている。同じ例は、そこの柱にしても、囲炉裡に吊した茶釜にも考えられた。空の茶釜に柄杓を入れて音を立てるな、などと教えられた。毎日水を代えて沸かして、勝手に汲み出して飲んでいながら、中を覗くことは何となく恐ろしい、冒瀆などという言葉は適切でないが、見るべからざるものを見る時の戒しめを感じた。どこからそういう観念が養成されたかを考える。茶釜の蓋が除ったままになっている、そこを誰でもが外出しようとすると「アッちょっと待ってー」などと呼んで、慌てて蓋をしたものだ。蓋を除ったままで外出すると、その者について中の福の神が出てゆくという、伝承があったことからの行為だ。そんな場合を何時となく見ていたり聞いたことが、茶釜の中に——茶釜そのものを囲って——何ものかの存在を肯定させたのであろう。あの冬瓜を縦に吊したような恰好の中に、茶袋と水以外に、別のものを見ていたのだ。そうして真黒い蓋が、上から入る埃とか、その他の余計なものを防ぐ目的のみでなかったこともたしかだ。さらに前の柱とか臼にしても、それを囲って何ものかの存在を意識している。これが民俗のひとつの態容であった。

二

前いうた茶釜について、も一歩奥へ事実を索めてみると、そこに宿っているものは、福の神としても、果してどんな姿であったかの疑問が起ってくる。目に見えぬ、スピリットとか神霊と済してしまえばそれまでだが、蓋を開けたままで外出すると、一緒についていくというからには、石のように動かないでいるものとは違う、運動も随時に起こすわけだ。福の神というからには、えべすとか大黒さんのような恰好をしていたのか、ともかくもそこに何らかの貌を想像する余地が出てくる。これは昔の人の考えも同じであろうと思う。注意すると、またこんな話がある。茶釜に紡錘《つむ》を当てると悪いという。なぜであるか——福の神がもっとも嫌われる。嫌うというのは、そのことが致命的の打撃のようにもいう。何によってか、紡錘の形が嫌いなのか、材料の性質によってか、あるいはその接触から起る自然的法則によるのか、というふうな疑いが出てくるわけだ。一方そうした過失をしでかした時は、その蓋を川に流して新しく取り換えねばならぬ。さらに修験者の類を頼んで祓いをしてもらうことも必要だ。現に村の神田《じんでん》という家の亡びたのは、妻女がそれを過ってなしたからだ。一本足の怪物が裏口から逃げ去った。その証拠が、翌朝背戸口に山の方に向けて、ただひとつ足跡が遺っていたという。福の神の姿が、——特色が——果然一本足となって現われてきた。胴体とか相貌等についてはわからない。さらに紡錘と一本足とに、どういう交渉が成立つのだろう。ここまでくると、自ずから問題は行き詰まって、今度は目標を変えて、一本足とか、紡錘に対する観念、茶釜の意義と川の関係等に視線を移す必要も起こってくる。

この過程が、ひとつの存在に対する観測の順序でもあって、冬瓜なりの茶釜から、一本足の福の神が出てきたのだ。あるいは土地を別にして詮索すると、全く異なった恰好で現われてくるかもしれぬ。民俗の性質としては、仮にカミサマという因があれば、それを具体化する適当な要素を連想してくる、形が小さいといえば、想像の及ぶ範囲で、それに似つかわしいものに当てはめて考えてゆく、したがってひとつの神の貌も、少しずつ合理化されて、いくつにも岐れて、先々に変わってゆくが、元の意はどこかに失わずにいる。しかもその変化の自由さは、厳然とした規格に随って動いていた例証を、われわれはたくさん持っている。自己一流の経験を標準にした臆断が、事実を一歩一歩推してゆけば、容易に食い入る余地のなかったことは自然にわかる。しかしありのままを見てゆくことは、実は面倒でうるさい、が、それを忘れたらもう採集の意は失っている。

三

柳田先生は、採集項目の分類を、作業の立場から目・耳・心と、この三部門に区別することを主張せられた。これはそのまま、採集すなわち観測の順序にも当てはめて考えられると思う。最初に眼に映ったところから、そこを基点にして、耳から心の共鳴へと観測を進めてゆく。一口に耳の採集というが、耳を働かせる前に、眼光をもって充分な基礎を作る。この観測の道程を実際に考えてみるために、まず形とその約束のことをいってみたい。手近な例として、前にいうた臼でいうと、これにはいろいろの形がある。自分の郷里などで見るように、中央のくびれた形、あるいはそれをいっそう縦長くした、伊豆の島々や琉球などに見る形式もあり、東京辺で使う、づんどう形のものもある。これを観測するとすれば、そのいずれにしても、まず形に対して慎重に微細の現象まで特徴を摑むことである。ひとつのものを確実に認識することは、次の作業への基礎で、比較の意義もそこにある。平凡で何の特色もないように見えても、それが根拠ある約束の表われである。無意義の創造はありえない。この立場から見てゆく。そのことがやがて事象の存在の尊厳を保つ趣意だ。たとえば握り飯の三角も、団子の丸いのも、餅のあるものの菱形も、すべてよって来る因はあった。これを材料の性質によるとか、食う時の便宜とか、または見た目が好いからなどの立場から観察したら、それは民俗学ではない。ひとつの形の中にも、充分な内容が籠っていた。それをいかに引き出し索めてゆくかが問題である。形はさらに名称とか意義観念等の表われであった。しかし観測の基点としての貌は、臼とか茶釜のような、固定的存在のみではない。そのものに対する態度とか取扱い、行為とか扮装等まで、すべてを含む、柳田先生のいわゆる生活外形である。たとえば前に引合いに出した箸にしても、食事の前後に行なう儀式とか、損傷または最初に使用する場合の処置等における、微細な行為の動きである。そこに目標を摑んで、次の関連を索め、第二の目標の道を展いてゆく。あるいはそのものの製作の過程にしても、職業化したものの一方には、野外等で、必要に臨んで作る場合の、行為を見逃すことはできぬ。そうした不用意な作業に、かえって古い要素があったことは、共通の法則でもある。したがって一方には、そうした状景なり機会を促すことも考えられる。無駄骨は予て覚悟である。急所急所を捉えて、落ちのない無駄をせぬなどということは実際上不可能である。

こうして確かな目標を定めて、それをどこまでも辛抱強く追ってゆく、そのためには、相手にうるさがられる前に、こちらが厭になることが多いが、そこを突破して、初めて与えられるなにものかがある。あと一歩で肝腎の点を逸する例はいくらもある。民俗の観察は、古墳踏査等と異なって、形を具えたものが提示されるのでないから、刺激と興奮を喚起する点が鈍りがちである。

四

外貌から、次の関連を索めてゆく場合の例として、信濃下伊那郡神原村地方の正月行事のトシギ（歳木）のできあがる過程を、遡源的に、すなわち、観測の順序に基づいて図解してみる。ひとつの事実について、これだけの過程は当然試みねばならぬ、平面的に自然にたどられる道である（図版および説明参照）。正月十四日の朝村を訪れると、家々の門にこの割木が立ててあるのを見る。頭にうどんとか餅、小豆粥などを載せてある。採集者としては、まずその状景に対して、驚異と新たな感興を喚起することができれば幸福である。童心ともいうべき、純真で朗らかな心を持つことである。次には名称にしてもできあがる過程にしても、些細な現象にまで注意して、できるだけ多くの例証を蒐める。これには最初の感動の度合いが大いに影響することも考えたい。この場合に見ても、ただ一回くらいの採訪では、充分な認識の能わないことはわかる。トシギとして、門に飾られた時を発見したのでは、その前型すなわち母体はすでに影を秘めていた。さらに一年の歳月を待たねばならぬ。これを補うために、耳の作業で済す場合も実際として考えられる。それにはやはり外貌的に、模型等によって実感を得てゆく方法もある。かくせぬと次への大切な目標を見落とす不安がないとはいえぬ。第四図の場合の、恵方すなわちその年の歳徳神のいる山の樹を選ぶにしても、だいたいわかりきったことのようではあるが、やはり山に入って、ひとつの樹を選んでみることも必要で、なにものか得る道がある。仮に無駄に終ったとしても、第二の作業の場合の基礎となる。当事者自身も気づかず、無意識に続けていたことは民俗にはありがちの例だ。こんな事実は、耳だけの作業では触れてゆかれぬ場合が多い。

眼を発足点とすることは、自然で力強い方法ではあるが、いまいう通り、時によって事情が許さぬ場合がある。それでも作業としては続けねばならぬ。こうした条件に立つ場合は、一方に視野を塞がれているから、形の上の

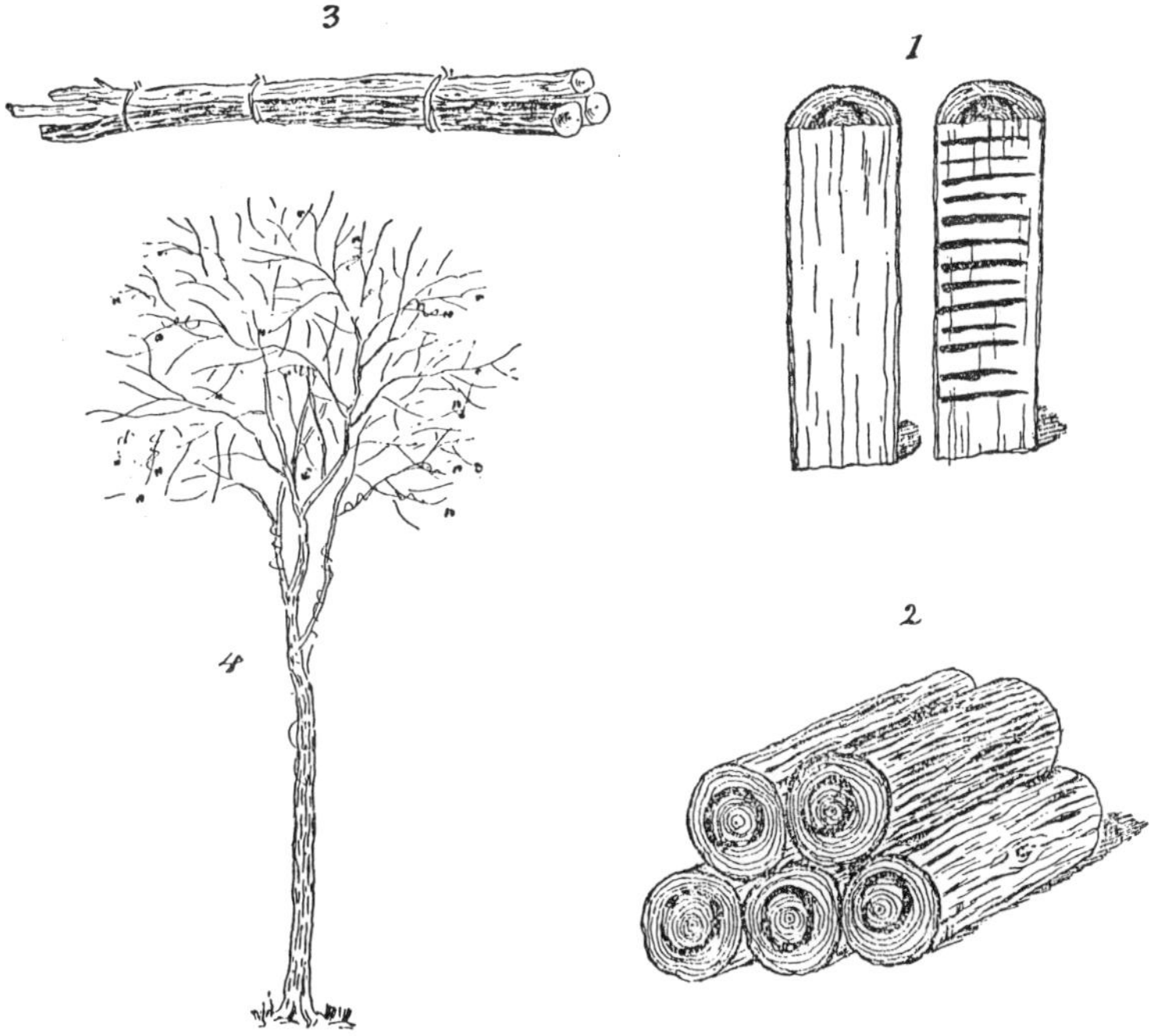

認識が不十分で、とんだ悔を遺す憾がないとはいえぬ。かつて東北地方に探訪旅行を試みた際であった。季節外れに、正月の松迎えから門松の様式等について、カドマツ迎えはどんなふうに行ないますか、というような質問法を用いた。自分としては、カドマツといえば樹の種類は当然松だと、勝手に決めていたのであるが、後に先方の解釈との間にひどい食い違いのあったことを知った。先方の答えたカドマツは、樹としては松を意味していなかった。こうした失敗はもちろん自分の質問の不用意に帰せねばならぬが、これは一面に眼で見てゆく、すなわち事実を前にしての作業ならば、決して起こりえない誤解である。

これから思うのは、自ずから領域を別にする言語とか観念にしても、耳による説明とか心の理解を索める一方に、目の働き、すなわち外貌的現象の観測を、より充分に試みねばならぬ。これは結果において臆断とは別であると思う。

（未完）

図版説明

1　オニギ・トシギ・ニュウギ等の名があり、断面に引いた墨線は、その年の月の数で、一方にのみ記すのが例となっている。食物を供えて祀る。

2　斧を入れてオニギ・トシギ・ニュウギとなる前に、屋敷の中の聖なる場所（門松の脇など）に置かれた時である。これには断面に墨で印が描いてある。なおこうした形式をなした材をタマというのも注意すべきである。一三日朝にこれに斧を入れる式をクチアケともいった。

3　初の山入りに伐出してくる時の形である。これを適当の長さに切って、タマとなしたのである。

4　家から向かって、その年の恵方に当たる山の樹を選ぶ。これが標準は実の生える樹が建前となっている。これを倒し枝を払って、家に運んだのである。

樹木と色

一

伝説採集の目標のことから、いま少し思いついたことをいうてみたいと思う。しいて問題の範囲を広げようとするのではないが、外貌観測すなわち感覚採集の一つの道として、色に対する民俗を考えてみることもこのさい必要と思う。採集作業を進める上には、学問の傾向とか研究の道程を考えて、そこにできるだけ接触を保ってゆくことは、望ましいことであるが、その一方には、できるだけ捉われない、自由な立場にあって、朗らかに観察を進めてゆくことであった。たとえば樹木に対する観念の観察にしても、名称とか樹種にのみこだわっていたのでは、作業の効果は限られてしまわぬとはいえぬ。伝統を捉え型式に即してゆくことは当然であるが、たとえば一口に神様松といい天狗松というたからとて、神の憑《よ》り宿る樹を松にのみ重点をおくわけにはゆかぬ。全国的に例証の多いことが、必ずしも歴史が古く代表的とは限らない。松についてはタブとか黄楊・椿・桂・欅・柳・榎・杉も挙げられ、だんだん拾い上げてみると、樹種に格別の制限のないことがわかる。仮にそれらの樹にしても、信仰と関連して多くの信望を繋いでいた理由を、伝統と因襲の窓のみを通して見る要はない。樹木に対する人間の感情も、言語や器具のように、古いものに対する執着の一方には、新しいものを珍しがり不思議を感じていたとみねばならぬ。銀杏が全国に普及し、椰が北に北にと運ばれたのも、単に信仰に関連していたことだけが、理由の全部ではない。名称とか種目を超越して、生態とか名称が問題となってくる。松や枝垂れ桜が神の木、仏の木の要件を具えており、銀杏や椰の持つ特色が、別に人の気持を捉えるものがあったのである。いわゆる名木の星降りとか来迎の木、袈裟掛けとか駒止めなどの樹にしても、名木たり神木である要件を、ただひとつの理由に帰せしめてばかりいたのでは採集の意義は乏しかった。枝が垂れるとか横にのびてゆくあるいは傘の形をとる以外に、樹肌あるいは葉の色にも、関心の働くものがあったはずである。かく考えると、樹と季節との関係も看過することはできぬ。桜とか椿とか、または藤・柳などは、その若芽または花の期に注意をひかれる。桂とか欅は、葉の十分に繁ったとき、あるいは樹肌に表われる色の変化である。これに対して秋の紅葉期の関係があり、一方に松とか榊・樒《しきみ》・柊《ひいらぎ》・黄楊などは、どうしても満目蕭条とした中に立つことに、印象を捉える力があった。葉とか樹肌の他には、花に対する実である。赤とか黄または樹に絡みかかる蔓科植物の紫の実の刺激などは、鳥でなくても何らかの関心を抱かずにはいなかったはずである。

神の降臨の記憶を伴う木にしても、これが依代となる最初の目標は、優れて高いこと、空に近いことが要件の最大ではあるが、一方には葉の持つ色である。海から望む磯の松、初冬の山に孤立する峰の平松には、格別の用意がなくとも、ただの風景として以外に、別の魅力を感ぜぬわけにはゆかぬ。冬枯の野に一叢の緑を遺す道の塚の黄楊は、すでに『石神問答』にも注意せられている。

二

神にしてもあるいは名もない人間の亡霊にしても、一つの木を選んで、他から訪れ来って依り宿ると信ずるからは、その本体をどんな形に仮託し想像していたかである。鳥をそこに見出してゆくことは自然の順序で、これにも色の選択は働く。鳥からそれの憩う梢を連想することも自然で、枝に特色を見出していたのもそのためとみる。あるいは人間の姿を変更しがたいとすれは、それに羽を持たせてくる。さらに英雄とか美女高僧に仮託すれば、その人の姿を樹上におくよりは着物などを見てゆく方が自然である。亡霊は柳に、天狗は松とか杉と、動かし難い約束があるわけではない。そうして一方にまぼろしに見るとすれば、幻覚を起こす因が何にあったかも考えてみたい。橘の濃い緑の葉が、キラキラと陽に輝くのを凝視していると、眼がクラクラとしてきたことを私なども覚えている。

正月行事の松迎えに、山に入る年男は、何を選択の標準とし基礎としていたか、説明を耳で聞くのみに満足せず、その行動のいちいちに注意する。たとえば前にもいうたが、住居とそれを中心とした方角が、要件の最たるものではあったが、その陰にはなお表面化せぬ約束の監視するものがあった。それがむしろこちらの求めるところである。ただ一本の盆花の女郎花を採るのに、一帯に咲き乱れた中から、手の裡に入れるものは、何らかの約束に適っていたとみねばならぬ。神の木の榊にしても、これが得られぬ場合は、他のもので間に合せることもある。その時には第一に何を選むか、名称の似たものを求めるより、おそらく形と色に選択の範囲をおく、これを知ることがやがて榊に対する考えの元の気持を知るものでもあった。化け銀杏とか、欅婆などいうことは、樹木そのものに霊を認めた思想から出ていて、いわゆる巨樹伝説の類に入る楠とか柳などにしても、単に樹齢が多いとか、大木であることが、伝説発生の理由の全部ではなかった。樹齢の古かったことの一方には、枝振りとか葉の繁り工合、あるいは樹肌に現われた特色である。それが因になって、同じ種類ならば未だ若い樹までも別の気持で見てゆく。事実樹のあるものには、人間の皮膚の感触を連想するものもあり、動物の姿を思うものもある。こういう気持が、民俗に影響することは、事実そういう現象に接してみねばわからぬ。あるいは名称にだけ昔の人の感覚に繋がりを見るタマなどという木にしても、これをタブとか桂とかに限ってしまうことはできぬ。土地によっては肉桂をいい欅のあるものを指す場合もあって、樹種に十分の制限のなかったことは、丸い形を具えた石のあるものを、タマというに比《ひと》しいものである。形以外によってくるものを求めるとすれば、やはり色であったとみられる。ことさらに赤とか青とか、限られたものをいうのではない。石にしてもただの石ころでないものは、形と紋理と色の上で区別していたはずである。その他、前にもいうた淵とか池に湛えた水の色、あるいは雲とか煙・霧にしても、これを色の上から、いかに見かつ感じていたかを、できるだけ自由な自然の観念を見てゆく。かくいうたからとて、なにも西洋風に赤は何の象徴、黄は何を表わすという固定的気持を索めるのではない、一つの浅黄の色にしても、これに対する心の動きが、いかに働いていたかである。真白い雪の中に雪女を見、麦の芽の青く伸びた期に青坊主を思い、疫病神が黄いろい手拭いを被って訪れるなどというのも、色の民俗の表われで、それを通して見ているなにものかが必ずあった。

三

単純な白と黒の色にしても、これに対する人間の考えが、いかに働いていたかは、感興を新にしてみる必要もあったと思う。白は清浄、黒は汚れと決めて、その伝統にのみ引きずられてゆくには当らない。葬式の場合の塔婆などにしても、東京などではことごとく白木に化してしまったが、東北のある地方には、夏草の茂った中に、毒々しい五彩の色を塗ったものが、絵巻を見るように立っている。西津軽の屏風山の下の地蔵堂を覗くと、赤や緑青、群青で塗り立てた石地蔵が無数に並んで、それらの色が渾然して、一種別の世界を現出しているのをみた。

色によって初めて現わしうる世界であった。ここを賽の河原ということから考えると、一方、山の峠や淋しい海辺などにある同じ名の場所とは雲泥の相違である。してみると灰色に淋しい色を通してのみ、賽の河原を見ていたのではなかった。路傍に立つ石仏にしても、胡粉を塗り丹を塗るものの一方には、緑青や丹で彩色したものがあることは、独り津軽の地方色ではなかった。これをことごとく仏教の影響と決めてしまうことは、あるいは不用意といえるかもしれぬ。七夕の短冊、盆の万燈や、祭りの行列の五色の幡などにしても、陰陽道の五行説に起源を持ってゆく前に、もう少し色に対する注意を喚起してみたい。あるいは正月門に飾る橙の実、藪柑子の赤い丸にしても、落ちることを知らぬ祥瑞を悦び、または単に美しさを添えるとする心持以外に、その色を通して見ていたなにものかがなかったろうか。

かつて常陸の八溝山麓の狩人が着る木皮染すなわち榛の木染の茜色の裁着を見た時は、まぼろしのように森の中をゆく人の姿を思い浮かべたものだ。三河の山村では、木立の中を赤い裁着を履いてゆく山男の姿を見たという女があった。われわれの感覚は色に対して無条件に鈍感であったとのみみることはできぬ。かく思うと、色を通して民俗を観察することも、一応は考えてみてよかったはずである。

（未完）

鳥追い行事のもつ特異性

採集者の立場

正月行事の一部である鳥追いを対象として、そこに包含された特異性から、ひいてその先型ともいうべき形態への連絡を考えてみる、鳥追いの行事はその語意通りに、一般の農作から、村の生活に障害となるものの排撃が目的のみであったろうか。もちろん正月行事の持つ感覚を通して、その意識が濃厚であったには違いないが、その中には特異の部分のあったことから、他の目的も包まれていたとみられぬことはない。かく考えると、その行事の観察には自ずから目標も分かれてくる。したがって必要と考える埒外にも注意の瞳を凝らさねばならなかった。しかもこの新たな目標の発見は、一鳥追いの行事に限ったことではない。すべての伝承行事に共通性があって、ひいては、行事そのものの性質にも関係してくる。これを仮に生物学の見地からいうと、たとえば海水に棲む鯨は、かつて魚族とみられていたが、その性能や生態の観測から、さらに解剖学の力によって、かつての陸上哺乳動物として取り扱われるに至った。本来の機能は退化し変形しても、なお昔の姿を遺している。水中の魚とほぼ似た生態を続けていたと同時に、陸上との因縁を語っていた。

動物でいえば、生存の必要からの自然淘汰的変化の事実が、民俗生活の上にも移し考えることは不可能であろうか。このことは、たとえば信仰の対象としての庚申という神さんが、道教とか仏教の影響を受けて、次第に固有の要素を変改したというのとは別で、単なる時間的推移が、いつの間にか形を変えている。少し極端な例証であるが、たとえば雨下垂の捨石が、落下する雫によって、いつとなしに中央が穿鑿されて、手水鉢になっていた。直ちに手水鉢にならぬまでもその中央の凹みが、手水鉢としてのある過程を具えてくる。そういう事実が、伝承行事にもあろうと思う。

採集者の立場からいえば、事象は絶対のもので、それに対する凝視または比較から観察が生まれるので、医者の臨床上の実験材料と同じである。生きた存在を俎上に置いて観察の追求を加えることにあったと思う。したがって一個の行事にしても、特色に注意に蒐めることは当然であるが、全体をめぐる行為、形態、感覚等すべての部門にわたって、新たな疑問に対する関心を要するわけである。かくして、はじめてつぎつぎに資料としての意義を重加することができたと思う。

鳥追い行事の概念

どのみち思いつきに過ぎぬ。むしろそういった方が潔よい。前いうた立場から、小正月の鳥追い行事を観察すると、そこには特異な、単純に後の変化とか、融合と見尽くせぬ部面が表われているように思う。それをいう前に、鳥追い行事の一例証として、私自身に採集の経験ある、羽後飛島のいわゆるヨンドリオイを対象に、この行事の概念を挙げてみる。飛島の各部落のヨンドリオイは、部落内の子供の共同作業で、その中心となる建物をヨンドリゴヤと呼ぶこと、そこに集まる時、各自が持っている一種の削掛けをヨンドリボウということ、しかして行事の最後に朝鳥追いがあることから、鳥追いの一形式を具えたものとするまでで、直接鳥追いに関係ない部分も多分にある（『羽後飛島図誌』参照）。これを他に例証を求めれば、島の対岸の羽前羽後地方をはじめ、各地にある、サイノカミ祭り、ドンド焼き、オニビなどに共通点があり、中心となる建物も、同じ島内にも、正月小屋あるいはサイト小屋と呼ぶ者もあった。子供たちがそこに雛人形、絵紙などを飾って食事を共にし、毎夜、部落内の家々を訪れて棒を打ち悪態など吐いたのは、これまた例は多く、他地方のホトホト、コトコトなどという行事と関連が考えられる。しかしてこれに類する行事を鳥追いの名で行なっていた土地も多い。

現在一般的に鳥追いとして考えられているものには、この村の行事の他に、神社とか仏寺の恒例となっていたものがあり、おびただしい唱え詞や、それぞれの作法もあった。その一方には、一種の職業者の名となったものもある。そうしたものの一方には、単に農作の障害を払い、悪疫とか災害を除く意味で、日を限って素朴な村の子供の行事となっていたものもある。あるいは同じ形式で、土鼠《もぐら》打ちなどといって、対象を別にしたものもあるが、いずれも鳥または土鼠はひとつの代表に過ぎなかった。その陰には一年間のすべての生活の障害を除く意があった。

ただここで考えられるのは、その鳥追いの中に、夜の鳥追い、朝の鳥追いなどといい、行事を夜と暁または朝に区別していたことである。飛島のヨンドリオイ、羽前西田川郡などのヨノトリオイ（『民族』三巻三六九頁）等の名が、いずれも夜の鳥追いから出たらしいことである。これには目的を異にした、あるいは二つの意味の異なったものがあったこと、ひいてはなにものかそう区別させる理由があったとも考えられる。

この事実を一応考えに入れておいて、一方ヨンドリオイ行事中の、最後の朝鳥追いを他のすべての正月行事に対照すると、一部の例外はあったが、これが正月行事の最後であったことである。もちろんその後にも、十八日粥、二十日正月をはじめ、二月にはいっての事納めまたは事送り等があったが、昔から一続きに続いたものとしては、一五日または一六日の鳥追いが、この日に門の飾りなどを取り払い、かつドンド焼きなどの行なわれた点からいうても、概括的に行事の終わりを意味していた地方が多い。この最後の行事であることに仮に目標をおいて、新たなひとつの事実と対比してみる。

陸前名取郡のホイホイ

ここで陸前の事実を選んだのは、私には最近の鳥追いに対する採集で印象の新しかったこと、いまひとつの理由は、前後の過程が比較的精細であったことである。

陸前名取郡玉浦村字下郷《しもごう》というと、阿武隈川平野の中であって、岩沼の東にあたる海近い村である。ここの行事は、鳥追いという一方にホイホイともまたヤヘイオクリともいう。この行事をいうにはごくかいつまんで直接関係する点を一通りいう必要がある。

第一にこの行事の発端であるが、歳の暮のいわゆる年男の松迎えである。松迎えは別に正月様迎えともいい、いわゆる歳徳神の勧請に意のあったことは、いまさらいうまでもないと思う。

その年のアキノカタすなわち恵方から松を迎える一方に、別に栗の枝を採ってくる。前者は歳徳神の象徴として歳徳棚に飾り、後者ではトシトクジンの箸を作り、残りの枝をメエダマの木として、餅を小枝に結びつけて棚に飾る。箸は丈一尺二、三寸、上半の皮を剝いだものである。

家の出入口はじめ神棚など各所に注連飾りをするが、これに下げた白紙のかいだれをばヤヘイガミという。年越しの夜には第一に飯を炊いて歳徳神に供える。土地によるとこの時ミタマ祭りなどいい、握飯を作りあるいは盆とか膳に盛る風もあったが、これは普通の木地椀に盛って、箸も飯に突き差すようのことはない。これまでが第一の過程である。

その後六日に至って山入りというて、その朝ワカキ迎えのことがある。山入りというても海に近い平野のことで、これは屋敷内から迎える。まずアキの方にある木を選定して、その梢を一枝折って座敷に入り、ただちに餅を一切れそれに結びつけ、これを歳徳神の棚に上げておく。ワカキが小枝であることは常陸等にもあって、採ると同時にその一部をもって竈に焚き付け、茶を沸して歳神を祀り、残りをその棚に上げておき、一四日小正月の焚付けにするが、ここでもやはり歳徳棚に上げておいて、一四日のアカツキ粥調理の竈の焚付けにするのである。

一四日の小正月には、あらためて餅を搗く。この日別にミズノキの小枝にメエダマを挿して飾るが、この日のメエダマは大歳のメエダマが枝にひねりつけたに対して、餅を三角に切って挿す。その日の夕方に至ると、年男は歳徳神の松を下ろし、ついで屋敷中各所の注連縄を外し、白紙のかいだれすなわちヤヘイガミを取り除け別にする。後は全部を束ねて玉にして、歳徳棚の下におく。こうして夜は早く寝るのである。土地によるとこの夜をワアホイというて、終夜起きていた。夜半一二時頃を期して起き出て、年男はかねて歳徳棚においてあるワカキを持ってきて、これを焚付けにしてアカツキ粥を煮る。アカツキ粥は暁に煮るから名があるとも伝えているが、各地方の小正月の小豆粥またはサツキ粥と同じで、餅と小豆を混じた粥である。そうして歳徳神の箸をもって鍋の中の餅に突き通し、これを歳徳棚の下の注連縄の玉に挿す、これは一見梵天の感じもある。そうしていよいよホイホイすなわち鳥追いとなる。

この時は家内は子供まで起き出て、歳徳神の棚の下に集まり、注連縄の玉に挿した箸の餅を年男が捧げて、家内一同で守って、ホイホイと互いに連呼しながらナカマ（中間）からデイに出て、屋外に出て、最初ワカキを採った木の傍らにゆき、餅の箸をいったん木につけて一渡りホイホイを連呼して終わる。その後は屋敷内のオフクラサマ（屋敷神）の傍らに持ってゆき、そこにおいて帰るのである。その後で家内一同アカツキ粥を祝って再び床につく。その時刻にあたかも一番鶏が鳴いたのである。アカツキ参りといって、床に入ることなく神参りにゆくもあった。なお前に注連縄から取り除けておいたヤヘイガミは、束ねて家敷の前に立てる。

以上ホイホイの行事を、他の地方の鳥追いに関連させていわゆる災害駆除を目的とせるものの一形式とみることには矛盾がある。行事の作法からいうても、歳徳神の祭りとそれを送りかつ別離を惜しむことに意義のあったことを語っている。これを鳥追いというのは、この場合では、そこに心霊を仮託した鳥を想像していたにすぎぬのである。もちろん追い退ける意もあるが。

神と鳥

歳徳神送りに、ホイという声を掛ける例は、陸前から国ひとつ隔てた常陸の久慈郡にもあった。正月一五日の未明に、粥を煮て祭り、門松を恵方に向けて倒しかけ、屋敷内の清浄な場所へ運び、下におく時、ホイ、ホイ、ホイと三度繰り返す（『民族』三巻三五四頁拙稿）。もちろんこれは鳥追いとはいわぬ。これから連想するのは、三河の花祭などで、行事の終わりに神上げの式を行ない唱え言が終わると、一同でホウと声を掛ける。あるいは祭具一切を持って村の氏神の境内にゆき、樹木をめぐって立って、上に向ってホウと声を掛けるもある。神上げの古い作法の名残りと思われる。鳥追いを土地によって、ホイホイ、ワアホイ、ホウホウ、ポッポウなどというのは、鳥を追う掛声によるものもあったが、一方には、訪れてしかして去るものに対する訣別ともいえる。追うという語にしても、厭わしい者を退ける意味のみではなかったかもしれぬ。考えてみたいのはhoという語のもつ限界である。私の郷里などでは鶏とか烏、鳩などを追う場合に、シッとかワッなどの語を用いたが、老人はもっぱら、両唇に力を籠めたポッまたはポウという語を使った。かくホイ・ホウ・ポウ・ポッ等をはじめ、ポッカケル（追っかける）、ポイカケルなどの語が、追い退ける意であった一方には、親しく呼びかける意もあった。鳩を呼ぶポッポは今も児童の口に歌われており、三河、遠江等で、狩人が逃げゆく獲物の鹿などに対する矢声がやはりホウまたはポウであった。一瞬躊躇させる効力があるという（『猪・鹿・狸』参照）。狸がホイまたはホウイと喚びかけたり、ホイまたはノンホイなどいうのは、信濃・三河の一部地方では今も日常の会話に使用されている。少年時代に、相手の返事によって揶揄する詞に、ホイと応えると、ホイは山家《やまが》の猪追いさ、などとやられた。猪や兎を追う語もまたホイホイであった。こうした例は、卑語として忘られつつあったが、蒐めればいろいろあろうと思う。信濃の更科郡地方では、土鼠打ちの掛声もまたホイであった（『民族』三巻三七二頁）。これらの語が、単純に追い退ける意のあったその奥には、童詞のアバ・アバヨ等の語に対するのと近い意があったかと思う。かく考えると、語音から行事等の持つ感じを測ることもできたと思う。

ドンド焼きの煙は、正月様の還ってゆく象だというて、夕暮の空に高く上った白煙の中に、高砂の尉と姥が見えるなどといい伝えたのは、田舎人の美しい幻覚に過ぎなかったとしても、去ってゆく者に対する愛惜の情は、永く村人の心に印象を遺していたと思う。淡路島の村では、一五日朝の粥祭りに、粥を樫木の棒につけて、来年ござれとうござれ、と唱えて戸口を叩いていた（『民俗学』第三巻三九頁）。顔を見るさえも厭わしいほどの客でも、一応は引き止めて愛想のひとつくらい並べてみるのが人情である。こうした気持もどこかに学ぶところがあったかもしれぬ。むげに畳を蹴って叩き出すような、はしたない真似はしなかった、まして相手は厭なものが混っていても神である。

年神様を煙に仮託した一方には、空を翔ける鳥を思うのも自然である。鳥を霊魂の依代とし、またその象徴としたことも、この場合例を挙げるまでもない。杜鵑《ほととぎす》の地獄鳥をはじめ、鳩も、鷹も、雀から啄木鳥《きつつき》まで、かつては人であり娘の変化であった譚は多い。

正月行事に伴う鳥との交渉も、もう一度積極的に採集の手を伸べてみたいように思う。七草粥の日のトウドの鳥をはじめ、羽後扇田町で、七日、一一日、二〇日に、男子が藁の束に餅を結びつけて、ポーポと鳥を喚ぶポッポカラスまたはポッポの餅も(『民俗学』四巻一〇二頁)、常陸久慈郡地方で、一一日の鍬入れの餅も、相手は鳥と信じている。秋田県鹿角郡で、山の神の餅を木にかけて、ポウポウと呼んだのもまた鳥であった(『民俗学』二巻一二八頁)。こうして神と鳥との関係を追うてくると、白鳥の餅に化した譚なども、後には不吉な感情ばかりが残ったが、祭りを受けて、矢声に促がされて去ってゆく神の姿ではなかったろうか。

またしても上ずった感情にはしった態度を恥じます。

伝承保有者の一面

民間伝承がいかなる過程の下に保存され継承されるかについては、今後多くの事例をなお必要とすると思います。それと同時に、各種伝承の保有者で、次代への継承者であり、ある期間の保有者でもある伝承保有者に対する観察も、いっそう注意さるべきと考えます。このことは伝承の本然的傾向を考察する上のみでなく、単に当面せる採集方法の点からいいましても、必要と信じます。ことに採集効果の上からいいますれば、伝承者の素質なり人柄によって、供給せられる資料にも、重要な影響をもたらすことはいうまでもありません。

民俗採集の事業は、貴重な資料の集積を目的とする上から、いかなる場合にも、純真でそうして混濁の少ないことを要求いたします。したがってこれが一面の供給者である伝承保有者は、一個無形の記録である点を思いますれば、その人の選択もまた関心を要するものと思います。もちろん問題によりましては、これをあえて必要としない場合もあります。単に眼で見、耳で聴くだけで、目的は達せられるものもあります。しかしこれとて、全く説明者を必要とせぬわけにはまいりません。

一言に伝承者または伝承保有者といいましても、それぞれ要求する問題によって、各様に分かれてくることは当然であります。

たとえば昔話・伝説・民謡の類から、各種の行事・慣習・特殊の言語などによって、その人は異なってこなくてはなりません。そうして一方それらの人々にしても、その環境・年齢・境遇などによって特徴を具えていたわけです。
私はここで伝承者の本質とか、あるいは心理学的影響などについて言及する資格はありません。単なる採集方法の上から、一部の傾向とか素質についていうてみるに過ぎません
一面に採集者として、推奨せられる人は少なくありません。ことに『老媼夜譚』・『江刺郡昔話』・『柴波郡昔話』をはじめ、この種の多くの著書をもっておられる佐々木喜善さんなどは、その業蹟から考えましても、貴重な体験と考察をもっておられることと思います。さらにアイヌ研究の権威である金田一京助氏などは、一面にアイヌの各種伝承者の傾向素質などについて、特殊の観察を抱いておられると信じます。その他この種の問題に、造詣の深い方はなおたくさんあると思います。この点、私の経験はあまりに貧しく、いうに足らぬことを予めお断りしておきます。
何らの前提もなく、漫然伝承保有者というような名称を用いましたものの、その名称の及ぶ点は広範にわたっていて、簡明に限界は決しかねます。あるいは説話・民謡・慣習など、それぞれ問題を設けて区別した方が適当かとも思います。この点未だ取扱いが不用意であることを恥じますが、ひとまずこのままに話を進めます。仮にひとつの土地なり部落を単位として申しますれば、ある期間そこに生活した者であれば、問題によっては、伝承保有者としての一面の資格を具備しております。そうして生活に対して、相当関心を抱いている者も、ただ単に言語を解している程度の者も、これを外来者である採訪者からみる時は、等しく材料の供給者である点から、伝承者ということができます。しかしそうなりましては、問題はなくなります。それで私は便宜上、これを段階的にみて次の三つに分類して考えます。
一、部落生活の一般的知識の保有者
二、特殊の行事または事象に対する精通者

三、尋常知識の保有者

この中の第三は、単なる村人と申してよいかと思います。

以上は判然たる区別はもちろん定めかねます。事実第一に該当する者は、第二の場合をかねていることも多いのです。それでこそ第一に該当する人物でありますが、第二の場合と特に区別するために一通りいうておきます。

これに当たる人物は、多くの場合、その土地なり部落なりの長老とか有力者とかいう地位に見かけます。土地の政治経済から慣習歴史または文化の状態等、一般生活における点に、概括的知識を具備しております。程度に深浅こそあれ、この種の人物は、いずれの土地または部落に参りましても必ず存在したといえます。その職業上から申しますと、小学校の校長とか、時に警察の官吏などにも見かけますが、これはその地に生育した者でない限り、その観察なり知識の程度は浅薄を免れません。どこかに徹底しない表面的なところがあります。それで多くは土着の者で村治に交渉をもつ人に見かけます。こうした傾向の人物は、外来者ことに民俗採集家にとっては、まず土地の一般状勢を知る上において有力であります。外来者に接触の機会も多く、外界の状勢にも通じていて、事物を客観的に取り扱うこともできます。その用語等も、内外両種をわきまえていて、方言と標準語の使い分けも自由であります。そうして一般にも故老とか物識りとして推奨されております。

単に採集者の立場から批評しますと、この種の人物の伝承保有者としての欠陥は、その地位などの関係から、土地の代表意識が盛んで、外来者に対して、もっともらしく自己の解釈から特色づけ観察せしめようとか、時にはこちらの目的を誤解して、ある程度の事実以外に立ち入ることをおそれる風もあります。それのみでなく前いうたような関係から、あるひとつの問題にしても、その伝承事実は、多く概念的であります。一般的村落調査とでもいう場合は、あるいは適当かもしれませんが、眼に見えぬ特殊の民俗伝承などを知ろうとするには、なお飽き足らぬ点があります。

以上のような理由から、私の特に伝承保有者として関心を抱いておりますのは、前掲の第二の場合にあてはまる人物であります。

第二の場合の、特殊の行事または事象に対する精通者というのは、問題は別に限りません。各種の事象に対して、尋常以上に経験と記憶をもっている、これには時に分担的である場合もあれば、三、四の問題にわたって併せもつこともあります。多くの場合、ほとんど一事だけに精しいというような例は少ないようであります。そうして男女とか、一方階級的にも差別はありません。年齢の長短はいうまでもなく、その地位からいいましても、子守り・下女・下男をはじめ、あらゆる人物を含んでおります。たとえば昔話をたくさん知っているとか、歌の文句に詳しいとか、狩りとか祭りの作法次第とか、数え上げれば種々雑多であります。時にはまた自己の職業ないし業務の関係から、その作法由来などをわきまえていた場合もあります。

この種の人物は、今日までの傾向ではそれぞれのもつ事象に対する一般的の比較眼に欠けております。これがむしろ伝承保有者として有意義であります。よく耳にすることでありますが、未知の土地へ行って、変わった風習か、面白い物語りはないかという類の質問方法であります。多くの場合その問いは失敗と思います。土地に居住している者で、そうした質問に即座に答えうる者があれば、その回答はむしろ危険と申さねばなりません。忠実な伝承者は、表面には容易に表われてまいりません。

次にはこの種伝承保有者の中に、婦人の地位を見逃すことのできぬことであります。婦人は問題によっては、男子に比して一段優越でありますが、外来者に対して胸襟を開いて接することは稀で、容易に接近のできない不便があります。そうして男子がすべて概念的であるに対して、これは専門的で、観察も細密であります。昔話をはじめ、民話伝説などの保存には、あるいは近世では婦人の功績が男子に比して勝れていたかと思います。ことに婦人は特殊の体験をもっていて、一段と保守的であります。次の話はそのひとつの例でありますが、かつて茨城県久慈郡の山村で、正月の行事を訊ねました時、松迎えとか、歳棚の飾り方などはことなく知ることができますが、歳神を送る時の作法とか、供え餅の作り方、数量などはとかく不明瞭であります。たまたま久慈郡黒沢村上郷のある農家でありましたが、その家の主婦が歳神送りの次第を心得ていて、知ることができました。もちろんその家だけの作法であります。すなわち松を恵方に向かって倒すと、そのまま送るべき屋敷裏の空地へ敬虔な気持で運んで行きます。そうして下に置く時に、ホーイホーイと三度声を掛けて終わります。何でもないことでありますが、実験者でない限りいい能わぬことです。何でも生家の作法を凝視していて、それをそのまま行なっていたのです。松を迎えるとか歳棚を飾ることは、重要な儀式としていて、男子が当たっていたのでありますが、これを送ることはすでに問題としていなかったのであります。主人ももちろんそんなことが、年々繰り返えされていたことは気がつかなかったと申しておりました。こうした事実は案外多かったかと思います。次に供え餅の大きさ数量なども、婦人は厨房に携わっていただけ、容易に正確に回答が得られます。

こうした経験と素質をもった人々が、今後の民俗学には、もっとも要求せられるかと思います。資料蒐集の上からいいましても今日では一般概念的材料よりは、いっそう深刻な、基礎的であり純真なものを要求します。伝承者としても雑然とした物識りよりも、一事に精通する人の方が信頼がおかれます。仮に昔話でいえば、話題を豊富にもっていることはもちろん結構でありますが、かつて聞いたままを、時に脱落はありましても錯誤なく供給しうる人の方が貴いと思います。

次にそうした伝承の保有者が、ある事象に注意を傾け、記憶するに至った原因と思うものであります。これにはある動機から、期せずしてわきまえるに至った場合もありましょうが、多くはその性格に起因したと思います。あるいは懐古的とも申しましょうか、現実を離れてある別個の世界を凝視しているごとき態度であります。これは問題により区別はありましても、根本はすべて同じといえます。

それでこの種人物の特徴として、第一に考えられるのは記憶力の強大であります。事実、昔話とか伝説民謡などは、記憶力の劣った者は、その資格においてすでに欠けていたことは当然でありますが、これを原因の全部とすることはできません。記憶はむしろ従で、事象に対する注意力と興味が主であります。このことは柳田先生もたびたび指摘しておられます。

記憶力について考えられるのは、年齢であります。年齢の優劣は結果において経験の幅広の大小に帰するわけになります。したがって問題によっては絶対の武器でありますが、一般伝承の上からみると、これまた特別の優越は認め難いのであります。それで採集者としては、いたずらに年齢をのみ問題にする必要はなくなります。

柳田先生はその昔話の研究において、これまでの日本婦人の、伝承と年齢の関係に注意せられております。説話保管者の生活をだいたい三期に分かって、第一が話を覚える時期でこれは年少時代、次はその潜伏期で、婦人が人妻から母親として活動する時代で、家庭の主婦として最も忍苦の多い期で、この頃は昔話を顧みる暇は与えられない。次が流布時代というべきもので、年配も五〇歳前後から始まります。当面の生活苦から漸次解放されて、これからは孫などを相手に、静かな回顧的の日が多くなります。その頃から幼年時代の記憶が蘇ってきて、それまでの沈黙がちの態度が革《あらたま》り、次第に饒舌癖を発揮するというのであります。これは主として説話保存の年次と、伝承律について考えられたことでありますが、いずれにしても伝承継承の時代は、少年期であります。したがって単に伝承保有者としての年齢は問題でなくなり、むしろ次代への伝播を促す時期として意義を認めます。

貧しい一事例に過ぎませんが、かつて採集致しました『能美郡民謡集』であります。この説話者である女性なども、当時は五四、五の年配でありましたが、歌を記憶したのは、七、八歳から一六、七歳までの間で、主として子守りから雇女として過ごした期間でありました。ある年期以後にももちろん歌を聴く機会は数々ありましたが、ほとんど忘却したと申しておりました。

また私の郷里に生まれて、一三の歳に村を出てしまった者がありましたが、この人が語ったという昔話がいくつかあって、幾人かの口から聴いたことがあります。聞かされた方がむしろ年長であったのです。その少年は非常に艱難な日を送っておりまして、性質もひがんでいたようであります、それで昔話をすることは、相手方の機嫌をとる手段のひとつであったと申します。

数年前、三河北設楽郡の分地という寒村を訪れました時、そこの池田某の男は、未だ三〇に手の届かぬほどの年配でありましたが、昔話・民謡の類を数多く知っているのに驚いたことがあります。

これも同じ郡の御殿村月の尋常小学校で、校長の岩瀬義三氏が試みられたことですが、五、六年の生徒に、家庭で聞いた話を綴らせてそれを寄与されたことがあります。そのうちの一人の女生徒の書いたものに、神隠しに遇った男の話というのがあります。その事実は別の方面から私も二、三聞いておりましたので、よく事情は知っておりましたが、観察が行き届いているのに感動したことがありました。もちろん聴いたままを書いたに過ぎませんが、ただそれだけと決めてしまうわけにはゆきません。父親を亡くした気の毒な境遇だといいましたが、学業の方も成績がよろしいと聞いております。

こうして昔話とか歌の文句とか、あるいは各種の事象に注意と関心をもちますのは、前にもいいましたように、その世界に対する興味が性格的に働いていたかと思います。単に年をとっていたから昔のことを多く知っている、変わった事実をわきまえていたとする類は問題でありません。三河北設楽郡川宇連の石田龍平という猟師は、現在八九歳になると思いますが、久しくこの地方の狩人の頭領格で、一に早鳴り龍平と渾名のある豪の者であります。その猟人生活の足跡も遠江、信濃から美濃、越前、若狭までも及んでおります。しかし以前の狩りの作法、狩詞等においては、氏の後輩で、十幾つも若い佐々木今朝十氏には遠く及びません。狩人の本分である狩猟そのものには実に得意でありましても、その生活に対する感興はかえって薄かったと思います。

狩人の話のついでに、もうひとつ例をあげてみます。茨城県の八溝山麓の猟師で、本多末蔵氏は、私が同地で遇いました狩人の中でもっとも弱年でありましたが、狩詞を豊富に知っていたことは第一でありました。以上あげました年齢とか、記憶力のいかんを別にしましても、伝承保有者たる素因は多々ありましょうが、私の特に興味を覚えますのは、その境遇からくる影響であります。

伝承保有者が、系統環境によることももちろん考えられます。仮に系統観から申しますれば、家にそうした傾向をもった者があると、その子なり孫なりが、その素質を享けます。これはしばしば経験することであります。しかし伝承の保有者が、次代へ継承を索める場合は、その子なり孫に限ってはおりません。意外な所に、その跡を遺していた例は多いと思います。すでに傾きかけた家の軒に、白髪の老爺の前にうずくまっている少年、あるいは衆人が雑談を交わす席にじっと聴き耳を立てていた児童の姿は、ひとりわれわれの空想ばかりではなかったと思います。それで問題は、伝えんとする者より、むしろ求むる者が中心になってきます。この求めんとする態度が、少なくも境遇による影響からきたものがあると思います。しかもその多くが、一面に生活的に恵まれぬ孤独者の上にありました。その一例として、かつて『民族』（第三巻五六五頁）に二、三の事実をあげたことがあります。あるいは私の経験が偶然であるかもしれませんが、その人々が孤児とか寡婦または独身者に多かったのも事実であります。その理由は種々に考えられますが、一方それとは反対に、家庭生活も恵まれていて、何ら生活的に欠陥のない種類の人に、勝れた伝承保有者を見ることもあります。このごろ出版された『甲斐昔話集』の中心であった説話者などは、その代表的ともいえます。これは理論上はそうあるべきですが、実際の例は反対の現象がかえって多かったと思います。『遠野物語』の第一一二番、一一三番に、村の者が乙爺と呼ぶ新田乙蔵という老人の伝があります。土地に関する多くの言伝え、歌謡の類を知っていて、それを何人かに聞かせようとするが、体の臭いために誰も相手にせず、ただ一人淋しく死んでいったという事実であります。これはむしろ伝承者心理を現わしたものとして興味が多いのですが、一面にはこうした孤独生活を送っていた人が、かえって民俗伝承上のよき戦士であったことの類型ということもできます。

そうした類例のひとつとして、近ごろ気がついたのでありますが、三河の東北部から、信濃の南部地方には、今でもオジボーまたはオジボーズという称呼が行なわれております。この二、三〇年前までは、土地の状況から、多くの家庭に（ことに貧困者）この称を与えられて甘じていた人がおりました。オジボーは伯父坊でその家の主人からみれば伯父で、上座を占めてはいるが、何ら家庭上に権力のない、一種の生活廃失者であります。以前の山村の生活においては、耕地は限られていて分家は叶わぬ、そういうて養子先も求められなかった者が、生涯その家の掛かり人となって終わります。二男三男が兄弟二人で、やっと一人の女房を持っていたなどと耳にするさえ陰惨な事実があります。三河北設楽郡本郷町の原田清氏などその例を多く知っておられます。これは何も山村に限られない、孤島の生活などにも繰り返されていて、私の知る限りでは羽後の飛島などでも、現在は二男三男に生まれた者は北海道・樺太等の漁場に出て独立の生計を立てていきますが、以前は家の掛かり人となって終わった者が多かったのであります。

こうした人々が、案外、土地の慣習とか、昔話または歌の文句、祭りの次第などに注意を傾けていたかと思います。花祭の採訪にも、たびたび経験したことでありますが、いわゆる「はなずき」として、行事の次第から古い舞の手、その他、祭文とか神歌などをわきまえていた人の中に、そうした類の人がありました。不幸にして生活地位が低いために、土地では問題とされておりません。

婦人にもまたこの種の人のあったことは考えられます。村の物持ちの台所から、何十年も出たことのないというような人、男女に限りませんが、こうした人が、説話・民謡等を豊富に記憶していたことは、しばしば聞くところであります。その他、杣とか木挽きまたは炭焼き、桶職などが、多くの物語をもっていたのも、ひとつにはその職業関係から、世渡りの方便として利用した点もありましょうが、境遇上の影響もあって、時には職業そのものが、すでに境遇から選ばれたものもあったかと思います。

伝承者のこと

今はもう故人になったが、私の郷里で生まれて、えらい艱難をし通して、永いこと行方すらわからなんだ男がある。その男が最後に村を出て行ったのは、未だほんの一〇を少し出たばかりの子供であった。それにもかかわらず、その子供の口から伝えたという昔話が、今にいくつか残っている。現に私の手帳に控えてあるものも五つ六つある。今ではもう聞かされた大人の方が忘れてしまっているので、どのくらいの数であったかもわからぬが、相当数は多かったらしい。こいつはどこからあんな話を聴いてきたかと、その子供の語っている脇から、大人たちがつい感心させられたものであったという。

その頃すでに近在三、四〇里にわたる地方を放浪していたのだから、普通の村人より多くの世間に接してもいたのである。しかし何というても年端のゆかぬ者のことで、わずかの年代にそうそうたくさん聴く機会もなかったろうと思われぬでもないが、三年か四年の歳月でも、他には何の希望もなく、他人の語る話だけに強い興味を持って覚え込んだら、たちまち一通りの話通になるくらいは、不可能でもなかったらしい。大人の語る話を脇の方から、じっと聴き耳を立てていたらしい姿が、目に浮かんでくる。

こんな人が、そのままひとつの土地に留っていて、平凡な生活を続けたら、忘れてしまわない限り、定めし多くの話が保存されたろうと思うが、しかしわずかにもせよ一二や一三の年配で、村の伝承に足跡を遺していったことは、貴重なことと考えられるのである。誰しも少年時代には、昔話の世界に興味を抱いて、あくまで聴き耳を立てることではあるが、この少年の場合を考えると、単なる少年の好奇心ばかりでなかった。境遇からきた特別な衝動があって、話そのものに引きつけられる、何ものかがあったのでないかと思う。

彼の生い立ちを聞いても、このごろよく耳にする不良少年などのように、きわめて虐げられたものだった。家庭の温かさとか、肉親の愛には、まるで恵まれていなかった。もちろん性格的にも考えねばならぬであろうが、あるいは境遇と伝承とは、こうして関係していた例もあるのかと考える。まことに偶然であるが、私一個の経験でも、よく似た境遇の人々の中に、昔話や歌を数多く記憶していた人が他に二人まである。その一人は『能美郡民謡集』の説話者の婦人、いま一人は『三州横山話』の中にも種々材料を供給している木挽きであった。

話の順序として、前の子供の生い立ちからいうてみる。それは私が知るだけでも、立派な一篇の哀話であった。なるべく簡単に済ますことにするが、父という者は村でも相当な家柄の主人であった。女房に先立たれてから、早く世を息子に譲って、孫も一人あるほどの年だった。その人が六〇の坂を越してから、世話する者があって、若い後添えを家に入れたのである。その中に生まれたのが、この子供であった。もうなくてもよいほどの厄介者だったことは、想像に余りがある。それで世間体を考えて、孫の弟分として育てていた。そんなわけから、土地の習慣もあって、周囲の者の態度も決して温かいものではなかった。

これは一箇の挿話であるが、その子供が六つの年だったそうである。あたかも田植えの頃で、常より陽気が寒い年で、田に働いていても、時折、焚火にでも当たらないと辛抱ができぬほどだった。それで屋敷の前に植代を掻いていた人々が、焚火にあたりにどやどや家へはいってきた。その時一人で家に留守をしていたその子供は、それを見ると、てっきり昼飯に帰ったものと早合点して、気を利かせたつもりだったろう、台所の隅にあった飯櫃を抱えて上り端まで持ち出そうとした。この一事でも子供の境遇は充分同情させられる。しかし年もゆかぬ者にもち堪えられるわけはなく、途中で手を滑らしてひっくり返してしまった。それを見た総領の兄が、口汚なく罵ったことから、子供を庇う老父との間にえらい争論が起きて、その結果は老人は子供を伴れて、わが生まれ在所へ還ることになった。老父は家へ対しては養子だったのである。一方、母親は離縁になった。もちろん行きがかりの鬱憤もあったろうが、老父は子供とともに、十数里離れた北設楽郡奈根へ着くと、その日から病気になって、二週間ほどしてとうとうそこで死んでしまった。そんな事情から子供はもうそこにもいられなかった。

それで今度は母親の手に渡されたのである（その間細かいいきさつはあるが略す）。そして一時、母親と一緒に、碧海郡安城近くの寺に雇われていたりしたが、一年後には母親とともにいることも叶わぬ事情があって、仕様事なしに、生まれた家へ帰されてきた。その折の話によると、路の二十数里をどうしてたどって来たか、二、三の着ものを入れた風呂敷包みを横に負って、やっと五つくらいにしか見えぬ体をして、日の暮れ方に村の道を歩いてきた姿は、まことに哀れだったそうである。ひどく疲れていたらしく、その夜は炉辺に二つの足を投げ出したまま眠っていたそうである。生まれた家とても、針の筵のようなものだった。翌日には、またもそこを追い立てられて、信州下伊那郡の浪合の縁故の家へ送られた。それから二年ほどして村の寺へ弟子入りして、村を出て行くまでそこにいたのである。

当時の話によると、こざかしい目つきをした子供で、他人に媚びるような態度がことにあって、相手の機嫌がよいとみると、次から次にいろいろな昔話をしたそうである。あるいはまた相手の機嫌の悪い顔つきを読むと、同じように昔話をしては機嫌をとるのが癖だった。年の割に心持ちはませていて、男女の情事なども何でも知っていたそうである。

これに比べると、『能美郡民謡集』の説話者などは、生い立ちから永くひとつ土地に暮らしてはいたのだが、境遇の淋しかったことから、生い立ちの運命までまことによく似ていた。やはり生まれながらの孤児で、八つの年から、親類中をあちこち預けられて、子守りなどしながら育ったという。もっとも永くいたのは、八つから一一の年までいた家であったが、どこへ行っても、忠実な召使いで重宝がられたそうである。歌を多く覚えたのはもちろん子守り時代で、民謡集の中にあるオバコ節などは、初めて預けられた家の老人が歌って聴かせてくれたのを、一所懸命覚え込んでわけも何も知らずにずっと記憶していたのである。朝起きて家の中の仕事が終わると、子供を負って村のバンバ(馬場) へ行って遊んだ。バンバは若い衆が正月馬を牽いた場所で、かねて共同の遊び場でもあった。そこにはバンブチ (注連を掛けた力石) などもいくつか転がっていた、夜が明けると、村の方々から子供たちや暇な老人などが、入れ代り集まってきて時を過ごしていたのである。

年頃になっては世間並みに家庭の人となったが、これとて決して恵まれたものでなかった。現在生きている人のことで、立ち入った身の上の穿鑿《せんさく》は控えるが、一人の男の子を育てながら、永いこと独身で暮らしていたのである。子供が小学校を出て、村の石斫山に働き、それから東京へ出て会社の給仕をするようになった後まで、一人で淋しく茣蓙を織って暮らしていた。時折、近所の女たちが話し込んでいったが、その間には、子供の頃から聴き覚えた歌を口ずさんでいるのが、唯一の慰めだったそうである。歌は元来好きな性質だった。それでいて若い時から、年に一度の盆踊りにも、村のお宮の祭りにも、ついぞ出て歌ったり踊ったりしたことはなかったという。いつも人込みの後から見たり聞いたりするだけだったが、しかもそれだけでも、何よりも楽しかったというから、熱心に耳と目を働かせていたことはわかる。村へ女万歳が掛かっても、サイモン語りが来ても、土地柄もあって聴きに行くだけは欠かさなかった。そして若い男たちが、女万歳の美しい姿を追い回して歩くのなど、物陰からじっと視ていたこともあった。お寺の説教はもちろん、御同行 (説教の僧とともに聴衆を倦かせぬために昔話や世間話を面白く話すことを任務としていた者という) の話なども、いちいち注意して聴いていた。

私がこの女性からうけた印象では、生い立ちの関係か、日陰者のような萎れた性格があるように思った。たとえば民謡集の筆記をやっていた時でも、こちらが話の合間を見てお茶の仕度でもはじめようとすると、もうじっとしてはおられぬ風があった。済まぬというような遠慮深い気持からだろうが、急に用事でも思い出した風を装って帰ってしまう。そんなふうでいて自分の方から物を進める時などは、お願いして受け取ってもらうような、ひどく卑下した態度であった。知ったかぶりの態度は微塵もなかった、そのくせ知らぬと答えるのは、いたたまらぬような顔つきであった。でも歌をはじめると別人のようになる。卑猥な文句などを何のこだわりもなくいってのけて、後で慌てて口を塞ぐようなことはたびたびあった。

いま一人の木挽職は名を鈴木戸作というた。身の上の一部分は『猪・鹿・狸』の中にも書いておいたので省くが、単に遇って話していただけでは、いかにものんきそうに見えたけれども、身の上を訊くとやはり気の毒な生い立ちであった。前の子供と同じように、父親がひどく年老った後に生まれたのである。同じように兄弟たちから邪魔者扱いを受けて、親類へ預けられて、永いあいだ子守りばかりしていたため、二〇幾つになるまで、手に何の職もなかったという。話をもっとも多く聴いたのは子守り時代で、近所にいる老人が、草鞋を作っている前へ毎日坐り込んで、子供を泣かせ泣かせ昔話の類を聴いたと語ったことがあった。後に木挽きを習って、山小屋を渡り歩いた間にも、もちろんいろいろの話を聴いたらしかったが、不思議なことに、彼自身が知っている以外の土地のことは、いくらも記憶せぬということである。六〇近くまで独身で村から村を渡り歩いていて、若い頃は随分面白可笑しい日を送ってきたらしかった。なお、この男の話の種について、後に考えついたことであるが、もっとも数多く知っていたのは猥褻な類の話、それについでは、山に関係した天狗、山男その他、獣の話だった。

民俗学と常民

一

もう古い話だが徳富蘇峰さんが民俗学（もっぱら柳田先生の学）を、小事大倣という言葉で批評されたことがある。あの人の気持や考え方からすれば、一般の庶民生活を対象とする学問などは、小事をことさらに大げさに吹聴するぐらいに感じたかもしれぬ。

徳富翁はしかし率直に所信を述べられたが、実はハッキリいわぬだけで、この種の批評に窃かに肯いている知識人も案外に少なくなかったと思う。民俗学徒にとっては、こうした非難は予期したことで、あらためて憤慨したり心外に思う必要はない。なにごとにもそうであるが、当事者の考えるほど外部の者に理解や認識を求めるのは無理である。これは当事者共通の寂しさで、ことに歴史の新しい学問など一層切実なものがある。実はそれが反撥的に新たな勇気となって、一段と反省の機縁となるから、結果からすればいちがいに憎むことでもない。それよりも、上っ面のお世辞をきかされて、前人未到の荒野に挑む崇高な使命や満足感に陶酔する方が困りものである。

民俗学が日本の国情からみて、決して小事でないことをことさらにいい立てる必要はないが、この上ともにその学的意義や権威を事実の上に示すことは必要で責任も重い。かように考えた場合、大いに門戸を広げて、大衆への呼びかけ、応用面の開拓も必要で、『民俗学辞典』の編纂なども、その一着手ともみられ、この機会に率直に忌憚のない世評をまつことも決して邪道ではない。そうして従来の主張や方法等をはじめ、学的分野にも一段の反省を加え明確にすべき節もあろう。

たとえば最近、九学会とか八学会などの名で、他の科学陣と共同研究の際など、民俗学徒の担当部面や調査の結果などには、どこに目標があるのか、捕捉に苦しむ場合もある。もっともこれには他の学科との折衝や分担などの関係からくる喰い違いもあろうが、現実にぶつかって、こちらの意図や狙いが、分担の相手方はじめ、すべてに理解されていないことが、大きな原因であろうと思う。

民俗学といえば、古風で珍奇な風習や民謡の研究でもするように速断された時代は過ぎたとしても、まだまだ誤解は多い。ところで開き直って常民社会における文化構造の理解というても、実際に何をやるかの説明にはならない。強いていえば常民社会または常民文化そのものが、客観的に充分理解されているか否かも疑わしい。表面的な説明だけではなお不充分で、側面的にまた現実についての説明も充分尽くさねばならぬ。わかったようなわからぬような暗黙の理解といったのでは意味をなさぬ。

二

民俗学のいわゆる常民の語は、この学によって作製された新語ではない。この語のわれわれの国における慣用の沿革は知らぬが、古くから頻繁に使われた語でもないらしい。庶民の語と同一内容にあるものだが、語として何かしら新鮮味があるので、いまでは盛んに用いられ、常民文化、常民層その他、常民何々といった新語も後を絶たぬ。それらの多くは国民とか人民または民衆の意に解されているようだが、民俗学でこの語を用いた目的は必ずしもそうではない。実はもっと狭いもので、国民や民衆の語から受けやすい先入観を嫌ってその代語として選んだものでもなかったように思う。

常民の語は朝鮮などでは庶民の語と並んで前から使われている。階級制のやかましい国柄だけに、われわれの場合の武士階級、沖縄のよかるびとに似ている両班《ヤンパン》の特権階級と、いわゆる賎民階層の中間にある階級で、権力層でもなくそれかというて不自由民でもない、いわば普通の人民をさすので、これをわれわれの国に当てはめるとすれば、封建社会における武士階級に対する百姓であろう。階級制のない現在では、国民とか人民の語に含まれることとなる。

ところで、民俗学とくに日本民俗学における常民は、国民全体の意味ではなくて、朝鮮の常民やかつての封建社会における百姓と同じく、そこに一種の資格といったものを意味している。しかもそれは政治的な階級観による資格とは違うが、ともかく別のものである。

いわゆる常民の概念について、『民俗学入門』（柳田国男、関敬吾共著）に示されたところを要約すると「所謂民間伝承を保持する人々、こうした人々から成る社会層を一般に常民と呼んで居る」とある。この場合の一般は民俗学における一般の意と解する。さらに社会構成の実態説明につづけて「社会構成は知的、指導的な上層部を尖端として、知的中間層、更に所謂常民層とピラミッド形をなして居る」「過去の吾国の国民構成に於ては農工商の大部分が所謂常民層に属した」など、要するに国民構成における一階層で、しかもそれは民間伝承を保持することが一つの特質と理解される。

また民間伝承を保持する階層の説明に関連して「文化民族中の比較的文化の低い階層――」あるいは「教養の高い知識人に対して、それの低い階層――」とある。なお次の論理はいっそう注意をひく。「人間を文化人と自然人の二つの類型に別ち、前者の思考を反省的論理的とし、後者を反射的聯想的な考え方の持ち主」とする。ところで後者がいわゆる常民の範疇とすることも肯かれる。この場合の自然人が人類学者のいわゆる原人ではなく、文化的に空白な人間の意であることはいうまでもない。

以上で常民の性格はほぼ明らかにされるわけであるが、実際問題として、同一国民または民族を対象に、文化や知識・教養の程度で二つの類型に区別することは、論理的、観念的には可能でも現実に指摘は困難である。広く民族とか種族とかを対象に、文化民族または未開種族として区別するようなわけにはゆかない。同一国民または民族であれば、教養高い文化人にも自然人的素質はあり、自然人的階層にも文化はないとはいえぬから、問題は程度の違いでどこに一線を画するかはほとんど不可能である。

三

いわゆる常民の規定を、教養・知識の程度を尺度にして縦の分類も一方法であるが、むしろ横に生活様式の上で取り上げ、一つ一つについて問題を解決する方法もある。あるいは非論理的とわらわれもしようが、目的は事実に基づいての理解にある。

いうまでもないが、生活様式を大きく特色づけるものは生活手段として、職業的に生産と非生産の関係で、ここに両者の生活理法における相違がある。

この見解に基づき国民中で職業的に最も特徴のある生産階層として農民があげられる。次に漁撈・狩猟・ある種の工民——経済学者のいわゆる原始産業——同じく生産でも大工業というものは加わらぬ——がある。同時に直接生産にはあたらぬが、生産社会をめぐって、交易・仲介・運搬・加工等の業務に携わる者、さらにそれらの生活の維持または遂行に必要な点で、準生産者ともいうべきものも加わる。

これらの階層は原始産業といわれるような古風な生産に携わるに対して、非生産階層として権力または知的能力による生活者を、大きく規定するものは生活に対する考え方で、その表現が生活様式である。しかし古風な生産方法も、時代の進展につれ文化の浸透によって改まるから、その間隔は漸次縮小される。なお自然的制約や社会的環境等で、古くから伝承された生活様式はにわかに改めきれぬから、依然区別はある。生産に非常な革命が起こらぬ限り遺される。

科学的文化からいえば、迷信とか無知と見られる禁忌・言い慣わし等も心意現象というよりむしろ生活様式ないし生活技術の問題である。しかもそれらは一方の非生産階層にもなお残存する事実からいうて、近代文化の母体をなしている。それは要するに、こうすることがより正しいとか妥当であるとの判断を基礎とする。この点からみても科学的知識に根拠をおかぬだけで、やはり知識であり一種の文化現象である。いわゆる常民の性格がそこに求められ、常民文化というのも畢竟それら階層の生活の基底をなす文化構造の謂いである。したがって、いわゆる国民文化とは本質的に違うものである。かように解すると妙に古風で偏在的な感覚を伴うが、見方によればほんとうの民族的伝統を生活体制とする階層である。しかも常民を一般の国民大衆の意に解すれば、問題は自ずから別である。

四

以上を要するに国民階層中、自然人的常民的性格のもっとも顕著な階層を実際的に求める場合、いささか偏重の嫌いはあろうが、第一に職業的農業者が浮き上がってくる。しかもこの階層は量的にも全国民中の四五％以上を占めており、その上に、漁撈・狩猟者をはじめ、一部工業者の大部分も事実上含まれるから、これを常民階層の実際の存在分野とみることもできる。もちろんこれ以外の職業者または都市居住者中にも、常民的範疇に加わる者も多いことはいうまでもない。

しかも今次の敗戦を一大契機として、いわゆる常民層はかなり動揺している。ことに生産方法技術器具の改善等によって、大きな変革に直面した。その拠点ともみられる農業者の生活様式は日ごとに革りつつあって、民俗学徒にとって、一日の閑をも許さぬものを感じる。

なおことはいささか余事にわたるが、学問の応用面からいうても、われわれの国家政策はこと農民に関する限り、民俗学の業績にまつ点が多い。これは単に民俗学徒としていうのではない。実はこのことに関連して、次の一挿話を結びとして筆を擱く。

五

もう大分古いことで、話は昭和一〇年日本青年館における柳田先生の還暦祝賀会の席に還る。進行係の熊谷辰次郎さんに促がされて、石黒忠篤さんが立って一席の懐古談の後に次のような話をされた。同氏が大学を卒業されて間もない頃、腸チフスを患って大学病院に入院された。その折のつれづれから話は始まる。当時『二六新聞』で懸賞俳句の募集をやっていたのを見て茶目気分から入院料稼ぎの魂胆も半ば手伝って応募した。季題は滝と青すだれの二つである。そこで予後の病床から奇想天外な企図になる苦吟を送ったが計画は外れて見事に落選、諦め切れぬ上に悔しさも加わって一等の選に入った句だけは今に記憶するとて、それを披露された。句は青すだれを題としたもので、

先達は雲に入りけり青すだれ

いささか癪だが句調も勝れていた。しかしここで話がある。今日の正賓である柳田先生は本来は農政学が専攻であられた。名著『時代ト農政』にもその片鱗は窺われる。ところでこの農政学者は、後に控えた連中が迂闊でボヤボヤしているのに業を煮やされたか見切りをつけられたか、翻然民俗学に転向、ハッキリこれに腰を据えられ、今日のごとき業績を積まれた。

ここであらためて民俗学徒にいいたいことは、よほど褌を締めてかからぬと、かつての農政学徒が見せられたように、大切な先達に置いてけぼりを喰わされる。雲に飛び込まれて騒いでも後の祭りだ――と。

これには弟子に対する鞭撻の意を含むことはもちろんだが、反面、民俗学の入道雲に先達をかこわれた石黒さんの鬱憤もあると今もひそかに思っている。

事実の普遍性

民俗学が事実に基礎をおいて、その集積の上に立てられることは、方法として、つねに普遍性を求めていたことによるのである。したがって事実の記載をその道程の第一段階としたことも当然であった。

この点、事実の持つ重要性は、私などがあらためて喋々《ちようちよう》するまでもない。しかし事実そのものが、ただちに資料として重要性があったのではない。事実の示す資料性、いいかえると、他の事実に関連して、普遍性の索め得る点に意義があったのである。いかにももっともらしい例証でも、単独では意味をなさない。たとえば囲炉裏の座席は、ある一辺を正座とし、これを長老の席とすることは、各地の例を集積して、普遍性の索められることによって妥当とされたのである。しかるにある事情で、長老以外の者が、仮にその家の奉公人などが、たまたまその席に座った事実があっても、それをもって前説をくつがえす根拠とはならない。他に類例が得られぬかぎり、関心はおくがひとつの事実として保留するほかはないのである。

『ひだびと』九月号の江馬三枝子さんの「民俗上の問題二つ」の中の「カンナイ」に対する説明と、そのご意見を読んで、私には特に教えられる点が多かった。事実の持つ意義の重大性と同時に、事実だけで押しつけようとすることが、いかに不合理であるかを深く考えさせられる。

そうして江馬さんが、どうしても承服できないといわれる飛騨のカンナイの解釈を、ゆい、すなわち共同労働に対する個人的家族労働を意味するといった当の張本人は、実は私であったように思う。すなわち、他の地方でフトリウエ、イツキウエ、ケネシゴツ、ウチワシゴト、エードシまたはイドシなどいう語と同義で、部落生活における田植えの組織に関連せる問題として、その間の関係を述べたつもりである（「農村社会における部落と家」）。私としては、単に言葉の連想で、神苗、仮苗などを解釈することは、仮にそれが正しいものであっても、とるべき道でないと考え、ああいう形式に普遍化を求めることが、正当と信じたのである。したがってさらに新事実によって、別の観点から普遍性が得らるればいつでも訂正に躊躇するものではない。

江馬さんのお説によると、カンナイの語意について、故老十数人に意見を聞いたが、一様に家内ではないと答えた。また飛騨では現今、家族をカナイまたはカンナイといわない。したがって感じの上から、祭りの場合の本楽に対する試楽《しがく》の意に近いといわれる。

そうして飛騨のカンナイが、一部に説かれている事実とはちがって、ホンダウエの前日の田植えである一方に、苗取りで、しかも多く夜にかけて行なわれること、そのために雇人、すなわち結《ゆ》いをする事実をも挙げられた。この方は意見とは異なって事実だけに尊いものがある。カンナイの語の解釈に、さらに新問題を提供せるものであった。

岩手県気仙地方で、田植えの折の手伝いまたは苗取りのことをカンナイドといったことは、柳田先生の「厄介と居候」にも引かれているが、そこに続いた宮城県本吉郡御岳、登米郡の鱒淵などでは、田植え作業の中、いわゆる本田植えの前日の苗取りを、カナイドリまたはカーネドリという。本吉郡御岳村の農会技手・須藤氏の説によると、カナイドリの意味はわからぬが、前日に取るから仮苗取りが、あるいは神苗取りではなかろうかと、述べられた。どちらも苗の連想があるのも、このさいもっともである。しかし神苗としても、格別神事作法はない。あるいは家内かと思うが、雇人も加わるという。私が土地の人々十数人から聴いたところでは、同地方のカナイドリまたカネードリの特色は、午後から夜にかけて仕事を続けることで、一〇時、一一時というような時刻まで作業をする。仕事が終わって後に振舞いがあるが、これに定まったご馳走などはないらしい。このことは語として、飛驒丹生川村地方のカンナイに近いばかりでなく、作業の実際から見ても、不思議なほど似ている。ここで注意されるのは、前記の本吉郡、登米郡地方では、苗取りは、田植えの当日にはあまり行なわず、かつ前々日にも行なわぬ。前々日の苗は三日苗などといって、特に忌むのである。

ここで第一に考慮されるのは、各地における稲作の慣習を見ると、苗取りは挿秧の直前に行なうことである。富山県下新川郡などでは、いわゆるゆい田植えのさいには、それぞれ人員を手分けして、土地のいわゆるソータメすなわち田植女は、早朝から苗取りにあたり、タチドすなわち田打男は、代掻きに従事する。こうして取れた苗はオンニヤウチ（大苗打）が植田に運搬する。地ならしのできたところに、女たちが植えるのである。また秋田県の農村などでは、苗取りを、ネトリジッコ、またはネトリジッサなどといい、多く老人の役で、挿秧作業の一方で、苗取りを分担したのである。最近、宮城県刈田郡、桃生郡などで聞いたところでも、苗取りは挿秧当日または前日にするを建前としているが、以前、ゆい田植えの盛んであったころは、前日の午後から夜にかけて苗取りをやっておき、田植えの当日は朝から挿秧に従事したという。これは各地方ともたいした違いはなかったようである。

家々で日取りを定めて、部落または同族が協力して田植えを行なうには、便宜上、あらかじめ苗取りの作業をすませておく。そのために前日家族だけですますことは、労力配分上にも無理のないことで、稲の性質からいうと、苗取りと挿秧の間隔はできるだけ短縮したい。そうした関係から、家族の手だけではなく、便宜上、他人を雇うこともあり得る。しかも語としては、以前のままに残り得る。本来、家族労働を意味するカンナイが、ワサダ植えの一方に苗取りが加わっても、他人が混ざっても、格別、不思議はないのである。これは本来は共同の労力であったことを意味するホンダ、オオタ、ユイダなどが、生産様式の変化から一家族ですますようになっても、なお名称だけは以前のままに残っている。したがって後世の民俗研究家が考えるように、いちいち内容を検討して使用してはいないのである。そこに事実に対する普遍性、別の語でいえば、客観的妥当性をつねに索める必要があったのである。

（昭和一三年一一月三日）

東北民俗の調査研究

一　終戦この方、われわれは日本人というものが、世界の諸民族に伍して果たしてどういう性格または傾向にあるか、いわば特質について、新たに問題を課せられたように思う。これまで口を開けば独自だの固有だのと主張して憚らなかった点は、充分に根拠のある結論でなかったことだけは確かである。

二　正しいゆがめられない日本人の姿をとらえることは、国民生活について、物質精神の両面にわたり、できるだけ確かな資料をたくさん持つのが先決である。その場合、過去に溯って、足跡を索めることは当然の順序で、その資料としては各種の文書製作物をはじめ、地下に埋没した遺物遺跡がある。それと並んで、現在の生活に持っているもの、生活のありようというか、それを基礎づけているものとしていわゆる民俗がある。これは現実だから、足跡として他と同一にあつかうのは一見、矛盾とも考えられるが、古くから持ち伝えた遺産であるに相違ない。われわれの肉体や言語が忽然と出現したものでなかったように、前々からの受け継ぎで、要するに歴史的な必然の結果である。問題はそれがいつ、いかなる関係で創められ保存されたかである。しかしそれらは、生命があるだけ、つねに亡失の危険にさらされている。

三　わが国民俗の調査・研究は、歴史は新しいがここ三〇年来、異常な成果を挙げた。そうして方法的にも先覚の努力によってほぼ正しい方向を取って、第一段の過程を了わった感がある。要するに打つべき杭は要所要所に打たれたのである。そこであらためて第二段の工作に移るわけだが、その場合、近接の諸民族との比較は特に必要で、今までは資料の不十分もあって、躊躇されがちであった。それと同時に地域または集団を限定して、問題を深く掘り下げてゆく、そうして歴史的関連とともに、土地的というか場所的というか、そういう関係を努めて明らかにする。これがやがて他地方との比較の基礎にもなるのだ。ともかくかような要請に対して、未調査の地域や問題があまりも広くかつ多いことが、あらためて思われる。未墾の原野が遙かであれば、困難と同時に希望も一段と高かったのである。

四　この点、四つの島の中、もっとも大きな本州の大半を占める東北地方に対する期待は大きい。もちろん東北民俗の調査研究は、過去においても盛んで、多くの先進が輩出し、実は日本の民俗学の地位をここまで持ってきたのも、その人々の功績に懸かる点が多い。しかし全体からいえば、未だ限られた地域と部面にしか過ぎない。そうして今日までにわかったことは、他の地方に比較してかなり特色が感ぜられる。そのひとつとして、ごくありふれたことに、年間を通じ大豆が盛んに食われている。統計をとったわけではないが、西日本の農村などと比較してはるかに多い。

五　大豆は最近は世界的に関心を持たれてきたが、元来、近接の大陸の民族とともに、われわれの過去における栄養の大きな基礎で、ある意味において米以上の地位を持っていた。その大豆が東北地方になお盛んに用いられた事実は、いわばわれわれの古風な生活を持ち伝えたものである。したがってこの穀物をめぐる民俗も一段豊富で、早い話が、秋から冬の大黒の歳夜またはメムカイという日には、四八種の豆料理を供えるとの言伝えもあるくらいで、大豆を原料に種々の食い方や食品が作られ、かつての主食的地位さえも想像させる。ところで西に進むにしたがって、漸次に稀薄になってゆく。

六　この間の理由は、一言につくしがたい。つぎの課題となるわけで、単なる文化の地域的傾斜現象であるか、それともそれを裏づける有力な理由が潜むかもしれない。いずれにせよ、その解決には多くの見地による細密な調査と比較以外にない。いわゆる年中行事の七夕祭りなども、今は国内津々浦々に行なわれていて、東北地方でも、仙台市などは徳川時代にすでに行事として著名であるが、あれから北に進むにつれてその日は盆行事の一環として重要だが、七夕祭りとしては、最近まで知らぬ村が多かった。その他、女性が月々に籠る風なども、西日本ではたくさんの事例が挙げられるが、東北では珍しく、どうやらなかったようにも感ぜられる。こういう例は問題によってしばしば出てくるので、比較の対象なども、必ずしも国内だけですますわけにはゆかぬのである。

七　全部の人たちがことごとく調査や研究にあたる必要はないであろうが、しかしお互いの生活に深い理解を持つことは、この際まず必要で、そのためには一人でも多くの人々の参加が望ましく、かつ利益も多い。ことに目前生活様式の急激な変化から、日ごとに忘れられる部面が増えるのも事実だから、部落や村、またはより大きな地域ないし集団単位の調査も望ましいところで、方法と態度に過誤がないかぎりきわめて有意義である。そういう意味でも、わが国民俗学の権威を役員に戴いた東北民俗学会の発足は、時宜を得たもので、その役割も大である。あまねく同志者の協力を仰いで、一段の発展を期待するものである。

（昭和二三年一〇月三日）

鹿児島県の民俗

第一章　国民文化と民俗の調査

一　文化と民俗

日本は地理的にアジアの東方海上に孤立し、早くより統一国家を形成していた関係で、南北数百里にわたる国土を通じ、同一の文化系統に属することは、民俗を通じてもっともよく証明し得られる。したがって地方文化といい、あるいは地方的特異の現象と見られるものも、どこまで本質的に遡り得るかどうかが疑われる。元々いろいろの文化をもった民族の集合であるから、異なった伝統も持ち合わせていたには違いないが、それを究明することは現在は未だ容易でなく、またそれをなし得るものは民俗の調査にまつ点が多い。

あらゆる文化現象が、自然的制約を受ける一方に、近世の封建的地方政治が、地方的色彩を強くした事実もまた否み得ない。しかもここで一応考えねばならぬ点は、自然的制約はともかくとして、政治的の影響を過大に評価することの危険である。政治は民衆生活を指導し、様式や態度に変革を促しはするが、いずれかというと限られた目的と面をもったからその全部に及ぶわけではない。ところが今日各地の民俗で、少しく異色あるものは、政策的に誰々の創意だとか、誰の治政の際に改められて、それが慣例化したはずともっともらしく説明する。早い話が盆踊りや八月の太鼓踊りの由来譚として、巷間に語られるものなどがよい例で、これは他の制度や文物にもあてはまるものが多い。たとえば旧島津藩としての郷村制度としての門割制なども、ある時代の為政者の創意のごとく解しがちであるが、深く検討を要するところである。それというのが門というような同族的連帯機構は、名称や形を異にするだけで、他の地方にもあり、これを組織する名頭《みょうず》・名子の関係や、土地割替の慣行にしても、必ずしも島津藩に限るものではない。特色としてはこれを公の制度として、直接政治に利用した点にかかるのである。

いささか余計な言が加わったが、前いうように国土を通じて一貫せる文化の反面に、地方的文化の存在が考えられることも争えない。この横の異同に対して、別に国民層を縦に二分し、知識層とそうでない階層とする観方がある。そうして後者の生活をめぐるものを、常民または庶民文化とする。民族といい民間伝承というのも畢竟それで、人によっては土俗ともいう。それは要するに前者の生活が科学を基礎とするに対して、後者のそれは前代からの踏襲で、いわば近代文化に対する前代文化の残存と見るのである。もともと庶民層は政治的にも文化的にも、被指導的地位にあって、それ自体が文化の創造者でも発見者でもない。ましてそれらの間に、自然に醞《うん》醸《じょう》された文化などは想像し得ないから、常民とか庶民文化というような区別が、果たして妥当か否かである。いわゆる民俗が前代文化の残存としても、それを無意味に踏襲したわけではなくて、生活上保存の必要があったに過ぎない。したがっていわゆる知識層であっても、その生活の環境いかんによって、等しく踏襲し来ったことも否み難いところで、特に庶民階層独自のものと断ずるわけにはいかぬのである。

民俗が性質としていわゆる前代文化に属しはするが、前にいうごとくその保持は、必ずしも無知の故ではない。たとえば迷信として、科学的に何ら根拠がないからといっても、実際問題としては、むげに改めきれぬものがある。ことに科学の水準が、すべてを解決し得ない場合は、前々からの様式なり態度を護るほかない。しかもそれが生活資源の生産というような切実な面をもっていればなおさらで、この点農耕においてはとくに顕著である。

その遂行を期するには、自然への順応が第一であるから、予め季節の移動や寒暑風雨を測って、計画を立てことを進める必要がある。よって科学の領域では到底想像も能わぬであろう年次のはじめに、その年の寒暑風雨の動き等を予知の手段も必要であった。それが的中するか否かは別問題として、なんらかのよりどころを必要とする。いわば偉大な自然の意志の動きを測って、計画を立て知力をつくすに努めようとする。このような欲求に対して、科学の答え得る範囲はきわめて限られていて、たとえば季節の移動にしても未だ原則に止まる程度で、実のところ明日の晴雨も心許ない状態にある。これでは全面的に信頼はできないから、昔ながらに経験を織り込んだ方法を取らざるを得ない。仮にそれが結果において齟齬を来しても、いずれかに信念の基礎を置かねばならない。必ずしも科学無視ではないが、それに基づいてにわかに悉《ことごと》くを革めるわけにはゆかぬのである。この点を知識と才能の駆使が生活の全部である人々とは、根本的に生活観念が異なるのである。それは繰り返しいうが無知からではなくて、実際上より正当な生活を進める上に、必要の手段である。ここに民俗が生活意欲を果たす上の、一種の技術であるゆえんがある。これは要するにその性格は近世の科学的物質文化に対する伝統的精神文化ともいい得る。したがって明治維新を契機として、にわかに普及した科学鑽仰の波によってたちまちに洗い流されるにいたり、遙かに交通不便な地域や、ある種の階層に余喣を保つにいたったことは周知で、庶民層がそこに残されたのではない。かつては国民全体を通じて遵奉されていた生活態度が、たまたま山の中や岬の突端または離島を求めて潜るにいたったのである。

二　民俗とその調査

以上述べたところは、未だ意をつくさぬ節が多いが、ともかくも民俗が、無知の所産として、単なる前代生活の踏襲でないことをいうにあった。これを最初から無意味の存在とし、低級な庶民の文化とするごとき解釈は、そもそもそれ自体が物質的合理観の産物であることも、自ずから首肯されるはずである。試みにその間の関係をいわゆる年間の行事に例を引くと、たとえば季節の変り目ごとにまたはとくに月々に日を定めて、特別の食物を調えて神を祀るなどの慣習は、物質的に意義を求めることは困難である。よって行事のための行事とするか、さもなくば習慣的に繰り返したごとく取り扱うにいたる。ことにすべてを現実本意に解して、個人的に目前の恣欲達成を最高の生活目的とすれば、それらは年間の勤労と休養・慰安を織り込んだ、一種の時間割的意味にしか考え得ないであろう。しかも一度観点をひるがえして国民生活の理想が、共同に永遠の繁栄を図るにありとすれば、生活態度として、必然的により過誤を少なからしめることに努めなければならない。それには反省と自警の機会を常に失わぬこと、それが次への発展の基礎ともなるので、やがてこれが社会道義の根幹でもある。その意味でわれわれの過去の生活が、ことごとく誤っていれば格別だが、必ずしもそうでないとすればまずその跡を究めて、根幹に触れる道を開くのが肝要である。生活技術としての、民俗調査の意義がそこに求められる。したがってそれらは誤った過去を回顧して、その足跡の標本作製が目的ではない。次の生活を正しくあるために、過去あるいは現在をより深く検討の資料を得るにある。

これを一県または独自の文化地域を単位に行なうことは、やがて国全体に及ぼす第一歩である。とくにわが国ではこの研究を柳田国男先生が創められてから日も浅く、とかく全般的概念の把握に費やされた関係で、一地方を対象に綜合的綿密な調査が未だおよび難いうらみがあった。この実情にかんがみ今次の鹿児島県の意図が、すべてに期待を満たし得るや否やは別問題として、計画の意義は大いに認め得るのである。

県単位に一地区の調査に期待する今一つの意義は、由来わが国の民俗には、地理的に特殊の濃度がしばしば表われている。これを試みに信仰民俗についていうと、たとえば岩手・青森地方の家の神としてのオシラ神、宮城・岩手に限るかにみられる水の神としての雲南神、中国・四国を中心とする田の神としてのサンバイ・サバイ神、鹿児島県下の田の神などである。そのいずれもが大体に国内を通じて求められる信仰であるにかかわらず、如上の地区に特に濃厚に特異の発達を見ている。その理由については未だ究め得ないが、いずれにせよ独自の信仰圏をなしているから、全般的調査の反面に、地方的に各種の観点に基づいて綜合調査にまつところが多い。

また庚申の信仰は、全国的の現象であって、その源流は大陸に求められるが、わが国での信仰には特色があって、庚申講または庚申待などといって、どこにも信仰集団をもつにかかわらず、性格的に明瞭を欠くところが少くない。したがって土地によっては作神とも農神ともいうが、習俗祭祀の次第からは未だ証明し得ない。ところが私の知る範囲では、九州ではこれに公神・幸神などの文字をあてる地方があって、農耕神としての色彩が強い。ことに鹿児島県ではその傾向が一段と顕著で、興味深いものがある。その一つの現象はいわゆる田の神との習合で、たとえば肝属郡百引村では、部落などを単位に田の神の祭りの講中があって、その集まりは干支の庚申の日または月々の申の日が選ばれ、祭りの中心をなす掛軸をサッドンといい、さらに講中そのものをサッドン講といっている（桜田勝徳氏）。次に日置郡の南部地方では、田の神祭りは毎年二月と一二月に行なわれ、講中が宿に集まり、床の間に掛軸を掲げその前で祭りをする。そうしてその掛軸すなわち御影をサッドンといい、その折の唱えごとに（たとえば阿田部落）「朝はよ起って、オコン先に結手《いで》を巻きつけ出る者には、トボシの飯を三杯あて与え、朝寝して今日は雨が降る日が照ると、ぐつぐつしている者には稗の粥を一杯あて食わせ」という（岡島銀治氏田の神）。トボシの飯はけだし唐干で稲の一品種である。

肝属郡大崎町附近では、田の神祭りもあるが別にサッドンを祭ることがあり、これをカノサッドンともいうから、サッドンは庚申殿であることが判明する。現在田の神とサッドンについては、私はこれ以上の事例を知らぬが、今後の調査によってなお多くの隠れた地方が明らかにされると信ずる。これらは農神としての庚申の性格を示唆する点が多く、一方、田の神が反面に山の神であるとの全国的伝承に思い合わせて、一層興趣深いものを感ずる。それというのが山の神をサガミという例もありまた、猿を使徒する伝承にも結びつけて考えられる。その他、田の神をいうサンバイ・サバイ神の名義にも一脈の関連を喚ぶのである。(拙著『農と祭』所収「さんばいとさの神」参照)。

三　鹿児島県の民俗

一

以上の調査に関連して、鹿児島県の地理的環境と民俗との関係に一応触れる義務がある。この県は旧本土の最南端に位置して、海を隔てて奄美群島から旧琉球に接壌し、さらに大陸に対している。一方には上代に皇祖発祥の地として、それを物語る伝説・民譚の類もまた豊富である。しかるに近世の徳川氏三〇〇年にわたる治世の期間は、他地方との交通はきわめて窮屈で、いずれかというと孤立の状態にあった。それを物語る卑近な事例として、幕末期においても薩摩藩内への旅行はかなり困難で、唯一の都市である鹿児島の城下に、旅館の発達を見なかった事実も思い合わされる。また備後の菅茶山翁の『筆のすさび』に、薩州風土として、鹿児島城下の状況を、伝聞によってあたかも異国でもあるごとく取り扱っているなどはその一端を物語るものがある。外部との交通が遮断されることは、やがて文化の交流を阻止するから、それだけ文化が単調で、古い姿が濃厚に保存されたことをも意味する。

かような推測が下される反面に、近世の産業事績に徴すると、正に逆のものを感ずる。たとえば甘藷、砂糖、畳表、煙草等をはじめ、燈火材料その他の原料木としての櫨が、ともにこの地を足場にして国内におよんだ事実である。これは兵器としての鉄砲伝来の伝説と併せて、外来文化の接受が頻繁に行なわれたことを指示する。これは要するに、前代文化の保存の濃厚を思わせると同時に、他方、大陸文化の影響を常に受け入れつつあったのである。

鹿児島県の民俗について、私は格別に知るところがあるわけではない。したがって薩摩と大隅とでどういう異同が見られるかもまた、大隅半島と薩摩半島が、地理的環境として、文化的にどういう地位を占めるかも全く門外漢である。しかしそれらは濃淡の差こそあれ、格別に異なることは考えられない。前にも述べたように、地方特有といったところで、それは未だ他を知らなかったに過ぎぬ場合が多く、これだけは特有と思うものが、必ず他に類例があるのが、民俗の通有性である。しかも言語・現象による伝説や歌謡・諺・言い慣わし等には、特異と見られるものがあるが、それとても対象や用語が少しく異なるだけで、内容には変化がないのが常である。この事実は一般の生活慣行に一層顕著で、その他社会意識にも、衣食住慣行にもまた年中行事にしても、全く特異のものを指摘し得るとは考えられない。これは文化の性質からいっても当然というべきで、要は保存の濃度と変化または、他との習合いかんにかかわるのである。

それを説明するために、きわめて卑近な事実から挙げてみると、わが国には各地を通じて、木や竹の串を大地に打ち込んで、技を争うことがある。近来は用具も鉄釘が選ばれたりするが、これをネツキ・ネン等いうのは普通で、試みにその次第に注意すると、甲の地方では単なる遊戯として、地に打ち込むことに目的があるが、乙の地方では同じく打ち込みはするが、同時に対手の具を倒すことに目的がある。ところが丙の地方では、同じく子供の遊びではあるが、予め地を画して、打ち込み方によって、その場所の占有を争う手段としている。かようなわけで、その串の製作も、最初から単なる玩具として製作するも、あるいは約束に基づいて、材料の選択にまで制限がある場合とあり、後者においては、等しく遊戯であっても季節的関連が強い。たとえば揖宿地方で、正月のオニビ焚きの後、燃え残りの竹で作るなどはそれである。

また年中行事の一として、子供たちが主になって、屋敷回りや耕地等を打ってまわる習俗は広い。これをところによって土鼠《もぐら》打ちだの貉《むじな》バタキなどというが、一方には亥の子突きといって、一〇月の亥の子に行なうもある。関東地方では一〇月一〇日をトウカンヤといってその日に行なうことは周知であるが、一方には秋の刈上祭りとするもの、小正月とするもある。そうして打つ道具も名称も一定でなく、藁を束ねまたは編んで、バイとかテッホーなどというに対して、近畿や中国地方では、例外もあるが、行事を亥の子突きというほどだから、手ごろの石を縛りそれに支え縄を何本も付けて、大勢で唄を歌ってついてまわる。ところが鹿児島県薩摩郡などでは、私も一組そろえてもらったが、竹の柄を付けた藁製の槌を作って、それをもって小正月に土鼠打ちといって打ってまわる。

次に風俗についていうと、先年野村伝四氏のお説ではじめて知ったのだが、数十年前、同氏年少時代までは、肝属郡高山町辺では、農家の娘たちは一つの標識として、笠に玉虫を附ける風があった。未婚者のしるしともいわれるが珍しい事実で、話に聞いただけでも美しいものを感ずる。おそらく古い慣習の残存で草履や着物の袖口に、紅や青の布形を房のように結びつけた大島郡十島村の風習を思わすものがある。わが国にはあるいは女の標しとして歯を染めたり眉を落とすなどの慣行があって、それがやがて既婚者の表徴ともなったが、その一方に襷や被り物の色や柄に特徴を持たせて、既婚者と未婚婦人を区別したり、あるいはそれが所属の部落を表徴する場合もあった。かようにその地としては、平凡些細な慣習の存在が、やがて他に類例を求める大切な緒口となる事実はしばしばある。これらの点でも、鹿児島県の持つ地位には、見逃しがたいものがあるように思う。

二

居住慣行のひとつとして、囲炉裏を持つことは、国内全般のふうで、これは寒国の青森や新潟地方も、暖国の鹿児島県もほとんど同じで、さらに沖縄にもおよんでいる。のみならず自在鍵の上に装置された火棚までが共通で、それがない家は要するに早く亡びたに過ぎない。しかも囲炉裏の傍に、土間に対してごく簡素な木製の衝立がおいてある。秋田や山形ではこれをカザタテともツッタテともいうようだが、静岡県の伊豆ではトリショウジ（取障子）、長野県の南部や愛知県の東部山村ではツイタテまたはツキタテと呼ぶ例が多い。ところが鹿児島県では薩摩でも大隅でも、私の見聞の範囲ではビョッといっている。そうして形も使い方も、申し合わせたかと思うほど各地似ている。ちなみにビョッはけだし屏風の語りと関係があろう。これらの事実は、囲炉裏の座席の、正面の座をヨコザと呼ぶことととともに、この特色ある火を焚く装置をめぐって、同一の生活慣習即ち文化が、国の南北にわたって強く流れていた事実を示すものである。

家系や財産相続の慣習等も、今後漸次調査が進められるにしたがい、新事実も現われると思うが、ここまで一般に知られているところでは、ある地域を限ってしばしば特色がある。したがって全国を通じて総領式長男相続が一貫したかにみられるのは、少なくもごく近世の現象であった。たとえば東北地方を中心にして、最初の女子に相続させる風が、かなり根強く行なわれた痕跡があって、秋田県雄勝郡の山村などには、家を継ぐのは女が順序であるとの意味の言伝えもある。宮城県の「アネ家督」などもそのひとつであるが、これは注意すると関東から中部地方にまでおよんでいる。その一方にはいわゆる末子相続であるが、それと並行して九州地方には財産のことに耕地を分頭相続の風が時に見られる。ところがひとたび鹿児島県にはいると、それが一層顕著で、薩摩にも大隅にもわたっており、同じ慣習は大島郡十島村にもある。ことにそこの硫黄島などでは、一枚の畑をも幾人かに分割区画の風さえある。

しかるにもかかわらず相続慣習が、一般的に調査が進まぬ関係もあって、たまたま女子相続の例でもあると、すぐ母権制の遺風だなどといってしまう。ところがこの慣習には、農耕生産における労働力の獲得が、当面の動機として働いていたらしいことで、一方婚姻の習俗にも関連する。そうしていわゆる部落共同体が、生産能力者を組織の根幹とすること、それに関連する独自の隠居制度の存続にも交渉があるように思う。

以上述べたところに見ても、鹿児島県の民俗が、国民文化の究明の上に占める地位の重要性は充分想像される。しかるに今日までの調査の跡を見ると、必ずしも満足すべき状態とはいえない。むしろ他地方に比して、遙かに遜色があったかに考えられる。しかも最近における奄美大島をはじめ、喜界島十島村等の調査には注目すべきものがあり、一方県内各地の調査も、逐次進められて言語・伝説・民具には、見るべき業績も少なくないようである。それらを思う目安として、試みにその方面の報告や調査を掲載した三、四の雑誌について、鹿児島県に関する分を摘出してみた。はなはだ杜撰かつ不用意の次第であるが、手許にあるもので間に合わせた関係で別記五種に限った。これ以外に、『人類学雑誌』、『風俗画報』、『ドルメン』、『方言』、『島』、『民俗芸術』、『民間伝承』、『民族学研究』などにも、それぞれ貴重の文献があるが、ここにはひとまず割愛した。なお『旅と伝説』は、二巻以降一二巻までに留めて、それ以後の分は、これまたひとまず別にしたことをつけ加えておく。

三　鹿児島県の民俗文献抄

(1)『郷土研究』一－四巻（自大正二年至大正六年）

桜島の民謡　一ノ一二　　りんぐわい(林外)生

ヲコゼを以てする祈禱　二ノ一　　加藤　雄吉

河童の話　二ノ三　　尾花生（加藤氏）

春の彼岸の頃夜間などヒョンヒョン　ヒョウヒョウと鳴いて通るのは、河童が山から河へ降りると伝え、これを河童様のお通りといい、秋の彼岸には逆に通る。別に石黒忠篤氏の経験談の紹介がある。

桜島の民謡に付いて　二ノ六　　宍戸　俊治

一巻七六二頁の林外氏の記事に対する批判

桜島噴火と童謡　二ノ六　　加藤　雄吉

加治木の山蜘蛛合戦　三ノ三　　宮武　省三

大隅種ケ島より　三ノ八　　土居　暁風

種ケ島の情況を語る短信

薩州串木野の金輪投げ　三ノ一〇　　加藤　雄吉

日置郡串木野の正月遊びの金輪投げの次第の報告で、

この遊びは麓即ち士族屋敷の児童に限られていた。けだしハマ投げの一種である。

屋久島から　三ノ一〇　土居　暁風

方言、共有地利用慣習、種ケ島との関係、仏教、私生児の威張ること、花上げ場、ヘゴの門柱、猪狩り、木本祭り、鬼鼓等。

揖宿の言慣わし　三ノ一一　柴野　禾樵

密柑の皮を火にあぶると赤顔になる他五項

川辺十島の話　四ノ三　土居　暁風

黒島の生活疲弊の情況、共同耕作のことなど、他に竹島、硫黄島、口島、中ノ島、諏訪の瀬島、宝島の情況、実施調査にあらず伝聞または文書によるもの。

(2)　後期『郷土研究』(五・六・七巻)(自昭和六年至昭和九年)

甑島の涙石　五ノ一　宮良　当壮

喜界島の四月行事　七ノ四　岩倉　市郎

甲子の鼠除け、サベー・チトー（虫払い）など。

(3)　『民族』一―四巻（自大正一四年至昭和四年）

屋久島の話　二ノ一　正宗　厳敬

小篇。婚姻の形式、お岳登りの話、石楠花を紀念に持ち返る、この風は他地方（県内）にもある。時期は八月某日

新年習俗（鹿児島市の近村）二ノ二　高牟田香住

ハラメンボウ、ハマ投げ、オネッコ打ち等

大隅種ケ島の正月　二ノ二　平田　徳

年越しの夜の行事、若水、越し、歳徳大明神、福は内、左巻き、福祭文、二歳入り、田畠祭り、蚕の祭り、浜の行事、子供遊び等

奄美大島葬制史料　二ノ六　茂野　幽考

風葬の遺跡、風葬後の納骨堂のことなど

八月十五夜の行事（川辺郡川辺）二ノ六　筆者逸

綱引きのこと。

加治木地方の山コブ合戦の記事　三ノ四　国枝　譲

五月節句の次第

南の島々より　三ノ五　昇　曙夢

奄美大島の産育習俗その他。他に与路島、徳之島、横当島の話など。

屋敷と枇杷（禁忌事例）三ノ六　石田　憲吉

牛と蝮と麻（姶良郡東国分村）三ノ六　山下　穆

禁忌事例、蝮がおらず、麻を作らず、牛を飼わぬ。

鹿児島市の鬼除火　四ノ三八八　筆者逸

正月行事　七日の夕方に行なわれるもの。伝聞。

(4)　『民俗学』一―五巻（自昭和四年至昭和八年）

入来の正月　二ノ一　鮫島盛一郎

薩摩郡入来村の行事採訪録

喜界島の折目　二ノ二　岩倉　市郎

薩摩の俗信　二ノ五　楢木　範行

特殊な薩摩語　二ノ九　同　人

大隅内之浦採訪記　五ノ六　高橋文太郎

民俗採訪記

南薩摩の話と方言　五ノ六　同　人

甑島の年神　五ノ七　桜田　勝徳

(5)『旅と伝説』二―一二巻（一巻および一二巻以後省略）

（昭和四年より）

南島の独木舟研究　二ノ二　茂野　幽考

平家の南走とエラブウナギに関する伝説　二ノ三　永井　亀彦

喜界島の伝説　二ノ六　岩倉　市郎

奄美大島の遊戯と玩具　三ノ三　岩切　登

悪石島の人形（写真のみ）三ノ四　永井　龍一

喜界島の昔話　三ノ六　岩倉　市郎

死を中心とした奄美大島の実話　三ノ九　岩切　登

志布志湾の話　三ノ一二　山下　邦雄

硫黄ケ島　四ノ一　永井　亀彦

大島郡硫黄ケ島の地理と習俗の紹介。

大隅異聞抄　四ノ一二　九十九豊勝

筆者が大正十四年より昭和二年まで高山村（町）に滞在中の習俗見聞を記す。掠奪婚、夜這い、傘焼き、蜘蛛合戦、壺どん、風を呼ぶ詞など、小通信ともいうべきもの。

風に関する喜界島の方言　四ノ一〇　岩倉　市郎

鹿屋旧記　五ノ一　森田　道雄

肝属郡鹿屋地方の婚姻、揖宿地方の習俗、甑島の例等を記す。小篇。

坊ノ津の婚姻　六ノ一　早川孝太郎

若衆組が関与することをはじめ、他部落と婚姻の場合の慣習その他。

十島村の婚姻　六ノ一　敷根　利治

奄美大島の婚姻　六ノ一　岩切　登

南薩摩の旅　六ノ二　早川孝太郎

南薩摩の民俗

肝属郡高山地方の葬制　六ノ七　楢木　範行

薩摩郡宮ノ城町の葬制　六ノ七　同　人

甑島瀬々野浦の葬制　六ノ七　山下　満

十島村の葬制　六ノ七　敷根　利治

宮ノ城（薩摩郡）出産習俗　六ノ七　楢木　範行

高山町（肝属郡）出産習俗　六ノ七　同　人

産衣の背の部分に守袋を縫いつけ、これに大豆・高粱を入れること、その上を枡形と称し麻の葉に縫うことなどあり。

甑島瀬々野浦出産習俗　六ノ七　山下　満

十島村出産習俗　六ノ七　敷根　利治

主として宝島

島の思い出（かけろま歳時記）六ノ五　昇　曙夢

かけろま島を故郷とする筆者の幼時の思い出を基礎に歳時記を記す。六ノ六、六ノ八連載

薩摩郡宮ノ城の盆行事　七ノ七　楢木　範行

肝属郡高山町盆行事　七ノ七　同　人

喜界島の盆行事　七ノ七　岩倉　市郎

奄美大島及大島に於る民具　七ノ八　高橋文太郎
　大島郡十島村を中心とする民具の記録
踊りの着物（硫黄島）七ノ八　早川孝太郎
地域賎称について　七ノ八　楢木範行
　谷山町をはじめ県内各地にわたり、土地とその人を卑めた比喩語を蒐録し解説す。
薩南の黒島にて　八ノ一　早川孝太郎
　大島郡十島村黒島の情況および習俗を記す。
九州南部の玩具(鹿児島県)　八ノ八　川辺正巳
　国分八幡の豆太鼓、鯛車、化粧箱、武者人形等。
南島に伝わる生殖器崇拝の跡　昇曙夢
　奄美大島、徳之島　九ノ四
坊ノ津の鰹漁について　九ノ五　楢木範行
南大隅方言雑志　九ノ七　野村伝四
　九ノ八、九ノ一〇、九ノ一二連載。方言を中心に習俗等を記す。
島の黙示録　一〇ノ六　野間吉夫
　沖の永良部島の民俗
薩摩の山川港　一〇ノ八　福里栄三
　一〇ノ九連載。民俗にはやや関係うすし。
薩南地方に於ける注連の二三　一一ノ二　杉嘉幸
　川辺町、知覧町、加世田町
薩摩の下女をめぐる問題　一一ノ四　野間吉夫
谷山ヨメジョ聞書　一一ノ八　同人
　谷山町の魚売女の生活誌
大隅国高免部落(桜島村)聞書　一一ノ九　鹿児島民俗研究会
琢玖遊記(屋久島)　一一ノ一二　野間吉夫
　(一二巻以下略)

以上を通観しても、県内における調査報告が地域的にも問題の上でも、著しく偏していたことが看取されるであろう。しかも題目だけを見ると、各篇ともに相当まとまったもののごとき印象を受けるが、大部分は小篇に属していることもまた否み得ない。もっとも以上は前にも述べた通り限られた雑誌に掲載されたものではあるが、一汎を推すに足ると信ずる。

第二章　大崎町曽於郡の一婚姻習俗

一

わが国における婚姻の一形式としてのいわゆる掠奪婚が、現在鹿児島県内の各所に行なわれたことはかねて耳にしたところで、たとえば肝属郡の田舎では、今でも麓でないところはほとんどこの種の婚姻が行なわれ、前夜友人などに頼み、目指す娘を奪い、翌日親に交渉するといい（『旅と伝説』五巻一号）、また川辺郡知覧、枕崎付近の村々にも、以前は頻々とこの風が行なわれ、これを一にカツギともいったことを昭和七年の秋、同地方旅行の際にも聞いていた。

予め本人や親許の承諾をまたずに、暴力を用いて子女を奪う婚姻習俗は、わが国には各地にあって、これをカタギ、カツギ、ボウタ（奪うた）、ヨメヌスミなどいい、それらは今まで知られているところでは高知、長崎、熊本をはじめ、山陰の鳥取、島根、近畿地方から中部、関東の一部地方にもおよんでいる。しかしここ数十年来にわかに跡を絶ち、多くは過去の語り草となって、これに対する関心もことごとく薄らぎ、前代の遺俗とはいうものの、何か特別のもので、早くいえば貧民の婚姻法ぐらいに考え、非常に軽く取り扱っていた傾向がある。ところが最近鹿児島県内にはそれがなお行なわれており、いずれかというと当然の婚姻形式として、一般的に承認もされかつ常識となっている事実を知った。今年（昭和一九年）二月県の民俗調査の方々とともに、曽於郡大崎町でも聞くことができたが、これは同郡内に限らず、さらに肝属郡の各所もほぼ同様であるらしい。また川辺郡地方にも残存しすでに民俗調査委員の手に調査が進められていたようである。

大崎町を中心とするこの種習俗が、常識化している事実を物語る一挿話として、たとえば現大崎町助役の限元氏は、これまでに婚姻の媒介者として一五組を取り扱ったが、その中の一一組までは土地のいわゆるオットイすなわち盗みの形式であった。また同じ土地の後迫一里氏はオットイに多く関係したことで知られているが、同氏の談によるとその方法はここ七、八年来ほぼ三分の一に減じ、一般的のゴゼムカイすなわち嫁迎いの形式に変わりつつある。したがって以前は婚姻といえば、ほとんどこの種の方法であった。一見漠然としているが、実はこのような事柄は表面的な記録や届書などには表われぬから、一般趨勢を知る手段として、試みに挙げたのである。

鹿児島地方のいわゆるオットイを、わが国では一般に掠奪婚としているが、そういう特殊な表現が、果たして正しいかどうかも、今後大いに検討を要する問題であろう。ことにこの県内の奄美大島には婚姻をネービキ（根引き）といい、いわゆる嫁迎いの夜、行列の先頭からトッタトッタと掛声して練る風すらあって（『旅と伝説』六ノ一）、ともに多くの示唆を含んでいる。それと同時に一般的にも婚姻そのものを「嫁どり」といって、格別に怪しみもせずにいるのである。とくに婚姻目的が生産階層においては、労働力の獲得を意味していたこと、次には生産責任の上で、その相続者を得る上に、必要の段階であったことなど、個人的の欲望は常に二次的に見られていたのである。したがってその手段にしても、如上の目的を掲げた場合は、当人同士の意志や感情に基づくことが、正しいかどうかも疑われてくる。のみならずこれを家庭本位に考えても、多くは必ずしも当事者の意志のままを肯定するのではなかったのである。

いわゆる掠奪婚については、かれこれ二十数年前、本山桂川氏の編輯になる『土の鈴』に、長崎県西彼杵地方の実例として記述されたのを一読して、興味深く覚えたものであるが、そうした光景が現実にこの国土内に依然繰り返えされていようことはいささか意外であった。おそらくそれは私だけの意外でないと信ずることは、最近鹿児島県内の婚姻習俗として報告された記録（『旅と伝説』婚姻習俗特輯号）にもまた、とくに民俗調査を標榜して臨んだ人々の報告にも、現実の問題としては、かなり自信のない表現を用いていた事実によって想像される。

実はそれとも深く究めない限り無理もないことで、今日の時世に、他家の子女を掠奪して婚姻を行なうなどは、それが何人の手に行なわれるにしても不合理で、蛮風とでも解釈せぬ限り言葉が少ない。しかし静かにその跡を顧みる場合に、仮に不合理にしても、それは動かし難い事実で、それによって幸福を得ていた人々も必ずしも少なくないのである。そうして関係者にとっては、そのことの正当か否かは別として、昔ながらの慣習にしたがったものに過ぎなかったのである。

わが国では明治維新この方、個人の自由や権利の尊重がにわかに自覚を喚ぶにいたって、ことに婚姻をめぐってその傾向が著しい。ことに従来の配偶者の選択法が、とかく本人の意向に頓着なく、親たちの意志によって決定することに強硬な非難さえ加えられた。それというのが人生の幸不幸を定める配偶者の選択に、当人の意志を無視することは、個人の意志を尊重する限りあり得ないのである。しかもここにいう掠奪婚にいたっては、当人はもちろん、その上にある親の意志までを無視したのであるから、暴挙とも何ともいいようがなく、道徳的にも見逃しがたい行為である。

しかしここで考えねばならぬのは、本人の意志はひとまず別にして、親たるが故に、その子女に対して、配偶者の選択権をもつ従来のあり方で、わが国民の婚姻生活は、実はそれによって行なわれ来ったのである。ところで、そのことの批判はひとまず別にして、当人の意志を基礎とするのが、すべてに正しかったか否かについても、深く検討の要があろう。そこに触れるには、順序として、われわれ国民の生活目的と、一方、道義観の所在を一応把握する必要が感じられる。少なくもそれは目前の個人的恣欲の満足でないことと、社会生活に基礎をおく点である。試みにそこに観点をおいた場合、いわゆる個人の意志というのも、実は一片の感傷に過ぎなかったかもしれぬのである。そうして当人の意志も自由をも無視した親の権能というのも、必ずしも単純に、監督者として、指導者として、先輩として、後援者として、あるいはそれらを総括した親たるが故ではなく、もっと遠く深いところにあるように思う。しかもその点を明らかにせぬ限り、永久に解き難い謎であった。ところでそこに触れる前に、婚姻をめぐって各地に伝えられている次のような言伝えを思い出してみるのが、問題を簡潔にするゆえんであるように思う。

氏神が氏子を惜しむ。

他所村へ縁づくことを氏神が嫌う。

この種の言伝えには、それをあえて犯した場合に、婚姻に石が降ったり、または出世ができぬなどというた。他村との縁組を氏神が嫌うというのは、要するにそこに干渉権を持つことのいいで、これは川辺郡坊ノ津付近で、若者組が他村に縁づく娘に対して、婿方から一種の身代金として祝儀の金銭を要求する慣習にも結びつけて考えられる。消極的ではあるが、部落生活の繁栄を思えば、他部落に嫁ぐ者に対して、そうした手段が取られたことも肯かれるのである。結果からみれば労働力の売買とも解せられるが、動機は他への流出を拒否しようとの感情にある。ことにその代償を村方またはニセ組で要求すること自体に、女に対して強い発言権の所在を物語る。これを女の場合からいえば、たとい氏神にせよニセ組にせよ、その意志に服従し、指示に従順であるのが、人として郷党として、最も賢明で正しかったことを意味する。その間の心意の所在と表われとをもっとも端的に説明するのが、いわゆる縁結びの神の思想である。下世話に塞の神とも出雲の神ともいうが、この種の信仰の帰するところは、重大な配偶者の選定を、いわば第三者であるそれらの神に委任するに他ならない。事実われわれの祖先は、この種の信仰に基づいて生涯の運命を託した者が少なくないのである。伝説に名高い豊後の万能長者の愛娘は、観音の示現によって、未だ見も聞きもしない卑しい炭焼きの漢をたずねてはるばると辺土に下っている。そこには自己の判断も計画もない、すべてを大きな意志に委せて、あらためて自己を見出そうとしたのである。

この大きな意志が、尊い神や仏でなくて、ただの村の小父さんであったり、顔見知りのニセ衆であったり、しかも上品に指示を与えるだけでなく、露骨に引抱えて走ったりするから、にわかにそれと肯われぬまでで、その者の幸福を掲げて、第三者として君臨する点に変わりはない。この点われわれは口では何と主張しようとも、大切な自己の運命を、最初から無条件に第三者に託そうとしているのである。少なくもそうした伝統の中に育くまれ来ったことを否むわけにゆかない。いわゆる掠奪婚を暴力行為とすれば、親の意志によるものもまた神意にまつものも、当人の関知せざる限り、同じ結論に到達するのである。以上前おきが長たらしくなったが、次に記述に入ることとする。

二　語彙

オットイ　押取りで掠奪による婚姻をいう。

オットイヨメジョ　別にヨメジョオットイともいい、娘を奪うことで同時にその婚姻にもいう。

ヨメジョ　これは必ずしもいわゆる嫁の意でなく、成女のいいで、一般に娘の意がある。

ニセ　若者で、一五、六歳より二五歳または三〇歳までの者をいう。オットイは、このニセ組の協力によって成立する。

サンゼ　一般に三〇歳以上四〇歳までをいい、それ以上はコシャ（古者?）、六〇歳以上はインキョという。掠奪婚にはサンゼまたはコシャも時に参加することが珍しくない。

ナカダチ・ナカダチドン　仲立・仲立殿で、いわゆる仲人、奪った後あらためて親元に交渉し、その承諾を得るなど仲介の労をとる。

トレー　娘を奪うことにもっぱら協力する者で、奪った後、そのむねを親元に挨拶する役もまたトレーという。したがってトレーは答礼の訛語という説があるが、むしろ仲間をいう連れの訛語と考えられる。これについて熊本県阿蘇郡地方で、親元への挨拶の役を「盗類《とうるい》ツケ」というが、やはり関係がある語かもしれない。また長崎県西彼杵郡等では、テンナイまたはテンナイ人（手伝い人）というようであるから、連れと解することも単なる附会ではない。

トリカマス　鶏かますで、あるいはニワトリカマスともいい、噛ますは食べさすの意である。娘を奪った当夜、婿たる男から協力者一同へ振舞いがあるが、それが多く鶏料理であるところから出た語である。そうして一方奪うことの隠語ともなっている。それで婚期に達した者に婚姻を促す言葉として「それそろトリカマセロ」などという。

チャ　結納。仲立が定った後に、形式的に親許に贈る品をいうが、オットイの場合は多くその沙汰はない。なお肝属郡高山付近では、女を連れて来て二、三日経過後、親許を呼び（親が承諾して）縁故者に簡単なお茶の振舞いがあってこれを「お茶出し」というようであるが、ここではそうした語は聞き得なかった。

三　オットイの成立

男子が婚姻年齢に達すると、配偶者を物色するが、これには多くの場合、当人よりもむしろ郷党中の有力者やニセ仲間の長老が、候補者を物色する。そうして適任者があると本人の意向をただす。その場合、特別の事情でもないかぎり、その意向に委せるから、次の段階に、一応候補者をそれとなく見せておいて、奪う準備にかかる。もっともその間、人によって動機は必ずしも同一ではない。男から特に希望して、協力を求める場合もあり、あるいは当人同士の諒解はあるが、親が承諾せぬために、最後の手段として決行するもある。その他いずれの地方でもいわれることだが、婚姻費の節約から親許と合意の場合もないではない。

奪うには予め日時を予定せるもあるが、女や家人の行動に注意して隙を窺うのである。多くの場合四、五人の協力者を必要とするから、そのために日時等を打ち合わせておくもある。そうして機を摑んで不意に襲いかかるのであるが、これには夕方または夜間が多い。そのさい相手は驚いて失神するか、泣き出したりまた病的に笑い出すもあってこれまた一様でない。それには構わずかついだり抱えたりして予定の場所に走るが、その場所は多くは男の家である。時によっては前もって諒解の下に、他人の家の一間をあてておく場合もある。

女を予定の場所に連れ込むと、できるだけ速かに、親許にそのことを挨拶の義務がある。この挨拶は当日中というのが一般の掟で、これは二人が正式であるというが、一人で果たすこともある。その際、熊本県や長崎県などでは、挨拶人が親許に捕えられ人質にされると、女を還さねばならぬ義務があるというが、ここにはそういうことはない。挨拶の言葉は「今日あんた方の××をおっとい申したから頼む」という意味のものである。

親許への挨拶で一段落となり、翌日あらためて人を立てて承諾を得る順序となる。その交渉には、男の側と、一方、女の縁のある者を物色してそれを頼むのが常で、多くの場合二人で、これがいわゆる仲立殿でもある。親は容易に承諾の色を見せぬならいである。したがってその交渉には少ないので四、五回、時によると十数回も脚を運ぶ。土地の諺に、いわゆる仲立の労苦をたとえて「袴のヒクダイ」または「下駄千足踏み崩さにゃ納まらぬ」というが、それと立場は異なるが、正に近いまでの骨折りもする。かくして承諾を得ると、はじめて式を挙げるのであるが、その間、女はすでに男と同棲している。したがって親は承諾しても、女が肯かぬというような場合は、まずないといってよい。

以上で一応結末がつくわけであるが、実は家により人によって、ことごとく事情が異なるのが常である。大崎町字高村の高田氏の談によると、同氏はこれまでに八人のおっとり嫁に立ち合ったが、八人がことごとく事情が異なっていた。本人同士が好いた仲で、至極簡単なのもあり、親許がひそかに喜んでいたのもあり、そうかと思うと絶対に許さぬというのもあった。また女がどうしても納得せぬのにてこずった例もある。中には女は承知したが親が承諾せぬまま、子供が二人もあるのに、今に出入りのないのもある。

なお前に述べた大崎町の後迫一里氏は、現在五〇がらみの年配であるが、今までに五十数回の嫁女をおっとった経験者である。それらの中には、かなり危険な場面に際会したこともあって、もっとも奇抜だったのは、女が風呂に入っている所を狙い、裸体のままを奪ったことである。その折、焼酎を呑んで多少酔っていた関係もあるが、後から考えると随分無茶であった。その時の相手の男というのは土地のいわゆる分かされ（分家）で、前もって二回ほど女を見せておいた。おっとりの当時はあたかも夏のことで、女が風呂にはいってきそうである。好機とばかり近づいて、とっさに襲いかかり、裸体のまま抱き上げた。女は仰天して泣きながら氏の腕に嚙みついて泣き騒いだが、かまわず畑から森陰へと走った。その間、予めしめし合はせてあったので、仲間の一人がどこからか腰巻きを持ってきて女の体に覆いかけて、ともどもに走ったという。その折の仲間は五人であったがことごとく若者で、今大崎の駅通りに自転車屋を開業している者も、その一人であるという。その夜、女を男の家に送り込み二人を一室において、豚を殺して振る舞った。翌朝男の家を覗くと、前夜泣きつづけていた女が、男の前に面はゆそうに座っているのにホットしたという。

以上未だ要をつくさぬ点が多いが、この乏しい記述からも看取されるのは、この種の婚姻が、その成立の根底には強力な郷党生活の存在を忘れることはできない。それと関連するのであるが、女を奪うのは必ずしも夫となる者の単独の意志ではない。むしろ第三者として、有力なるものが控えている。これについて前記肝属郡高地地方で、この種の婚姻が専ら祭りの夜に行なわれ、しかも男も女も初めて顔を合わせるような場合があるというのも、その間の消息を如実に語っている。そこには第三者としての友達あるいは先輩の意志が働いていたのである。これらは北九州などにも最近まで行なわれていた若衆宿や娘宿の生活において、その宿頭としての親方が、婚姻に対してもかなり強力な発言権をもっておっていたことにあてはめて考えられる。よって現在としては、きわめて特異であるこの種の形式も、一方に郷党生活の目的とその存在に顧みれば、自ずと理解されるのである。したがってこれを頭から蛮風とし、あるいは格外の貧民の便法でもあるかに見ようとするのは当を得ない。少なくも形式に捉われて、きわめて限られた面だけを見ていた結果といわざるを得ない。この郷党生活の強力性等に、実は民俗の地理的特異性が窺われるのである。

（昭和一九年九月二日）

二　家と民具

オージという地名

柳田先生の山民語彙集（『俚俗と民譚』一ノ二）にオージ――紀州と大和の境の山地では、日当り悪い土地のことで、これに対して「ひなた」をばかえってヒウラという。岐阜県でも岡山県でも、これをオンジというから、多分隠地の語音であろう。岡山県の一部ではそのオンジと対して、日当りのよい土地をメンジなどともいうとあって、地名標示に対する人間心理の面白い展開をみせている。これから思い出すのは、北設楽郡でも行なわれているオージという家名《えな》である。家名のほとんど六割以上は、その地名すなわち地形標示からきていたことは、自分の調査した範囲でも容易に考えうることであるが、このオージまたはオンジと、北設楽郡などの家名のオージとの交渉はどうであろうか。自分はオージという家名を、その屋敷神のオージすなわち王子という神名から出ていたものと、実は簡単に考えていた。それについては昨年の『民俗学』にもちょっと書いたことであるが、もう一度詳しくその根拠をいうてみると、第一には郡内上津具村字油戸《ゆと》のオージという屋敷である。自分がこの家名を採集した時は、上津具から坂宇場へ通る県道の開鑿《かいさく》工事の最中で、オージ屋敷の前がちょうど予定線路に当り、数名の工夫の手で、屋敷神の敷地も、まさに移転を余儀なくされて、楓だったか何であったか、古い神木もまさに伐り払われようとして、ソギ葺きの祠の屋根が露わになっていた。家の主人がこの神祠の移転に反対であるが、大勢いかんともなし難いという意であろう。衷情を広く通行の者に訴えるつもりか、この王子神の由緒を板に書いて径《こみち》に立ててあった。実は不用意で充分に記憶もしていないが、この王子神こそは、この地方で、『浪合記《なみあいき》』

以来、由緒の高い尹良王を祀るものであるという意味であった。同行の夏目一平氏の談では、この神が一般的に尹良王を祀ると信じられだしたのは、そう古いことではない。単にオージサマというて、したがって屋敷もまたのオージというたもので、屋敷としてはこの土地でももっとも古い部に属するとのことであった。これを大和紀伊のオージという地名と比較することは、あるいは当を得ぬのかもしれぬが、しばらく交渉のあるものとしてみると、地形的には、上津具から坂宇場へ通る街道の一段上で、日当りはよいはずの南向きの斜面に立っていて、前に油戸谷から流れる沢がある。しかしながら、これを大和紀伊などで日陰地を現わすオージとは関係が薄いよう地として見られぬこともない。しかし地形がいかにも窮屈であること、南向きではあるが前面に山が迫って、隠で、大明神《だいみようじん》とかシャクジなどという家名と同じく、王子神からいい出した名のようにも考えられるが、実は柳田先生の啓示を得たことから、しばらくその目標にしたがって、もう一度これを反省してみようというのである。この意味でもうひとつのオージという屋敷を見ると、これは田口町大字大名倉にある。

寒狭川の東北岸にひらけた日向部落のもっとも高い屋敷で、昨年自分が訪れた時は、主家はすでに取り払われて、家の由緒を語る高い石垣と、土蔵が一棟残っていたかと思う。同所の鈴木老人の談では、屋敷神をやはりオージサマというとあったが、地形としては西南をうけて、むしろ明るい感じの方が多い。ここで問題となるのは、日陰日向などという地形の表示法が、何を根拠にいわれていたかである。南北の地形なら、南が日向で、北向きは日陰というてもよいが、朝日とか夕日で区別する東西の地形となると、朝日を受ける方が日向か、夕日を受ける方が日向かの疑問も起こる。仮に川を挟んで、東西に向かい合った部落でいうと、時間的に多く陽光を受ける意であろう。すなわち夕日を受ける土地が、日向部落であった場合が多いようである。大名倉等の日向部落も、その意味にはまっていた。それからいまひとつ家名と家の移転との関係である。ドードという家名は滝の音からきていたと考えられるが、これが案外な高地にある場合があり、由来を聞くと、滝の傍から移転と同時に家名もそのまま移したものであった。したがって一つや二つの例ではいずれとも断定はできなくなる。

オージに対して、別にオージまたはオイドという家名がある。オソバ、オシバという地名ないし家名は、柳田先生のいわれるオゾ場からきていて、アシ谷と同様に、よくない所であったと信じられるが、この方はちょっと判断がつかぬ。田口町字長江のオイドという家名は、同地青年団発行の『守操』郷土特輯号には、筆者の高須君は、オイドすなわち大井戸かと註を入れておられる。オードは園村の御園足込にもあったが、地形的に根拠はつかめぬ。

『愛知教育』の九月号に、伊奈森太郎さんの「郷土資料をあさりて」を拝見すると、稲橋村字夏焼の大地家の文書のことがある。女子青年団の副長としておられる大地むな子さんが、家に蔵する古文書を、名古屋へ帰る伊奈さんを引とめて示された記事は面白く読んだ。大地家は夏焼村の庄屋であったとあるが、この大地という苗字なども、あるいは家名から出たものでないかと、自分はひそかに考えている。自分の知人に、近江湖東の出身で黄地《おうち》という苗字があるが、これなどもオージという地名ないし家名と関係はないかと思う。単に思いつきを並べてみるだけで、何の結論もないのだが、実は資料採集に対するひとつの目標としていうのである。

オージが隠地で、陽との関係から出ていたかとの説は、地形による命名慣習に対して、自分には一つの目標を与えられたものであった。この夏、伊豆田方郡の内浦村の文書を見ていて気がついたのだが、たしか延享年間のものであった。村内の山林を書き出した中に、山の名の大窪とか城山などの下に、ひとつひとつ脇註を入れて、朝日夕日または単に朝日とか夕日の文字がある。よく調べてからでないと何ともいわれぬが、これは陽の向きからいた一種の地名標示で、何かの根拠からそれを傍記したものではないかと思った。山また山の波濤のように重なった中から、陽に輝く特徴から区別する方法は、あるいは古く慣用されていたのではないか。朝日さす夕日影さすの歌は、諸国の埋金伝説に伴うてあまりに有名であるが、これを単なる枕詞のごときものとしても、どうしてそんな対句が出たかはまだ定説はないようである。よって一方に、こうしたわずかな連絡からでも手掛かりをつかんで、実際の例証と対照してみることも無駄ではないと思う。北設楽郡の家名のオージなども、神名によるか地形の標示かを、もっと例証を求めて、細かな踏査を試みたいと思っている。

「おかた」という家のこと

村の屋敷名

私はただいま村々に行なわれおります家号、すなわち屋敷名の持つ意義について興味を抱いております関係から、最近の採訪によって獲ました事実を、信濃地内に例をとっていうてみたいと思います。

商家の多い市街地にはいくらもある例でありますが、たとえば国名から採った越後屋とか尾張屋などいう類であります。これらはいうまでもなく元出身の土地に由縁を求めたものでありますが、さらに角屋とか橋本屋などのごとく、所在地の地勢によって称えたものもあり、その一方には、携わっている職業とか取り扱う商品からいうたものもあります。こうした事実は、独り市街地に限られたものかというに決してそうでないことは、少しでも村の生活に関心をもった者は知っている事実であります。家号の起源はむしろ村の方が古いのであります。現在でもいかに辺鄙な山中の村でも家号をいう例はいたるところにあります。一例を申しますれば、所在地の状況によりまして、上手《わで》屋敷または下手《したで》、もっとも高位置にある「ほつ」、沢の口にある沢戸等をはじめ、氏神の下にあるから森下、堂の傍にある家を堂の脇などいう例は、私の一部分歩きました信濃の南部地方にもいたるところ行なわれおります。そうして一方、職業の関係から、鍛冶屋、紺屋など、これらは現在その職業に携わっておりませぬまでも、かつてそうした職を営んでいた屋敷であることは直ちに首肯されるのであります。次には禰宜屋、市屋敷の類の、主として村の重要な行事である祭祀を行なうことを職務としたものもあります。その他「おもて」「おやかた」等のごとく、ある種の権力を現わしたもの、新屋とか本屋敷、下の上手《わで》のように、他と区別するために付けたものもあります。ごくありふれた名の「いたや」などいうものにしましても、元建築様式からいうたことは考えられますが、その一段奥には、特殊の建築を選ぶことが、すでに何らか職能上の影響からきたかと思われるものもあります。

こうした類の名称の一方には、今日ではもはや何に由来していうたものか、全く原因の不明に帰したものがあります。信濃ばかりでなく、地続きの三河遠江などの山村にはいりましても、ほとんど村ごとというてもよいほどある「にうや」という屋敷名であります。「にう」という語の持つ意義から考えますと、あるいは信仰上に関係をもったものでないかとの想像も加えられぬではありませんが、それ以外、語としては全く判らないのであります。そうしてここにいおうとする「おかた」という屋敷名にしても、単に語音だけでは、その由来を知ることは能わぬのであります。あるいは何か村としての職能の関係から、こうした称を生んだものでないかとも考えますが、語音だけでは何らたどるべき手掛かりはないのであります。しかしそれなら全然これを究むべき手掛かりはないかと申しますと、現にそうした称をもつ屋敷は未だ残っており、それに対する言伝えも全然消え去ったと断ずることはできないのでありますから、今後各所の類例を多く積み重ねてみれば、あるいはいくぶんにもせよ判明する希望もないとはいえません。

私がかれこれ申すまでもなく、村は社会を形成するひとつの単位でありますから、これを知りますことはやがて広い意味の全汎を知る基礎となるものでありますから、高所から概括的にこれを観察する一方には、家とか村を目標にしてごく微細な事実に触れてゆくことも、一面必要と考えるのであります。

「おかた」という語の類例

前置きが大分長くなりましたが、もとに還りまして「おかた」屋敷の事実に移ります。「おかた」という称が、屋敷名に行なわれておりますのは、私の現在知っておりますのは、三河遠江の北辺地域を除きましては、信濃の南部で、それも天龍川に沿った、下伊那郡神原村地内で、三つほど例があります。おそらく類例を蒐めましたなら、未だこの地方だけでもたくさんあることと信じております。この機会に、あの地方の方々に特に御協力をお願い致したいと思います。

それでまずこの地方の村々の屋敷でありますが、私の歩きまして獲た感想を率直に申せば、旧家が比較的多いことで、近世ことに明治維新以来、新たにできた屋敷は思いのほか少ないことであります。もちろん、物資集散の関係などで例外もあります。そうしてそれら村々の古い屋敷の中でも、この「おかた」屋敷は古いようであります。そうした事実から、この屋敷名と、その屋敷を継ぐ者の血統の存続も勢い問題となります。屋敷名はそれを代表する人と一緒に、時に移動した例もありますが、これは一方からいうと、血統はむしろ別で、屋敷の存続する限り、名称は纏りついていたのが事実に近いかと思います。これは屋敷名の存続意義からいうても当然かと考えます。したがって代表者の血統いかんは第二で、名が主であります。少しくどくどしくなりますが、たとえばある事情で、その家の血統を継いだ者が他に移転しましても、屋敷名はそのまま残ったので、結果においては、屋敷または家名尊重ともみられます。この気風の現われは、近年にも例があります。自ずから問題が他に移りますが、遠江の引佐郡鎮玉《しずたま》村の中大平《おいだいら》申す部落で聞いたことでありますが、同所の「にうや」という屋敷は、血統のいかんにかかわらずその屋敷に住む者には、部落内の者が、祭りの場合など特別の格式を与えると申します。

昔からのふうというて、血統いかんはあまり問題としなかったのであります。事実、屋敷が古いために、すでに何回も代がわりが行なわれたと申します。

話が自然脇道へはずれましたが、前に戻って「おかた」という屋敷名でありますが、その前に、この地方に行なわれている同一語の類例を一、二挙げてみたいと思います。「おかた」の語で、第一に連想を喚びますのは、嫁の名であります。嫁または新嫁を「おかた」と呼ぶことは、何もこの地方に限っていないようで、古く刀自《とじ》とか主婦を意味したものが、一つに固定したに過ぎぬものでありましょうが、いずれにしても、その語が生きているのであります。次には六月行事の人形送りを「おかた送り」と申しております。男女一対の麦稈人形に白紙で製した衣装を着せたものでありますが、別にこれを「関のおかた送り」というて、特に関の語を冠しております。「おかた」は奥方の意味で、関の「おかた」は、この地方に因縁の深い関家の名をとったとも申します。

こうした記憶が一方に存在したばかりではありますまいが、「おかた」屋敷の「おかた」の語にも、いずれかというと女性的意識が籠っていたと思います。それで一部の人の説に「おかた」屋敷のある村には「おやかた」屋敷はないということも、いくぶん糸を引いていたかと思います。「おやかた」は親方、御館などの意に考えて、小前に対する権力を表示したことはどこも同じであります。

以上挙げましたほか、あるいはこれが屋敷名の「おかた」に、もっとも密接な関係があるのではないかと思う事実があります。またもや例が他に移りますが、信濃からは山一つ越えた三河北設楽郡の、現在は田口町の小字である以前の小代《こじろ》村の由緒書に、

奥平大形様（女を大形と申女地頭）作手村をきうと申処より永正六年己巳年当村へ御入落御屋処に名井あり（中略）大永七年辛巳大形様御一子奥平藤右衛門様元亀子の年御代渡る（下略）以上田口暇耕録に拠る

この場合の大形の文字は「おーかた」または「おかた」と解してよろしいと思います。そうして女地頭と註し

ていることが注意をひきます。女地頭はあるいは女名主の意を表わしたとも解せられます。わが国に古く女性の名主が存在したことは、柳田先生も古くいわれております（『斯民家庭』二編九号「名字の話」）。

次にこれは直接「おかた」の語の解釈とはいわれませんが、前いいました三河の北設楽郡などで、明治初年庶民に姓を許されました際、各土地の代表者の創案または思い寄りで、無姓の者に新たに姓を設けましたが、これを結果から見ますと、その中には地名または屋敷名によったものが多いのであります。その中で「おかた」屋敷には、岡田の文字をあてていることであります。いい加減な思いつきではありますが、「おかた」の語の解釈の別の一例としてあげておきます。

向方の「おかた」屋敷

前申しました事実で「おかた」という称をもつ屋敷に対する例は終わりますが、最後に直接この称をもつ屋敷の村における地位と、それをめぐって語り継がれている事実を挙げておきます。前申しました信濃地内で、私の直接知っております三つの例の中、その一つは神原村大字向方《むかがた》にあります。これについては一部分『民俗学』（二巻七号）に例を引いたことがあります。

向方の「おかた」屋敷は、現在その屋敷を守っておりますのは、近年他からはいった者といいます。したがって従来の家の者は他に移転しております。地内に蓮池があって、ここ三、四〇年前は、見事な構えであったと伝えておりますが、現在は蓮池も当時の一部を残すのみで、建物も大方取り払われ、旧主家の一部と、それに土蔵が残っております。屋敷の裏が高く丘になっていて、その上に土地の人のいう、ていしんどう（太子堂）が祀ってあります。二方石垣で囲んで、一方に黒竹の薮が繁っているのも昔の由緒を想わせます。

　言伝えでは、この屋敷が土地の開祖と申していて、先祖は伊勢の落人で村松兵衛正氏といい、最近屋敷を出た者で一九代に及ぶと申しております。一説にはこの家で村松を名乗ったのは近世の事実で、それ以前は金田姓を名乗り、天龍川畔の福島の金田一派ともいうております。

　こんなふうで向方の「おかた」屋敷の言伝えも各説があります。さらに土地の氏神との関係でありますが、元この屋敷の氏神で、先祖の守り神、俗にいう守本尊は八幡で、これに氏神として伊勢と諏訪を齋き祀ったものといいます。そうして別に屋敷神の伝説があります。現在の地に屋敷を定めた動機は、先祖なる者が屋敷を定むべく地を相していると、一頭の山犬《おいぬ》が現われ、袖を咥えて案内した、その山犬の首を一刀に斬り落とし、戌亥の隅に埋め、これが屋敷の鎮守となったというのであります。一説には犬の首は埋めたのでなく、白骨を白木の箱に納め、例の一刀をその上に置いて、いまなお家内のいずれかに祀ってあるとも申します。勿論、実見した者はないとのことで、これ以上にわたることはできません。なお犬の頭を屋敷の鎮守とした話は、他の土地にも例を聞いたことがあります。物持ちの屋敷を中心として、すでに説話の領域にはいっておりますが、胴を埋め首だけを現わし、山海の珍味を犬の目前に並べておき、空腹に責められた犬が、一心にその供物を取ろうとしてもがくところを脇に控えていて一刀に首を斬り落とし、埋めるというのであります。これと関係がある話かと思います。

　以上は特に「おかた」屋敷としての意義を具えているとは信じませんが、事実を保存する意味で、ありのままを挙げたに過ぎません。

坂部の「おかた」屋敷

向方から地蔵峠を越えて二里余、天龍川の渓谷に展けた坂部《さかんべ》は、同じ神原村の中にありますが、ここもまた開発の古いので付近では有名な土地であります。ここの熊谷伝一氏の家は鎌倉時代よりの旧家で代々の郷主で、一二代熊谷直遐が明和年間に筆録した『熊谷伝記』八巻はこの家の記録であります。この熊谷家がやはり家号を「おかた」と申しております。この家に次のような物語を伝えております。

当主の伝一氏の語るところによりますと、ここ三〇年前まで屋敷前に高さ二丈余もある巨大な岩が聳えていて、これを一に蛇岩と称し、夏分は無数の蛇が巣喰っていたと申します。今から数代前かのことと申しますが、家の妻女が山伏と懇ろになり、その山伏が訪れる日は、あらかじめ天龍川を隔てた対岸の不当《ふとう》という村の山の端に立って、法螺を吹いて合図をする。一方、妻女はこれに対して手拭を振って応酬します。主人がこれを窺い知ってある日その山伏を斬るべく覚悟を定め、妻女を屋敷裏のおんけ岩（績笥の形せるよりいうとか。今もある）の陰に隠しておき、山伏が来て門口を跨ぐところを横合いから出て斬り落とした。その首が屋敷前の岩に飛んで、鮮血はことごとく蛇と化して散った。以来その岩に蛇が巣喰い、蛇岩の名を生じたと申します。

なお坂部には昔伊勢の落人で、青谷源太夫なる者の土着して代々禰宜を勤めたと伝える家があり、その後裔は今も続いております。

大河内の「おかた」屋敷

大河内《おこうち》はやはり神原村の大字であります。坂部向方の「おかた」屋敷は現在もなお屋敷がありますが、ここの同名の家は没落してなくなっております。ある年の洪水に、屋敷もろとも押し流されたと伝えております。部落の中ほどの、早木戸川へ落ちる川の岸にあって、傍の淵を「かた淵」というて、今もその淵だけはあります。この淵には河童《かわらんべ》の伝説があり、淵の一方に蹲っている岩の上に、膳碗などを注文に応じて出しておいたと申します。ある年の田植えに「おかた」屋敷の者が、例の葱汁を喰わせたので、以来、河童との縁が切れ、家運も衰えついに洪水に押し流されたと伝えております。これも「おかた」屋敷の伝説として、格別特色を具えたわけでもありませんが、一例として掲げました。一説にはその家は、単に「かた」というて「おかた」とは申さなかったとも聞いております。

家名のこと

家名と苗字

加賀の陶工で、有名な青木木米の弟子であった松谷庄米は、元松屋庄平というたが、のち明治になってから、屋号の松屋ではおかしいというので、松屋の屋を谷と代えて松谷と改めたものだと、このごろ出た『茶わん』という雑誌で見た。自分のここにいう家名も、この屋号というのと同じで、一般に名告《の》りを意味するいわゆる家名ではない。実はこの松谷庄米の場合のような例は、こと新らしくいうまでもなく、当時方々にあったらしい。明治初年に庶民に在名の禁を解かれた時には、土地によっては、わが家の苗字は何であるか、元の由縁も何も判らなくて、中にはでたらめを名告ったものも少なくない。役場吏員に頼んで、一村ことごとく魚の名や野菜を持ってきた等は別として、この場合、苗字を作るのに、何かのよりどころがあったはずである。そのひとつとして屋敷の地名とか地形などからいったものの一方に、屋敷名すなわち家名をもじったものも多かったらしい。自分が今知っている三河から信濃を繋ぐ山地でも、その例はいくらでも指摘することができる。古屋、西川、松場、岡田、神谷、新田、浜井などといえば、もちろん古くから苗字として存在したものであるが、この地方では、実は明治になって初めていい出したもので、いずれも家名をもじったものである。自分の知人にもあるが、飯田の在にある日能という苗字なども、村の祭りに、ヒノオという神の仮面を着けた屋敷の記憶からきたのでないかと、密かに信じている。村役場の吏員や一部の物好きの有力者が勝手につけたなどというと、新らしく名告《の》った全部がことごとくその轍を踏んだように考えがちであるが、これは少し早計に過ぎたと思う。でたらめにしても、まるきり型なしのものばかりではない。それを全部一所くたにしてかたづけてしまうことは、村の生活を忠実に観察するところではない。ましてその当時は、在来からの苗字が判っているものでも、新らしく名告ったものさえある。

　こうした事実を思うと、地方における家名（いわゆる苗字）調査なども、その点を考慮に入れぬ限り、労苦の割には意義は薄弱である。少なくもこの地方では意義をなさぬことであった。単に変わったものを数字的に配列するならば格別、それによって氏族の消長、移動の跡を識る根拠とするには誤りがある。

　信濃の南安曇郡穂高村には、穂高の宮をめぐって、穂高氏の一派と伝える家は何軒もあったらしい。それが明治になって、表向き苗字を名告ることになったことから、正系と称する家から抗議が出て、果ては訴訟沙汰まで起し、余儀なく保尊《ほぞん》ということでけりが着いたと聞いた。ほぞんでは穂高への繋がりはどの点からみても意義をなさぬのであるが、一方ほたかとも読み得られる点に諦めの途があったらしい。現に画家の保尊霊水氏なども、自分は初めほたかと読んでいたくらいであるから、こうした誤りに期待があるかもしれぬ。このような例は、何も明治年間に新らしく起こったことではなく、古くから繰り返されていたことであった。したがって一方の家名から苗字を取ったことも、明治三年が最初でないことは当然で、ただ苗字といい家名ということが、村の生活の上から内容的にどの点まで区別ができるかにある。よって今行なわれている家名を細かに注意してみると、ある意味における苗字でもあったといえる。

　家名の起こりが元同一氏族間における各世帯を区別する遺風か否かはしばらくおくとしても、事実村の生活においては、いわゆる二字名を許された者は、数えるほどしかなかったのだから、一種の便宜主義からいうても、これが継承され存在したのに不思議はない。たとえば伊豆七島の島々で、今でも村に同一の名を持つ子女がある場合、それを区別するのに親の名を被せたように、そうした必要からも家名存在の意義はあった。しかもその親の名は、一種の永久性を持つ家名であった場合も多い。ことに田舎の生活では、都会などと異なって、家の変遷も少なかったから、なんとなく悠久性があり、生活そのものにもふさわしかったので、事実この方が起こりが古いのである。三河北設楽郡豊根村のうちである以前の老平《おいだいら》村の、延宝六年の検地帳の写しを見ると、三二軒の地主が、ことごとく自分のいう家名で出ている。これなどは当時の人の気持は忖度しかねるが、人名よりは家名の方が、実際上、意義が通っていたものかと考えられる。

村の生活と家名

三河の北設楽郡から、信濃の下伊那郡あたりでは、家名は文字通りエナまたはエーナというている。ははき木で有名な園原の村で聞いたら、答えてくれた一老婆はエンナというたようであった。さらに上伊那郡の北端地方から、松本平へはいっても、エエナまたはエーナで通っている。

山本清民さんのお話では、同氏のいま住んでおられる東京郊外の玉川村などにも、農家にはほとんど家名をいう風があるとのことであるが、土地によると、ある限られた家を除いては、もう少なかったようである。現に自分がいま問題にしている三河から信濃への山地でも、新しく興った屋敷には、家名としては格別ない。苗字を呼ぶかまたは主人の名前である。苗字がある限り、わざわざ煩わしく家名をいう必要もなかったので、その点でも、家名はもう前代生活の残存である。もし今の村の苗字が、多くの場合、氏族的の因縁を知る以外に、関連が求められなかったに対して、家名は個々の部落を単位に行なわれていただけに、村の生活になにかしら触れていたものがあり、以前の村人の感情にも直接に通ずるものがあった。

自分はかつて遠江磐田郡の奥の水窪《みさくぼ》谷を訪れた時、そこの根という村で、峡の下から振り仰ぐような位置にある屋敷の名を、傍の子供にたずねたら、ワデという答えであったが、さらにそれより一段上ぐらいに、もうひとつ見える屋棟を聞くと、あれはホツという家だと教えられて、なるほどと諾いたことがあった。渓谷やまたは山かげの入野などに、バラリと散らかった村などの、ひとつひとつの家の名を問うてゆくと、おおよその部落の開発の状態から家と家との関係なども想像されることがある。家名はその命名の動機からいうて、意識的に自ら名告った場合が少なく、周囲から誰ともなく付与したものだけに、地名や地形をいうたものにしても、村人の意志のある断面をそこに映していた感がある。あるいはこの気持は、実感でない限り、不可能な領域であったかもしれぬ。

この周囲から命名する慣習がこうじて、形式化したものか、または別の意味からの影響かわからぬ、おそらく前後の様子からいうて別の意からであろうが、このごろでも、新しい屋敷が生まれると、それに対して新に名をつける慣習がある。この地方でヤウツリというと、一種の新築披露を意味していたが、その席上で、招かれた客によって命名される。初めにまず柱祝いというて、大黒柱から始め隅々の柱を誉める詞があり、その後で、さてお開きにエナをひとつということになるのである。多くはめでたい意味から、えべす屋だの布袋屋などいう類であった。しかしそうした命名による家は、聞いた例が未だ少ないからなんともいわれぬが、商家でもない限り実際には行なわれない。間もなく忘れられてしまったようである。

家名として古くからあったものは、その家の盛衰や代替わりがあっても、めったにかわることがなかったから、地名などと同じように、語彙としても相当古いものが残っていて、今日ではその意義がもう不明に帰したものもある。ことに行事とか慣習は失われたり変改されてしまって、ただ家名だけにわずかに以前の関連を物語っていたものもある。この血統が代わりまたは職分を失った後にも、家名だけが残ったのは、一面からいうと家名がすでに存在の意義を失っていたのかもしれぬ。そうして一方、家の相続に対する村人の観念にも関係があったが、ここではそれに触れることはさしひかえる。要するに村としては、家すなわち血統より形式的の存在である屋敷に期待する点が多かったことにもよる。

家名の採集

去年の七月から少しく目的があって前いうた地域内で家々の聞書を作っているので、その中の一項目である家名もだんだん蒐《あつ》まって、ただいままでに約三〇〇ほどそろえることができた。その地域は、三河の北設楽郡では、本郷町をはじめ御殿《みどの》、振草、下川、三輪、薗、上下津具、豊根、富田から、さらに西部の田口町、名倉、段嶺の各村で、一方信濃では、下伊那郡の神原、且開《あさげ》、根羽、豊《ゆたか》、浪合、智里等で、これらの中には一村で未だ五軒か六軒しか当たっていないものもある。このほか以前の採訪になるものが遠江地内に多少ある。

以上のうちひとつの部落について一軒残らず当たってみたのは三河の御殿村の柿野《かきの》四三戸で、このうち家名のなかったのはただ二軒で、他はなにかしら名がある。その他では同じ村の中設楽の二八戸、本郷町の三ッ瀬、中在家《なかんぜき》の各一一戸で、これらは明治以前からある家について当たったもので、中設楽の二戸を除く外はことごとく家名はある。他には本郷町別所の一〇戸、田口町大名倉の一二戸等が一部落全部について当たったもので、他はとびとびに拾ったり、旧家などに注意したもので、未だ調査中途である。

いままでの結果で気のついたことは、家名の形式は、調査区域の狭い点もあろうが、各地ほぼ共通していることで、格別に変わったものをいう例はごく稀で、どこも似たり寄ったりである。それでこれを形式の上から分類してみると、一部の不明のものを除いては、位置からいうたものと、屋敷の新旧、それにその家としての特徴を捉えたものの、ほぼ三つに分けることができる。なお特徴をいうものには、地名とか地形、生活的のある印象等をも含むのである。このうち位置からいうたものは、実際の状況と対照して、村の開発または構成の上に重要な関連を思わせるものがある。この中で、もっとも共通的のものとしては、

ワデ（上手）

ナカ（中）

シモまたはシタデ（下・下手）

地形上からいうても山地で傾斜面に発達した村が多かっただけに、もっとも容易に選み得た名である。そうして事実からみて、この称を持った屋敷は、地形上にも恵まれていたものが多く、家としても共通に古かったようである。たとえばワデについていうと、同じく高所あるいは上位を意味したものと比べても、ソラ・カミ・ウエ等の称を持ったものは、屋敷としても一段劣っていて、開発も後と考えられる。これはナカまたはシモにおいても同一で、たとえばナカガイト・ナカザワ・ナカダイラ等のごとく地名と関連させたもの、また下位についていうとシモノイリ・オオシタ・シタヤシキ・シモノクチ等、語としても形容の加わったものは後の開発のようである。したがってこの上中下の位置を率直に現わしたものは、命名に対する後のひとつの基準ともなったと考えられる。かく類似の名称が入り混じっていたことは、一見煩わしいようではあるが、元来ほかと抵触せぬもので、区別さえできれば、家名としての意義は達していたのである。同じ新開を意味するものでも、アラヤ・シンヤ・アラト等が、同一部落の中にあったのもそのためで、元は区別が目的で、次々に作っていったものであった。

さらに今ある家名を、形式的に由来について分類を試みると、次のような形に別れたのである。ちなみに家名の中には、同一の家で、二種または三種行なわれているものもあり消長を示していた。

一　新開を意味するもの
二　本拠または本家を意味するもの
三　位置または方位をいうもの
四　地名地形または地相によるもの
五　職業よりいうもの
六　建築様式または建築よりいうと思わるるもの
七　家印または家紋をいうもの
八　村における格式または職分をいうもの
九　出身地をいうもの
一〇　家の祭神よりいうと思われるもの
一一　村における行事の印象よりいうと思われるもの
一二　由来不明のもの

家名の持つ意義

前条に挙げた分類にしたがっていうてみると、

第一の新開を意味するものでは、前にも挙げたが、シンヤ・シンキリ・アラヤ・アラト・アラヤシキ・シンデン等がもっとも多く、これはわざわざ挙げるまでもないものである。なお同じ新開を意味するものの中には、実際についてみると、事実、開発の非常に古いものがあって、これを総括的に新しい屋敷とすることはできぬ。家名にはほとんど改変が行なわれないから、たとえば二〇〇年前の新家も、最近のものも同じく新屋敷であるが、これを区別するには、意味は同一でも、前いうた通り語音の上で別にして行なったのである。

なおインキョ（隠居）という家名も各所に多い例であるが、これまた新開の意に近いもので、その他ノキ・トナリ等も、馬鹿馬鹿しいようなものではあるが、ある対象として、内容からは同じ意があったかと思う。

第二の本拠または本家を意味したものでは、ホンヤ・オオヤなどはいうまでもないとして、フルヤ・ヤシキ・オヤカタ・オヤケ等も、それに類するものであった。なおこの本家・大家等に対するものとして、コイエ・サンジャク等があるが、これは従属関係からいうたもののようである。

第三の位置または方位をいうたものは、前に挙げたほかに、オク・クボ・イリ・ハナレ・オオクチ・タケノハナ・ムカイ・ヒナタ・ヒカゲ等はもっとも多い例で、別に方位をいうたものでは、ニシ・ヒガシ・ミナミ・ニシバヤシ・キタダイラの類で、これらは部落全体としての位置または方位からいうたものもあるが、中には別に基準をなす家があって、それからいうた場合もある。

第四の地名地形または地相によったものは、もっとも多くの種類がある。ことに林とか神社、寺院、竹藪、井戸、渓流、樹木等の特徴を捉えたものがことに多い。これらをいちいち挙げることは今は無意味と考えるので、

もっとも共通的なもので興味あるものをいうてみると、

ナガノ（長野）・ハマイバ（浜射場）・モリヂ・シマ・サワグチ・マトバ（的場）・マンバ・バンバ（馬場）・ユンバ（弓場か）・ドウダイラ（堂平）・オロンザワ・トヅロサワ等がその一部である。その他ホキ・アレ・ブッチ・ナベワリ・キジアト・ノゾキ等も、いずれも類例の多いものである。このうちホキの崖はいうまでもないとして、アレは荒蕪地、ブッチもまた同じような地形である。キジアトとは木地師の住んだ跡、ノゾキは伝説では昔検地の際、険岨のために除かれたことからいうと伝えるが、地形的に、あたかも付近を覗くような位置にある屋敷である。

第五の職業よりいうものは、

カジヤ・イモジヤ・サカヤ・コウヤ・トウフヤ・トンヤ・ウシヤド等で、これらは現在その業をなさぬまでも、かつてそうした職業に携っていたことからいうたことはいうまでもない。

第六の建築様式または建物からいうと思われるものは、

イタヤ・ハイヤぐらいのもので、このうちイタヤは、三河の本郷町付近には、各部落ごとにあって、やはりある時代の建築上の印象からいうかと思われる。いずれも旧家と伝えられている点から考えて、何か別の意を含んでいたかと思う。次のハイヤは灰小屋等いう作小屋、すなわち一種の田屋からいうたものではないかと思うが、断定はできぬ。

第七の家印または家紋をいうものは、比較的多くヒシヤ・マスヤ・カギヤ・カクボシ・フジヤ・ササヤ等いちいち挙げるまでもないもので、信濃の園原等も、この家名がもっとも多いと聞いた。三河では家印を家名にいうのは、下津具が多かったようである。これについて考えられることは、家紋を家名にすることは、この地方では比較的新しいことで、これなども今の苗字と同様、以前からわかっていた家は少なかったと考える。なお家印については、別に少しばかり集めたものもあるがここではしばらく別とする。
第八の村における格式または職分をいうたものには、
モンバラ・モン・オモテ・オイエ・ネギヤ・ベットウ・イチヤシキ・アミダヤシキ等がある。このうちイチヤシキのイチは巫女をいうと考えられるが、三河の富山村等では、村の祭りにその家が重要な職分に当たっていたのである。なおアミダヤシキについてはかつて本誌〔『民俗学』〕一巻三九八頁に報告したことがある。その他ジトー・クモン等をいうものがあるが、ある時代の職制に対する記憶からきたものではないかと思う。
第九の出身地をいうものは、都会地等にはもっとも多い例であるが、山間僻地にも往々あって、ヒダヤ・アワヤ・ノトヤ等が今蒐集中のものにある。
第一〇の祭神をいうと思われるものには、ただ一種オオジ（王子の意か）というのがあり、三河の田口町大名倉、同じく上津具村油戸《ゆと》、同じく園村足込の三カ所にあり、いずれも屋敷脇にオオジと称する神を祀っている。その他ダイミャウジ・シャクジ等の名を持つものがあるが、これらはむしろ地名から来たもので、いま少しく多くの例証を集めぬ限りなんともいえぬものである。ちなみにダイミャウジは諏訪神社の意である。このほかドウドというものが三つほどあって、いずれも蛇婚説話、白髯明神等に伝説の伴う滝の傍にあった屋敷であることも注意をひく。ちなみにドードの語は、水の音から来たと思われるが、それ以上はわからぬのである。
第一一の村の行事印象よりいうと思われるものは、
トーヤ・カンタがあり、トーヤは頭屋で祭りの際の神の宿を意味し、カンタは神立とも考えられるがわからぬ。しかし地名にある神田とはこれは別である。いずれも三河の段嶺村で、田峯観音の祭りに重要な屋敷であった。その他自分が久しく疑問としていたオカタという家なども、柳田先生の御説では、村の行事のオカタ送りなどという春秋の人形送りの風習と関係があるとのことであるから、この中に加えてよいかと思う。

最後の由来不明のものは、これは各種の意味におけるものを含んでいる。そのひとつとして、各所に多い例で、信仰上に意義があったらしく疑われるものでは、

ニウヤ

がある。その他前いうたアレ・ブッチ・ドード等も、家の伝説等からいうても、各所に共通点があったようで、しかもことごとく旧家であった点から考えて、単なる地名でなく、別に信仰上への連絡がかくされていたかと思われる。あるいはまた前に挙げたナベワリ・オロンザワ・マンバ（バンバとは別）などにしても、地名からきたものではあるが、何とも判断はできぬものである。その他には、マサヒロ・ノリザネ・ゲンセキ・スズマ等のものは、土地の言伝え等を参酌して、ある時代の人名ではないかと思うが、今は何とも不明である。この他家名として、変わったものを挙げてみると次のようなものがある。多くは地名地形をいうたであろうが、これ等も自分には注意をひくものであった。

○ゲンダイラ　（信濃神原村等）
○トキゴウ　（三河豊根村等）
○ノンゼ　（同　豊根村等）
○マトー　（同　豊根村等）
○シシミヤゲ　（同　豊根村等）
○ナセイコ　（同　御殿村等）
○マータレ　（同　御殿村等）
○ヤワタゴ　（同　振草村等）
○オサキ　（同　御殿村等）

○マンダチ　（同　御殿村等）
○オソバ　（同　三輪村等）
○シッペイザア　（同　三輪村等）
○トノマ　（同　本郷町等）

なお家名については、他日いま少しく、材料を集めた上で、それぞれの伝説または実際上の観察等を加えて全部を比較してみたいと思っている。

あみだ屋敷

一

村々ことに交通不便な土地に、今も行なわれている屋敷名には、どういう由緒からいうたものなのか、判っていないものが多かったようだ。広く各地にわたってこの屋敷名を調査したら、案外、村々の以前の社会組織などが判ってくるのではないかと思う。ほんの一小部分の、自分が多く歩いた天龍川奥地の山村などにも、この例は未だたくさんに残っている。村の中にきまって一軒ぐらいある「にうや」という屋敷、「ねぎや」とともに、ただ古い屋敷とだけは判っているが、それ以上のことは判っていない。それから「しもや」という屋敷名なども、自分などの経験では、いちがいに位置からいうたものでなかったようだ。「わで」すなわち上手屋敷に対しては、「したで」の名が別にあるのである。それからごくありふれたところでは「おもて」「おうや」、古い屋敷を「くね屋敷」というに対して「あら屋敷」などは問題とするまでもないが、村の祭りと離るべからざる関係にあった「いちやしき」、それからいまひとつ「あみだやしき」というのが、どこの村にも必ず一軒はあった。

二

『人類学雑誌』の記念号で、柳田先生が注意せられたように、現在の葬制にしても、各所に例をさがし索めたら、案外前代のそれこそ想像もなさなかった様式の片割れが、そのままに残っているかもしれぬ。天龍谿の山村を歩いて、ことに注意をひくのは、山村を通じて、葬式がいわゆる神葬式によっているものが非常に多い。三河の富山村などは、地内の百五、六十戸が、寺院に関係をもっていたのは二軒かあるいは三軒であった。折口さんなども知っておられる、豊根村三沢の若い神主さんが、死人のあるたびに出かけて、高天原に神鎮まりますをやっていたようである。

こうした村々で、遙かに以前から、神主さんが葬式に立ち会っていたかどうかはもちろん問題であるが、遙かに以前は問うまでもなく、つい最近――というと語弊があるが、明治二〇年前後まで、葬式の世話、ことに死人の処置から葬るまでは、前いうた「あみだ屋敷」の者が当たっていたのである。「あみだ屋敷」は一に「おんぼう屋敷」ともいうて、屋敷には、「あみださま」と称する石または祠ようのものが必ず祀ってあった。現今では、その「あみださま」を立派な社造りに改めた家などもあるが、村に死人があると、第一にまずこの屋敷に知らせる。「おんぼう」は一般に火葬場の人夫、または墓地の穴掘りの名になっていたが、ここの「おんぼう」すなわち「あみだ屋敷」の者は、それよりもっと広範囲の処置に当たっていたのである。そうしてこの「おんぼう」に、「背負いおんぼう」と「焼きおんぼう」の二系統があると考えられている。

三

「背負いおんぼう」「焼きおんぼう」の名はあったが、事実火葬は行なわれていなかったから、これは単に名称だけに過ぎなかった。そうしてこの二つの派を表徴する道具がそれぞれ屋敷に保存されている。「背負いおんぼう」は、死骸を墓地に背負って行く意味からいうたもので、この派の表徴は、一般に「にんぼう」と呼ばれている、山稼ぎの者が持っている股木の棒であった。「にんぼう」は山稼ぎごとに山地で荷を負う場合、休憩するための重宝な道具で、この地方の村々を歩いていると、荷を負う者はことごとく持っている。上端の股の部分にせいた（背負い道具）の下部を当てて、そこに全部の重心を保たせるのである。この棒をなんで「にんぼう」などというたか、そうして小池直太郎さんが『小谷口碑集』の中で注意せられた飛驒から越後地方で「ぼっか」という一派の稼ぎ人夫が持つ鐘木形の「にづん棒」とも関係がありそうだが、この名は問題だと思う。「背負いおんぼう」はそれでよいが、一方「焼きおんぼう」の方は、火葬するために必要な道具として、同じような形をした鉄製のものを必ず持っている（図版参照）。

折口さんの話では、この地方で正月松飾りと一緒にたてる「わかき」の一に「にう木」というものは、山人の持つ杖に関係があるといわれたが、この「にう木」の「にう」と一方前いうた「にうや」の「にう」さらにこの「にん棒」との関係はどうであろうか。

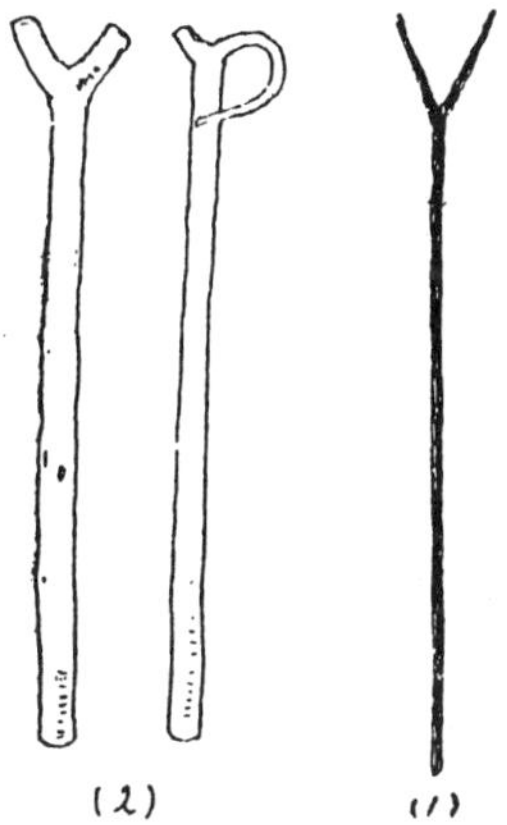

四

どうもこうした場所では、全部をいいつくせないがこの「あみだ屋敷」の事実から、葬式の様式などもひと通りいう必要があったようだ。この地方の山村にある千人塚または百人塚などいう場所は他の地方の同名の塚のように、伝説も何も未だなくて、なんだかおそろしいところ、ただの者が行ってみる場所ではないとする。そうした気持があって、木は茂るにまかせ、草は生えるままにしてある場所が、山の中腹などにある。自分もまだ実地検証をしたわけではないが、村の人にたずねても、ほとんど行ってみたという者はいない。あんなところへ――もってのほかのことだというような顔をする。天龍川からは遙かに山を越えて、西方に当たる田口町の御堂山観音の千人塚なども、言伝えによるとその昔は、堂も何もない山頂の岩石面で、ただひとつ巨きな石があっただけだ。村に死人のあった時は、死骸をそこに持って行って、その石の上において逃げてきた。それで辺りには白骨が累々として、目も当てられぬものであった。あるとき諸国行脚の僧がきて、このありさまを見て憐れみ悲しんで、一体の地蔵尊を刻んで石の上に安置し、自分はそのほとりに庵をむすんで、衆生済度に当たったのが、観音堂のできた由来というている。

（昭和四年一一月二〇日記）

再び屋敷名のこと

いつもいつも村の細かい小さな事実ばかり問題にするようで、こうした場所ではことに気遣いであるが、前号（一二月号）にいうた屋敷名の続きをもう少しいわせていただく。

天龍川奥地の村々（ことに三河北設楽郡を中心に）に行なわれていた屋敷名について、「にうや」「いち屋敷」「あみだ屋敷」等のことは前にいうたが、その他で、自分にはことに気になるのは「しもや」または「しも」という屋敷名である。この「しもや」または「しも」という名には、仮に地理的の意義からきたとしても、その一段奥に、別により深くより適切な意義の影響、すなわち印象を遺していたものではなかったかである。

理屈をいうより前に、村々の言伝えを聞いてみると、次のようなことをいう。

「しもや」のある村にはねぎ（禰宜）屋はない。

これはこうち（河内）という地名は水が北に向かって流れる、えび（海老など）は川が三つ集まるところとするふうなたとえ話を同一とすればあえて問題とはならぬが、一方村々の実際の例を見ていくと、言伝えをむげに退けてしまうだけの根拠はない。そこで第一にまずこの呼称を持つ屋敷を北設楽郡内の一部、自分の手帳にあるものから抽出してみる。

豊根村大字坂宇場　　しもや
同　　下黒川　　しも

同　　三沢字山内　しもや
振草村大字古戸　　しも
同　大字平山　　しもや
本郷町大字三ッ瀬　　しもや

以上の他にも、まだたずねたらたくさんあると思う。試みにこれらの屋敷のその地理的状況についてみると、村として、いずれも上に対する下に当たる位置である。そうして最後の本郷町三ッ瀬の例を除いては、ことごとく禰宜屋またはかつて禰宜屋敷だったものである。これを簡単に偶合としてしまえば問題とはならぬが、しかしその前に「しも」すなわち「かみ」に対する意を表わすのに、どうしてこの語を用いたかを考えてみることも必要と思う。事実は偶合とするにはあまりに不思議である。「しも」はさらに霜の語にも根が続いているのではないか、そうしてまた市《いち》に対した意も浮かんでくる。このことはかつて折口さんにもお願いしたことがあったが、この「しも」の語源が判れば、なおいろいろの事実が自分としては明らかになるように思うのである。全然あてもない夢を摑むような話であるが、こうした例もなお各所の事実を集めてみる必要があると思う。

「しもや」のことに続いて、未だわけの判らぬ名がある。それを、三、四挙げてみると、

あれ
いたや
まんば
もりや

などがある。「あれ」という屋敷は、自分の手帳に控えてあるのは今のところ二軒しかない。ひとつは御殿村中設楽、ひとつは同じく平山であるが、これがいずれも旧家である。「あれ」という言葉は、この地方では、山野

の荒蕪地すなわち荒地をいうか、または山などの、水無川、または材木や薪草などを出す急坂に一種の溝を成した荒地をいうが、もちろんそうした地形にある屋敷ではない。

次は「いたや」で、これは現今、板屋等の文字を充てて屋号としているが、材木の板を商う家でも、また現在では板葺きからいうたものでもない。これも旧家が多く、いずれかというと、かつては禰宜などを勤めた由緒ある家である。これなどは元板葺き屋根の印象からきたとも考えられるが、次の「まんば」という名などは、明かに地名からいうたもののようである。これは単純に「ゆんば」と称する屋敷が元弓場であったことから、馬場等の意が考えられぬでもないが、意味は他にあったと考えられる。そうして村々の言伝えでは次のようなこともいう。「しろやま」の下には必ず「まんば」または「ゆんば」という屋敷があると。「しろやま」はいずれも山であったところから、現今では城山等の文字を充てて、多く墓地らしい跡があったり、石の五輪塔が遺っているところから、昔某の城跡とか、城を築きかけた跡などといわれているが、不思議なことには、中に「しらやま」といいうている場合もある。「しらやま」は白山の文字も考えられる。それで現在各所に「しろやま」すなわち城山として、単に城跡、屋敷跡と決めているものの中には、この「しらやま」というたものもあったのではなかったかと思う。もしそうすると、これまでとは別な意味からはいってみなければならぬわけである。

もうひとつは「もりや」である。これも森屋または守屋の字が充ててあるが、これが命名の動機も決していい加減なものではないと思う。

日本の家

一

竹の柱に萱の屋根——の歌文句は、家の最低限界をいったものだが、私の故郷の三河では、これに似た場合をウダツというた。萱で屋根葺いてウダツを曲げてなどと——。ところで日本海に沿った丹後あたりでは、棟の鴉おどしが三つ以下だと、家としての資格がないという。それで子供の頃は鴉おどしの数ばかり気にしたものだと語った人もある。萱屋根の棟に、萱を束ねて作った一種の装飾で、いわゆる鞍木の代わりをするものであった。五つ七つ九つなどと、これの数が家の格式を示すようにいうたから、三つ以下では雪隠か厩並みというわけであった。

家は萱（草葺き）で葺くのが庶民生活の常道で、板や瓦で葺くのは、古くは特別の階層に限られていた。板屋とか瓦葺などの苗字があるが、おそらく初めは誇らしい家名であったかもしれぬ。この国の農家建築は、神社や寺院建築にくらべて、非常に勝れているとはいわぬが、素朴で民

族的特色が強いのは事実である。現在、萱葺きの家が国内にどのくらいあるか知らぬが、六〇〇万農家の三分の二以上を占めるであろう。しかし、これも早晩不燃性のものに代わって、この国土から消え去る運命におかれているかに考えられ、一沫の侘しさがある。

二

平家の落人伝説や、これにまつわる稗搗き節、日本一の巨杉とダム工事等で、近来とみに有名になった九州の椎葉山は、家の方でも特筆せられてよい地位にある。あそこの不土野という部落の、那須という家の主家なども、国の文化財として指定の候補にも上った。間仕切りを縦に長く取って、めくら長押というのが通っていて、そこから奥へは、下人すなわち土地のいわゆる鎌差し階級は立ち入れなかったというから、いわば特権階級の家ではある。そうして天井がなくて、直かに屋根裏を見るのも古風である。

ひとり椎葉山に限らぬが、あの地方の農家の屋根には大体二つの型がある。ひとつは棟に頑丈な枠をおいた一種の箱棟で、見た目は東日本の笄《こうがい》棟《むね》に似ており、土地では馬乗りという。もうひとつは棟に×形に組んだ鞍木をおいたもので、こちらをウシと呼ぶ。ウシは×形こそしているが、ありふれた形式と異なって、十文字に組み合わせた材の一方が特に長い。この長い部分を交互において、棟だけでなく屋根全体を押えている。

三

椎葉山なども、萱屋根の材料では全国を通じて恵まれているはずだが、一様に古くなって、棟は百日鬘のようにそそくれ立ったのが多い。ウシなども歪んだり位置が崩れたりして、もっぱら栗を使うとのことだが、新たな補充のなかったことを語っている。この点では九州も北部の平地では、ウシは早く藁束に代えて、中にはひとつひとつを美しく束ねて、避雷針のように並べている。萱屋根の棟に装飾的効果を狙った点は、中国地方も同じである。この種の形式は東に進むにしたがい少しずつ変わって、関東から東北地方は、竹や葭簀で全体を包んだのが多い。しかしそうした中を縫って、鞍木をおいた形式も全国的にある。別に鞍骨、矢筈またはグシクラともいい、宮造りの千木《ちぎ》に似るところから、千木ともいうが、もちろん古くからの称呼ではない。

萱屋根の棟で変わったのは東日本のドムネ（土棟）で、クレムネともいい草を繁らせる。以前の東海道を汽車で通ると、横浜に近く戸塚・程ヶ谷にかけて多く見かけた。たしか広重の五十三次の板画にも出ていたが、今はもう稀になった。ここの草はイチハツであるというが、甲斐では明らかに菖蒲《あやめ》を植える。中には岩ひば（岩芝とも）もあって、晴天つづきにはカラカラになるが、一雨あると緑が蘇る。福島・山形県にはすすきの類を茂らせたのも見る。どこであったか場所の記憶はないが、ポッカリ白桔梗が咲いていたのが今も印象に残っている。

奥羽にもドムネは多い。ことに南部地方では、赤い百合を植える。初秋の斜陽を受けて、特有の曲り家の棟に、真赤に咲き乱れた図は、美しいというより凄惨な感じである。

棟に草を繁らせる理由は簡単には解かれぬが、五月端午に菖蒲を葺き、藤の花や山吹を飾る習俗もあるから、マジック的な意味があるように思う。したがって鞍木やウシをおくのも、単純な装飾ではなくて、これに鴉おどしの名があるのも、丹後地方に局限されない。出雲・石見では、鴉おどしという一方、鴉おどりまたは雀おどりともいい、九州から四国にかけては鴉どまりである。大和・河内でも鴉どまりというが、もちろん最初の意味は、踊らすためではない。佐賀地方には棟の両端に二本の角を出した形式もあって、瓦屋根に鬼瓦をおいた目的を思わすものがある。昔江戸には隣家の鬼瓦に睨まれて家運が衰えたのに対抗して、鐘鬼を上げて挽回した話もあった。正月のドンドン焼きの燃木尻を屋根に上げて、雷除けや魔除けにする習俗は各地にある。これらの習俗をたどってみると、われわれ民族の屋根に対する思考の所在が窺われる。宮造の千木なども、権威の象徴でもまた装飾でもなく、民家の棟の鞍木と共通の目的があったらしい。

四

古代の家として、銅鐸の紋様や埴輪に見るものは、ただ今のところ実在の家には見当たらぬようだが、屋根が著しく大きいのが特徴で、その点では今の萱家に通ずるところがある。これには多雨という特有の気象にもよるであろうが、それに対する側面はひどく貧弱である。要するに上空との遮断は厳重だが、横との遮断はお粗末で、壁を好んで頑丈にする建築様式に比較した場合、果たして家の概念に加わるかどうかも疑わしい。あまりにも開放的で壁が少なく、蔀や板戸で囲っている。これは横からの脅威を感じた場合は、外回りに築地や濠を設け、屏の類をめぐらす他ない。

土壁なども国内では東に進むほど稀になって、東北地方などでは、地主の家の床の間ぐらいのもので、他はほとんど板壁である。気候の関係からいってもこの現象は不合理で、建築技術的に土の文化がまだ浸透していなかったという他ない。

屋根ばかりを重視した点では雪の多い越後なども同じで、どうやら家らしいのは寝所くらいのものである。他は雨戸を閉める程度で、柱と柱の間に葭簀を張ったので、この傾向は以前に遡るほど顕著である。それで根雪のいたる前に冬囲いをする。北西に面した部分を藁や菰で包むので、その他の部分は格別の措置も講じない。雪が深くなると家ごと中に埋まってしまう。座敷なども外に面した部分は葭簀を隔て、真白い雪の断面である。この雪の断面を見ながら、いろりに裸火を焚いて暮らすわけで、正月など家族がそこに集まって、雑煮も祝えば客の応対もする。炉辺は常にしっとりと暖かいが、一歩壁際すなわち葭簀に近づくと冷々とする。こうして一度春が訪れて雪が消えると、家は開けっ放しも同様である。加賀能美郡の山付きなども、雪の多いことは他に劣らぬだけ、屋根は巨きく柱も頑丈で、漆で塗ったりするが、それでいて多くは床がなく、回りに壁も作らぬのがここ五〇年前までの実状であった。

五

前に述べた丹後には屋根と柱は、尋常であるが、外側を特有の萱簀で囲っている村がある。与謝郡世屋《せや》という村で、宮津湾の北西を扼《やく》した半島の奥である。そこに木子《きこ》、駒倉という二つの部落があって、各々一〇〇戸ほどの家がある。ひどく山深い所で、戦国の末に細川忠興の妻ガラシヤ夫人が幽閉された味土野《みどの》とは山一つ隔てている。祖先は平家の落人と伝え、全戸が真宗で固まって、他宗は愚か神といっては山の神ひとつないという変わった地で、何かと古風な習俗を遺している。

家は山腹の険しい斜面を開いて建てたいわゆる崖造《がけづく》りに近い形式で、屋根から下を特有の萱簀でビッシリ包んでいる。冬分風が強い関係というが、実は夏になってもこれを除けないのは、戸障子がないことも関係する。どの家も一歩内にはいると中は真暗で、しばらくは人の顔も見えない垂菰の住いである。蔀というものは、もっぱら板で造られたが、それ以前の形で、夜が明けてもそのままにおいたのは、数が多いからでもあるが、雨が降らぬかぎりは、家人が山仕事に出払うからある。古風な生活様式で知られた甲斐の奈良田（南巨摩郡）なども、明治の末年までは家は多く崖造りで、前面は菰を垂れていた。こうした様式は、奥羽地方の山村にも見かけるが、ここのように一〇〇戸に余る家が、揃って行なっているのは珍しい。私がこの地を訪れたのは昭和二四年だから、その後、生活改善等で少しは変わったかもしれない。

六

与謝郡の木子・駒倉と様式的に一脈通ずる建物が、同じ丹後の熊野郡の神社にある。あるいは細かに調査したら、なお広く見られるかもしれない。屋根は瓦や板で葺いてあるが、床と柱だけでちょっと能舞台でも見るようで、正面奥に霊屋が据って、前面三方は完全に吹抜けである。これは形式からいうと、他地方にも見るオサヤすなわち鞘堂の要素が多分に加わっている。それで冬になると簾で屋根から下を囲ってしまう。そのために氏子の中から年々当番を定めた土地もある。こうして春の祭りに解くのである。ところで、これとほぼ同様の建物が、中国の各地から九州にかけてある。神社というよりも路傍のいわゆる辻堂の類で、屋根だけは見事に葺いてある。後方の一面だけ壁や板張りになって、そこに沿って仏像など祀ってある。堂ともいうようだが、九州の大分や宮崎県では茶屋ともいって、縁日などに参詣者がズラリと床の三方に腰を下して憩む。この種の建物の一般概念にある形は、多くは正方形で左右を板張りか壁にして前面に格子が嵌まっている。中は小さな室になり、行き暮れた順礼なども一夜を籠ることができたが、それとはおよそ趣きが変わっている。

もちろんこれらは人間の住居ではないが、屋根に重点をおき、横の部分に意を用いない点で、前に挙げた様式に通ずるところがある。これから思うのは家を別に宇ということで、宇は軒または屋根の意もあって、堂宇の語をはじめ例の八紘一宇の意から考えて、家であれば屋根に著しい特徴のある、あるいは屋根ばかりの傘のような形が想像される。私の故郷でウダツというのは、尾根だけでわずかに雨露をしのぐ粗末な家をさし、またそうした譬喩にも使われた。甲斐その他で、いわゆる家の大黒柱をウダツまたはウダツ柱といい、別にウシモチ・親柱等の語もあって、ただ一本で屋根全体を支えるようにいうのも、どこかによりどころがあるように思う。屋根の形式にアズマというのは、四方葺下しで、柱だけの家をいうが、公園の亭として発明されたものではない。越中などでは一般に四柱《しちゅう》などという四棟の家をアズマというが、古河古松軒は天明年間の『東遊雑記』に、東国筋の家造りには破風のある家は一軒もない、ことごとく東屋根だといっている。

前に触れた神社のオサヤは別にサヤともいい、墓などに建てるアコヤ（阿古屋）も一連のもので、要するに覆いである。東日本の寒気の厳しい地方では、土蔵はほとんどこのサヤ造りで、塗籠めにした上を覆っている。見たところは屋上屋を重ねた感があるが、白壁造りの土蔵が巨きな屋根を被ったところに、独自の美しさがある。これには二つの土蔵を一つ棟に納めた場合もあるが、神社にはこの様式がとくに多い。産土の社なども、一棟一社でしかるべきだが、実は三社・五社・六社など、各々が神殿をもって、一つ棟の下に同居している。こうした観点に立つと、農家なども一種のオサヤ的性格がある。

七

八

農家は前にもいうたように、屋根はどこも堂々としているが、側面すなわち横の囲いはいたって粗末で、内部の区画もほとんとないのがふつうであった。戸口を開けるとそこが広く土間になって、一方に馬の顔を見て、同時に家人の食事の場まで見通している。土間の境にある寄付きの室なども、近頃は格子戸や障子があるが、いずれかというと新しい変化で、以前は一様に室も大きく間仕切りも少なかった。農家の普請といえば、屋根が葺けて雨戸ができれば一段落で、後は何年もかかって造作をする。必ずしも貧困で資金に行き詰まったのでも、住所に対する無頓着からでもなかった。衝立というと玄関・式台のもので、屏風なども客間の装飾物となったが、これらの家具はいわば一種の壁であり障子であった。ツッタテ・風タテ等いって、それの原始形とみられるものが、今も炉辺や寄付きにおいて風除けや目隠しに使用されている。二枚折の屏風を立てて隠居婆さんが室の片隅に座っている光景は今も珍しくない。東北や中部地方のツッタテ・カザタテと全く同一形式のものを、薩摩などではビヨッという。ビヨッはおそらく屏風の約《つづま》った語で、障子や格子戸が立てられる以前の障壁であった。この種の器具が活躍していただけに、内部はいったいにガランとして間が抜けていた。

一つ屋根の下に家畜類の舎も取り込んでいた。農家では家畜も家族並だから当然ともいえるが、それかといってけじめがないわけではない。たとえば信濃の伊那谷に例をとると、ここでは厩は家の中にあるが、独立の建物で、様式からいっても家とは別物である。四隅に柱があり三方も板で囲って天井もある。要するに土間の一隅に別室をおいたもので、犬小屋・鶏小屋を据えたと同じ理で、後から取り込んだ形跡を充分見せている。この事実は人間たちの場合にもまたあって、家族が――一体となって、同じ屋根を被る前に、独自の本拠をもっていた。たとえば家の間仕切りはマ（間）ともいうが別に部屋ともいう。部屋住みはいわば独立の資格のない者をいうが、元来別個の存在をいうたもので、部屋は要するにその本拠であった。家の中の一区画をいう意が強くなったが、必ずしも一つ屋根の下に拘束されない。屋根を別にする場合もあって、むしろその方が先型とも考えられ、全体を構成する一画で、その推移の陰には、家族生活の変遷があった。

九

部屋を独立の本拠として、これを端的に示すものに、いささか突拍子であるが、寝具の蚊帳《かや》がある。蚊帳は夏の蚊を防ぐ装置であるが、外界と遮断して独自の空間を形成する点で、室でありかつ家にもあてはまる。ところでこれに似たものに紙帳《しちょう》がある。紙帳は蚊帳の粗末なものとみられるが、実は蚊帳以上に発生は古いらしい。ことに以前の農村では、木綿や麻の蚊帳を持つ家は限られていたから、もっぱら紙帳を用いた。現に私なども紙帳を吊っていた家を見ている。しかも紙帳は一面冬のもので、夏冬通して用いた。開け放しで隙間の多い建物の中では、防寒具の役もしたので、越後などでは冬分、苧を績む際はこれを吊ってその裡でする。寒い冬の日もこれで凌ぎ得られた。紙帳は一人一帳のもので、いわば家と衣服の中間にあって、夜着・布団と同じに肉体を容れる室であった。

いわゆる几帳は貴族社会のものであるが、形式的に一種の紙帳で、その陰には幾人もがいたわけではない。上代の塗籠めは壁を塗り回した室で、今の土蔵に近い一種の房で、用途は納戸、帳台のように衣類などのおき場所でもあった。また、個人的な隠れ場所で要するに寝所を意味しており、その点、紙帳にも通ずるところがある。居留守をつかうことに、塗籠め他行などの隠語のあることも肯かれる。あるいは物納れの場をいう押込みの名もこれから出たとする説もある。

飛騨白川の大家族の家で、チョウデというのは帳台の訛語で、家長夫妻の寝所であるが、同時に女たちの本拠である。これに対するオエすなわち広間は男部屋で、大きく分けると、この二つに区画され、仏間や台所はむしろ共同の場であった。一般の座敷の床の間なども、これだけが他から独立していて、賓客用のいわば帳台であった。元来形式的のものであるが、それでも冒瀆を警しめて、香を焚いたり花を飾りまた、神仏の影像や名号を書いた軸など掛けておいた。その他、神棚・仏壇等もおのおの独立した区画であった。こうしたそれぞれの本拠をいくつか併せたのが要するに家で、部屋または房が、各々に屋根をもった場合とは自ずから異なっている。

寝所はネドコ・ネマという他、ナンド・ケチョウ・チョウデ等の語もあるが、とくにヘヤという地域は広い。様式から見るとここだけは各地共通に一方口で、他の室に対する一種の塗籠めで、性格的に女性の色彩が濃い。

田舎の生活では、家は社会的性格が強く、寄り付きなどの広間を、オイエまたはオオエという例もあって、街道のように他人がどこにも通るが、ヘヤすなわち寝所だけは、どんな不作法者でも遠慮する。それでここだけは入口に恥隠しの名があり、暖簾など下げた場合もあるが、佐渡などでは特に板が横たえてあった。万年床があったり、乱雑にされているからではない。一方口だから中は暗く、外に面したところは、風通しの小さな窓を切った程度である。床も天井も簀子張りで、天井の簀子の上には土が二寸または三寸ほど盛ってあった。岡山市に近い赤磐村などでは、この様式をもっぱらヤマトといった。

三河北設楽郡でも寝所をヘヤというが、古い様式を遺した家には、ヘヤに続いて板壁で囲んだ一方口の小間が二つもあった。これをシゴミといったが、シゴミは押込みの頭音脱落で、一般のいわゆる押入れである。今は物納れであるが、本来は寝所に使われた。息子が嫁取りしても、親たちがなお健在で、依然ヘヤを占拠の場合は、若夫婦の本拠はこの狭いシゴミであった。そこで子供が二人も生まれる間、辛抱もした。関東や東北地方では、この三河のシゴミに代わる場所は、門長屋の二階などを充てた。信濃の諏訪地方では、土間の厩の脇などに臨時に設ける場合もあった。主家《おもや》が広くいくつもの室はあっても、障子や孤戸が境では、婚舎として不適当で、塗籠めとはゆかぬまでも、一方口は必要の条件であった。これらの事実によると、家は家畜をはじめ家族各員の本拠を一つ屋根の下に集めたオサヤである。しかも夫婦生活からみると、三方吹抜けの堂宇と同じで、本拠はただひとつに局限されていた。したがって新しい夫婦ができれば、前住者の退転まで別の場で待機せねばならない。たびたび引合いに出た白川の家なども、たくさんの家族を抱えていた点では大家族に違いないが、本質的にヘヤで、いわゆる大宅として、いくつかの世帯を集めた場合の大家族ではない。むしろありふれた大家内の農家である。

（未完）

日本の農家

日本では同じく建築であっても、武家や貴族の邸宅であるとか、または城郭や寺院となると随分と行き届いた研究もされているが、農家建築となると、一向に心を留めようともしない。何かしらこう観念的に価値のないもののように決めてしまって、賤の伏屋だの旧家などと十把一からげにして、ろくろく目を明けてみようともしない。立止って眺めようともしなかったことを考えると、われわれ民族の文化などいうものも、どの程度まで確信し得るのか、いささか心許ない気もされる。

農家建築の特色の一つは、まずその屋根に求められるように思う。材料からいっても古くから檜皮、木端等を用いた一方に石屋根があり、近世では瓦やブリキ、スレート等も増えてきた。しかしなんといっても草葺が圧倒的である。もっともだんだん萱が取れなくなってから、平地農村では麦稈や稲藁を用いるものが多くなり、この方は耐久性も萱に劣るために、頻繁に葺替えを必要とする。それだけ小綺麗でもあったわけで、やはり一つの時代相の現われでもある。

いわゆる葛屋根は、切妻だの四つ棟作り、入母屋、曲り家など、さまざまな様式があっただけに、技術的にまだ発達の過程にあって、これを全国的に見ても未だ統一がない。それというのが下位から葺き上げていって、最後に棟の部分で結ぶ、その結び方がはなはだしくまちまちである。有名な飛騨の白川の建築などは、ブルーノ・

信州の石屋根

タウトなどもしきりに感心しているが、その昔の大家族制とともに、わが国農家建築の一大壮観といえる。特有の切妻で勾配が急なところへ、四階五階までもあるのだから、珍しい存在であった。しかし棟の結び方はいたって粗末で、いずれかというと原始的である。そんなわけで新しい間はそうでもないが、少しく古くなって風雨にさらされてくると、なんというか人間でいえば百日鬘でも被ったように、ほほけて凄まじい形相になってくる。同じ様式は日向の山村等でもしばしば見るところで、馬のりだの牛なとというが、いかにもわびしい感がある。要するに棟の部分に萱束を横並べにして上下から縄でくくってあるのだから、少しく崩れ出したら始末におえない。そこへゆくと例の棟木を矢筈に組んで押えた様式などは、単に技術ばかりでなく形の上でも遙かに整っている。

見た目の凄いほど美しいのは苧稈《おがら》葺きであった。これも麻の栽培が減ってだんだん見られなくなったが、越前の農村などにはちょいちょい見かける。真白いところはあたかも白髪の老人を見るようで一種の風格がある。これなどは屋根としては贅沢の限りで、他の地方ではせいぜい萱の下葺きにする程度である。

屋根棟の様式としては別に土棟がある。東海道線を汽車で通ると、神奈川県の戸塚、程ヶ谷あたりに、街道に沿った草屋根の棟に、イチハツの花が咲いているのを見る。このごろは大分少なくなったが、雨上りの日など、緑の葉が房々と繁って、その間からあの薄むらさきの花が咲いたところなど、独得の美しさがある。家の棟に天然の花を咲かせたなどは、たしかに例のない思いつきで、建築的には蔦壁以上の思いつきである。

甲州などではイチハツも植えるが俗にいうイワヒバを生やしており、日照りつづきに枯々として風情がないが、一度雨が降るとしっとりと緑をふいて、別個の風趣がある。ドムネまたはクレムネともいい、東北地方のことに岩手や青森県の三戸郡地方では、あの地方のいわゆる山百合を植えている。初秋のころなど崩れかけた屋根に、夕日のように赤い花が咲きほこったところは、いささか毒々しく荒涼の感もするが、やはり、地方的の特色をなしている。

木端や杉檜の皮で葺いて、その上に石をおいたいわゆる石屋根は、そう古いものとは思われぬが、分布は案外に広く山形県あたりから徳島県の山村などにも見る。ことに信州の石屋根は特有の白壁とともに印象に残るが、ことに斑雪《はだれ》のころには美しい感傷をそそるものがある。瓦ぶきにも萱屋にも見られない趣きがあって、農家建築の美しさのひとつに加えることができる。

農家と生活に

農家と器具

雪沓や草鞋の類が、ずらりと掛け並べてある脇の大戸をはいると、土間の天井には味噌玉が一面に下っていた。四隅に藁をかけて吊るした、紡錘形の赤い味噌玉を見ると、その恰好にもまた意味があったのかと思う。自分などが子供の頃から見慣れてきたものは、ただ丸く握ったボタ餅型であった。正月のワカキあるいは春木《はるき》を焚いて作った意義深いもので、農家としては、一年間の家族の体の養いであった。

上り端に近い炉には、榾の火がテラテラと燃えていた。老女が二人そこに向かい合って座っていた。一人はあぐらをかいて、しきりと火を見ていて、何の愛想もない。これがあの人のお婆さんかしら、と思った。それと向き合った一人は、年配も遙かに若い。脇に苧笥《おぼけ》をおいて苧を績んでいた。その傍らに女の子がいる。

これが田中喜多美さんの家へはいった時の、最初の印象であった。私などの昔話はこの苧を績む傍らで大部分聞かされたと、後で田中さんは語っていた。場所は岩手県岩手郡雫石村、岩手山をめぐる丘陵地帯に展けた村であった。

炉の木尻に腰を下して、もう一ぺん土間を見渡すと、入口から見て、左手の壁ぎわに竿を渡して、いろいろの器具が下っていた。マンダのケラ(蓑の一種)、葡萄の皮のコダシ、笠や藁のネゴなどと、農家で使用するものが一通り下っている。桟俵を編む器だという、丸い木の台などもあった。炉の正面の、土間を隔てた板壁の陰は厩である。

苧を績む苧笥《おぼけ》はここでは竹で編んだ籠であった。ヘソを巻くガワは丸木の胴をくり抜いたもので、曲物のガワしか知らぬ身には珍しかった。家に死人があると、そのガワのひとつを潰すという話も聞いた。ヘソは別にホマチともいい、水に晒す時から各自の所有権が分かれる。娘とか嫁とか、あるいは姑などと、各々のホマチが別となる。ヘソクリは綜繰りから出ているという、折口さんの『郷土研究』の記事を改めて思い出す。

このヘソをめぐって、農家の嫁は、以前は並々ならぬ苦心をした。自分の績んだ分に故意に難癖をつけて、姑の分を高く買わせる。そうした嫁の心掛けを呑み込んでいなくては、ヘソ買いはうまくゆかぬ。そんな話を三河の原田さんからかつて聞いたことがあった。ここ（雫石）では綜はことごとく機に織って自家用にしていた。寄り付きの間を中心におかれた器具も、何ひとつ無意味のものはない。それを一通り知るのも実は容易ではない。しかし、そこから生活への観察が出てゆくのだ。

座敷の板敷の間では、頬かむりした若い女が、戸口のところで地機《じばた》を織っていた。藁沓を右足にだけ着けて、フンゴミ（裁着の一種）を履いて、苧を一本一本梭で通して織る。昨夜東京を発ってきた身には、何だか別の世界の夢でも見ているような、思いがけぬあまりにもかけはなれた光景である。

壁には正月の鏡餅やカネノモチ、コオリ餅などが美しく下っていた。仕立ておろしのミジッカ（平素着）がそこにおいてある。雫石木綿という身頃にした布の染色の浅黄色が美しかった。

ツラフキ

　麻布は他へ売り出すような余裕はない。私の家では自家用を織るのがせいぜいだと、田中さんは語っていた。田圃などにはいるには、この麻布で作ったモッペすなわち股引を多くはく。この辺のモッペにはカタグシとリョウグシの二種類がある。カタグシのグシは腰で、すなわち片腰だろうとは田中さんの説明である。股引の形式がややフンゴミに似ていて、腰脇のところが切れている。それで前と後とが別になる。われわれが一口にいう股引は前面が切れていて、はくと一種の筒になるが、それとは異なる。カタグシモッペは、前面だけがあって、後布のないものリョウグシはこれに反して前後に布がある。したがってカタグシをはいたところを後から見ると、股から下が筒になっていて、尻の部分には布がない。つまり前だけを保護するようにできている。三河の長篠辺に、以前フンドシナシという一種の股引のあったことを聞いたが、まさにそれと同じ形式だ。カタグシモッペは今では大工などが多く用いる。田圃にはいるには、麻布でないと水切れが悪いそうだ。秋田の矢島付近で以前聞いたサッパカマというものは、今日の猿股をもう少し大きくしたようなもので、狩人《またぎ》などがはく。材料はウマダの繊維である。これでないと雪がついて山を歩くに困るそうだ。こうした、生活と服飾の材料の関係なども、ドンドン忘れられてゆくであろう。

　越後の桑取村（中頸城郡）でも見たのだが、どこの家にも、麻布のユテというものが台所の隅などに下っていて、毎朝一家族が、それをもって代わる代わる顔をふく。古くなったものは、肌触りが柔らかだが、新しい間は相当手剛い。それがまた拭いた後の気持がさっぱりして好いそうだ。都会の生活に馴れた者にはもう触れることのできぬ境地である。ユテそのものに大した執着はないが、その経験だけは型なしにしてしまいたくない。皆口という村では、台所に掛かっているのを、たって乞うて外してもらったことがあった。

雫石付近には、つい最近まで、ツラフキというものがどこの家庭にもあったという。手拭半分ほどの大きさの麻布で、今日のいわゆるハンカチに近い。これで家人が面を拭いた。手拭とタオルの普及が、たちまちそうしたものを駆逐したのだ。同じ陸中の遠野辺（下閉伊郡）で、ユテというのは、麻布であるが薄く藍で染めてあった。婆さんなどが今でもときたま被っている。佐々木喜善さんから贈られて初めて知ったのだが、やはり藍の色が美しい。あの澄んだ明かるい藍の色は、もう農村からほとんど失われてしまったのだ。そう思うと名残り惜しくもある。しかし名残り惜しいのは、何も藍の染色ばかりではない。

シハン

女が布で顔を包む風習は、雫石の駅に下りた時に気づいた。この布をフルシキともいうが、別にシハンというそうだ。羽後の飛島などのフルシキは、若い女は多くフランネルを使っていた。一昨年、津軽の旅行でもフランネルはほとんど見なかった。木綿布の純白のもの、または黄の勝った樺色などが多かった。弘前の先の川辺から、赤石行の汽車に乗った時、三、四人前の座席に、二五、六の女が真白いのを被って座っていた。その恰好が、川中島合戦の絵などにある、練絹を被った謙信のようであった。傍にいる男に、あの女の被っている布をこの辺では何というのかと小声で聞いたら、どう聞き違えたのか、アリャ好い女でしょうとやられて、ひどく面喰ったことがあった。手拭でいったん鉢巻をして、その上から包んでいる。

雫石でも、中年以上の人は、多くくすんだ色のものを使うが、若人たちには、紅に近い濃厚な色が好かれているらしかった。役場の前では、その紅いシハンを被った娘さんが、三人並んで立っていた。腰から下は、紺無地の身幅の狭い、この辺の特色が出ているフンゴミをはいていた。

シハンは葬式などの折に、白紙や白布で三角を作って額に着けるあれの名でもあった。一般には額烏帽子などともいう、北国筋ではミカクシという名も聞いた。あの三角形と被りものの名が共通なのは興味がある。雫石の村を歩いていて遇った人たちの、ことに女性の服飾には、シハンの巻き方にも、いろいろの形式があるらしい。通り一遍の者には、細部にわたっていちいち聞くのも困難である。あるいはナマケているのかもしれぬ。宮本勢助さんのような人に、この実際の調査をやっていただくとよいと思うが、文献の比較の方がお忙しいらしいから、そんな勝手もいいえぬ。

かんぴょう

今年の一月、高橋文太郎さんと二人で、大和の十津川を歩いていて気がついたのだが、役場の所在地である小《こ》森《もり》の農家で、軒先に吊るしかけてある、甘藷の乾したのを高橋さんが写真に撮った。東北地方で見るコオリ餅のように、いったんゆでた芋を薄く切って、それを藁で編んだものである。名をたずねたら、傍にいた男の子が即座にカンピョウと答えた。カンピョウの語は例のゆうがおの肉を乾したものを思い出す。あれからきたのか、などと思った。自分の郷里などでは、たしかホシイモまたはイモボシといったように思う。たずねたら各地でいろいろの名称があろう。

雫石を訪うた翌日、青森県八戸の町を、小井川潤次郎さんと、奥南新報社の三浦さんに連れられて歩いていた。春とはいえ風が冷たく、時々しぐれのような雨が降ってくる。町はずれの杉並木の、昔の街道をなつかしんで歩いていた。

どこの家にも、正月の鏡餅が苞に入れて軒に吊るしてある。それに混って、人参、牛蒡、大根なども、藁で編んで吊るしてある。冬の間にいったん水に浸けて、後をこうして貯えておく。この貯蔵法に格別名があったかどうか思い出せません、ただあの鏡餅の苞を、後できっと屋根に上げておくのが、何か意味がありそうだと、小井川さんはいわれた。

名称はともかく、こうして野菜の類を貯えておくことが、自分には珍しかった。それを見て思い出すことがある。子供の頃に、秋の収穫が終わって、北風の吹き荒む寒い日などに、母親が縁側で大根を引いていた。千切《せんぎり》という器で引くと仕事がはかどるのだが、味が悪いなどというて、一本一本丁寧に庖丁を入れて、根元を残して切《きり》干《ぼし》を作った。それに棕櫚の葉などを割いた紐を通して、竹竿にかけて並べた。どこの家にもこの切干の、采配のようなのが縁先などに並んでいた。別に輪切りにして糸に通したり、そのままの形を藁で編んだりして、こればかりをカンボシまたはカンボーシと呼んだ。秋になってから、前年のこのカンボシがカラカラに干からびて、干竿の端に二つ三つぐらい、忘れたように残っていたりした。

苗代を作る頃から、田植えにかけては、野菜のもっとも足りない季節であった。茄子も瓜も未だ早い。筍などのある家はそうでもないが、毎日の惣菜に困った。カンボシまたは切干はその時期に多く食べた。あの甘ったるい味にあきあきして、煮豆の中などにあるのを、そっと取りのけて叱られたりした。

三河地方の切干またはカンボシと、八戸市付近の人参・牛蒡を藁で編んで貯えたのと、元の動機には関連があろう。そうして一方のカガミ餅・コオリ餅の貯蔵がやはり同じで、元は信仰意識から出ていたと思う。慣習の生まれてゆくひとつの過程が、この食物の貯蔵を通してたどってゆかれそうである。大根を乾したカンボシの名にも、看過することのできぬ意味のあることを初めて知った。十津川の干藷のカンピョウもそうで、いわゆる乾瓢の語の転用ではないであろう。しかも乾瓢そのものがあんな漢字で意をつくしたものではなかろう。節分の前にくる暦の上の寒という季節の名なども、陰陽道などの説明でなしに、生活との交渉に立って、考えてみる必要があった。これは自分だけで考えてみたことである。

写真機

八戸の町はまったくの認識不足であった。町の名も忘れてしまった、何とか中学校だか実業学校だかの柵の外であった。女の子供連が五、六人石けりか何かして遊んでいた。その着物の裾にちらちら見える、足首の紅い脚胖が美しかった。以前、鳥海山の麓を歩いた時は、わざわざ遊んでいる子供にしばらく立ってもらってスケッチをした。矢島の町の宿では、子供のフランネルの脚胖を譲り受けてきたこともあった。

小井川さんの耳元に口を寄せて、子供たちを写真に撮りたいというと、直ぐ諾いて納得させて下すった。陽のあたったところを指さしてここへというと、素直に並んでくれたが、カメラを向けると同時に、アッという間にその中の三、四人は履物を脱いで舁いてしまった。われながら本意ない思いであったが、そのままシャッターを引いた。

この子供たちの行為には、いろいろの解釈もあろう。直接聞いてみねば判らぬ、あるいは聞いても満足な解釈はつかぬかもしれぬが、いわゆる慣れていない、早くいえば写真ずれのしていないという点で、解釈がつくと思う。写真機そのものに、あるいは写真そのものに対する、素朴な、いい代えれば古風な観念の現われとみる。

自分がまだ七つか八つの頃であったが、路傍で二、三の友達と遊んでいた。その中の一人がアレッといった時は、そこへ学校の校長さんが、同じような洋服姿の人と三人連れで、ニコニコしながら、近づいていた。とっさにそこへ、路の端へ棒のようになって立った。立ったがそれでは気が済まなかった。そうして履いていた草履から、足を地上に移してやっと気が済んだ。草履を履いていることが、格別失礼と教わっていたわけでもなかったが、ともかくも面前に校長さんを迎えて、そうしたくなったのだ。これから思うのは、自分の家へくる女などにも、上り端で履物を脱ぐだけでなく、もじもじしながら足袋を脱いで挨拶することがあった。おそらく古い慣習の名残りであろう。写真機もまた、気持を改めさせる上に、不思議な魅力があった。しかしそれも、都会では忘れられてゆく。

よく田舎を歩いている時、途中で遇った女などに、ちょっと写真をなどというと、こんな風体で写真なんぞ、などとあきれたような表情をされることはよく出遇わす。田舎人は人馴れがせぬとか、恥ずかしがるとか、はなはだしいのはいやにもったいぶりやがるなどと、ついいいたくなるが、この間の心理を一応理解する必要もあった。人の顔、ことに田舎の人の顔を写真に納めるのは、そんなこんなから、ことに難物であった。やっと笑ってもらったのに、それは苦しい苦笑いであったりした。

こえづか

盛岡から岐れる、陸中橋場行の汽車の窓から見たのが、ことに印象が深かった。四月の初めであるが、小岩井の駅を過ぎるあたりから、田圃は一面の雪であった。カラ松の林には雪どけの水があふれていた。野にとけ残った雪がことごとく水に浸ったような中を、こね返して通ったらしい轍の跡が続いている。その向こうに、ピラミッド型の堆肥の塚が、一面に群をなしている。雪どけの前に、橇でもって運び出したのだ。コエヅカ（肥塚）というのだと、雫石の村を歩いている時、田中さんから教えられた。

阿武隈川の鉄橋を越えるあたりから、ずっと見てきた風景である。田圃という田圃に、必ず一基二基のこのコエヅカがある。土とも藁とも見分けがつかぬように、すっかり蒸れ切ったようなこの堆肥を見て、雪どけと同時に、やっと頭をもたげてきたのだ。そういうふうにきめてかかっていた。それが雫石へ来て、雪の中に積まれてあるのを見ても、まだ冬の間から、そこに積まれてあるように思っていた。

雪が降りやんで、とけかかる頃の農家は急に忙しくなった。東北地方も、東海岸に沿った一帯の鉄道沿線はもう雪はなかった。青森県にはいって、三本木あたりから北が、だんだん雪が深くなった。青森の郊外でも、弘前、大館、機織、秋田と田圃にはことごとくこのコエヅカの羅列だ。正三角形のものと、苞のように藁を丸めたのが、いくつとなく無雑作に積み重ねたのがある。そんなのは恰好も正三角形ではない。

秋田から南に進んで、横手、十文字あたりで気がついたのだが、このコエヅカに混ってところどころ、まっ黄いろい俵が転がしてある。それが雪の中にあるのもまた風情がある。湯沢の駅を発って、院内、及位《のぞき》、釜淵あたりは、今度の旅行の中で、もっとも雪の多い地帯であった。四月の半ばに、そろそろ掛かろうとする頃なのに、まだ平地にも三尺ぐらいの雪が層をなしている。ここでは今まさにコエヅカのできる最中であった。橇を引いて雪の中を走っている。何というか名称も知らぬが、畚《もっこ》の一種に堆肥が入れてある。それを橇に積んで挽くのだ。老人もある。若い娘さんが、裁着《たっつけ》姿かいがいしく、荷縄を肩にして、屋敷から挽き出してゆく。その後から、やっと七つか八つぐらいの子供が二人してひとつの橇を挽いているのもあった。雪のある中にこうして運べば、労力が省けるのだ。越後の高田で聞いて、なるほどと思ったのだが、家の普請なども、雪どけの前にかかる。材木の運搬を橇でするので、運搬費が大いに省ける。それをこの鳥海山の山麓でつくづくと感じた。畚に入れてきた堆肥は、田圃の雪の中に穴を掘って、そこにすっぽりと開ける。それで自然に塚ができた。その穴を掘っている男もかなたこなたに見える。農家の人々の緊張した忙しさの気持までが、それらの姿を通して読めるように思った。秋田県湯沢の小学校で出している『湯城』の冬の郷土号にも、このコエヅカを囲った忙しさを述べた児童の作品があって、ことに興をひいた。

あの辺の、コエヅカと並んで転がっている俵の謎は、十文字町から三重村という方へ進んで、農家を訪れた折に、やっと解けた。ショウベンダラという。中には藁を刻んだり、または灰などを入れて、土間の端において、雪に閉ざされた間はそれに小便をする。中央のところが五寸四方ばかり切り抜いてある。これを堆肥と一緒に田圃へ出すのだ。弘前・大館付近の、あの藁のようなものも、あるいはそんなものかもしれぬ。

ちなみにコエヅカは、十文字町では、別にコエモリともいうた。庄内地方の、ことに越後境の農村ではコジュケというと、これは温海《あつみ》の温泉で聞いた。越後の古志郡、東頸城郡などでは、コエヅミともいうが、別にコエニョウともいうそうである。もっともコエニョウは、前にいうたのとは、まったく恰好も異なり、性質も別のものについて、得た名であった。

いわゆるオジボーのこと

一

一昨々年の夏、信濃下伊那郡神原村の向方《むかがと》という山村を訪れた時であった。ある家を訪れると、そこの炉辺の向う座（客座）に、頬被りのまま座り込んでいる六〇がらみの男がある。最初は主人かと思ったが、その態度が少し変わっている。もちろん、他家の者が来合わせていたのでないことは、土地不案内の自分にも容易に看取された。じつは、その男の存在が不可解だったので、後で聞くと、それはこの地方で一般にオジボーまたはオジロクなどと呼ばれている一種の掛かり人であることが判った。今の主人からいえば叔父に当たるが、若い頃から気が少し変なところから、女房も持たず別家もせず、甥の厄介になっているのであった。朝起きると井戸傍に行って何遍となく顔を洗い口を灌いで神仏を拝む、扇子を他人から贈られるのが何よりも嬉しいらしく、夏冬なしに幾本も腰に挿しているというから、あらためて説明するまでもなく薄馬鹿とか半人前くらいの取扱いを受けていたことは知れる。しかし性質は温順で体力はあり、労働にかけては大いに役に立つという。

この地方で一口にオジボーないしオジロクといえば、こうした素質と境遇にある者を指すのが常識となっている。したがって時には障害者の代名詞のようにも考えられがちであるが、語意から詮索してゆくと充分意をつくしたものではない。その称呼は、じつはもう少しひろい範囲に使われてもいて、一般にいう弟、または叔父に対する総称である場合もある。次第に意義が分化しつつあったらしい。オジボーはまたオジボーズともいう、叔父でいてボーズすなわち小児という意も考えられる。その他オッツァマ・オジー・オンジともいい、オジサマといえば、いくらか上流の家庭で慣用していたといえる。たんに親族名の叔父という意味でオッツァマといえば、未だ家をなさぬ掛かり人の叔父さんの方は、オジボーないしオジロクに当たったわけで、それも第三者の側にある者から、いくぶん蔑視した意味で呼んでいたかと思う。時と人により一定でないが、現在を標準にして一口にオジボーまたはオジロクといえば、まずは独身者で家の掛かり人を指すのが通有である。いずれにしても一家を営んでいる者と、未だ掛かり人である場合とは、語として截然たる分野はできていないといえる。自分がいまいおうとするのは、この掛かり人すなわち厄介者である場合を指すのである。それで便宜上、以下オジボーの称で呼ぶこととする。

有賀喜左衛門氏のお説によると、氏の郷里である同じ信濃の上伊那郡朝日村付近では、男でいて年頃に達しても嫁も取らず、兄または甥の厄介になっている者をオッツァマという。オンジと呼ぶ場合もある。オンジの方は兄が弟を呼ぶ場合にも使うそうだ、普通どこそこの叔父さんという場合にもオッツァマというが、これは語感が異なるそうである。

叔父をオッツァマと呼ぶことは、自分の生まれた東三河の南設楽郡辺では普通のことである。しかしこの場合は別家または聟養子などとして、一家を営んでいる人を主として対象としていて、この掛かり人とを区別する語としては、感じの上にもすでに区別はなかったように思う。

あるいは自分の不注意のためかもしれぬ。今考えると少年時代に、隣家にこのオジボーが一人あった。久しく世間を流浪して来て、いよいよ生活に窮したあげく兄の家へ還って来たものであった。こうした場合を一般に転がり込むというたが、そうした理由からでもあったろう、現在主人とは血を分けた同胞であるのに、その待遇には甚しい懸隔があった。夕餉なども多く上り框《かまち》に腰かけて食べていた。いずれかというと土地でいう極道者で喧嘩早いことなど、村の生活には容れられない性格の持主であったように記憶しているが、兄に対する態度はまことに従順であった。そうしてこれに対する家人の態度は世間一般のオトコシュすなわち下僕とほとんど変わることはないのに、オッツァマと呼んでいるのが子供心に不思議に思ったものである。

二

三河の東北部から信濃の南端の山地にかけて、一般にいうオジボーないしオジロクは、前にもいうとおり、嫁も取らずいつまでも生家の厄介になっている者をいう。女性の場合ならばオバーまたはオンバーなどというのがそれに当たる。オバサマというのはむしろ上品な家庭で、しかも対個人的の場合である。信濃の上伊那郡朝日村付近では、オッツァマは普通には一種の軽蔑感をもって見られるくらい頭の働きの足らぬ者が多いが、労働は人一倍するのがあって、その家としては重宝なことが多いという。そうしてこうした地位の者を厄介とはいわない。厄介者というのは、親が死んだりして小さな子供ばかりで家が立ち行かぬから親類等に預けられる、それをヤッカイモノという。これには迷惑という意味はない。昔はむしろ厄介者のあるのが一種の名誉でもあったそうだ。もちろん、下伊那郡の南端山村から三河へかけての村々でも、オジボーを重宝がる気持はある。これは畢竟その労働価値に対する観察からきていたかと思う。こうした問題となると、村の感情生活を仔細に注意して、一方には各種の事実に反映した点から帰納的に結果を求めねばならぬ、単純な憶測や想像では真相をつかむわけにはゆかぬ。そこで下伊那郡の豊村は地勢上の関係からもあろうが、古い慣習が残っていて、村にオジボーとインキョの多いので付近でも有名であるが、同地方の現状について観ると、いわゆる跡取りに嫁を取って家の賄を譲ると、親たちは別居すなわち隠居をするのがひとつの村風である。そのさいはある種の株の分裂が行なわれる。在来からの不動産等はほとんど本家に引き継ぐが、一代に貯えた現金とか不動産等は隠居免として持ってゆくのが普通である。この場合、もし家にオジボーがあれば必ず隠居へ連れてゆくのが慣例になっている。これらは単純に厄介者だから親の方で面倒をみるというのとはじつは違った動機から発しているようだ。オジボーの労働価値を一種の隠居免と観ているという方が実際に近かった。その名称の示すように、オジロクとして一種の禄分すなわち労働力の占取が問題となっていたのである。その場合、問題の中心であるオジボーとしては、感情的に親または兄の世話になることを希望する点も一面の事実であったらしい。そうして本家の方は、若い者だけに利害を離れて厄介の少ないのを希望する気持も働いていた。

近世の村の生活では、以前に遡るほど労力の充実が切実に要求されていたから、それを計るためにはオジボーは重要な対象でもあった。家長の労力は実際上あてにならぬ場合が多い。冠婚葬祭をはじめ臨時に起こってくる村の交際だけでも、それを律義に勤めていたのでは、家業のために働く日はいく日もない。村にはとかく事件が多かった。早婚の風習なども一面にはそこからの要求もあった。そうした場合、家長に代わって仕事の切盛りなり、または夫役に当たり得る者のあったことは影響する点は大きかった。そういうて平素からそのための男を雇うことは経済状態が許さぬ。これに対して、無給でしかも忠実なる家僕でもあったオジボーの存在は何ほどの強味であったか知れぬ。さらに労力に余剰のある場合は、他家に雇われて相当の賃銭を獲てくる。これは家長の収入であることも当然であった。それをとやかくいうような不心得なオジボーなら、最初から家になどいついてはいない。オジボーができるとシンショ（資産）が良くなるというたのも、じつは理由あることで、気狂いや障害者が生まれることは、家運隆盛の瑞兆のようにいう思想よりいちだんと実際的のいい慣わしであった。

したがって、これをいわゆる厄介者扱いにすることは、個々の感情を別にしては、まずなかった。一面には世間体などを考えて、心淋しく思いつつも竊かに感謝している。これに対して周囲からは、蔑みながらもじつは羨む気持もある、そうした環境の中におかれたオジボーであった。

三

いま使われているオジボーの語に、仮に障害者の代名詞とするごとき語感があったとすれば、それはむしろ家庭生活に経験のない、独身者という点であった。年齢だけは一人前以上に達しても、未だ独身である間は成人として承認せぬ慣習が村の感情生活に遺っていた。配偶者のあるということは、以前の村の生活慣習には根拠ある存在であった。「……なんだカカアもないくせにして……」などと、ともすればはしたない言葉が口を衝いて出たのも、単なる言葉の綾ではない。それをいわれるのが何より辛かったと、体験者の一人が述懐したのを聞いたことがあった。年頃に達しても、結婚生活の経験のない者は、成人としての待遇を肯じない、信仰生活において、たとえば葬式の執行に際しても、頑是ない子供と同律に取り扱われる。こんなことも古い村の常識では苦痛の場合があった。これは女性の場合も同じで、有賀氏の郷里付近で、婚期を逸した者が、マゲナオシと称する一種の擬婚を行なう風なども、一面にはその思想の支持からきていたともいえる。

ただ単に厄介者というのでなく、家庭を営まぬ独身者があったというだけで、それがたまたま家の労働を助けていたというだけならば改めて問題にするまでない。現に都会地のインテリ階級などには、日ごとに増加しつつある現象であるが、それとは少しばかり観念が相違している。生活の方便からでもなく事業とか信念のためでもない、そうして障害者でもなくして、きわめて恵まれぬ地歩におかれて、心身を労しつつあったものがこの地方には未だ幾人も生きていたのである。偶然などではない、おそらく古い慣習なればこそなし得られたので、村の社会機構を観察する上に注意すべき存在であると、自分などは信じている。それでできればこれを機縁に今まで閑却していた周囲の事実から、もう一遍出直して観てゆきたいと願っている。前にいうた下伊那郡神原村の向方には、一家で二人まで村人のいうオジボーのある家がある、肉体的にもおそらく欠陥はない、新聞も読み政治も談じながら、へそくりを貯えることはもちろん、分家も聟入りも考えぬらくし、一意生家のために労働を助けていると、この正月にも行って聞いて来た。もちろん、こうした主観的の観察では、事実を曲解するとの誹りもあろうが、この事実などは単なる運命の悪戯から、消極的にかくなったのでないらしいから、古い思想の支持者ないし慣習の実行者として見ても支障はなかろうと思う。しかしこの種の地位の人をめぐって村には不文の約束があり、取扱いがかねて備わっていた事実もある。

四

三河北設楽郡本郷町なども、近年町制を布いたいわゆる町村であるが、ここ三〇年ばかり前までは、この境遇にある人は格別珍しいことではなかったそうだ。いずれは経済上の圧迫が直接の原因であったろうが、総領以外の二男三男の地位はきわめて恵まれぬものであった。

オジボーとして、家の掛かり人となって日が送れればむしろよい方で、働こうにもろくに耕地もない水呑の暮しでは、これはどうしても、何かの道を求めて出てゆかねばならぬ。それも体が健康である間は、山から山と渡って杣や木挽の業を習っても日は送れたが、一度健康を損じたとなれば、最後の安息所は生家をおいてはない。それでしようことなしに家に転がり込んで来る。中には六〇を越して働きも充分叶わぬようになって、半分はすてばちの気持で、嫂や甥の嫁を困らせる輩もあった。こうした貧家に比べれば、恵まれぬなどというものの、生家の業を助けている方は遙かに呑気なものであった。二人の弟同士が、やっと一人で女を養って、半分ずつの女房だなどというていた話は、聞いただけでも気持が滅入るようである。これなどをオジボーというのは、あるいは当たっていないかもしれぬ。家長の側からいえば厄介者というよりほかの意はなかった。したがってその存在を重宝がるようなオジボーは、極々の貧家には容れらるべき余地はない。兄なり甥のために、獲た労銀をことごとく提供して、なおかつ甘んじて駆使されていたような類の話はあまり聞いておらぬ。してみるとオジボーの存在もある程度の株があってのことであったかも知れぬ。こうして例を拾ってみると、その待遇が一期半期の奉公人と実際上変わるところがなくともオジボーとして不平はいえなくなる。したがって嫂や甥の嫁への心遣いもあるいは当然のことになる、そうして一方には、それを遇する側の態度なども注意せられる。単に話を聞いただけでは、山村における家庭内の道義観を疑うほどの事実もあるが、それをいっこうにあやしまぬだけ、今日とは思想も違っていた。一家内の、血を繋いだ間柄だけに、他人などとは、異なった思いやりがあるというものの、時には遠慮がないだけいっそう冷酷な場合もある。病気で野良へ出られぬ体であるのに、それをなさぬために時刻が来ても、飯を食えといってくれぬなどと、甥の嫁を恨む気の弱い者もあった。何をいうにも行きどころのない、背水の陣に置かれた身柄であった。そうして一方には、それが当然の運命だと諦めてもいたのである。個人権の主張を叫ぶとすれば、最先に立つべき人々である。これらの事実を思う時には、村における感情生活をさらに大いに注意する必要が起こってくる。形態が残らぬだけにそれだけ困難な事業ではあった。

以前の村の生活のように、荒っぽい感覚の上におかれた時ならばともかく、近頃のようにいかな山間僻村でも、青年会や処女会が活動して、風義矯正などと姦しい時世では、あり余る生活力を堪えて、何らこれを紛らす慰安もない生活線上に取り残されて、なかには独身生活に堪えがたい向きもあるでしょうと、信濃の根羽村でこっそり問うてみたこともあった。どうもその辺の消息は判りませんが、中には薄々諒解の上で、兄さんのを借りている向きもあるようですと、大いに公表をはばかるような答に接したものでもあった。これもまた真実に近い言であろうと思う。

五

オジボーの地位は、いずれにしても日蔭者であった。その人々の安価な慰安から、ひいてそれをめぐるわずかな収入までを詮索することも必要以外のようであるが、一方には農村家庭における個人間の収入と、これが分配にも関連する問題であった。いかに表面的に存在価値の乏しい者でも、人間である以上、多少の慰安も与えられねばならぬ、盆正月をはじめ一年一度の村の祭りは忘れることはできなかったはずだ。そうした場合のいわゆる小遣銭はどうして補われていたか、ことごとく家長から与えられることもないとはいえぬが、多くの場合、それぞれに収入の途があったらしい。他家に労働に雇われた場合の報酬は、これは当然、家長の懐にはいったことはすでにいうたが、それ以外に、遊びの日の使い走りとか、期節ごとに精分にすれば、山や川からもわずかながら天恵が得られた。秋の山の皮茸採りとか正月前の自然薯掘り、時には草鞋や子供の草履等、すべて他人の遊ぶような日の営みで、やがてこの人々の懐を賑わすものがあった。その他、村における祝儀不祝儀の折の雑役の心付等も財源のひとつで、比較的骨身を惜しまぬ性格の者が多いという。家長の側にしてもそれまでに手を押して奪おうとはしない。信濃の豊村辺に、今あるオジボーの多くは、祭りの日などには、身寄りの子供たちに玩具や駄菓子などを、かえって自分のへそくりで買って与えているのを多く見るとは、同地出身の武田義実さんの談であった。なかには家長を手こずらせている者もあるだろうが、その一方にはまた千に近い現金を貯えて肌身離さず持っているのもあるという。薄々は知っていたが、確かな事実は判らなかったのが、ある時、田圃で春田打をしていて、胴巻が解けて泥の中に落としてありたけの紙幣をことごとく濡らしてしまい、それを一枚一枚田圃の畔に並べて乾かしているのを、通り合わせた者が見て、村中に触れ回ったともいった。いかにもオジボーをめぐってありそうな挿話である。そうした金持ちのオジボーをめぐって、性悪の後家とのいきさつなども村ではありふれたひとつの話題にすぎなかった。

六

村の生活を観察する場合に、その単位が家であり、家を代表する者は家長で、それをめぐる家族としての親と配偶者と子供は、改めていうまでもないが、それ以外の存在は多く閑却されがちである。仮に注意されても、とかく偶然くらいのところで軽く取り扱われてしまう。その他では譜代とか奉公人であって、家族生活の根幹には多く影響のないものであった。しかし実際生活においては、ひとまとめに子供といわれるなかでも、跡取り以外の二男三男は、ある期間を除く以外は、ひとまとめにしてかたづけられぬ境地を持ってくる。そうして分家を促す動機をもなす、これがいかに動いていたかは、当然、考えねばならぬことであった。それを閑却して、記録なり痕跡に残るもののみを拾い上げて、一方に跡方もなく消滅してゆく存在を忘れたのでは、実相を摑むことは難い。この消滅したものを、一方の欠陥に充当する時に、初めて正しい社会形態が浮かび出たのである。さしずめこのオジボーなどは、この消滅した存在の代表的なものであった。土地によってはすでに痕跡も留めぬ場合もあろうかと思う。全貌を摑むことが不可能ならば、せめてその労働力だけでも村の経済生活を知る上には考慮する必要があろう。徳川時代における村差出張の類を、年次順に比較しても判るのは、以前の村における戸数増加の律は、実に微々たる場合が多い。ことにこの地方においてはそうであるが、これらの事実がことごとく幕府の分田令の威圧の結果であったと仮定しても、一方に年ごとに増えつつあった人口の始末はいかになっていたかの疑問が起こる。あるいは間引き等の習慣が相当根強く行なわれていたとしても、なお死ぬ者より生まれる率の勝っていたことは考えられる。これを一律にありふれた社会相に準拠して観察したのでは、いつまでたっても真実の姿に触れることはできぬ。早い話がこの地方の村の子弟にしても、以前の生活においては、男女共に跡取り以外の者の将来は決して明るいものではなかった。分家が容易でなかったとすれば、男と生まれても村内の潰れ門、空き屋敷を充てるか養子の口を探すより他に立つべき途はない。しかもその数はごく限られていて特殊の条件が伴っている。その結果は、新たに途を開拓して外部に進出するか、あるいは生涯掛かり人となって終わるかの二途があるのみである。しかもそれを遇する席もちゃんとできていた。村によっては、新たに職を求めて出て行く途は、今日のごとく容易でない場合が多かったから、不満足ながら後者に陥ちてゆく。したがって何ら表面に現われることなく、次々に萎んでゆく花のように、消え失せた者が何代となく繰り返されていたので、これが案外多かったのではないかと考えられる。それがやがて戸数の制限ともなっていたので、これはひとり信三の山地を繋ぐ地方だけの事実ではないと思う。今ある事実からオジボーの存在を懐うと、主として村における経済機構の犠牲となっていた観もあるが、これとて全部の動機なり原因ではなく、他にもっと根強い伝統の支持するものがあったろうと思うが、それを考えるのは自分としてはむしろ将来の問題であった。

じつは未だ一部分しか手をつけていないので、オジボーを中心とした環境の細かい調査がいっこう用意されていないが、現在もなおこの種の不思議な存在が残されていたことだけを報告するために、武田義実氏の助力による信濃豊村地内における現状を不完全ながら数字によって挙げておきたい。いうまでもなく、この数字に示された人々は、オジボーないしオジロクとして、それぞれの家長の許にあって、その労力を提供しつつあったもので、単純な意味の独身者でもなければ、法律上のいわゆる無能力者でもない。

末段に数年前の数を掲げたのは、この種境遇にあった者も、新たに配偶者を得て独立するかあるいは死亡出郷等の関係から、急激に減少しつつある事実から、多少とも以前の趨勢を窺う目安と信じたためである。なお現在の状勢では、新たにこの境遇に入る者は、一時的の現象を除いては、障害者でもない限りまずなかったというてよい。

七

なおこれは以上の数字とは何ら関係のない事実であるが、現在自分の手許に、この豊村の隣地である浪合村大字浪合すなわち旧幕時代の浪合村の宗門改帳の控があるので、何かの参考にとも思って、その中から、このオジボーと思われる者を拾ってみた。ただ年代が少しかけ隔れて、延享四年〔一七四七〕と宝暦五年〔一七五五〕の分である。まず延享四年の分を播くと、浪合村の総戸数一二二戸、四九七人、内男子二七二人のうち、伯父と頭註を加えてあって掛かり人と考えられる者が二二人ある。しかもその記載によると、一二二戸中本百姓は四一戸で全体の約三割強にあたり、後の八一戸はいわゆる水呑である。そうして一戸の平均人員は三・五人強にあたる。

大字名	数	人口 男	人口 女	オジボー	同数年前の数
売《うる》木《ぎ》	二五〇	六八三	六四〇	一	一
和合	一四〇	四七二	三二〇	八	一一
日吉	三六	一一八	九一	二	四
心川・鈴カ沢	五三	一二三	一一九	三	二
帯川	三〇	八五	八七	ナシ	二

備考　表中、数年前の数は現在（昭和六年九月）の分を含まず。
人口は昭和五年度国勢調査によるもので現住者を示す。
表中一戸に二人あるものあり。

したがってこの二二人は、一家に四人五人の子供を抱えた類の家庭を基礎とした数字ではない。次に宝暦五年の分は、その間わずかに七年をおくだけで見るべきほどの変化もないのでこれは省略する。こうした例から見ても、この地方に古くからこの境涯におかれた人の多かったことだけは想像されよう。

以上はいわゆるオジボーの存在に対して思いついた事実を記したに過ぎぬが、この人々の身の上を思うにつけても、この地方にことに例証の多い、親方対譜代百姓、またはヒカン（被官）の生活などが自ずと目に浮かんでくる。譜代にしても被官にしても、ともに親方との間に血縁関係は今のところでは認められぬが、諺にいう兄弟他人のはじまりのごとく、そんなものはあっても、オジボーの立場からいうなら、何の足し前ともならぬことは事実の示す通りである。後の形態だけを比較すれば、一方は古くからの農奴のようにいわれ、一方は現在血を分けた間柄であるが、その間にどれだけの区別があろう。しかも後者に配偶者を与え世継ぎを添えて考えれば、その差は紙一重の違いである。あるいはまた、何ら縁のない衆生であったかも知れぬ。いずれにしてもそれを明らかにするには、未だ事例の蒐集と観測が今は充分でない。

（昭和七年三月二四日）

女性生活史の一部面

——タヤのこと——

一

　これは私の母の郷里に伝えた話である。ある時その家の嫁が、月のものの穢れを洗うために、例によって屋敷の傍を流れる小川の瀧壺に往くと、そこの岩の上に、頭を土地のいわゆる罌粟《おうぞく》坊主にした、美しい童児が腰を掛けている。女を見るとスルスルと蒼い淵の中に潜ってしまった。これは現実にはどうしてもあり得ない怪奇である。それを見た嫁はにわかに気持が悪くなって、家に帰るなり床について しまった。

　これにはまだいろいろ物語があって、やがてその家の衰運にも関連している。一部分はかつて何かに書いたこともあったが、私がこの物語をここに蒸し返した理由は、民間信仰上の水の神の姿をいおうためでも、女性だけが見ていた世界を考えようでもない。実は月のものの穢れを洗うために、谿川などに降りて行った、かつての村の女性たちの生活の一面を、回顧しようためのきっかけに過ぎない。

　女性が月の穢れをすすぐために、川のほとりに出たなどというと、今日の都会人などは、あるいは妙な感じをさえ持たれるかもしれぬが、私などの聞いているところでは、以前はことごとくそれを行なっていた。天然の流れに臨んでの湯浴《ゆあ》みの風は、村ではまだまったく廃れてはいなかった。今の人たちなら、不始末もあるいはしないであろうが、東三河などの以前の村の生活では、家族共同に住む家の中などでそうしたことの処置はゆるされない、厳しい禁忌が守られていたのである。

もう七、八年も前であったろう。信州境いの三河の津具を立って、山を降りて途中の川合という村にかかった時は、あたりがもう薄暗くなっていた。季節は夏の終わりであったが、とある橋の袂《たもと》まで急いだ時、行く手を見た瞬間、無意識に佇まざるを得なくなった。橋の下の河岸に、若い女が裸体になって何やらやっている。それと気づいた最初は、ちょっと好奇心が動いて、手に持った写真機を薄暗の中に向けてみたが、光線の不足を気づく前に厭な気持になってしまった。女は真白い脛のあたりをあらわにして、しきりに洗っている。暮近い刻のことで、あるいはこの方の目違いであったかもしれぬ。

昔の女たちはだらしがなくて、月の障りのたびに、膝のあたりまで汚して、小川の石の上などでそれを洗っていたものだと、たびたび聞いていたから、おそらくそれなのだろうと、今でも思っている。決して気持のよい話ではない。

木曾の王瀧の奥の村で、土地のいわゆるヒマヤを覗くと、血色の悪い女たちが、二人三人ぐらいははいっている。まったく南洋あたりに見る原始生活のままだと、これは福島町出身の所三男さんの談であるが、私にはその生活を珍しく思う前に、現在もなおこの陰惨な慣習の続けられたことの根強さである。ともすればよそごとのように聴こうとするそうした生活も、つい近世まで、われわれの祖先たちの多くが、一様に歩かせられた道であったのだ。

二

木曾などでヒマヤと呼んだ建物は、土地によって多少とも様式名称を異にしている。様式は簡単で、竈が中心となっており、ヒゴヤ、ベッカ、タビヤ、タヤ、カリヤ（仮屋）などいう。ヒマヤは閑屋だなどと簡単に説く人もあったが、土地によっては（土佐などでは）、もっぱらヒモヤまたはモヤといったところをみると、それにも関連がつけられ、火に関係のあることはまず間違いはない。九州地方では、死の黒不浄に対して、産の穢れとともに赤不浄としてはなはだしく忌む。そうしてこれには、各地ともに忌言葉が多かったのも、かつての禁忌の強かったことが窺われ、すでに『物類称呼』等にも「月水を畿内の方言にて手桶番と云（水に付きと云ふ秀句）、美濃及び尾張伊勢辺にタヤと云（待屋《たいや》の略なりといふ）、江戸にてサシアイ又サワリと云、仙台にて八左衛門といふ――」など、各地の例を挙げている。前いった建物は、女性が生理的現象のために、ある期間家庭を離れて籠る家であったが、この家はよくよくの山間僻地でない限りはやくになくなっている。薩南の島（黒島）などでは、ベッカの期間いる家をウブヤといい、いわゆる産屋を充てた。もっとも近世では産屋として伊豆の島々のように独立せるものはなくて、居宅の一隅をその名で呼んだのである。三河の北設楽郡などでも、ヒマヤ・コヤ・ベッカなどと呼ぶ以外に、古くはウブヤとも呼んだらしい。薩南の屋久島では、明治のはじめ頃まで、鹿児島藩の武士の血を受けた者には、母親でもその期間、授乳を遠慮せざるを得なかった話も聞いた。今思うといかに階級的観念が強かったとはいえ、情ない話である。この風習は、徳川の中期あたりでも、都会育ちの文人たちには、好奇の目をそばだてしめた。そうした棟を別に住むことが、辺土としての一つの目安にもなった。

しかし東北地方の、ことに青森・秋田・岩手県等では、私の寡聞のせいか、この他家の風習を聞かなかったのは、何か深い理由があったようにも思う。地理的に考えても、沖縄を別にして西の方がやや濃厚である。

伊豆の島々では多くタヤ（田家）と呼んで、八丈島などでは、そこに生活中は絶対に禁忌を守らされ、親の臨終にもなお出ることが許されない悲惨の例の数々があったことが『伊豆島山風土記』『八丈島実記』などに挙げてある。幕府の吏員が渡島のたびに、その弊風を革めるべく、最後の手段としてタヤに火を放ってことごとく焼き払ってもみたが、ひとたび天災に見舞われたり、病気が流行ったりすると、たちまち復活する。しかし後にはそこに滞在する者を目あてに、悪戯などする若者もあったりして、土地の人自身にも弊害を認めぬではないが、そういうてどうすることもできなかった。

そうした一面には根強い慣習も、近世ことに明治の時世にはいるにおよんで各地ともにたちまち革った。むさくるしい建物は取り毀され、女たちは一年を通じて家庭に寝泊りするようになると、もう想い出すさえ厭な生活であった。そのためにこの女だけの家はまったく忘れられて、建物とか名称を詮索するぐらいがせいぜいになった。もちろん事柄が事柄だけに、深く問いただすこともはばかられる場合もあった。しかし日本の女性の生活史を思う上には、忘れては済まされぬ問題である。現代のほこらしい女性生活も、じつはこの薄暗いタヤの一隅を経てきたものであった。

三

私の郷里は三河でも山沿いの寒村であったが、物心覚える頃に、屋敷の裏口の、平素あまり用事のなかった場所に、四角な恰好で、ちょっと厩で使う馬舟を思わせる器が、久しく雨晒しになって転がっていた。ある時思いついて母にたずねると、一瞬いやな表情を見せたまま、脇を向いて答えてはくれなかった。後にそれがコヤダライだと知って、そんな器具がまだ残っていたことを不思議に思ったものである。コヤダライとは、タヤすなわち私の郷里でいうコヤに籠る間、汚れ物などを洗濯する器である。

私の記憶にある頃は、村にはもうコヤの建物などなかったと思う。しかしそのころ一二、三里も山の奥へはいれば、どこにもあって、生活の裕かな者は、個人で一構えを持つに対して、多くは三、四軒共同であった。コヤは別に月経の名でもあって、コヤにいる、コヤを焚くといえば、その期間を意味した。この頃ではコヤ住いに経験のある人は、村にはもう少なかったと思うが、土地によると未だ行なわれている。現に三河や信州の山村で、私の見た建物だけでも五つや六つではない。律義深い家などでは、今もひそかにそれを使っている。

どうせ感じのよいものではない。むさくるしいことを、コヤのようだというたとえもあったくらいだから、他は推して想像がつく。しかしそこは女性だけが見ていた世界である。何を保存し何を考えてきたかも、一通りは知っておきたくもある。単に汚いことと、一般の家庭生活に比べて、簡素であったろうことは想像されるが、ただそれだけであったろうか。

ある期間を、まったく家庭と交渉を絶って、別の生活を営んでいたことは、隔離であることの一方には一種の解放でもある。少し大げさないい分であるが、家庭を共同生活の一単位とすれば、その共同的連繫を離れることであった。相互間の秘密も誓約もいったんは捨て去らねばならない。しかもある時日を経過すれば、再び元の交渉に還るのだから、そのたびに起こる気持の上の衝動だけでも少なくなかったと思う。

四

タヤをめぐる生活については、福井県敦賀郡などにも現に行なわれているらしいが（昭和七年七月二六日『東京朝日新聞』）、三河の北設楽郡の山村などでは、それに対してほぼ三つの階梯があった。すなわち家庭を離れる時と、次にはその生活、最後は還ってくる場合の処置である。

第一に女性はその徴候が表われると、それ以前の食事を境にして家を出てゆかねばならぬ。これを土地でコヤに出るともまた、コヤイリともいい、コヤすなわちタヤにはいるのである。一方女を送り出した家庭では、食器の類も洗い清めて、家中の火をことごとく消してしまう。炉の榾火などもいちいち水を掛ける家もあった。かくして用意の塩水をもって、家内中を浄めてから、新たな火を起こして炉に入れるのである。これを要するに、去って行った女性と交渉のある火を、ことごとくあらためてしまう。女性にその徴候があって後なお秘して同居すれば、これは重大な火の穢れとして、一家内だけではない、その部落全体がことごとく火をあらためる必要があった。そうした事実も、明治のはじめ頃までは行なわれたと、語って聞かせた老人もあった。

一方タヤにはいった者は、時期のいたるまでそこに滞在して、その間、家の敷居をこえることも許されない。もっとも近世では『伊豆島山風土記』に説くように、父母の重病末期を見届けることもかなわず、また子として親を看病することも能わずなどと、それほどではないが、その代わりに、悪戯な若者などが訪れて、侮辱を与えるようなことは数々あった。建物が小さいところから、何かの意を含む者などが、材木などを持ち寄って、床の下から、テコにして揺さぶったりする。ことに近年では、便所を同じくし、夜分は家に帰って睡眠をとり、労働等も他の人々と格別変わることはないが、依然守られていたのは、煮炊きすなわち食事を別にすることで、これだけは最後まで残された。

この頃の女性は、いつがコヤ（月経）だか判らぬなどという老人の述懐も、以前の生活を見ていたからのことである。どこそこの嫁は、ついこの間コヤアガリだと思ったのに、もう焚いているなどとのささやきが交されたのも、当人とすれば煩わしいものであった。

人によってタヤの生活に長短があるのも当然であるが、期がいたるとそこを出る。これがコヤアガリであった。川に降って体を洗い清め髪を梳《くし》けずる。あるいは笹垢離などといって、笹をもって形式だけに済ますのもある。これらはいかに厳冬でも変わることはない。あるいは順序として水の神を拝んでくる人もあった。流れに下って湯浴みをなし、髪を梳けずるだけでは、まだ家庭の一員に還るわけにはゆかない。その前にもう一つ踏まねばならぬ段階がある。

コヤすなわちタヤから上ってくると、その夜は家の軒または土間の端に用意されてある、形ばかりの竈で粥などを煮て食べる。これをチュウビとかチュウビアガリという。そうしてその土間に筵を敷いて夜を明かしたのである。

チュウビは一夜で、翌朝再びそこの竈で湯をわかして呑む、これがアガリユで、家により塩を加えるもある。これでもう元の家庭の人に還ったのである。家庭によってはチュウビとアガリユを一続きにして済ましてしまうもあった。ちなみに同郡内本郷町三瀬などでは、コヤアガリをして家へ帰る時、もう一度、家内の火をあらためたというが、詳しいことは判らない。また家庭によって、コヤに出てからアガリユまでを一二日間として、その期間は敷居より中へははいれぬのもあった。この場合などは、女性は月の中の三分の一以上を、まったく別個の境遇におかれたのである。

月の障りといい、または穢れといい、生理的現象のために、このような煩わしい生活を繰り返したことは、同情に堪えぬものがあった。しかし一方、家庭の側からいっても、くる月ごとに、そこに繋がる絆を解いて放たねばならぬうらみもあったろう。わが掌の中の者でいて、しかもそうではない日がめぐってきた。

三河などのコヤの位置は、この頃残っているものは、屋敷まわりの手近であったが、それでも氏神の水の流れる地を忌むとの言伝えもある。そうして以前に遡るほど、距離が屋敷から遠かったようである。

五

私の生まれた村などには、ほとんどどの部落にも、コヤクボまたはコヤンクボという地名があった。いずれも部落からややはなれて、文字通り山の窪であった。村によっては、昔合戦の折、村人が小屋を設けて避難した跡ともいう。そうした解釈も一応は受け入れられる地勢であったが、これがかつてのコヤすなわち女性が別家を営んだ跡であったろうことは、別に言伝えに残っていて証明ができる。

村を離れた山の窪に、家庭を他所にして籠っていた人々のある一方には、月のかわるたびに、愛しい母や妻を、いく日かずつそこに送らねばならぬ寂しい境涯があった。あるいは母の懐に抱かれたまま、父親の許を離れて、いく日か山の夜を過ごした幼い児もあった。じつは、これがわれわれの祖先の歩いてきた家庭生活なるものの一面であった。

女性と家

一　苧坪と女

家庭の主婦を山の神というのは「おく」などと同じ女性に対する隠語であった。山の神を女性とする考えかたは古くからあって、山姥などというものも、その一つの表われである。神を一人という一方には二人または三人の姉妹であるともいう。以前、秋田県由利郡の山村で邂逅した山稼ぎの職人は、一二人の美しい女房だと見てきたように語っていた。山の神の十二様、十二の神などいう例は、東日本ではことに多い。しかしこれを猿とか狼、または片眼一本脚の巨人だなどといって、凄まじい威力の持ち主であるように考えてくると、家庭の主婦をいう山の神も、この頃の恐妻に近い感じを持ってくる。

家における女性の地位を、きわめて不安定であるかにいって、三界に家なしという仏教の言葉を、もっぱら女性の境涯にあてはめて説いたりするが、いずれかというと特権階級のことである。もちろん目前の世相にも、その感慨を深くする悲劇はあるが、それは特異の場合であった。この特異の場合や、特権階級の事実に托して、あたかも女性全体の宿命であるかにいうのは誤りである。あるいはそういうふうに説かぬと、一般の関心を喚ばぬのかもしれぬ。事実と信じていたら気の毒である。家庭における女性は、低い階級ほど重要な存在で、エヌシ（家主）だのお方様《かたさま》などの称が、男たちの口から平気でまじめに口を衝いて出ていたのでも知れる。女性大明神

は何もアメリカの専売物ではない。

女性の家における独自の地位を物語るものとして、奥羽地方におけるオツボ（苧坪）をめぐる習俗は、とくに見逃し得ない。おそらく古い時代の女人生活の様相で、私がこの習俗をはじめて知ったのは岩手県雫石であった。その後注意すると、青森・秋田県にもあるから、かつては広く行なわれていたものがたまたまこの地方に残ったものと思われる。

苧坪は家の前面にある畑の名で、別にオバタ（苧畑）、イトバタケ（糸畑）ともいい、麻を植える場所である。一経営の中で、ここだけが他の畑や田に対して、観念的にも管理の面においても異なっている。そうして男は一切立ち入らぬ習慣がある。とくに立入りを忌むというほどではないが、習慣上別扱いで、男がそこで働くことは、早い話が、台所で飯を作ったり、女のように針仕事をするに似た滑稽感をそそった。男の炊事や裁縫はどこにもあることで、それを滑稽と感じるそのことがすでにおかしいといえばそれまでだが、男女の分業がはっきりしていれば問題になる。現に東京などでも、男が台所で働いたりすると、女の方がかえって気をもんだりする。

苧坪に男は立ち入らぬから、播種から収穫まで、一切は女手である。明治以降、綿製品の進出から、麻の需要がにわかに減り、苧坪も漸次菜園などに変わって、あの房々とした苧坪の景観は特別の家でもないと見られなくなったが、それでも名称だけは昔のままに残っている。

わが国には各地を通じて、家の前面にある耕地を、前畑または門田《かどた》などといって、家運の象徴とする風がある。そこの作物のでき栄えが悪かったり、雑草などはびこるのは、家として恥辱であった。三河の北部山村では、家の前畑を主婦の象徴とする風があって、前畑を荒らされるという隠語がある。けだし家庭の紊乱を意味した。また長崎県壱岐でナバタケ（菜畑）というのは前畑で、そこの豊かに広いことは、家の繁栄を表徴した。「あの家の菜畑は海のようだ」などいう言葉は、家に併せて主婦に対する羨望感があった。伊豆の三宅島では女子が生まれると、家の前畑に麻を播く。女性の誕生に、麻を播き桐を植える習俗は各所にあるが、とくに前畑を選んだ点で共通するところがある。

二　女のたしなみ

ところで、前苧坪であるが、麻の収穫をおえると、女はその跡地を耕して菜を播いた。奥羽地方には、以前は菜園はなかったから、苧坪がすなわち菜園であった。こうして秋の収穫が終った頃、その菜（大根）を抜いて漬ける。一一月二三日のだいし講をまって樽の口を切り、小豆粥に添えて、いわゆるおだいし様に供えたのである。これを苧坪菜漬といって、漬物の走りで、主婦の重要なたしなみのひとつであった。男のまったく関与せぬ世界である。

一方苧坪から収穫した麻は、女手でいったん蒸して水に漬けてから皮を剝ぐ。剝いで乾し上げたものは、家族の女たちに分配され、そこを境におのおのの所有権が定まった。これを休日や夜なべに糸にする。男たちが他に出稼ぎしたり、春木伐りに山にはいった留守の間、炉の焚火に向かっての作業であった。績む前に細かく裂いて選別するので、秋田の山村などでは、一本一本を裂くのにヒッカケというものを使った。ヒッカケはおしら様の像を思わせる桿状の具で、頭に鶏や犬の頭などが彫刻してあった。この方は男の手すさびであったらしく、これを炉の灰に突き立てて、それに裂いた麻を引掛けて手許に繰ったのである。このヒッカケの棒は、績んだ苧を容れる績笥《おぼけ》とともに、各人の所有が定まっていた。女の持物として欠かすことのできぬ、娘には嫁入りの調度の第一であった。平素は寄り付きの間の隅などにおいたので、その数で家の女人数が判ったものである。

苧績みにはまたゆいしょといって、共同の作業であるのもあった。女は績笥と苧束を抱えて宿に集まった。岩手の稗貫郡などでは、部落ごとに宿を定めて行なったもので、老人も娘も年配の女もあった。村の若者たちがそこへ遊びにきたが、口は利かずに歌や踊りをやって引き上げて行った。どういうわけか若者たちはみな変装していた。ゆいしょの最後の日をゆいしょ餅といって、餅を搗いて女だけの盛んな振舞いをした。

越後や能登などにもこの慣習はあった。ことに能登羽咋郡では、最後の日を績笥《おぼけ》破りといって、饗宴を張って大騒ぎしたというが詳しいことは判らぬ。次第を績笥破りといっても、毀すわけではなかったから、何かの譬喩とも想像され、あるいは娘たちのためには、これが大切な成女戒の名残りであったかもしれぬ。

それを思うひとことは、そことは遙かに地を隔てた薩摩の黒島（大島郡）で、正月十五日夜をオーウチといって、苧績みのことは伝わらぬが、ここにいうゆいしょ餅、績笥破りにやや似た次第があった。その日、村の嫁女を何者かが奪いにくるといい伝えて、夜は村中の娘を一カ所に集めて、老女や小娘が付き添って終夜介抱し、酒や煮しめを用意して饗宴があった。その間村の若者たちは、要所要所に立って見張りをする。時には形勢が不穏だなどといって、娘たちを連れて場所を変える等、ものものしい一夜であった。なおここで嫁女というのは既婚の女性ではなく一人前の女で、要するに成女をいうのである。

三　へそくり個人財産

績みあげた苧をへそ（綜）といった。これを環にしたものを苧捲きといったが、別にへそだま（綜玉）または苧環《おだま》ともいう。土地によって、たとえば京都府の農村ではへそくれともいうから、個人財産、つまり女が夫に内密に貯えるというへそくりである。

へそくりすなわち苧捲きを紡いで布に織る。織った布は時には綿と交換もしたが、もっぱら子供や夫の着物を作った。こうした関係で、夫の財産を掠めたものでもへずったわけでもない。原料生産の畑から、栽培管理、さらに採取加工して糸にするまで、一貫して彼女らの手で産みだしたものである。ことに布は白のままでも使ったが、染色にもまた心を配った。じつはここに問題があるので、苧坪をめぐる女たちの生活では、衣類は女の手一つで調え、男の手をかりぬのが嗜《たしな》みであった。その点、男は衣類に関するかぎり、すべて女性の庇護におかれたわけで、いわゆる家長の権威などは、どこにも見出されない。奥羽の各地で、主婦をエヌシ（家主）またはエヌシカカ等いったのは、偶然でもまた錯誤でもない。嫁を跡

取りエヌシといったのもまた不自然ではなかった。

いわゆる個人財産をいう語は、ホッタ（墾田）、シンガイ（新開）、マチボリ（町墾）、ホマチ（墾町）等、ほとんどが土地開発から出ている。これに対するへそくりだけが、女性の手業によっていた。わたくしというのも、おそらくそれと思うが、たしかな根拠はない。これらの語が、一般通念の上で、一種罪悪感を伴ったのは男性本位の家長経済の強化から、その統制を乱ることにあった。権勢や財力に生きる社会であれば、家長経済も円滑に進められたが、家内全部が働いて、逆に家長を助けていた農家の生活では、へそくりやわたくしを罪悪視する根拠はどこにもない。その点、へそくり・わたくしは女人経済の大きな拠点であった。その事実を忘れてしまうと、いわゆる臍で茶を沸かすという諺を、臍を茶釜に見立てて、論外の沙汰だの、嘲笑すべきことにいうなどの解釈ともなった。この場合の臍は、これまた綜《へそ》で、貴重な財貨であるものを焚いて茶を沸かすことの愚を嗤《あざわら》ったので、いわば紙幣束を薪にするといった諧謔である。綜の生活経済における価値等も、今日での理解は容易でない。それには女性の地位がどういうものであったか、それを併せ考える要があった。しかも自然経済的古風な財産権は、女性に継承される場合が多かったから、苧坪なども実情からいって、その女性的性格は、家と不可分の関係におかれていたかと思う。

四　ほまち田の管理

羽後の飛島では磯の鮹穴が女性に相続された。南会津山村の熊の棲む穴や、それへの罠を仕掛ける場所（繋ぎ）は、やはり女子に相続権があった。九州阿蘇のマツボリ牛をめぐる習俗なども、これを牽いて嫁にゆくのであるから、後の処置はどうあろうとも、家畜と女性との強い関係が窺われる。

女が財産を持って嫁に出るのを、今は持参金付きなどといって、女の方に欠陥でもあるか、さもなくば男の身分が低い等、尋常でない婚姻に見ようとする傾向がある。白粉免・化粧免などといって、領地を持って輿入れする例は、大名の縁組にも珍しくはない。山形県米沢市およびその周辺の村で、嫁の結婚式の晴衣を、祖母や曾祖母譲りのものを用いる風がある。これも見方によっては一種のへそくり相続であった。岩手県西部から宮城県にかけて、いわゆるほまち田というのは、その多くは嫁入りの際に身につけてきたものである。それらは婚家の財産に繰り入れられたものもあるが、中には何年も嫁が独力で管理作付をして、次に娘が嫁に出る時に持たせたものもあった。

嫁がほまち田の管理をするには、小作にでも出すほかに方法はないが、ここ三、四〇年前までは、田植えなども家の仕事が終わってから着手した。これには田主の嫁が中心になって、夫はほとんど関与しない。家族の中の夫の弟や妹を雇って行なった。報酬は秋の収穫後に、労働量に応じて支払われる慣いであった。宮城県の登米・栗原郡などでは、これをもっぱら、ヒイキまたはゴヒイキといって、手拭・履物その他の品を調えて贈る。この場合のヒイキは贔負で、協力に対する返礼を意味しており、あたかもゆいの慣行におけるゆいなし・ゆいかえしであった。

この事実にも明瞭なように、ほまち田の持主である嫁の婚家における地位はどこまでも嫁であるが、経済的には一個の独立の存在であった。

五　女天下の日

五月五日を女の家または女天下の日などということは、幽かではあるがなお各所に伝承されていて、この一日だけは女が家の支配権を持つという。相模の津久井郡などでは、この日、菖蒲と蓬で屋根を葺く習俗をそこに結びつけて説いている。

五月は古くから田植月と考えられていて、田植えそのものを五月《さつき》とも、また五月するともいう。田植えの行事は古い観念では田の神の祭りで、ことに女性は祭りの奉仕者として、行事の主導権を握っていた。田植女をさおとめ（そうとめ）といって、若い女性に限るようにいったのもそこに関係がある。あるいはまたその中心格の者をひるまもち（昼食持）またはおなりといったり、身分柄から太郎次（田主）の嫁ともいって、とくに盛装する風があった。ひるまもちが美しく着飾って、頭に食物を容れた櫃やゆり桶を戴いて、畦道を田植えの場へ臨む姿を輝かしいものに見ていた人々が、中国地方などにはなお残っている。北陸の富山・石川県等も、田植えに新嫁が盛装するので著名で、一日に二回ないし三回も衣装を替えて婚礼の日に劣らぬほどきらびやかに装った。たごりというのはいわゆる扱帯《しごき》で、これが特に目立った。緋の縮緬の手甲や胖布を着けて、おしげもなく泥に埋めて厭わなかった。

盛装はせぬまでも、田植えといえば新しい着物は紅い襷や真白い揃いの檜笠も冠る。田植衣《たうえご》などという一方に菖蒲帷子・菖蒲肌衣ともいって、その月に装う新しい着物が若い女たちの興奮を誘った。大分県南海部郡地方では、

ここ三、四〇年前までは、五月衣に装った娘が道ゆく者に泥苗を投げつけ、あるいはそれを提げて、小学校や村役場に押しかけて先生や村長さんに投げつけたりした。これに似た習俗は各地にあって、ともに田植女の特別の資格の現われである。この月の節句を女天下といって、家の支配権を持つようにいった理由も肯かれる。

元旦を男の正月というに対して、一五日の小正月を女の正月ということは、東日本にはこれまた各所にある。秋田県雄勝郡等では、その日朝早く女は門に立って、その年の明きの方を拝むことがあった。

関東の茨城県等で、正月三カ日を女の豊楽といって、この日に限り男が先に床を離れて、竈に火を焚き付けたり餅を煮たりして、祝いの準備が整ってから、女たちを起こす風がある。これを女は年中働きつづけだから、せめて三カ日だけ男が代わって骨休めをする等というが、この説明は当たらない。これは先に述べた男正月と同じで、歳の神の祭りに関係があり、男が年男として行事一切を処理することから出たものと思われる。

しかし元旦の若水なども、男の役とする一方に、女が汲む土地も九州などにはあるから、歳の神祭りなどもかつて女が当たっていたのが、後に男に代わった事実もあるいはなかったとはいえない。それの記憶が女の豊楽というような形に伝えられたとも考えられる。

正月七日に村の女たちが集まって、道の辻や村の入口に、犬塔婆を立てることは、茨城県内には各所にあった。

歳の神の祭りをはじめ、村の産土の祭りなどでも、女性は一斉に表面から遠ざかってしまったが、これとても最初から座がなかったわけではない。たとえば前にいった秋田県雄勝郡の手倉という村では、春祭りの饗宴に、神主と村総代と肩を並べて、もっとも高い席に請じられるのは、その年成女に達した土地のいわゆる初あねこであった。祭りの前の酒造りに、できた濁酒を漉《こ》すだけの任務であったが、他の者が代わるわけにゆかなかったことから、こうした待遇となって現われたので、その点は家の生活においても変わるところはない。

六　いろりの座

いろりと竈は、屋根とともに家の象徴で、家を屋《や》という一方戸《へ》といった意もそこにある。竈といろりが発生的にどちらが古いかはにわかに決しがたい。しかし竈に対していろりの方が多分に社会的性格をもつことはたしかで、中心はどちらも火である。裸火を囲んだ炉辺の一廓は、いわば家族生活の本拠で、対外的に来客接待の場であるから、家の縮図でもあった。そうして中心となる座は、どうやら女性の色が濃かったようである。

いろりの形式と位置は、家によって一様でないが、多くは土間に接して、これのある場所は、他の室に対して一段床が低く落間になったものもある。そうして床には敷物等もないのが古い形で、筵や畳を敷いたのは以前に遡るほど稀であった。土間から向かって、正面の座を横座といって、一般に家長の座と考えられている。必ずしも一律にゆかぬが、横座から見て左脇が主婦の座で、女部屋などの称もあるが、別に鍋座・かか座・内儀座ともいい、腰元・棚元・納戸等の名もあり、九州などではチャニザ・チャネザという例が多い。これは語音から茶煮座とも解されるが、むしろ茶の座の訛音で、いわゆる茶の間の名は、ここに本源があると思われる。茶の座の向かいが客座で、男座ともいうが、越後などにはマド座・マトリ座などの称もあった。

横座の向かいすなわち土間に接した所を、木尻・火尻等いうが、薩摩ではタモン場ともいい、薪の置場であった。そこをいう下人座、下司座などの称は、地主の家あたりでいい出した感があるが、その他隠居だの出戻り娘の座という例もあって、座としての格は一段と低い。

横座を家長の座というのは通説であるが、むしろ男である家長の権威が強化された以後の現象で、本義は火を中心に集まった中の長者つまり頭目の座とするのが正しい。いろりの形式は、茶の湯などでももっぱら正方形であるが、東日本に多い長方形が古いかと思われ、その関係で座の名称を縦横に区別して、縦座・横座という。この場合、縦座は左右の二列であるが、横座はただひとつで、その向かい側は土間である。

いわゆる家長の座を横座ということについて、これまでの解釈では、そこにだけ横に筵が敷いてあるからだという。事実ここにだけ半丈の筵《ねご》が敷いてあるが、横座の座は茣蓙や筵の有無に関係のない座席の称呼で、鍋座、客座ことごとくそれである。

以上でほぼ肯けるが、他人を混えぬ家内だけが円居の場合は横座は家長の席であるが、一度珍客が加わると、それに譲って脇に退く。珍客の資格は、家によって異なる。具体的に村の生活では駐在所の巡査、小学校の校長、奥羽や関東の山村では、営林署の役人が大手を振って通る。お寺の坊さんは、全国的といえるほど横座に通すのを作法としている。

これに対する主婦の座は遙かに安定していて、来客の顔つきで座を振うような不見識はない。わが国では、客に座席をすすめ請ずることは、家族待遇の第一段階で、次に茶を汲みさらに食事を供する。食事をともにし同じ屋根の下に雨露をしのぐ、一宿一飯の縁というのは、けだし家族として一体を意味した。そこでいろりの座を与えた場合、まず茶を汲む、これはいわゆる茶の座の主の大きな任務であった。そのために自在の鍵に吊るした茶釜は、常に茶の座を正位にしていた。薩摩などで、自在の鍵先が横座に向かっていると家に不祥があるというのは、要するに、茶釜の位置が正しく茶の座に面していないことを意味した。

飛騨吉城郡等では、茶の座すなわち主婦の座を、もっぱらケチョウといった。美濃の揖斐郡ではコモチジロ（子持炉）といって、かつては産をしたといわれ、そこだけに上に簀の子の棚があったというから、女性の座として一段緊密であった。いろりの傍を産屋として、産婦の産腹を温めることでは、沖縄が特に知られている。生まれた子供の額に、鍋炭をつけ、女であればガマア（竈）という名をつけたのも、火の神との因縁を記念したのである。

一　いろりの座席

昭和13年１月16日付『東京朝日新聞』（夕刊）
小説「宮本武蔵」挿図

話はもう古いが、（昭和一三年）一月一六日付の『東京朝日新聞』の夕刊小説「宮本武蔵」の挿絵に、武蔵が木曾の小冠者夢想権之助といろりを中心に対談する図があった。筆者は当代挿絵の重鎮石井鶴三さんである。実はその図を見て怪訝に思ったのは、二人の勇士がおのおの占めている座席である。権之助の席はおそらくヨコザ、これは貧しくても家の主人であるから当然で、その左脇に母人がいるのも作法に適っている。これに対して武蔵の席はと見ると、ヨコザとは反対側のいわゆるキジリである。その席は一般農家の作法からいうと、来客であれば主人よりはるかに身分の低い者か、あるいは下男の席といわれるところである。したがってヨコザを上座《かみざ》というに対して、下座《しもざ》、下人座の称もあり、また薪などおくところから、薪置場《きおきば》、火焚き場の名さえある。

木曾からは山続きになる三河の北部地方では、きじりすなわちゲスイタの称もあって、そこに限って、敷物もない。多くは土間《ニワ》に接して席の幅も一尺か一尺五寸程度である。丹後の与謝郡等では、別扱いの意であろうが、出戻り娘の席ともいわれ、(1)隠岐の隠地郡津万村地方では、猫座といっている。(2)また同国周吉郡の海岸地方では、クソジリの卑称さえも行なわれていて、(3)その席のもつ意味も大方想像がつく。

そういう場所に権之助のためには大切な客人である武蔵が座っているのだから、これは奇異に感じるのが当然と思う。もっとも現代と宮本武蔵の活躍した徳川の初期とは座席の作法も異なっていたといえばそれまでだが、おそらくそんなはずはないのである。あの場合の権之助と武蔵の立場からいうと、本来ならば、いわゆる客座に請じてもなお非礼なわけで、いずれかといえばヨコザを譲った方が仁義に叶っている。宮本武蔵の生国作州などは、ちょっとした来客でもすぐ主人はヨコザを譲るのであるから、絵だからよいものの、もし実際だったら随分と面倒な問題にもなる。しかしあの挿絵では、武蔵は座席の作法を知ってか知らずでか、あるいはまったく無頓着なのか何の顧念もなく、悠然かつ端然と座っている。

(1)『民俗学辞典』。
(2)同右。
(3)隠岐周吉郡大久村で主人の座をヨコザ、主婦の座を茶立座敷、客座を向座敷、木尻の部分をクソジリという。

いろりの周囲のある一辺を正座としてそこを家長の席とし、ヨコザと称したことは、大体において全国的といってよい。しかしこれは単一な家族間のことであって、未だ社会的に絶対性があったか否かは疑問である。なるほど近世ではヨコザを正位として、家長の座席と考える向きが多い。ことに個人権の確立した上流の社会ほどその観念が強かったようで、この点いろりを持つ田舎の生活においても、上層の家庭と下層の階級では、観念上にも多分に隔たりがある。もっとも近世では、ただの農家でも他人がヨコザに直ると、冗談にもせよ賄いをしろとか米を買えなどといって警しめる。青森県鯵ヶ沢付近では、

他人の家へ往って横座に座ると米一俵取られる(1)

などという。他家のヨコザを侵すことを警しめた文句であろうが、しかし米一俵を出せば、ヨコザに座る権利があったことともなる。

このことからも考えられるのだが、いわゆるヨコザが家長の席として絶対性があれば、たまたま来訪者の地位勢力によって動揺をきたすわけはない。前に述べた木曾の権之助が宮本武蔵に対するごとく振舞うことが当然であるが、それは小説や絵の上でのことで、事実はそう一徹に固執できない。少なくも各地の民間伝承はそれを物語っている。要するに農村生活における家長権と、ヨコザの作法との間には、まだ食い違いがあったのである。そうして社会的に、個人権の発達と慣習との開きを思う重要な事例でもある。

(1)『郷土研究』三ノ一〇。

ヨコザを本質的に家長の席と断定することになお疑問を語るものに、次のような俚諺がある。

ヨコザ回りの猫馬鹿坊主（三河）

猫かアンコ（馬鹿）か横座の旦那（伊勢）

これらはごく一般的なもので、前に挙げた青森県鯵ヶ沢付近の俚諺と関連するものである。また、茨城県東茨城郡酒門村辺で、

旦那座敷（横座のこと）にはいる者は猫馬鹿坊主に火吹竹(1)

といい、長野県北安曇郡小谷《おたり》村では次のようにいう。

横座へ行きたがる者は、猫馬鹿坊主に火吹竹[2]以上は要するに、ヨコザを塞ぐものは、猫と馬鹿と坊主、あるいは火吹竹ということで、愛知県北設楽郡等では、猫と馬鹿ではない、猫箱であるとも説明する。あの地方では、家長不在のときは、ヨコザにはつねに猫箱をおいて、みだりに侵すことを警しめる慣いであった。ちなみに猫箱は猫の巣のことである。

ここで一応考慮しておきたいのは、前記の俚諺の意味が、ヨコザを家長の席として、単にこれを侵す者を警しめたものであるか、それともヨコザは特別の場合のために、本来あけておくことを意味するか、二つの解釈が成り立つのである。三河で猫箱をおくのも考えようでは意味のあることで、実はヨコザの性質を知る、重大な鍵であると思う。

私の郷里である三河の東北辺の村なども、ヨコザの作法はかなりやかましかったが、家長を退けてそこに直る者に、坊さんの他にお医者があった。あるいはところによると小学校の先生や警察官を加えるもある。先年、北秋田の山村を営林署のお役人の案内で歩いたときは、どこの家へ往ってもオラホの旦那として、そのお役人がヨコザへ通るのを興味深く観察したものであった。広島県比婆郡の山村等でも、来客はヨコザに通すを作法としているが、実は中国地方の農村では、大体において賓客はヨコザに通す。兵庫県養父郡等では、子方の家に親方が訪れるとヨコザを譲る慣いで、同郡大杉谷の事例は『近畿民俗』[3]にも採録されている。

徳島県那賀郡木頭村では、来客は主人の向側に座らせるが、上客なれば強いて奥の間すなわちヨコザに通すという。[4]強いて通すというと、いかにも当然の権利を譲るごとくに考えられるが、要するに後の解釈であって、強いても通さなければならぬところに、家長席としての確実性がなお乏しかったこととなる。九州の宮崎・大分地方でも来客がヨコザに通ることは珍しくなく、熊本県五箇ノ庄（八代郡）等でも、客によってヨコザに通す。現に私などもそちこちでヨコザに座らされてきた。

かように拾い立てるとヨコザは家長の席ではあるが、少なくも賓客には譲るのが作法であるらしい。さらに翻って考えると、家長の席を特に賓客に譲るのか、賓客のための席を、平素家長が侵していたのか、その間の関係も疑わしくなる。少なくともこの疑問は正当であったように思う。昨年の一〇月も見聞してきたのであるが、飛驒吉城郡川合村等では、他地方のいわゆる内儀座をケチョウという。故老の説によると、ケチョウは家長の意で、昔は珍客があるとヨコザを譲って家長はそこに下るのが作法であった。その因縁からいったものであるという。ケチョウを家長と解するのはいささか速断のきらいはあるが、ともかくも、伝承のままを推し測ると、どうやら家長が賓客の席を侵していたらしい感じもする。そうしてかつてヨコザを空席としておいたことの有力な示唆でもある。後に旦那寺の和尚さんだけが、悠然とそこに通った理由も、私だけには理解されるように思う。

（1）『民俗学辞典』。
（2）『民族』三ノ一七三。
（3）『近畿民俗』一巻二号ノ二六。
（4）『郷土研究』三ノ一〇。

坊さんからひいてお医者、役人衆と、漸次ヨコザに通ったのも、以前の田舎人の生活観念からいうと、納得がゆくように思う。なお珍しいと思うのは、福井県大野郡五箇村の、「聟も大工も横座に通せ[1]」という諺である。これもヨコザの性質を知る上に、興味ある事例と思われる。聟に対する解釈はこれだけではいささか面倒であるが、大工の方はどうやら判りそうである。それにはかつての匠としての、大工の地位を充分に認識することが、このさい必要条件であるように思う。

今日ではどこの田舎にも大工は珍しくなく、ただの職人にすぎぬのだが、これをもってはるかに以前を律するわけにはゆかない。秋田県北秋田郡十二所町付近では、今でも大工を雇う場合には、慣習として馬を牽いて迎えにゆくか、さもなくば迎えの者が道具箱を舁いでお伴に立つ。これは他の地方で坊さんや医者を迎えると同じ作法である。また、家の建前に主人をはじめ親類一同が羽織袴で大工を家まで送ることは、越後高田市付近にもある。(2) 東京などの棟上式の後の棟領送りは、仕事師がやるが、これは主人の代理とみることが正しいと思う。したがってお番匠、大工様の称呼も、田舎の人が用語の選択を誤っているわけではない。ある時代には、特殊なる技術がいかに尊敬されたかを知るひとつの栞でもある。これから考えられるのは、鹿児島県奄美大島で他地方のいわゆる河童すなわち同地方のケンモンは、随分と人間をたぶらかし苦しめるが、ただ一人大工ばかりは苦手で、これには手も足も出ぬのである。(3) そんなわけからして、一般に大工といえば、あの地方では何かしら気味悪いものとする感情もなお残っていた。各地でいう俚諺に「大工をだませば七代たたる」というのも、どうやら思い合わされ、この者だけが、平然とはばかりある席についたかと思う。大工の称などもそうであるが、以前は今日のように木工者に限定されたものではなく、鍛冶の棟梁もまた大工であったことは、徳川時代の鐘銘等にも刻まれてある。ところがいつとなしに木工者の称に統一されたことには、深い理由があろう。あるいは江戸ではトウリヨウといい、棟梁の文字を当てているが、語義的には統領がかえって正しい。その他番匠の称を呈した動機等も、ほぼ推測されるのである。

(1)『山村生活の研究』三五三。
(2)高田市大町・市川信次氏談。
(3)鹿児島県大島郡十島村悪石島・有川平助氏とその他数氏（有川氏大島出身）。

いろりの周辺の座席が、そこに集まる者の身分に従い区別があることも、考えようでは興味ある問題である。おそらくその昔裸火を囲んで集まった人たちの生活意識の表われであって、やがて階級的社会制度の発生に触れてゆく。ヨコザといいキジリといい、主婦の席だというナイギザにしてもそうであるが、後には家族間でそれぞれ一辺を独占するごとくに考えるにいたった。しかしそれとてもあの形式が、正方形に規格された後のことであろう。しかもいろりの形式は必ずしも正方形とは限らない。美濃の徳山村（揖斐郡）などでは、山小屋のいろりには六角形すらあるという(1)。あるいは西洋式のテーブルが正方形を正式としなかったように、つねに井戸桁のごとくとは限らない。現にいろりを今ももっとも利用しつつある北陸・東北地方では、長方形のいわゆるナガジロが多いのである。また越後の中頸城郡和田村などでは、長いいろりを上と下に区別している例もある。これはやがて正方形に分裂の過程ともいえる。したがっていろりといえば、茶室の炉のように頭から四角なものときめて、むやみと座席の名を集めても、問題の解決に近づく道ではない。まして住制の沿革でも究めようとすれば、その形式のいかんと、一方建築との有機的関係を知らねばならない。私などの想像では、わが国のいろりの形式には、建築に関連して、前庭または土間との関係もあるが、別に棟木との関係もあったと思う。これは独り鉤を吊るす目的だけではない。

（1）桜田勝徳氏談。

二

いろりの形式の変遷を考慮において、今日までヨコザの語義として、もっとも妥当とされているのは、敷物が横に敷いてあるからだという解釈である。まことにもっともであるが、そう判断を下す前に、なお検討の余地を残しておきたいように思う。早い話がいろりの形式が長方形である場合は、その座席は当然形のうえで縦横に二分される。鳥取県東伯郡竹田村等では、正座をヨコザというに対して、脇になる部分の一辺をタテザという[1]。秋田県北秋田郡荒瀬村等では、縦になる部分を、カカザとムカイザに区別し、その他の二辺はともにヨコまたはヨコザという例もあって、これをさらに細かく区分すれば、一方がヨコザ、一方はキジリである。あるいは新潟県南蒲原郡森町村等では、土間から向かって奥をショウザといい、その向かい側がキジリで、左右は一様にヨコザという。これらは逆の例であるが、とにかく形から出た称呼として挙げておく。

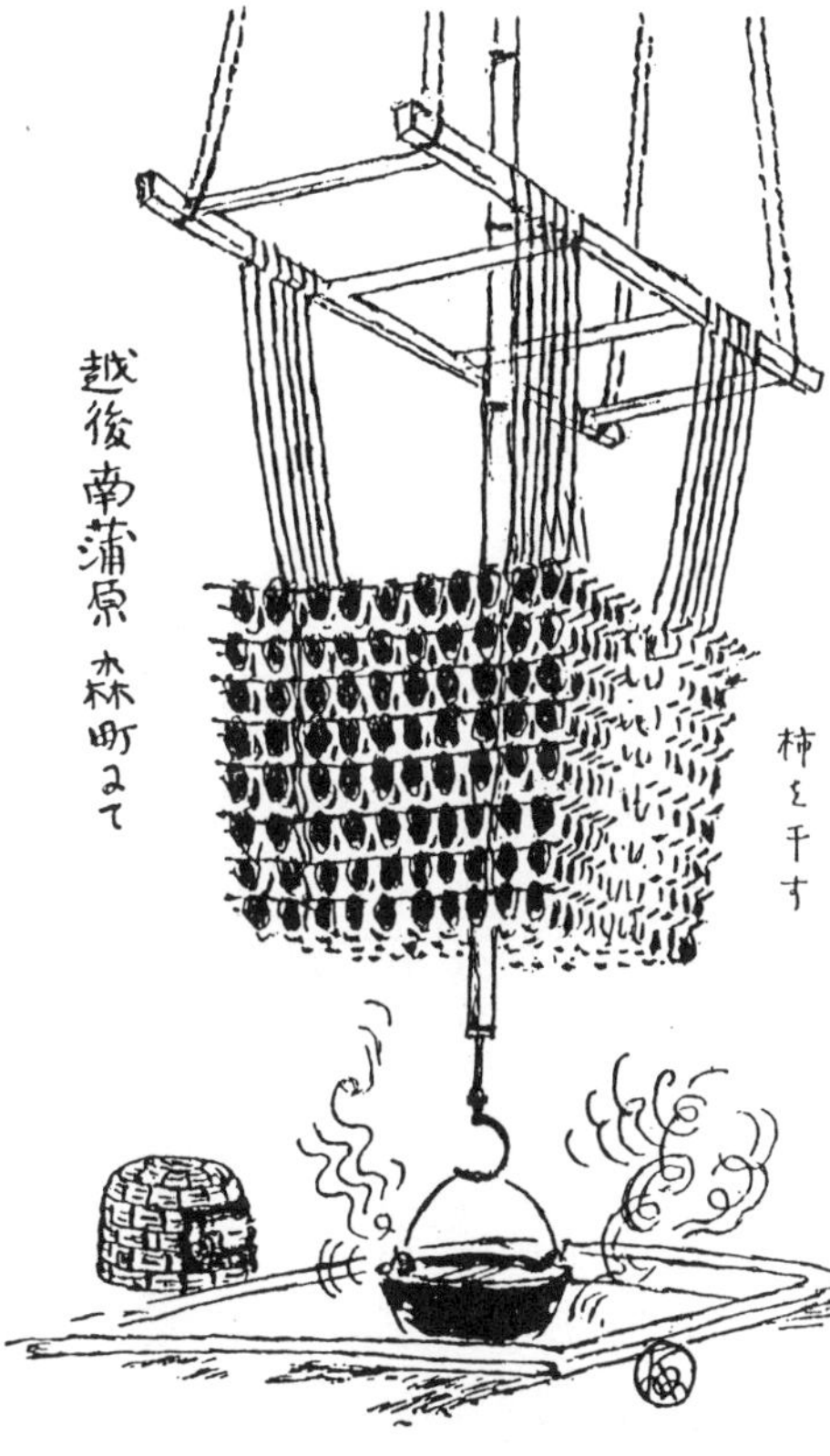

実はかような問題に触れるには、未だ類例が乏しいのであるが、ここで少しく想像を加えてみると、仮にいろりの座席が形式上縦横に二分されるとして、その中の一辺を正座としこれをヨコザと称したのは、前に挙げたように、そこを聖なる場所として、みだりに侵さぬことを建前としたことから、素朴なる称呼、いい代えれば、一種の隠語または忌詞の意味をもって、唱えられ来ったとも解せられる。したがってそこを侵す者を嘲《あざけ》った猫馬

鹿坊主の俚諺も、単に家長の席を尊重したのでなく、何かしら聖なる場所とする記憶が、未だ根底に働いていた結果であるように思う。仮に敷物の名から出たとしても、それだけではまだ説明が不足である。たまたまいろりの配置の関係で、そこだけに敷物をおいたのではなく、侵し難い場所なるがゆえに、古風を保存したとするのもひとつの観方で、ザということは、必ずしも敷物を意味するとは限らない。しかし、そのことはわが国特有の客間における床の存在意義にも通じ、卑近な例でいえば、今も宴席などで、賓客を想像しそこに座席を取っておく慣習にも通うのである。ことに福岡県遠賀郡等では、ヨコザの持つ第一の条件は、必ず土間のコージンすなわち竈神に向かって正面となることであった。ヨコザの別名として、高知県の土佐郡や吾川群等でササギといい、同じ高岡郡檮原《ゆすはら》等にはオモザの語があり、(2) 秋田県北秋田郡と岩手県二戸郡の境あたりで、ションザ（ソンジャとも聞かれる。正座か尊座か）と称したことも思い合わされる。したがって旦那座、主人座等の称と同列に取り扱うべき性質とは考えられない。

（1）鳥取県竹田村では、正面をヨコザ、ここから見て左側をナカエ、右側をタテザ、ヨコザの向かいをヒジリという。

（2）『山村生活の研究』三五〇。

実はいろりをめぐる各種の民俗を通して、いろりと女性の関係について、手帳をたよりに少しばかり考えをまとめたい意向であったが、ヨコザの座席も終わらぬうちに、もう与えられた紙数をはるかに超えてしまった。そこで最後の締めくくりとして、関連せる事柄を挙げてひとまずこの稿を終わることとする。

いわゆるヨコザが聖なる場所として、空席とすることが本来の作法であったとすると、なにゆえに後に家長の席として、常居の場所となったかの問題が残る。これには前にもちょっと触れたように、社会生活における家の地位すなわち個人権の発達に関係があることはいうまでもない。その反面に生活様式の変革に伴う、住制の推移があったと思う。私の説は、いろりすなわち火をおく場所が、家の中心で、それをめぐる家族の座席であった。そこで各地の座席の称え方を挙げておくことが便宜である。

いろりの座席は、ヨコザにしてもそうで、多くザというが、別にジロという地方もある。たとえばナベジロ、コモチジロ、ヨコジロ、マドジロ等で、木尻のジリも、あるいはジロの変化で、本来は場所の意であったかと思う。その一方では、いろりそのものをヒジロまたはジロの名でいう地方も案外に広い。

以上のごとく、ザまたはジロに対して、別にトまたはトコという地方もある。これはおそらくトコロで、伊豆の三宅島坪田村では四方の席を、ヨコザンド（横座）、ナビドッコ（鍋どころ）、オキナンド（木尻）、カミナンド（客座）に区別している。兵庫県佐用郡等では、別にマアリトの名があるが、[1]これはいわゆる客座の意である。ちなみにマアリトは別にマリトザともいい、越後の中頸城郡で、同じ席をマドジロと称したことに関係が考えられ、注意すべき語と思う。なお沖縄ではいろりはズグルまたはジュルなどといい、ズグルハタ、ジュルハタは、ともに炉辺のことであった。

（1）『山村生活の研究』三五二。

木曾の園原（下伊那郡）等でもいうが、家の間取りのいわゆる上段の間を、ヨコザまたはヨコザノマという。これはやはり特別の場合を意味するもので、語としてはいろりの座席の転用で二次的であり、その分裂と思われる。あるいは一般のオウエ、オクノマ等いう室の称呼は、やはりいろりの座席にもあるから、同一の関係であろう。このことはチャノマ、ナカマ、ナカエ等の語にもあてはめて考えられる。

これを要するに住制の複雑化を語るもので、従来あるものに、新たにザシキが設けられオウエの間が加わってそこが賓客の場となれば、前からある炉辺のヨコザは無意味な形骸となり、そこに対する記憶だけが残る。この間の推移は私が改めていうまでもないことである。

愛知県北設楽郡三瀬の原田家には、以前はダイドコに上下二つのいろりがあった。下のいろりは平素男衆や女衆などが、煮物などしながら集まっていたが、ヨコザには必ず主人が座った。ところが一方の上のいろりの場合だと、どういうものか主人はきまってカカザ、すなわち内儀座に座って、いわゆるヨコザは空席としてあった。たまたま子供などがそこに回ると、やかましく警しめたものであったと、警しめられた一人である現主人の原田清氏の談である。これは私の説にあまりに都合のよい例ではあるが、いろりが上下の二つに分化した場合には、こういう形をとることがむしろ自然であったかと思う。

今日では一般に、食事調達の場と考えられているダイドコロの名も、台所等の文字を当てると、もう他の語との関連を失ってしまうが、これもまたいろりに関係ある語で、食事調達の場と限定する方があるいは無理である。たとえば信濃の東筑摩でいうデイドコは、一般に出入所の意に解せられていて、いずれかというと、いわゆる寄付きの間を中心とする場所である。寄り付きの間をダイドコまたはデエドコという地域は、越後、飛騨、美濃等をはじめ、案外に広くわたっている。私の郷里では、寄り付きの間をオエともいうがまたデエともいう。そうしてそことしきいを隔てたいろりの間がダイドコであった。しかもデエとダイドコを、一続きの間として、ダイドコまたはデエドコと呼ぶ地方はこれまた広い。

この事実から推すと、いろりの間をいうダイドコは、前にも述べたように生活様式の発展につれて、新たなデイやザシキが加えられ、あるいは区画されるに従い、わずかに食事調達の場または常の居間として残される。やはりヨコザの推移過程における分化で、本来はウチノマ、ナイショノマまたはネマ等に対する、デイすなわち出居所ではなかったかと思う。

これを要するに、今ある農家の住制が、いろりをひとつの発祥点としたことは根拠のない想像ではない。そうしていろりを囲んで、そこに座席を与えられることは、やがて家族として内輪として、特別の関係を語る間柄で、ヨコザはその集まりのいわば長老のために用意された場所であった。これには座席を与えることが、やがて家族の一員としての待遇を意味する古い作法が下積みになっている。したがって一時の訪問者であっても、請じる側からいえば、気紛れに訪れるお客などいう性質の者ではなかったのである。

（昭和一三年一二月三一日）

炉辺

もう七年ほど前になりますが、私は秋田の鳥海山の奥の村を歩いていました。そこの一軒の農家の門口を跨ぐと、まっ黒い炉の傍に、高さ二尺五、六寸もあろう粗末な木の衝立が第一に目に止まりました。名を聴くとカザタテともツツタテともいう、いうまでもない衝立の一種であります。よく芸居の舞台装置に大名の玄関先などを表わす場合、金地に松に日の出などを描いた豪華なものが配置されています。現今でも、上流家庭の玄関には必要な調度の一つであります。この衝立がもともと玄関の調度として発明されたものではなかったので、かつては農家の炉辺の風除けでもあったことは学問上にも証明することができます。これはちょうど徳川時代の旗本や大名がことごとく草深い山間などから身を興していたように、一方は昔のままに依然として煤けた炉辺に昔ながらの風除けとして遺り、一方は生活様式の改革に伴って外客を迎える重要な場所の調度となったのであります。

炉辺の風除けは、北設楽郡内にもあります。ただの木の板に台を打ち付けたままのもの、もう少し手のこんだ細工のものがあり、やはりツツタテなどと呼んでおります。伊豆の山村などでトリショウジというているものもこれであります。おそらく現今の文化様式の上から観ると単なる薄汚ない道具として見られぬかもしれませんが、かつてはこの器具に囲まれた一廓《いっかく》は、あの赤い榾《ほだ》の火と真黒い茶釜とを中にして、家庭の団欒の中心でありました。さまざまの生活慣行から教訓、または世間話、昔語り等が語り継がれたひとつの会場で、すべての生活の基礎がここにありました。日本人としては、永久に忘れることのできぬ心の故郷であります。

この懐かしい記念物が生活様式の変化から、たとえば養蚕とか燃料の制限から、次第に忘れられて炬燵となりただの火鉢に代わろうとしております。現在のわれわれの生活が、ちょうどこの炉辺の運命に関心をもつべく要求されていたように考えます。理由は長くなるから省きますが、一言に申せば、外部の新知識に接触を保つことももちろん重要ではありますが、その一方には、この亡びゆく永い間の生活の根本である心の故郷を、もう一遍ふりかえって、根本を考えてみることも、その転換期に生まれた身としてはひとつの義務でもあると信ずるのであります。

おそらく消えてゆく炉の火としてもそれを要求していたのではないかと思うのであります。

薪のことなど

一　かつて肥後五箇ノ荘の葉木という村を訪れた時、その日は雨に濡れて寒い夜だったが、椿の直径一尺以上もある榾を、わざわざ炉にくべてもてなされた。いかに樹木に恵まれた山中でも、これは不必要に巨きな薪である。薪の大きなことは、その前年、日向の椎葉（西臼杵郡）を訪うた時、尾八重という部落の旧家の門口に、ギッシリと積んであったのも目に残っている。

軒に薪を積んだものでは、かつて静岡県の山村（磐田郡水窪町）を歩いた時にも見た。それは旧正月であったが、大野という部落の、谷を隔てて見える家という家の前に、高々と積まれてあった。こういう情景は、さらに三河・信濃・美濃の山村にかけても見る所で、私の生まれた村などでも、正月にはいると、屋敷の前に山から伐り出して、その棚を造ったものであった。こうした光景を胸に浮かべるたびに、軒の薪棚の残り少ないのは、人間の歯の抜けたほど淋しいと語った、老人の言葉などが思い合わされる。三河の本郷町（北設楽郡）の旧家に、もう何代か前からの薪が、軒をめぐって積まれてあるのを、わざわざ見に行ったこともある。薪に惜を持って、いつまでも積み飾っておこうとする気持なども、一概に老人の偏屈とばかり笑ってはしまわれない。一種の家の富栄を表徴する遺風であったろうと思う。

かりに私の想像するように、軒に薪を多く積むことが、家の富と栄えを象徴する遺風とすれば、その薪のひとつひとつの選択にも、細かい注意が払われたはずで、薪の細く寒々しい感情を想い合わせると、肥後の五箇ノ荘で、馬鹿馬鹿しく太い榾を持ち出した宿の主人の心裡も、自ずと察せられる。

二　薪のことを考える場合に、直ぐ連想を喚ぶのは、その対象となる竈または囲炉裏であった。近世の物質文化の波は、われわれ民族の、永い伝統の最後の陣営であった村の生活から、さまざまの前代を奪いつつあった。囲炉裏もそのひとつであって、薪を軒に飾る風習なども、よくよく山の中ででもなければ、もう見られなくなった。

寒い東北や北陸地方ならば、気候と関連して囲炉裏の運命も悲観の要はないかもしれぬが、それでも大方の将来はしれている。まして暖国では、その形骸もまさに消えんとしている。しかしひるがえって懐うと、この民族のある意味における文化の根幹であり、一面生命を繋ぐ栄養の根拠でもあった炉が、充分な観察も検討も与えられずに、生活様式の変化と経済的圧迫から、次々に火を落としつつあったことは惜しい。家の建築が出居から座敷へと発達をとげるにしたがって、くすぶった台所や土間の隅に、次第に忘れられた過程も想像される。ある種の階級人などには、早くに用のない代物で、火焚き女、下司男にまかせきられた境涯でもあった。

三　囲炉裏の大きな特色は、いわゆる裸火の直接な利用であった。これをもって煮炊きから灯火にも代え、しかも一方に暖を取る。利用効果からみれば、その装置様式はなんとしても燃料の冗費で、原始的なものである。しかもその古風が現実になお続けられていたのだから、一種の奇跡でもある。そうしてその火の物的要素は、この装置ともうひとつ燃料で、それを取り扱う人的要素をまって初めて存在があった。したがってこれを信仰的に取り扱う場合に、中心となるのは、一隅におかれた土公神の幣帛でも、竈の神の仮面でもまた、沖縄地方に見る三つの石でもなかった。まして鈎が全部の象徴ともいえない。

囲炉裏（竈も）の中心は、いうまでもなくあのテラテラと燃える火であるが、その火が随意に使用し試みられることになれば、他のもっともらしいものによって代表される。こうして幣帛となり、仮面となり、あるいは石ともなったのだが、その一方には、特殊の発火法とか火種によって威力に差別を感じ、さらにそれを試みる時期と燃料によっても聖穢を区別する。ことにわれわれの社会では、火の穢れは、古くはもっとも戒しめるところであった。めでたい正月の餅を搗くために、古風に摺火を用い、神社の火を迎えて稲虫を追うなどもまた、その間の消息を語っている。さらに、正月のワカキ・ミズキの類で炊いた食物によって健康を意識したり、豆の稈とか馬酔木の火が、生活の障害となる鬼畜を制すると考えたのも動機は同じである。左義長の火を特にワカビといって、これに接触しまたは接触したものにまで威力を信ずる等は、興味の多い前代思想の反映であると同時に、率直な残存でもあった。よく見ると、薪のわれわれの生活における地位は、決して低いものではなかった。したがってこれを、現在の経済的価値判断でのみ観察することの不合理がわかる。そうしてそれを現実に証拠だてる事実も、民俗の上にまだ失ってはいなかった。

四　熊本県五箇ノ荘（八代郡）などでは、現今も嫁に出た者は、歳の始めに親元への礼に持参する贈品のうち、鏡餅・乾魚等と一緒に、別にトシギといって一束の薪を加える。受けた側では直ぐ家の薪棚に積むのである。

鹿児島県十島村（大島郡）中の悪石島・宝島では、以前は親元とか長上の家に、歳の始めに薪を贈る風があった。これをやはりトシギといい、のちには小学校の子供たちが小学校の先生の許に届けたものである。さらに甑島（薩摩）では、歳の暮れに山に薪を伐って積んでおき、これを子供たちが小学校の先生の許にトシダマとして持参する（桜田勝徳氏談）。

沖縄県八重山郡石垣島でも、ここ三〇年前までは、年始に子供たちが小学校の先生に薪を届けるふうがあり、一方、歳暮に炭とともに携えたと、これは昨秋同島の喜舎場永珣さんから聞いた。

こうした風習が一地方に行なわれた以上、求めれば他にもあるかもしれない。あるいはこれをもって王朝時代、宮中の百官が御竈木奉進の遺風と断ずる向きもあろうが、そこに結論を持って行く前に、もう少し事実の示すところをみてゆきたい。

今ひとつ九州で私の見たのは、薪を神仏に供える風習である。熊本県馬見原町（上益城郡）水の上の地蔵堂であったが（山の神も祀られてあった）、婦人がお産の祈願として薪の束を供える。それは明らかに形式化して、いくつかある中の大きなものでも、長さ約一尺程度であるが、この木を産婦の年の数ほど束にし、また編むのが常法で、やはりトシギという。福岡県志賀島（粕屋郡）の勝馬という部落では、同じものを庚申の石像に供える風があった。

薪を神仏に供える風習は、私としてはなお多くを挙げ得ると思うが、それには少し、説明を要することと、話の筋を整えるためにあとに譲って、さらに別の場合から薪を観察することとする。

五　以上貧しい見聞であるが、ある地方の民俗では薪が重要な地位を占めていた証拠とはなる。しかし燃料である薪が、ことごとくそうであったとは未だ決められない。そこには、樹種とか、採取の時期・場所等によって、あらかじめ差等のあったろうことで、その間の関係は、これを使用する場合と目的によって窺うことができる。

たとえば楊とか銀杏・藤・桐等を薪に使うことを忌むのも、もと薪が樹種による制限を語るものである。それとは反対に、燃料として特に適当と信じたものもあったろうことで、たとえば、薪をべつにマキと呼ぶなどは、もとは樹種から出た語かと考えられる。その他、一般にいう白木に対する黒木、これも古くは薪を意味するとみられ、山城の大原の黒木売りのクロキは、一度竈にくべて黒くした梢との説もあるが、いずれにしても薪たることに誤りはない。三河・美濃等でいうクロキは、杉・檜・椹の類を除いた以外を指すといい、あるいは皮付きのままの材にもいうようである。桜田勝徳さんのお説によると、隠岐でも似たような解釈を聞かれたそうである。沖縄県の石垣島では薪をもっぱらクロキ・トシギという（ひるぎの一葉）。クレ（榑）、クレキ（榑）なども、現今ではもっぱら桿状の材の名となったが、あるいは前にいう黒木と関係があったかもしれない。その他、九州の各地で、薪をトシギと呼ぶことはすでに挙げた。三河の私の郷里で、トチノキと呼んだのは、例の八葉樹の椽とは別で、楢・櫟の類の総称であった。したがって私などは、トチノキの語には子供の頃から親しんでいたが、実を食料とする椽の方は遙かにあとに知った。クヌギなども、あるいは薪を意味するかと思う。三河・遠江・信濃等でいうカナギは、もとカマギすなわち竈木の転訛であろうとは、かねて折口博士もいわれたが、これには杉・檜・松等は加わらない。山のカナギ立などというと、主として落葉樹の楢・櫟・シデ・栗の類の叢生した地をいい、一種の雑木山である。

きわめて物足らぬ例証であるが、これだけの事実でも、ある時代、薪に対して考えられた約束だけは窺知できると思う。さらにこれが採取の時期・場所による区別は、歳の始めのワカキ・ハルキの類を採る場合の作法・仕来りによっても類推ができる。天龍川奥地地方に行なわれた冬祭りの湯立てには、そこに用いられる竈の材料とか薪等の由来を説く歌詞があるが、その中の薪をいうものに、

この小木はいずこの小木か山越えて
ノウ山越えて奥山の小木

というのがある。これまた単なる祭祀の修飾とはいえぬであろう。

六　樹の種類によって、薪の持つ意義に軽重のあった一面には、それらを使用する目的によって差別するふう

である。これもやはりの樹種による制限の時代相を語るものと思われるが、直接の動機は、薪によって、火の威力に差等を感じていた思想にあったろう。

岩手県雫石（岩手郡）の田中喜多美さんの家でも見てきたのだが、同家の上手すなわちこの地方でいう坪口においてある薪（カマギ）は、これは他の薪棚のものとは自ずから用途が異なっている。正月の餅搗き、二月の味噌焚き、その他、麻を蒸したり祝いごとなど、家として特別の場合のものである。これはいずれも岩手県に限ったことではなく、信濃・越後等でも聞いたことで、あるいはカマダキともいい餅搗き祝いごとには、平素は使用せぬ大きな竈を必要とするから、したがって薪も特別のものを用意するのだと解かれぬこともないが、それはむしろこの古風の保存された理由で、薪または竈の形式の、時代的変遷を示すものであった。たとえば竈の形式にしても、筑前地方の農村では、平常煮炊きに充てるものと、特殊の場合のものとは厳然区別していて、しかも後者は一種の装飾とまで形式化している。東京等でも、正月の餅搗きには、竈を別にして、薪は特に松を選ぶ等のことが、一部にはなお信じられている。

三河・遠江等でも、薪の一種をカマダキといい、これは普通の薪に比べて、丈が一段と長い。その他、割木のハルキ・キ等といい、これを採ることが以前は行事的にやかましかったに対して、日常の燃料に充てることはかえってつつしむ。正月とかその他のことある際に用い、律義な家庭ほど日常はモヤと呼ぶ梢を用いた。そうした薪に対する細かい作法取扱いも、近世にいたってたちまち忘られた感がある。

ある定まった時期と目的によって、薪を特に選ぶ風習は、九州の各地ごとに熊本・宮崎・鹿児島等の山村にも行なわれており、これをトシギという。トシギは別にヒノトギ・トシダマとも称え、大歳の夜から正月にかけて炉に焚く。ヒノトギは私の想像ではヒノトシギの変化であり、トシダマは、おそらくトシギダマで、タマは年玉にいうタマとは別で、語系としてはともかく、稈状の材を意味する語であろうと思う。これは正月すなわち歳の中に燃え切ることを忌むことから、次第に巨大なものを選ぶ風がある。

薪を一般にバイ・バイタ・ベイラ等呼ぶことも、一方のタキギ・トシギ等いうものとの間に何らかの区別があったかも知れない。単に稈状の梢をいう意味だけではなかったかと思う。

鹿児島県十島村の悪石・中ノ島でも、前と同じ日に用いる薪をトギ・トシギというが、別に島特有と考えられている、平家正月または七島正月と称して、旧暦一一月末から一二月の始めにかけて行なわれる行事の薪は、セツギと呼んで、これには採取の日と貯え方にも約束がある（『民族学研究』二巻一号拙稿参照）。

その他歳の始めに山にはいって小柴を採って、それをもって湯を沸かし餅を煮て神を祭ることも（静岡県田方郡・茨城県久慈郡・秋田県仙北郡等）各地に行なわれていて、これも特別の薪ということができる。しかも目的と採取の時期、用いる日が定まっていて、一方、歳のかわる期を中心に伐る木にも関係がある。宮城県名取郡などでは、この小柴をワカキといい、採ってくるとまず枝に餅を結びつけて飾り、小正月の暁に小豆粥を煮る薪とする。土地によっては、これに該当する木をミズキ・ミズノキともいい、ともに薪の採取が、用うる時期と不可分の関係を語っている。越後の桑取村（中頸城郡）では、ミズキに繭玉の餅を飾り、あとの残り木は門口へおいて薪とするが、しかもあらかじめ残すべく採ってきたことも注意せられる。

七　話が正月の行事に触れてきたから、ここで正月の木のことをいうてみる。実はその細かい説明等は、すでに『民俗学』（五巻三号）、『郷土研究』（七巻三・四・五・六・七号）等で述べたから、要点のみを挙げる。年が明けて、初の出入りの日に伐ってくるワカキ・ハルキ・トシギの類と、暮の中に山から伐ってくる門松を中心とした木とは、時期が年の中と年明けだから、別の意味にみられがちであるが、根源が同じであることは、いわゆる大正月と小正月の関係を考えればわかることで、木を中心にいえば、ともに新たな年のための準備である。一月一四日から一五日暁にかけての小正月は、太陽暦の正月と太陰暦の正月の関係と比しく、後世の暦ができる以前の、歳の始めを意味したことは、柳田先生が懇切に説いておられる（『郷土研究』六巻一号年木・年棚・年男）。私の話も実はそこを根拠に進めているのである。

ただこのさい一応疑問とせねばならぬのは、暦の上での春伐る木と、暮の中に迎える木との、形の上の著しい相違である。作法からいえば、門に立てたり家の中に飾ることも一致しているのだが、春伐る木は、私などの見てきた経験からいうと、枝葉を除いて一種の材としたものが多く、暮に迎える一般のいわゆる門松の方は、枝葉の繁ったままを選む点である。この相違は、新古二つの正月が、時代的に意義の異なることをも語っている。したがって両者を突き合わせると、一段と奥に潜む正月に対する以前の気持が窺える理屈である。これに対する私の感想をはじめにいうと、暮のいわゆる松迎えが、神の依代すなわち歳の神の霊を迎えるとの意識が濃厚になって、作法がそこに偏重したおもむきがあるに対して、一方、小正月のための木が、その取扱いや処置からみて、いわゆる薪としての要素が露骨に感ぜられることである。したがってそこに、二者の微妙な関係が漂うていたわけである。

八　繰り返しいうようだが、要するに歳のかわる期を中心に、山から伐ってくる木は、新しい歳を迎えるための準備で、伐ることと飾ることが、全部の目的とは未だいえない。名称の上で、これをマツといい、あるいはトシギ・ハルキ・ワカキ・セツギ・イワイギといったのも、ともに意味がある。したがってそのひとつの名を取って、解釈を下すことには危険がある。たとえば、たまたま土地によって、これをホダギ・ホダレギといい、地方に稲架けのハザを意味する語が行なわれていて、しかも正月の行事が、古い時代に稲に関係があったからとて、元いい出した動機は、必ずしも稲の穂を意味したとは限らない。さらにトシギ・トシダマの語にしても、それが直ちに歳の神または神霊を意味するとは決められない。その他オニギ・ニュウギの場合も同じで、もと鬼（大人）の持ってきた名残りともまた、歳の神の贄を調えたものと断ずるのも早計である。これは他の場合にもあてはめられる。言葉の上で、連想のおもむくままにそこに執着して解釈を急ぐ前に、今少しく一方の行事をめぐる作法すなわち行動や記憶の現われをもたどって、他面に言葉を対照してゆきたい。しかし一面からいうと、この方法は厄介で、きわめて術のないゆき方ではあるが、結論の将来に鑑みて、事実を遺すためには、当然選まねばならぬ道であった。

よって最初に正月の木を、形態的に観察するとして、まず山から伐ってきたところをいうと、信濃の北安曇郡地方の松迎えのように（『北安曇郡郷土誌稿』年中行事篇）枝を縄で巻いて、枝葉の損傷を防ぐ処置も見られ、他の多くも、ほぼそれに近い方法である。これがワカキ・ハルキのいわゆる小正月のものとなると、小枝を落して稈状に近くして運ぶ。四国・九州の一部の山村等で見聞したところでは、梢に葉を残し、他の枝は落としている。その他、北陸地方はじめ、各地のメダマ・マユダマの木のように、多くの小枝を必要とするものもある。

九　伐ってきた時はいったん所定の場所に置くのが各地共通の作法で、信濃などではこれを休ませるというが、その場合は、屋敷の坪とか裏庭、または軒の薪棚の上におく。ところによっては、井戸や流れ川に浸しておくこともある。以上は主として門松を中心とした作法であるが、春伐る木の方には一層細かい処置がある。秋田県笹子《じねご》（由利郡）のワカキ迎えは、一度軒に立て掛けておいてから、後に所定の位置に移し立てるが、信濃の南部から三河にかけて見てきたものの中には、山から枝を払って持ってきて、一定の長さに伐って屋敷前に積んでおいて、定まった日にこれに斧を入れる。割口に墨で文字を描いたり線を引く。あるいは山で適当の丈に切ってきて、斧を入れるもあるが、ともに木の恰好もそれを積む形式も、同じ地方のただの薪の場合と変わらなかったことが注意せられる（『民俗学』五巻三号「こづみ積むことから」参照）。

次はそれらの木が、家の中または門口、井戸や蔵、神仏の祠等に飾られる場合である。これまた各所各様の作法があって、二本を一対として門の両脇に立て掛け、または三本を一組として組み立てたり、たくさんの木をハザとかソウトメなどといって、稲架けの棚に擬したり、人形の意識をもって積むのもある。九州の日向・豊後・肥後等の山村では、稈状のまま何本となく家の前に立てておく。そうしてこれらの木には、いずれも門松におけると同じようにある期間食物を供える。私の知るところでは、うどんやそうめん、その他、雑煮餅や小豆粥を供える例が多い。

一〇　こうして飾った木は、正月が済むと同時に取り片づけるが、その時の処置法として注意されるのは、他の飾物と一緒に村の火焚き祭りの料とされる例の多いことで、これも全国的にほぼ一致している。正月の火焚き祭りは、東部日本ではドンド焼き、道祖神祭りなどといい、九州地方で鬼火炊き・ホウゲンキョウともいう。この場合火焚きの料として持っていった以外は、家に残しておく。それはあらためて一部を神棚に祀ったり、苗代田に持っていって立てたりするが、大部分は薪として、二月の味噌煮に用い、苗代打ち、田植えの日の食物を炊く料とする。土佐の本川村（土佐郡）、日向・肥後の山村等でも、農具の鍬鎌鈎等の柄の材料とするもあったが、一方、稈状のまま立てておいて、必要に応じて倒して薪とする。よって正月の木が早く倒されることは、家としてはめでたいことでないという。正月の木がその形式・作法・取扱いを通して、薪としての要素が濃厚であったことは、これまた全国一致していた。したがって観方によっては、木を家をめぐって飾ることは、後の火焚き祭りの料として、または家として重大な食物調整の火を得るために、神聖化する過程でもある。これは、薪が神の火の料であることから、行事の重点が次第にそれに移ったことと、今ひとつは、それが火に化すことの玄妙性を、霊威に帰せしめて、そこに神格を想像する等から、表面的には年の神とも見られるにいたった。これが民俗のひとつの性質で、たとえば元は神を祭る形式の一種であった御幣が、後に神そのものと解するにいたるのと、同一の理である。この間の過程を考慮に入れると、そこに食物を供えた意味もほぼ納得できる。あるいはまた、神格というほどではなくそこに生命感を意識して、食物によって、薪の神聖化の期待に意味があった。こういう解釈もできる。そうしてそれらのあるものに墨を引き文字を書いた動機も、火の神の料すなわち一種の贄たる徴であると解する道もある。

正月の火焚き祭りの火を、聖なるものとし、霊威そのものと解したことは、その火をめぐって語られる各種の言伝えや、習俗についても窺われ、さらに焼け残りの灰とか炭、燃木尻までに、霊能威力を見逃さない。年占の意味もまたそこに根拠があるとみられ（『郷土研究』七巻「案山子のことから」参照）、それらは全国的に共通の習俗であった。

これを懐うと、その火に対して、因果関係にある薪の重要性がはっきり浮かんでくる。大歳の夜から正月にかけて、炉に焚かれるいわゆるトシの日の木が、単なる薪の名として残ることの一方には、歳の神の宿る木として、竈よりも次第に高く昇って、進むには他地方の歳棚に比肩するほどに発達した、北九州地方のいわゆるトシギもある。こうした過程で展開した習俗も、少なくはなかったろう。

一一

節分の夜に豆稈を焚き、その他、馬酔木・柊・トベラ等を燃やして、それらが烈しい音響を上げ、また家中に煙の充満するのを、瑞兆と感じたのも、要するに、燃料と火との、密接な交渉を語っている。この聖なる火と薪との因果関係を出発点とすると、信濃から三河にかけての山村で、家々の氏神や墓所をはじめ、各種の神仏に正月の割木を供えたのは、九州の各地で産婦が神仏に試みたと同じ動機であって、薪をもっとも聖くして霊能ありと解した思想の習俗による残存であった。これがやがて、年頭の贈り物に選まれるにいたった過程も、面倒な説明を抜きにしてたどることができると思う。

正月の木を中心に、それこれを思い合わせると、紀伊の海辺の村々で（南牟呂郡泊村）正月の花の木迎えを、女たちが薪取りとかね行ない、花の木がその上荷として運ばれてきたのもまた、常陸八溝《やみぞ》山麓の村（久慈郡黒沢村上郷《かみさと》）で、門松が山から迎えられて、いったん薪棚の上におかれたのも、姿は代わっても、その前身が、そこにもっとも縁りの深いものであったことの、昔を忘れぬ心掛けともみられる。

こうして行事習俗の痕を止めてゆくと、薪の棚を屋敷の前に飾ること、あるいはそれを多少とも失うことの、愛惜の切なる感情もともに一筋の糸に繋がっていて、現在の人々の感情の根元が、思いのほか遠く遙かなることがわかる。

そうして神聖なる火をおのおのの家庭に迎える過程や、より久しく保存を希う気持、古きものを新たにして盛んなるものにあらためること、ひいてはそれを貯えるための装置が、現今の竈や囲炉裏の形式に遺されていたことを思い、そこに動き火を護ってきた人々の地位境遇などが、火処《ほど》の火影を通すように、途切れがちに次々に目に浮かんでくる。

（昭和一一年一一月四日）

竈屋のことなど

一　亡くなられた中道朔爾さんの唯一の遺著である『遠州積志村民俗誌』は、氏が小学校に教鞭を執られるかたわら、村の生活相のさまざまを、あらゆる部門にわたって観察記述されたもので、まことに感謝すべき業績である。その中の「住居に就いて」の項「カマヤに就いて」の中に、次のような私に関係のある記事がある。

――の「猪・鹿・狸」の中にも、カマヤが見えて居るが、（納屋）としてあるところを見ると、この地方のものとは別種のものらしい。三河では納屋であれば何故これをカマヤと言ふか。――

東三河の農家の、いわゆる主家と並んだ竈屋に対する、私の記事をいぶかっていられたのである。まことに無理のない御不審で、いわれてみると、私の納屋とした括弧内の文字は当を得なかった。で、今からそれに弁疏を加えさせていただくとして、最初に私が納屋の文字をあてた動機であるが、おそらく、カマヤとはいっているものの、ただそれだけでは不可解の向きもあろうかと余計な心遣いから、当時の実際からみて、納屋としての意味が多分にあったことから、そのままに註を試みたのである。したがって三河のカマヤと、積志村地方のカマヤとは、名称ばかりでなく、実は同一といってもよいほど似ていたことになるのである。よって試みに該書の記事のカマヤの外観を述べられた部分を引いてみる。

主屋の妻に付けた一棟であって、独立した棟である。主屋の棟とカマヤとは丁字形になつて居るから、正面から見ると、カマヤは妻が見えて居る。

この点まったく同じで、私の郷里ではこの形式を撞木造りという。次に、

カマヤの入口は平に一個所あるのみで、つまり主屋の土間に面した所に入口があるのみで、他に窓も無いのが通常である。入口と言つても、障子一本若しくは二本の頗る薄暗い一室で、多くは八畳か六畳（中略）この部屋は土間を隔てて台所と対合って居る。

ここの説明でみると、カマヤは、主家に対立した建物をいうよりも、むしろその建物すなわち屋根に覆われた、一部の場所を指すごとくにも受け取れる。この点がいささか解釈に苦しむのであるが、次の記事ではいっそうその感を深くする。

寝間に当てたもので、多くは若夫婦の寝処となって居たカマヤは必ず南北二つに区切つてあつて、然も部屋は北に取り、これ一室と限られて居る。南北の両方共を部屋に使用することは絶対にない――南のそこは昔は厩か、しからずんば機屋であった。機部屋でも土間が普通で、床があってもそれは後代の改造である。土間に面しては特に戸を設けない、南に格子窓を作る。そうして厩であれば、南が口で、機屋ならばこの側の羽目に、厩ならば土間に面した羽目に、鎌鍬などの農具を掛ける。さらにこれが主屋との関係については、カマヤは主屋とは軒が一直線では無く、表の方では三尺程前に出て居り、裏の方では三尺乃至一間程引込んで居るのが普通で、そして主屋の妻とカマヤの中との合せ目に大きな雨樋が懸つて居て土間の中央上部を走ってる。

いささか引用が長たらしいが、これは私の郷里のカマヤと様式がほとんど同じであると思われるから（一部不可解の点もあるが）、やがてその説明にもなると信じて掲げたのである。ことに私として懐しく思ったのは、その記事の中、土間に面した厩、それと並んだ窓もない部屋、主屋との間に架け渡された雨樋などが、少年時代に取り毀されてしまったわが家のカマヤの、そのままに描写されていることであった。

二『遠州積志村民俗誌』の「カマヤに就いて」を読んで、ことに興味を感じたのは、それが私の郷里のものと外形上ほとんど同じであったことであるが、それと同時に、より興味を感じ驚かされたのは、私の郷里では一般の常識であり、かつ私などが考えていたカマヤの概念とは、ある場合まったく別であったことである。前者の場合のカマヤは大体建物をいうので、中道さんのいわゆる「主屋の妻に付けた一棟――」であって、厳密にいうと、屋根とそれに包含された家全体を指しているのに、後者すなわち積志村地方の場合では、その中の一区画に過ぎず、土間に面した窓もない部屋か、もしくはそれに続く厩ないし機屋を併せたもので、土間ないし竈をめぐる部分は、まったく考慮にははいっていない。このことは挿図の説明にも表われていて、たとえば「カマヤのある家A（家と間取）」の図を見ると、屋根と屋根の間の雨樋が、主屋とカマヤの境界ではなくて、その中にある四畳半の部屋がカマヤなのである（第一図）。すなわち同書に、

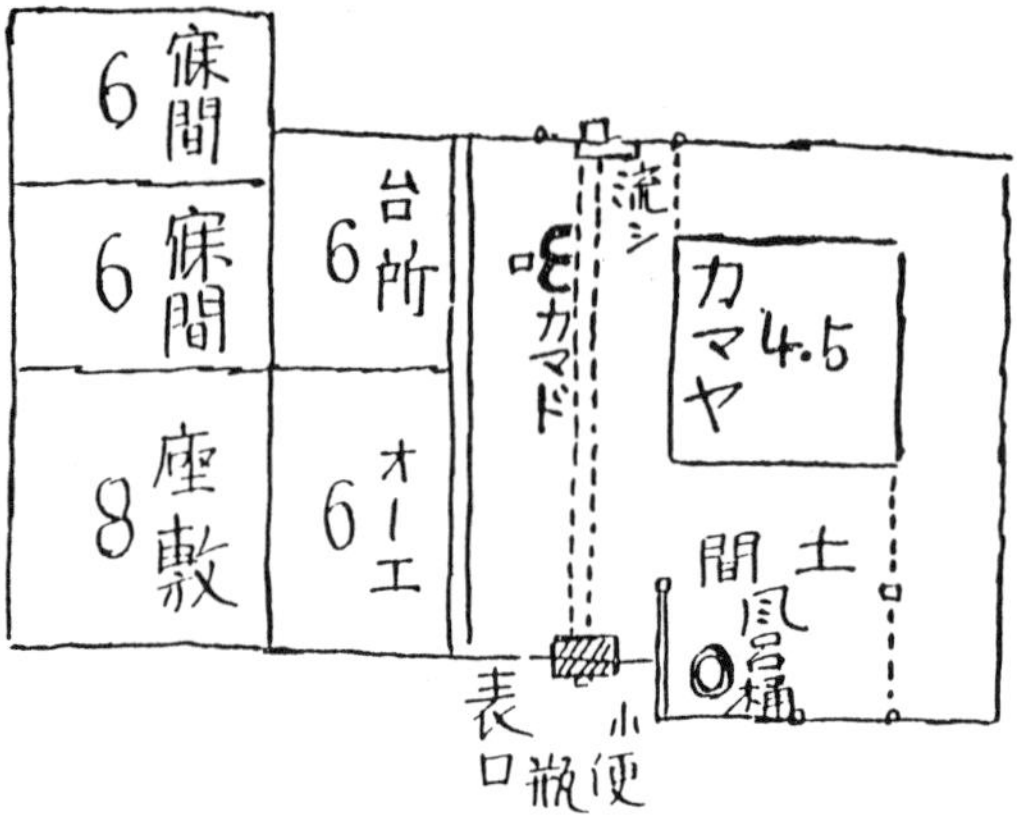

第一図

　この土地のカマヤは、竈のある土間に面した一棟（間の意味なるか）であるから、カマヤと称するので無いかと思ふ。

とあり、さらにC・D図も、いっそうそれを明らかにしている。そしてB図の説明に、

　このカマヤは外形のみで、内部は全然昔の面影を残しては居ない。（中略）それでも尚、入口から台所があからさまに見える。カマヤ（挿図六畳の間）は全部土間となり、文字通りの「竈のある家」

になつて了つた——

ことを挙げ、次に、

積志村から南部へ行くと、カマヤは見られないが、主屋の中で、土間を隔てゝカマヤのやうな形式の部屋を見ることがある。

と述べておられる。最後に、前言をくり返して、

カマヤと言ふのは、主屋とは別棟で、棟が主屋と丁字形な位置にあり、寝間を持つて居るものゝみを言ふのである。

と出ている。

かれこれ対照すると、説明に中道さんその人の主観も加わっていたかと思われ、説明もまちまちで判断に苦しむが、ともかくも以上の記事によると、建物そのものよりも、その中にある寝間すなわち部屋に、名称としての重点があったと解される。この部屋の部分は、三河の東北部地方では、向う部屋またはババアザシキなどともいい、私の家などでは、もっぱら向こう座敷と呼んでいた。

三 カマヤの説明に対する解釈問題から、私自身も、もう一ぺんふり返って、わが家のかつてのカマヤと、それと名を同じくした同一地方のものを中心に、これまで見てきた他地方の事実と比較をしてみようと思う。

中道さんのいわゆる、主屋に対して、丁字形に棟を見せた建物の屋根の下には、まず生活上もっとも大切な食物調理のための竈が設けられてある。私の郷里ではこれをクドといって、ほぼ似た形のものが二つと、別にそれに接して、大竈というのがあり、これは日常はあまり使用しなかった。このクドないし大竈のあることが、おそらく建物の名の所以であろうが、そこを中心にして遠州の場合でいうと、若夫婦などの寝所である部屋があった。

そうして馬屋から臼屋（ウスニワとも）、穀物等の貯蔵場所がある。馬屋の前面は広い土間になり、これが作業場でもあって、一隅には味噌蔵等も設けられてある。これが私の郷里などの、いわゆるカマヤの持つ概念であった。家としての出入口をなすオオドもそこにあり、水屋すなわち流しもとも設けてある。したがって名称こそカマヤであるが、そこに総合された個々の内容からいうと、およそ農家として必要な施設は、一通り備わっていたことにもなる。なおいい残したが、大竈の傍の柱には、土公神すなわち竈神も祀られてあった。これに対して、一方の纒家すなわち寝所とか居間、客の接待、神仏を祀る場所等を具えた建物を併せ加えたものが、この地方の家なるものの概念で、主家には別に竈とほぼ目的を同じくした、囲炉裏のあることももちろんである。

ここで問題となるのは、カマヤの名の根原でもあった竈と、一方、主家に設けられていた囲炉裏との関係である。竈は土間に設けられ、囲炉裏は床の上にあったことの相違はあるが、火を利用することの目的は二者同じである。ここで両者の特徴を比較すると、たとえば家内団欒して、暖をとる等においては、囲炉裏は遙かに勝れていて、竈のおよぶところではないが、食物の煮炊きからいうと、竈がやや有利な立場にある。しかしいずれかというと二者を併せ持つことは、重複の嫌いがないではない。その点を考えたわけでもなかろうが、三河などでは、囲炉裏は食物の煮炊きよりも、主として茶を沸かすに用い、食物の方は、分業的に多く土間の竈をあてていた。したがって今日盛んに唱えられる合理化生活からいうと、囲炉裏の方は、火鉢または炬燵と同じように（気候の関係もある）一種の贅沢物である。そのためかどうかは分からぬが、近年燃料の欠乏等が動機となって、土地によっては、廃止の運命に遭ったものも少なくない。

四　囲炉裏が贅沢的存在といっても、これが後の移入で、竈に比べて、新しいことを意味するわけではない。ことにわが国には、津々浦々にまで分布しているものであって、一見不必要と思われる九州の南部地方から、さらに沖縄にまでジルとして親まれている事実にみても、これを単純に気候に関係を持つ、一地方の現象と解することはできなかった。

そうはいうものの、一方の竈と対立させると、いずれかが前であることも当然考えられることで、あるいは最初の利用目的の相違が、二者の形式を発達させ異にしたものかもしれない。これには鍋とか釜の普及と、その発達変遷をも併せ考えねばならなかった。ことに名称の上で、一方の竈が、ヘツイとかクドまたは一部の地方で、フロ（鹿児島）等の語で行なわれていたに対して、あの木の枠で囲まれた一廓を、シビト・ヒホド・ヒジロ・ジロ・ユルイ（ギとも）、ジル等呼んで、語音からいうてもまったく系統を異にしていた。とまれ二者の関係はむずかしい問題であるが、一面からいうと、これはカマヤとオモヤの場合にあてはめて、自ずから異にする点があったかもしれないことである。

もっともカマヤといいオモヤといっても、三河や遠江のように二者が画然と区別されていればよいが、そういう例はむしろ稀であるから、問題にならぬといってしまえばそれまでである。かように家を内容から区別するに際して、もっとも厄介であるのは東北・北陸地方などの、すべてを一棟の中に納めた建築様式であるが、これにも、大体限界はできるように思う。たとえば床の有無による等もひとつの見方であるが、それよりも、現に問題となりつつある、竈と囲炉裏を両者の表徴として、区別することも考えられる。しかしいわゆる竈を持たぬ家も、東北地方にはままあるらしい（岩手県二戸郡荒沢村等）から、これまた厄介であるが、それに代わる別の囲炉裏はある。よって理屈をいえば格別、この区分は方法としてまず穏当かと思う。

そこでマガリヤとして有名な、岩手県を中心とした地方の鍵形の家の場合に見ると、たとえば雫石（岩手郡）等では、出入口すなわち土地のいわゆる戸鍹口をばはいった部分は土間で、ここをマヤといい、それに鍵形に接続した建物がモヤで、これが他地方のいわゆる主家・居宅に当たる。一方のマヤは一部に厩のあることから、馬屋の意に解する向きもあるが、そこに設けられたものにはやはり竈がある。これは馬糧等を煮る一方に、麻蒸し、味噌煮、餅つきその他、家としてことある場合に限り使用する。あるいは馬糧のためには別に設けたのもある。ともかくもこれは竈を中心とした部分と、主家と二者の結合を形の上に示していた。

関東地方の、ことに東京市近郊の農家建築も、棟はひとつであるが、内部の形式は、ほぼこの竈を基とした土間の部分と、囲炉裏を持つヘヤ、ザシキを中心としたものからなっていたことを示している（武蔵保谷村郷土資料等）。

この点では、一部の例外はあるが、西部日本の場合はやや簡単である。もっとも三河のカマヤと、オモヤに該当するごときものは多くはなかったとしても、いわゆるカマドコロと、座敷とを区別した形式は少なくない。近江の山村（愛知郡小椋村大字城）等もそれで、青山金治氏の説によると、同地方のクズヤというのは、麦藁葺きで、これは瓦葺き以前の形式であるが、それは次のごときものであった。

クズヤは以前は二棟を接続させて建ててある。一棟は奥座敷と納戸、他の一棟は出居と釜所と茶場と土間とから成立つており、二棟の中間は飛石で渡つて行くやうに出来て居る（『民族』一巻一、一二三頁）。

それが近頃は二棟を併合して一棟となし、または、二者の間に別に第三の棟を上げて、ひと続きのものに変わったという（同上）。

この種様式の建築は、他にも相当あることと思われる。ことに北九州や四国の一部（高知市郊外）の鍵形をなした家等は、いわゆるカマドコロと居宅は明瞭に区別される。これを九州でツノヤ・カギヤの名で呼ぶに対して、四国ではヒジヤというていて、前に述べた、岩手県地方のマガリヤと同一形式にあるものである。その他で、カマヤを別にする形式は、私の見たものも三、四に止まらず（福岡県八女郡・宮崎県西臼杵郡等）、さらに鹿児島県下にはもっとも多く見るところで、沖縄県もまたいたるところにある。以下、私の見てきた事実について少しく述べてみる。

五　関東東北地方では、私の知る範囲では、前に述べた岩手県地方のマガリヤ等もそうであるが、客間から神仏を斎《いっ》く間、寝所、台所等をはじめ、囲炉裏と竈を、ともにひと続きの棟に納めた様式が多く、特に竈を中心にした、独立の建物はあまり見かけないに反して、九州の南部から、沖縄地方に見る様式は、まったく異なっている。

ことに沖縄では、屋敷をめぐる垣の中に、住家・竈・アサイ（ゲとも）をはじめ、厩・倉・便所・鶏小屋等が、

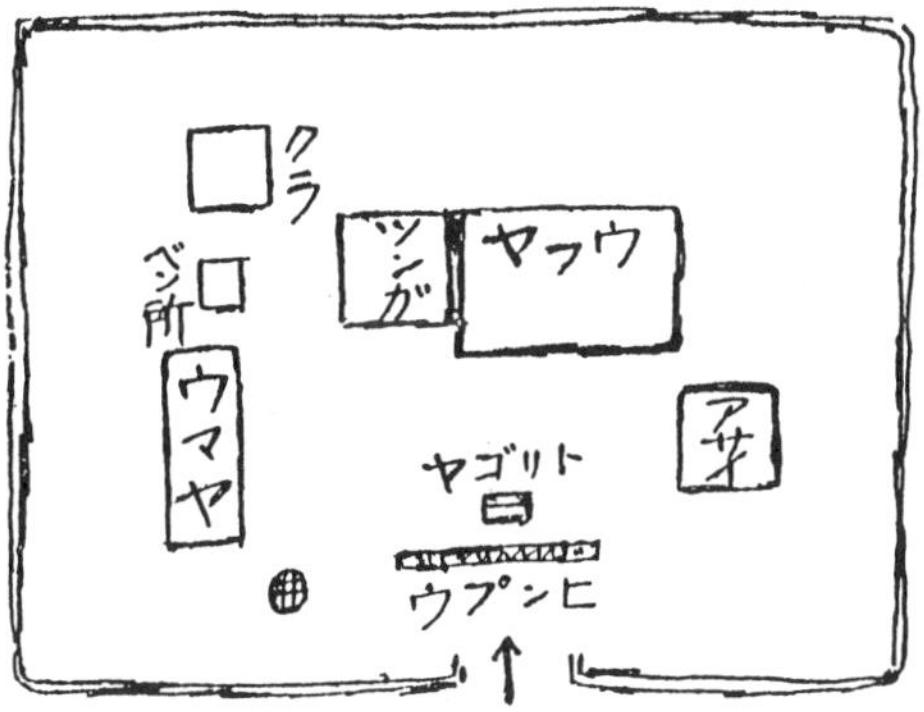

第二図

第三図

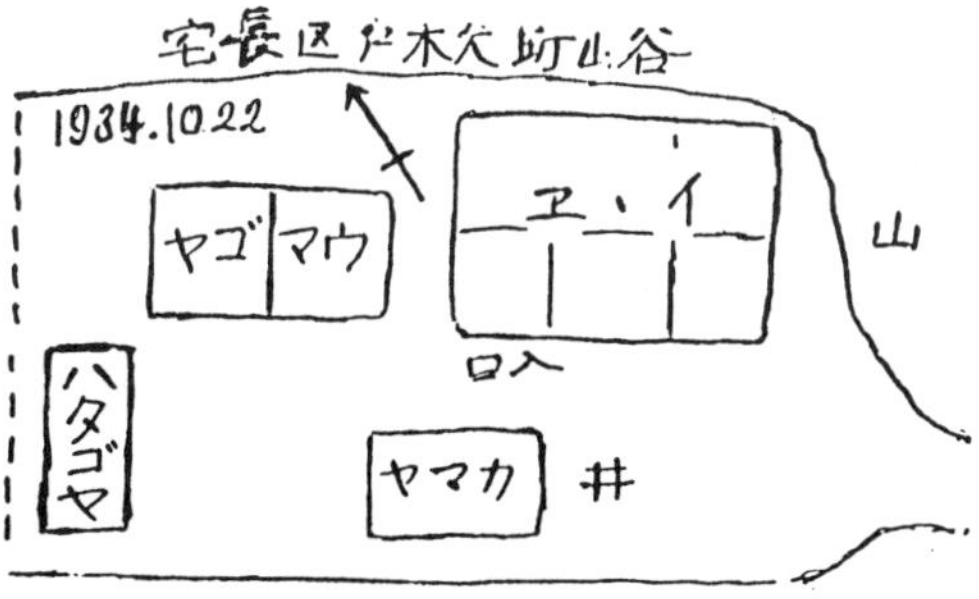

第四図

おのおの別の屋根を持って配置されている。すなわち一棟の中にすべてをおく形式とともに、大体わが国における農家の様式の、両極端をしめすもので、同時に代表的の形式ということもできる（第二図）。ことに私などが興味深く思うのは、沖縄本島の、国頭地方に見るもので、前挙げたように垣の中に各種の建物が配置されてあるが、中心となっているのは、いわゆる三河などでいう主家に当たるスミヤと、竈屋のツンガとが、棟を接していたことである。しかも二者の間には、一本の雨樋が架け渡してある。異なっている点は三河などでは、主家に寝所から台所、来客接待のための間までが含まれていたのに対して、ここのスミヤは、一にウフヤ（大家）ともいい、主として客の応対と祖先を祀る場所で、家人の起居は、いずれかというとツンガすなわち竈家を中心に行なわれていた。この点、前にいうた近江愛知郡の山村のクズヤの形式とやや似ている。鹿児島県大島郡十島村は、島がいくつかに分かれていて、多少ずつ異同はあるが、カマヤと呼ぶ建物がやはりある。平島などでは、カマヤは主家とわずかに地を隔てて、並んでいて二者の間は、流しもと、すなわち食器等の洗い場である。しこうしてここのカマヤは、竈の家というよりも、むしろ隠居所とでもいった意味があって、床を張り家族の者が起居している。

黒島には、カマヤとして独立した、棟は持たぬのが多いが、座敷に続く土間の一廓をその名で呼ぶ。また中ノ島・悪石島には主家から離れてカマコヤと称する独立の建物があって、現今では多く焼酎の製造場に利用され、そのための竈が中央に築かれている（第三図）。

いわゆるカマヤが主家から独立しているものでは、鹿児島市の郊外谷山町等にもある（第四図）。もっとも、棟を別にせぬだけで、その一廓を特に区画した、たとえばここにいう鹿児島県黒島のごとき形式もある。熊本県五箇荘（八代郡）等も、古くからある建築ではそうであるが、宮崎県椎葉（西臼杵郡）ではいわゆるカマドコロは、他のウチネ・ツボネ・コザ等と同一の屋根の下にあるが、座敷との境は、板または壁を張って画然と区別されてある。

六　きわめて大ざっぱなしかも取りとめもない事実の羅列ではあるが、こうして並べてみると、東北地方に多く見る様式の、一棟の下にすべての生活的施設を、総合包含したものに対して、一方沖縄を中心とした地方のそれは、そのひとつひとつを、分解独立させたものとみることもできる。したがって最初に挙げた三河・遠江の例は、その中間に位置するともいえた。かりに鹿児島県下十島村の、中ノ島・悪石島に見る、焼酎製造場であるカマゴヤが、いわゆるカマヤの中で、もっとも見すぼらしい存在ではあるが、しかも竈屋として、名実備わったものであったとすると、最初に挙げた三河・遠江等のものは、遙かに整備し発達せるものともいい得る。したがってそこには、竈の家であるところのカマヤとしての特色はすでに曖昧化して、他の要素が著しく加わっている。したがって私などが不用意に納屋などと註を加えるほどに変わってしまった。しかるに一方は、これは名称からいうても、また内容からみても、何の混合もない完全な竈の家で、同時にもっとも原始的なものでもある。よってこれは、一種の火の利用目的の下に、創められあるいは設けられたひとつの形式ということもできる。これが三河・遠江のカマヤと、事実上いずれの点まで関連があったかは、これだけの例証では未だ何ともいわれぬが、少なくも名称と内容からいって、一連に結びつけることに、不合理は感じない。

日本の鍬

わが国の鍬の歴史はまだ明らかにされていない。これは今後われわれに課せられた重要な問題のひとつである。中国の農政全書あたりに頼って鍬の起源を論ずるのは当たっていない。したがって真の日本を識り、日本的な自覚を喚起するためにも是非とも必要のことである。

日本の鍬の歴史を明らかにする資料として、従来の文献だけでは心許ない。そこで現在の鍬を基礎にして、各地に残っている古風な農法と技術、それに遺物を努めて多く集めて、その比較を試みることが妥当である。

武具の鍬形の兜は、鍬の原始形を想うひとつの起点である。鍬形の語義については茄形であろうとの説もあって未解決であるが、かりに言葉の通りに鍬形であったとすると、あの半月形が問題になり、要するに柄と台の部分を除いた形とみられる。

そこで兜の装飾を鍬形と呼んだことを発足点とすると、これは鍬の一部分で、しかも『和漢三才図会』などに説かれたように、これはいわゆる鋤との区別がむずかしくなる。このことは文字の方からもいえるので、わが国では鋤と鍬は常に混用されていて、いずれが正しいかはにわかに決められない。朝鮮の古墳から発掘される半月形の鉄器は、専ら鍬であると解されているが、これも木質部は果たして鉤形であったかどうかは疑わしい。あるいは踏鋤のような恰好であったかもしれない。

鉤形をしていて、使用の場合に、手に握って手許に引く様式は、大体に日本的な具ということができる。この点、鋤とは逆で、日本の鍬の原始形も、ここを起点に考察すべきかと思う。

かりに鉤形であることが、鍬の本来の形式となると、前に述べた半月形のものは、やはりその一部分で、要するに鍬先に過ぎなかった結果となる。したがって直接土壌に触れる部分に鉄を利用したもので、後の発達と見なされ、それ以前は全体が木であったこととなる。ここに観点をおくと、今も奥羽地方や沖縄地方にわずかに残っている木製の鍬がそれにあてはまるわけである。沖縄の八重山郡では、これをキイパーといって、主として水田の耕転に用いている。パーはけだしヘラの転訛で、木のヘラということである。

今ある日本の鍬はこの鉤形をした木に、一部鉄をはめたもので、現在鍬柄《くわつか》とかまたは鍬台（カンダイ）といわれるものが先型であった。これを証明する事実もあって、今でも奥羽地方には、自然木の枝と幹の角度を利用して作る。一般の鍬台（カンダイ）というのがそれでまた、俗にいう備中鍬の形式のものなどは、そのままを用いている。

鉤形であることは、使用の便宜からきたものであるが、根本の動機は呪具との関係がある。鍬が本来一種の呪具であったことは、農の本質からも説明せねばならぬが、これを端的に説明するのは神事との関係がある。わが国の農村には、農耕と深い関連をもつ神事が多く伝わっていて、たとえば歳の始めの祭りに、男子は桑の木の股の部分を利用して鍬の形を作り、これをその表象としていったん神前に供え、さらに家に持ち帰って祀っておく。木の股の部分を利用したのは、そこに呪力がひそむとの考え方に出発したものである。したがってこれが育種栽培の上にも大きな効験があると信じたのである。鍬形の兜の半月形などもやはりそこに関係があろうと思う。

最後に、わが国における鍬に関する古文献としては、文政五年（一八二二）大蔵永常の著わした『農具便利論』がほとんど唯一のもので、これは当時における二〇カ国に行なわれていた正確な鍬の写生図を載せている。そしてその中に、鍬は三里を往けばすでに様式を異にしているというのも、傾聴すべき論である。

鍬の語源についても、前記桑に関連していうべきことがあるが今は略しておく。

鍬と鎌

――鍬鎌は「百姓の表道具」――

一

今では農具とか農機具というが昔は百姓道具といい、もっぱら鍬と鎌が代表される。むかし武家のことを槍一筋の家などといったことになぞらえると、農家はさしずめ鍬鎌の家とでもいうところだが、そういうことはどこでもいわなかった。しかし鍬鎌を百姓の表道具として、武家の具足や刀槍にたとえる例はしばしばある。

以前農業の学校などで、バッチや徽章を定めるのに、先生などが大いに頭を絞って、鎌と剣をたがいに組み合わせたりしたものだが、鍬の方は在来の物では構図的に面白くないのか、西洋のもので間に合わせたりしたものである。しかし武将の被る兜の鍬形もあるから、鍬を装飾化することは今に始まったことではない。もっとも鍬形というのは実はクワイ形で、あの植物の葉からとったとの説もあり、クワイの同類のおもだかを紋章にしたり吉事の表徴にするふうはあるが、鍬形をクワイ形とするたしかな根拠があるわけではない。この点は鍬の形にしても同じで、とかくいう前にあの種の形式の鍬がかつて存在したかどうかが問題で、これには鍬の形式の変遷なども、一応の見通しが必要となる。

二

鍬《くわ》は標準語であるが、古くはカと発音したのではないかとの疑いもある。同じ日本国内でも東西の端にはそのふうがまだ遺っているように思う。たとえば東北の各地で鍬台（鍬柄とも）をカンダイ、鍬につける泥除け（竹などで編んだ笊のごときもの）をカンザなどというのがそれで、その他、鍬入れをカイレというなどもそのひとつで、こういう場合に古語の保存される例はしばしばある。また九州や四国で一種の鍬をトンガ（唐鍬、鋭鍬）、ツンガ（鶴鍬か）というのは、トウグワやツルグワの訳語とのみは決められぬように思う。そうして語源的に桑で作ったからクワだなどという前に鎌との関係も考えられるが、それは後にいうこととする。

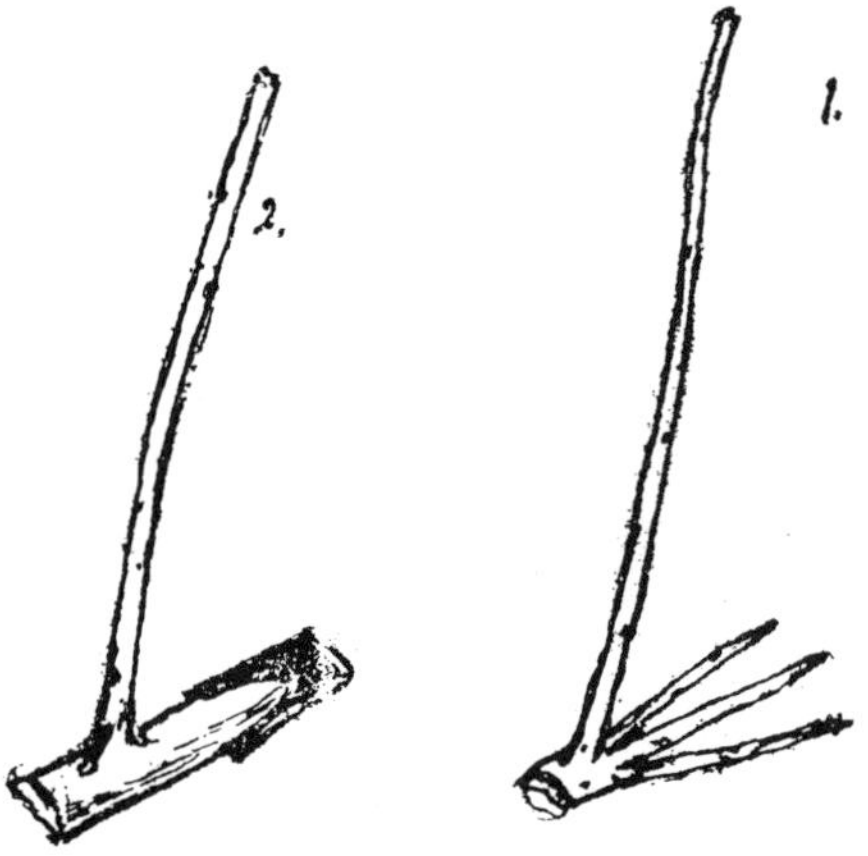

1．青森県三戸郡種差村の「〔二字不明〕万能」
2．秋田県北秋田郡の鍬の一種

東日本の農村では、年の始めの若木伐りの際に、特に枝ぶりに注意して、鍬の台や万能に利用できるものを伐って来る。堆肥等を処理する万能は、自然の股木をそのまま加工しても使うが、鍬台の方は加工して鉄の鍬尖をはめ込む。それだから鍬台の名があるので、自然木利用の関係で、あの地方の鍬の柄は妙に曲っていたりする。もっとも近来は木取りの方法が昔とは逆になって、柄になる部分を幹から取り、台の部分が枝であるために柄はまっすぐだが台が妙に瘦せた形式もある。

三

こういう事実が実は鍬の発達の歴史である。鍬台は今では鍬を構成する一部であるが、古くはそれ自体が鍬であった。これに鉄の利用が起こって、今のような形式となり、鍬といえばもっぱら鍛冶屋の管理に属し、鍬鍛冶等の専門家もできたが、鍛冶屋の管理にあるのは、全体からいえばほんの一部分である。ことに古い様式ほど鉄の部分が少なくて、あたかも覆輪のように台の外側だけを巻いていた。これなど鉄の文化が農業へ浸透してゆく一過程を示すものである。石川県の能登半島は、古い文化の残存地として著名であるが、ここには鍛冶屋が鍬を作って農家に貸し、秋になって米をその代償に取る風習がある。新潟県高田市周辺の珍しい貸鍬の制度なども、こうした事実によって発達の過程がよく判るのである。

四

今はどうなったか知らぬが、沖縄県の八重山列島の米を作る島々には、鍬に鉄製と木製の二種があった。鉄製をカナパア、木の物をキーパアという、キーパアはもっぱら水田用で、小浜島や西表島では作業が終わると泥の中に埋めておき、翌年再び取り出して使う。こうすれば腐敗や破損がなく、いちいち家に運んだり持ち出す手間も省ける。このパアは、われわれのいわゆる鍬の概念に近いものだが、別にヒラまたはカノースという農具がある。珊瑚礁を開いた壌土の少ない畑などでは普通の鍬は用をなさぬ。非能率ではあるが、このヒラで諸も植えまた掘り取りもする。これと同じ農具が東北の岩手県などにもある。

沖縄本島で神事の苗代造りに使うウズンビラという農具が、八重山のヒラに近い。全部堅木でできていて、私が先年持ち帰ったものがいま保谷の民族博物館（北多摩郡保谷町）に一組あるが、わが国の鍬の歴史を知る上に貴重な資料と信じている。

五

わが国の三大農学者の一人といわれた大蔵永常（一七六四―一八五七）の『農具便利論』三巻は、その正確な農具図とともに徳川時代の農書中、唯一出色のものである。鍬の部に一三カ国の鍬の写生図を掲げているが、その中で鍬は三里行けば形が異なると述べているのは卓見で、実地を知悉するものにしてはじめていい得ることである。

鍬の形式は自然的条件ことに土壌と密接な関係があり、粘土質と砂礫質の土地では当然異なってくる。九州の俗にいう肥後鍬などは柄の角度が急で比較的短く、これを使うには体をかなり前に屈めぬと工合が悪い。そうして骨が折れる。鹿児島県桜島の鍬などもこの系統だが、土地の人々のいうところによると、この恰好でないと力がはいらぬというから習慣の力はえらいものである。東海や関東（関東地方にも柄が鋭角の鍬はあるが）その他の、長くて緩い角度の柄に馴れた人たちが見たらおそれをなすであろう。

六

鍬の形式が自然的条件の影響を受けるのは当然で、三里行けば異なるというのはまさにそれであるが、しかしそれが全部を決定するとはいえない。少し大げさだが文化系統によっても変わってくる。たとえば農法とか鍛冶(製作者）の系統といったものと関係するので、そうした事実も農村ではしばしば見られる。

鍬の種類は用途によって変わる。山畑の耕作とか開墾、その他、筍、自然薯、葛蕨の根を掘るとか、河川の水路掘り、水田の畔塗り、塩田に使うものから、田に麦を播く際の稲株掘りなど、それぞれに特徴がある。形式にも平鍬、備中（三本鍬)、二本鍬、双子といって尖が二つに裂けたもの、窓鍬（くど鍬）のように中の空いたものから砂礫をさらうジョレン等、形は変わってもやはり鍬の属である。宮城県等でヤチや潟の開墾に使う剣尖鍬は、先が剣のように尖っているが、これは菖蒲やおもだか等、水辺の雑草の根を断つ必要からきている。

関東地方にはまたハバタといって幅の特に広い鍬が開墾用として使われている。越後などで黒鍬という幅広い鍬がほぼ同じもので、土地では土方職の持つ鍬だといっている。東海地方では土方職を黒鍬といってやはり幅の広い大形の鍬を持っていた。前記『農具便利論』には尾張地方の黒鍬の図が出ている。

他地方にもあろうが、三河には横着または横着備中という変わった名の鍬がある。他地方での三本鍬に似て穂が五枚、柄がほとんど直角についていて立ったままで使える、隣りの尾張にも横着という柄の長い一種の鍬があった。名称の起こりは立ったまま楽に使えるところからいったもので、いまふうにいえば便利、省力、能率的とでもいうところだが、それにこういう穏やかでない比喩語を使っている。このごろ流行の不整地栽培に、不精播きの称を与えたのとまさに好一対で、その間の心理はわれわれ民族の労働に対する伝統であるかもしれぬ。

横着備中や不精播きの比喩にも窺われるが、われわれの農作業は封建制の遺風かあるいはもっと深いところにある民族性によるのか、労働態度に体当り式とでもいった一種の型を造り出している。あらゆる作業に渾身の精力を集中しないと満足できない。たとえば草刈りは腕の作業で他の部分は空いている特殊のもので、鍬を揮うように全身の筋肉を動員する必要はないにもかかわらず、その間に差別をつけるのを卑しめるところがある。その間の消息を語る好事例に、旧幕時代信州松本在のある篤農の遺した手記があるが、草を刈るにも巨大なムグラと取り組む心構えでやれという。ムグラは巨大な根株のことである。

れんじゃく、その他

——農村生活器具図説——

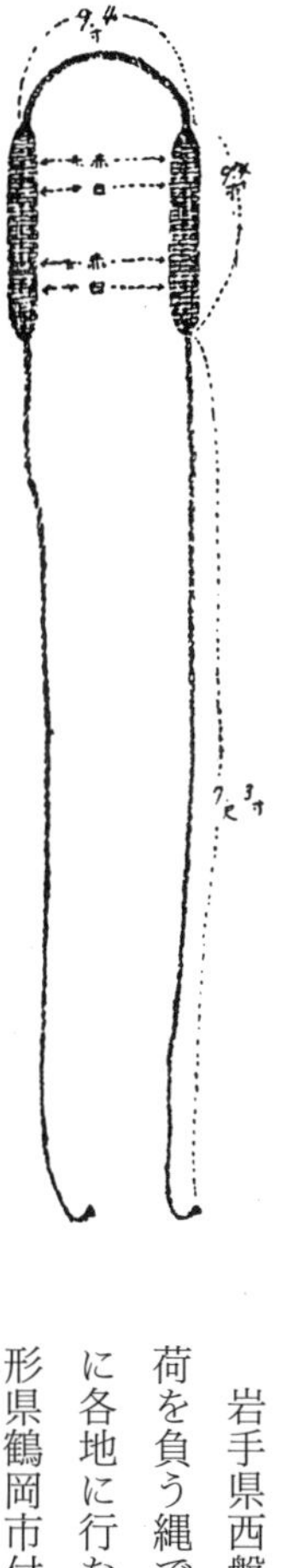

第一図　れんじゃく

岩手県西磐井郡山目村採集のもので、荷を負う縄である。この名称がどの程度に各地に行なわれているか知らぬが、山形県鶴岡市付近でもいうから、東北地方には、案外広くわたっているかもしれぬ。本品は肩に当たる部分だけを木綿布で平打ちにしてある。いわゆる織色の紺の間に、紅と白木綿をもって、段々に表わしたところは、越後や信濃・三河等でいうサッコリすなわち裂織を思わせるものがある。サッコリはザクリ（津軽）、ザックル（加賀）などともいう。れんじゃくは宮城県岩沼、栃木県宇都宮付近では、荷車を挽く場合、いわゆる梶棒を執って肩にかけて引く縄の名であるが、肩に当たる部分の製作は、荷縄のれんじゃくと同じ製作である。三河の豊橋付近でも荷車の肩縄はれんじゃくというた。車の梶棒の中にはいって、両肩に掛ける形式と、外側にいて、片肩に襷にかける形式とあるが、恰好はいずれも同じで、紅や白の布を段々に組みこんだところも岩手県等と同一である。れんじゃくは『倭訓栞』に「商人の肩に掛る物をいふ、一書に斂債とかけり、連著より出たるなるべし」とある（『広文庫』孫引）から、行商人などの用いたものかと思う。『言泉』には「連尺、連索、連雀、二枚の板に縄を繋ぎて背に付け物を負ふに用ふる」とあるところをみると、関東地方で一にヤセウマ、信濃などでセイタ、九州の豊後地方でカルイなどという枠形の一種の背負い道具に近いものの名にあったことが考えられる。同じ書に、「肩より脇下にかけ斜に負ふこと」とあるは意味が解せられぬが、前述の荷車を挽く場合などをいうたものかと思う。鎧の一種に奩債胴《れんじゃくどう》のあったことは、『単騎要略』（『古事類苑』孫引）に「身甲の内に奩債（註箱を施こして重きを負う所の緒の謂なり）を設け、是を左右の肩に掛て着すなり大体は笈をおうが如し云々」とあるからやはり肩にかけることからいうたらしい。鳥の名の連雀と、各地に多い町名の連雀または連尺とは、関係はないであろうか。

第二図　ニナとネゴ

第一図に挙げたれんじゃくで物を負うたところで、青森県西津軽郡十三村の所見で、同所ではこの縄をニナという。ニナで物を負う場合は、ただそれだけで直接負う場合と、別に背部に保護体を当てて負う形式とあるが、これはそれを当てて負ったもので、ネゴというている。肩から胸に当たる部分の製作が、岩手県のれんじゃくの一部を思わせる。れんじゃくでは、肩を保護する目的の平組の部分が、これはネゴの一部になっている。この例も各所にある。ちなみにこの女性の被っているのは、同地方のいわゆるフルシキで、鉢巻をした上に、これを被るのである。

第三図　ニナ

秋田県由利郡笹子《じねご》村のニナで、長二丈二尺二寸あり、岩手県のれんじゃくに比して遙かに長い、私の知っているこの種の物の中ではもっとも長尺物である。笹子村は羽越線本荘駅から、子吉川に沿ってはいった奥地で、鳥海山の東麓に当たるのである。ニナは同じ秋田県でも北部地方ではミナともいう。これには背部を保護するものを着けて負う場合が多い。使用形式は津軽地方と同じであるが、重い物を負う場合は、胸部に絡んだ縄の末端を執って絶えず縄の弛緩を調節する。この風も各地とも同じらしい。

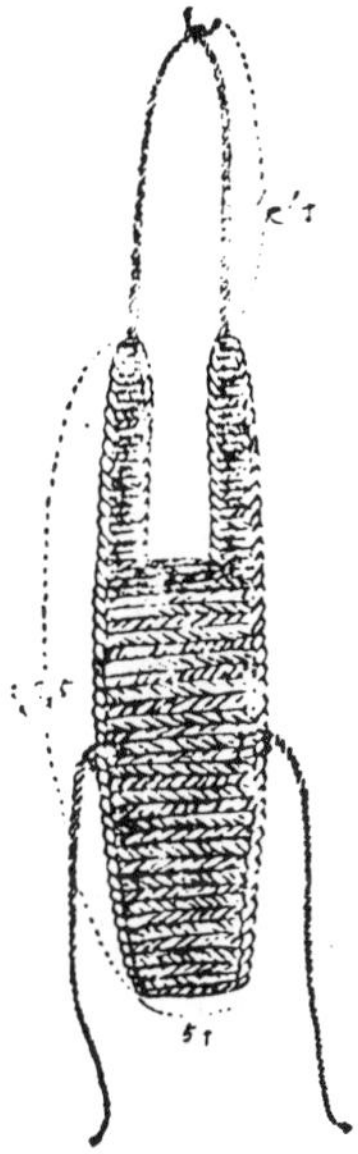

第四図　ネゴ

秋田県北秋田郡扇田町の採集でネゴという。全部藁製である。これは前にいうたれんじゃく、または、ニナとは別で、背部の保護が当面の目的である。東北・北陸地方でセナカアテ・バンドリ・ヒデロゴモ・ガンザなどというものもほぼ同一目的で、これには多くの種類がある。

この種の具をネゴまたはネコということは、信濃・三河等にもあり、木綿布をもって製した一種の胴着の類もまた同じ名で呼ぶ。そして名称としてもっとも類例の多いのは筵の類の敷物をいうネゴ・ネコで、製作の様式も似ていたのが多い（なおこれが着用については第二図を参照されたい）。

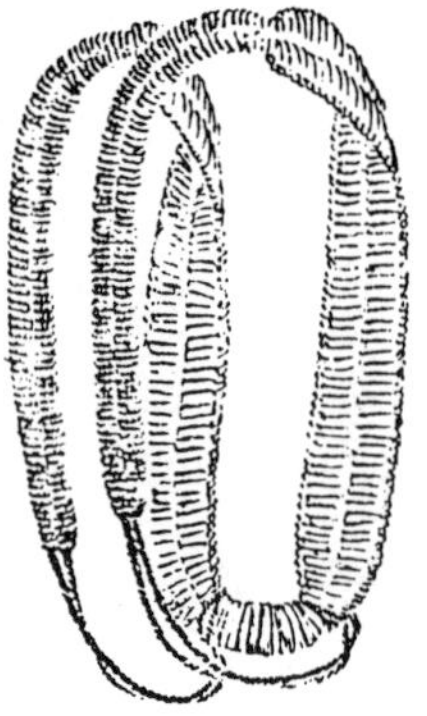

第五図　ショイナア

栃木県那須郡の採集であるが、名称のショイナアには疑問がある。使用の目的からいうと、前条のネゴに当たるもので木を枠形に作った背負い道具の軟質のものをもいえる。背に当たる部分を藁で編み、肩から胸の部分は縄である。そして背の腰に当たる部分は、タフ（楮）の繊維が巻いてある。これを着けた上を、いわゆる背負い縄で物を負うのである。なお栃木県芳賀郡および宇都宮地方では、縄のみをもって物を負う形式をもっぱらエチゴショイといい、ひいて縄の名ともなっている。エチゴショイは、越後の風を真似たからいうと、説明する人もある。

第六図　カツギナア

信濃下伊那郡神原村山中の所見であるが、これは越前大野郡北谷から出稼ぎの炭焼きの風であって、信濃地方の風習ではない。カツギナアの名は、越前大野郡と地を境した、加賀能美郡小松付近の農村にもいう。同地方で物を負うのはもっぱらこの形式であるが、近来は木の枠いわゆるセイタがだんだん浸潤してきた、これはここ三、四〇年来のふうだという。セイタを一度使用すると、カツギナアは馬鹿馬鹿しく労力が掛かって使えぬという人もある。

第七図　オイソ

大和吉野郡十津川村のオイソで、藁製のすこぶるきゃしゃにできている。名称からいうと、他の材料のものもあったかと思う。長さ約一丈二尺で、藁を組んだ部分が約一尺九寸ある。単にこれのみをもって使用する場合もあるが、山中の労働者などは、別に腰の部分に、コシアテと称する桟俵ようのものを着ける。前にいうた栃木県のショイナア、秋田のネゴと同一目的であるが、これには特に腰、すなわち腰骨の部分に重点をおいたことが注意せられる。木曽の山中等で用いる獣皮で作ったコシカワは、腰に吊るしていて、もっぱら座る場合の一種の移動敷物であるが、これは腰に結びつけるのである。なおこのコシアテを、木製の背負い道具に付けていた例は、熊野浦にも見るが、別に九州の豊後地方山村で用いるカルイの形式にもある。

第八図

やはり十津川所見で、オイソの使用形式のひとつを表わしたものである。ちなみに、このスケッチの主は服装等から見て、単なる労働者ではないらしかった。

第九図　カイナア

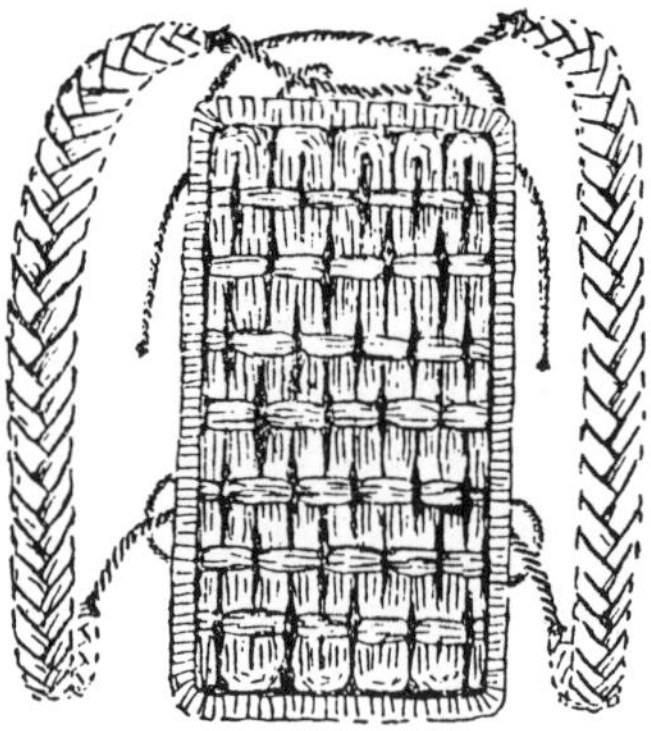

鹿児島県肝属郡内之浦村のカイナアで、別にカリナアともいう。これは津軽・秋田地方のネゴすなわちセナカアテと、背負い縄とを合せたもので、しかも背部を保護するための具は独立せず、縄とともにあってはじめて用をなす。背負う形式からいうと、関東のヤセウマ・セイタと同じで、縄の端は荷の上で結ぶのである。背に当たる具は藁製の一方に布もありシカタという。カイナアまたカリナアは、舁《かろ》い縄、絡り縄の意にも考えられる。カリまたはカガリ・カガイ等の名称を持つものには、別に藁または葛等で製した一種のリュックサックの名にもある。なおこの縄の全長は約一丈で、肩に当たる部分が各一尺七寸あてあるが、必ずしも一定ではないようである。

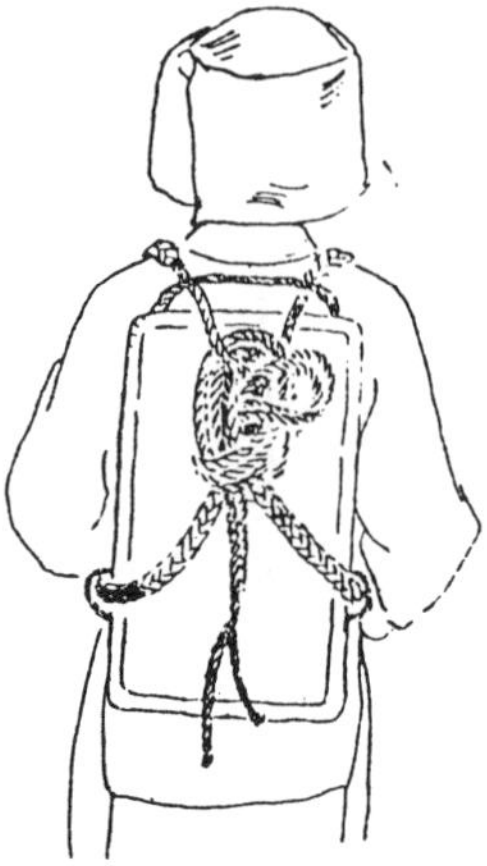

第一〇図

これは、カイナアを負った形を後から見たもので、シカタを中心に荷を束ね着けるのである。

雪具考

1　ふがぐつ

(1)図は滋賀県伊香郡の山村に用いられたものである。ふがぐつの名は一般のわらぐつに対して唱えられたものであろうが、これをわらぐつという地方もある。この種形式の藁沓は、西は九州の宮崎・熊本県の山村から、中国の北半、さらに北陸から奥羽地方にまで行なわれているが、製作の様式は地方ごとに多少ずつ変わっている。そうして同じ土地でも製作者によって巧拙がある。やはり、昔のものの方が丹念であったようで、近来はことに粗末になった傾向がある。それもゴム靴に押されたおかげであるが、事変以来再び盛り返した観もある。しかし果たして昔のような丹念なものが、将来も生まれるかどうかは心許ないものがある。

(1)

こうしたふがぐつを見るたびにそう思うのであるが、われわれはよく古代の絵などにこうした装具を着けた人物を見るが、材料の点はあるいはどうかわからぬが、現実にそれをあてはめるとしたら、おそらくこのふがぐつがもっとも近いものと思う。雪の上を往くにはゴム靴などと異なって、軽く履き心地のよいものであるが、長く往くうちに中まで濡れてしまうのが欠点である。ゴム靴に押されたのは耐久性の弱い点もあるが、このことが近代人に疎んぜられた大きな原因であったかと思う。

2　やまぞうり

やまぞうりは、おそらく山橇の転訛であろう。橇《そり》というと後世ではもっぱら運搬具にいい、今日のいわゆるスキーのように雪の上を往く履物にはあまりいわぬが、『和漢三才図会』等にも、橇として図示せるものは、普通の下駄ぐらいに短いものである。この図は秋田県仙北郡角館町付近に行なわれるもので材料はイタヤである。実用的の器具というよりも、一種スポーツとして雪の上を滑走するために用いられている。別にこしかけぞうりというくらいで、これに腰を下ろしても滑る。したがって傾斜面などを利用して上から下に滑り降るところに壮快味があるらしい。日本式のスキーともいうべきものである。この種の雪具が雪の多い他の地方にも広く行なわれているかどうかはまだ知らぬが、見た目は何となくアイヌくさいものでもある。

青森、秋田県等に多い滑り下駄またはキンペなどという雪上に用うる下駄なども、近来は台に鉄などを付けて精巧なものがあるが、このやまぞうりなどと原理において通ずるものがある。

なお(2)の1図は満州のホロチョンが用うるものであるが（新京博物館蔵）、このようなものを見ると、やまぞうりも多分に大陸に通ずるものがある。

(2)－1

(2)－2

3　つまごわらんじ

図は広島県比婆郡の山村で用いられるものでその名称の通り、つまごとわらじと二つの具を合わせてある。これもわが国では雪の多い地方にはいたるところに見る。名称や製作の様式は前のふがぐつと同じく各地区地区で、新潟、山形、秋田等で、オソ、オソトキ、ウソフキわらじ等いうものが、ほぼこれに当たり、そうしてまた、草鞋の部分がいわゆる草履になったものもあって、草履ウソなどの称もある。

ウソ、オソ等という一方に、シンベ、ジンベ、ゴンベなど、人の名に似た名称もこの種の履物に多い。オソは苧素すなわち麻の繊維で作ったことの記憶を意味するとの説もあるが、簡単には断定しがたいものがある。

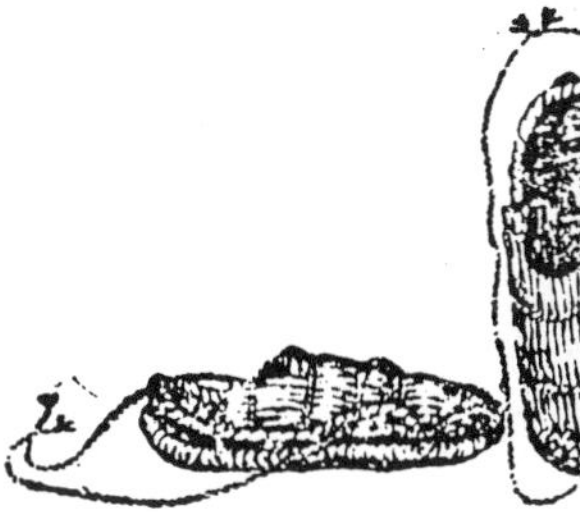

(3)

かつて新潟県中頸城郡金谷で、ひどい吹雪の山の中を降る途中、炭を負った夫婦にあった。男は六尺豊かの山男のような頑丈な体格の持主であったが、女房は逆に人並以下の小柄で、痛ましい感じさえしたが、すれ違いざまに見ると、真赤にかじけた足の指が、このつまごの破れからのぞいていたのは悲しかった。つまご草鞋をめぐる忘れがたい思い出のひとつである。

4　ゆきげた

岩手県紫波郡地方のもので、恰好に特色があることが、注意をひく。盛岡を中心とした地方には、いろいろ変わった下駄があって、いわゆる蝦夷下駄などもそのひとつである。もっともそれはアイヌ式の模様が彫刻されていたのであるが、この下駄には彫刻のあるものは見たことがない。ゆきげたは岩手県から秋田の生保内《おぼない》へ越す仙岩峠の麓の橋場地方で生産されるいわゆる橋場下駄と同趣向のもので、ゆきげたというといかにも雪中用として特に製作されたようにも受け取れるが、必ずしもそうではないらしい。台の角度も雪中を往くために工夫されたというよりも、むしろ形式の古風を語るものである。材料が多く栗であるところからかなり重量があって、桐の

(4)

下駄を履きつけた者には辟易させられる。

要するに各地に多い手造りの下駄の類で、いわゆるヒキゲタ（挽下駄）、キボクリ（生木履）などいうものに近い。あの地方では、以前は冬期間、男たちは燃料の薪を取るために、団体を作って山にはいる。これを俗に春木取りといい、作業を春木山ともいう。

その山住居の間に作るものを里の土産に持って下った中に、この種の下駄があったのである。

5　ゆきなせ

(5)

石見から安芸の山村にかけて行なわれる雪篦《べら》で、図は安芸山県郡の山村のものである。雪中をゆく場合は必要欠くべからざるもので、奥羽、北陸地方山村の狩猟者は必ずこれを携え、一種の信仰意識をもっていた。その名称もいろいろあり、サッテベラ・コナゲベラ等ともいい、柄の形式が少しずつ異なっていて、いわゆる撞木形をしたものの一方には末端を凹ませたものもある。特に凹ませた目的は、狙いをつける場合に銃身を載せるためだなどという。

ところが金田一博士の説によると北海道のアイヌ族も同様のことをいうそうだから、興味ある問題である。

これもわが国では現今雪具として行なわれているが、海を渡って朝鮮半島では、もっぱら農具として用いられ、一にノッカレ（ヌッカレとも）という。しかしわが国でもこれを農具に用いた痕跡がないわけではなく、越後でこれをコスキといい、『北越雪譜』には、一般の鋤と並べて比較図が描かれている。コスキはけだし小鋤で、名称からいっても鋤の一種である。鉄の普及以前はおそらくこうしたものを用いたのが、後にもっぱら雪具となったことは容易に想像ができる。沖縄県八重山郡には、今も水田には、キイパアと称して木製の鍬を用いている。水田であれば、さして鉄の鍬を必要としなかったのである。

6

雪具にはなお語るべきものが多いが、図は被り物と腹当てと、脛巾を取りまとめて試みに描いたものである。被り物は越後などで藁帽子、俗にワラボッチというもので、ところによってガンド、フナゾコなどともいう。狩人やまたは山寨の盗賊などにはつきもののように考えている向きもあるが、そうした種類の人物の専用物ではもちろんない。

ことにガンドは強盗を意味することから、盗人の装束として、いろはかるたの絵にまで描かれたのは迷惑な話であった。

(6)

次の腹当ては別に前かけともいう。これは藁よりもむしろマダ（しなの木）の繊維等で作られ、製作の様式も恰好も武具の鎧の胴から草摺りを想わすものがある。

脛巾は葡萄の皮で編んだものであるが、一般的には蒲《がま》を材料としたものが有名で、譬えにも「ごんぞ草鞋に蒲脛巾《がまはばき》」といわれるくらい、雪中の装具として知られている。

ハバキという一方にスネアテという地方もあるくらいで、これまた武具との関連を想わすものがある。

図は秋田県仙北郡で道連れになった男をスケッチしたもので、背にまとったのは、あの地方のいわゆるケラ、腰に着けたのはモイドーグ、すなわち、いわゆるもんぺで、着物はジバンと称している。

かんろく羽織

　振草村区誌稿本の古戸《ふっと》の部に、村の風俗を述べた一条があり、以前は部落内の冠婚葬祭に、男子はかんろく羽織なるものを着用したことがあります。他の区の分が、いずれかというと一様に実生活に縁遠い記述であるに対して、古戸のものが多少ともそこに触れていることをかねてゆかしく思ったのであります。

　かんろく羽織のかんろくは、おそらく貫禄の意で、これを着ることが厳粛な儀礼の表徴であったことは、その後、幾多の人々から聞くことができました。振草から御殿《みどの》、本郷、園村等、昔の振草郷一帯には、近頃までたいていの家庭に用意されていたらしい。木綿の横絽のような地で背丈は型どおりに短く、紐には紙縒《こより》などを用い、色は紺か鉄無地、まれにはいわゆる浅黄などもありました。一見して芝居や講談に引合いに出される村の庄屋殿を思わせる、われわれの祖父や曾祖父あたりの固陋で律儀深い横顔が自ずと目に浮かんできます。こんなものは、この頃では地元の振草川の谿でも知らぬ人が多いであろう。そういうて、さして昔というではなく、明治の半ば近くまで用いられていたのであります。

　今でも何かの比喩に「夏冬なしのかんろく羽織」などといえば、五、六〇恰好の人なら、「ウンそれをもっともらしく着たものだ」と思い出してくれます。文言どおり儀礼第一のもので羽織というても冬分は防寒の役には立たぬのであります。あるいは一時的の流行であったかもしれませぬが、いずれにしてもこうしたものを着た人が未だわれわれの前に生きていたのであります。

こんなことは世知辛い今日、詮索の要はないかもしれぬ、忘れてよい問題のひとつかもしれませぬが、それを忘れてもよいとするには、あまりに村の生活は顧慮されておりませぬ。現在の生活のよって興った跡はほとんど閑却されていたのであります。この主張は昔の生活を懐しむなどという単純な興味からではないのであります。かりにかんろく羽織が明治維新前後の流行であったとすれば、それ以前はことある時は何を着ていたかが問題になります。今日のような羽二重や斜子の紋付などは、あってもそれは村に一軒あるかなしで、もちろん裃などは着けていたわけはありませぬ。こうした類の疑問に対しては、おそらく誰も解決は与えてくれぬ、われわれ自身の手で解くより他、途はありませぬ。

かんろく羽織のことからさらに村の服制について見ましても、ここ数十年間の推移を注視すれば、そこに何事かを考えしめずにはおきませぬ。

藤布時代、手織木綿時代、器械紡績購入時代と、あわただしい変遷の跡を見ていたのであります。豊根村の川宇連《かおれ》等では、白木綿をそのまま仕立てて着ていました。中には手製の藍汁でやっと水色程度に染めて用いた者もありました。下津具の夏目伊禄さんなどは、それを現実に見ていた一人であります。一方、藤布の感触にしても、これを体験した者は何ほどでも生きていました。こうした事実を知るごとに考えさせられるのは、古い生活様式の残存に興味を抱く一方に、目まぐるしい転換に処してきた態度を願うのであります。われわれの祖先は決して世のいわゆる固陋ではなかったので、これは一服制に限られたことではありませんでした。問題はここいらで視野をひるがえして、かんろく羽織時代、藤布時代と生活を回顧して、そこから現在の存在を知ろうとすることであります。現在を知ることはやがて将来への発足の基礎でもあります。

原田さんの『設楽』発刊の趣旨を拝見するとそこに目標のあったことを思います。そのひとつの方法として選んだのが、平凡な村の生活の足跡を、失う前にひとつでも留めておこうとするにありました。年々の行事も慣習も、伝説も歌謡も、さらにまた馬鹿馬鹿しい嘘吐き話までが、現在の生活を築き上げた重要な要素であることを思えば、あの一見滑稽にしか思えぬかんろく羽織を着て、かしこまっていた人々の気持までが、等閑視するわけにはゆかなくなります。

夜衾のこと

一

数年前の初夏、羽後の由利郡仁賀保の奥を歩いた時、一農家の軒を借りて用意の昼食を喫《くら》った。その時、軒下の日当たりに、二枚の古い藺莚が並べて干してあった。見るともなく見ると、その莚にかなり目立つほど、斑点のように人間の上半型が顕われているのに、同行の宮本勢助さんと顔を見合わせて、寝莚《ねござ》ですねと語り合って、好奇の眼をみはったのであるが、次の瞬間には、食べかけていた飯が胸につかえるように思った。油と汗で刷り出したようなその体の型が、忍苦の生活そのものを表わしているようで、いいようのない陰惨な感情に襲われたのである。

寝莚は古のたかむしろ夏用也（中略）江戸吉原等には幅二尺許の藺莚の両端縁を付、蓋二枚を接て縁と同物を以て縁の如く接レ之也、号て比翼座と云也、昼寝には之のみを敷きて臥もあり、民間下輩の小者には冬日もふとんを用ず以レ之敷蒲団に代るもありと也

と『守貞漫稿』に述べている。筆者のいう民間下輩のすべてである山深い土地などの生活では、今でも寝具のひとつとして欠くことのできぬものであった。夏期敷蒲団の上に用うるのは遙かに後のことで、暖国ならば格別、雪の多い土地などでは、都会人のほとんど想像もおよばぬ、冷たい床の上に藁をおき、その上にこれを敷いて、

肉体を横たえ夜の安息を取ったのである。

東京などでも、夏分、敷蒲団の上にこれを用うることは近年まで行なわれていたらしい。今でも使用する向きがあることと思う。寝莚が夏期清涼を求めるままに発明されたものでないことはいうまでもない。莚が夜の具として、人体に親しんできたことは、今日のいわゆる敷蒲団の普及よりは遙かに古かった。絵巻物中の逸品として、また製作年代の古いことにおいて勝れているとの定評のある徳川家の源氏絵巻中の、もっとも絢爛な場面を描いた柏木大納言の病床を見ても、いわゆる敷蒲団は見られない、草双紙の類に描かれた三つ梯子をかけて上る類の敷蒲団は、古代人はおろか、平民生活には何の交渉もないむしろ空想であったのである。

加賀の白山山麓の山村などでも、この十数年前までは、婚礼の荷物の中に、二枚つぎの寝莚は欠かすことはできなかった。一種の比翼莚である。

二

われわれの祖先が夜の安息を得るための睡眠の方法形式等も、あるいは考え直してみる必要があった。単に蒲団を敷いてその上に横になることのみが、臥床法の全部でなかったことは、柳田先生も『雪国の春』の中に、『北越雪譜』の例を引いて述べておられる。話はいくぶん余事にわたるが、三河信州の山村などで、この四、五〇年前まで行なわれていた背中あぶりという風習なども、一種の様式を遺したものだといえる。炉に榾を充分にくべて、裸体になり、背部を火に向けて、反面に着衣を掛けて暖をとりつつ眠ったのである。背中に火だこのできていたのは、独り街道筋の雲助ばかりではなかった。ヒカタ、ナゴミ、アマビレなどというて、怠惰の表徴のようにいう一種の火傷なども、抱え火鉢からくる二の腕ばかりを指してはいなかった。背中から股と、段階的に変遷を考えてみる必要があった。

自分などは東海の山村に育ったのであるが、いわゆる夜の掻巻を使用する家は、村中に一戸か二戸しかなかった。居常のまま冬ならば上衣を脱いで床にはいったのである。この風習は今も各所に残っている。また自分の村などにも間々あったが、睡る時は裸体になって、上に着衣を覆いかけ、その上に夜着なり蒲団を掛ける風である。これなども一種の風習を残したものといえる。

酒井家の藩士が、若州に来た当座は夜具というものがなく、有り合わせの綿入れを引っかけて臥っていて、後にようよう作ったのは、四幅で半分は無袖で敷物とし、片身に袖を付けて夜着としたという片袖夜具などいうものも、夜具変遷の過程を考えるものであった。未だどこかの果てに、こんなふうが遺っているかもしれぬ。

三

夜具の一種としてヨブスマ（夜衾）というものが今も行なわれていることを知ったのは、やはり仁賀保旅行の途次であった。

今はほとんどなくなったが、在郷へ行くとヨブスマというものに寝かされる。それがおそろしく重いもので、あと七日ぐらいは体の節々が痛むなどと、大げさな話だけにこれは矢島の町の人たちの笑い話であった。なにぶん一〇〇年も一五〇年も洗濯ということをしないのだから、嗅いのと重いのでまんじりともできない。それでもこちらはお客だからまだよいが、家の者は部屋に藁を敷いて、その上にこれを被っている。朝など藁をガサガサ

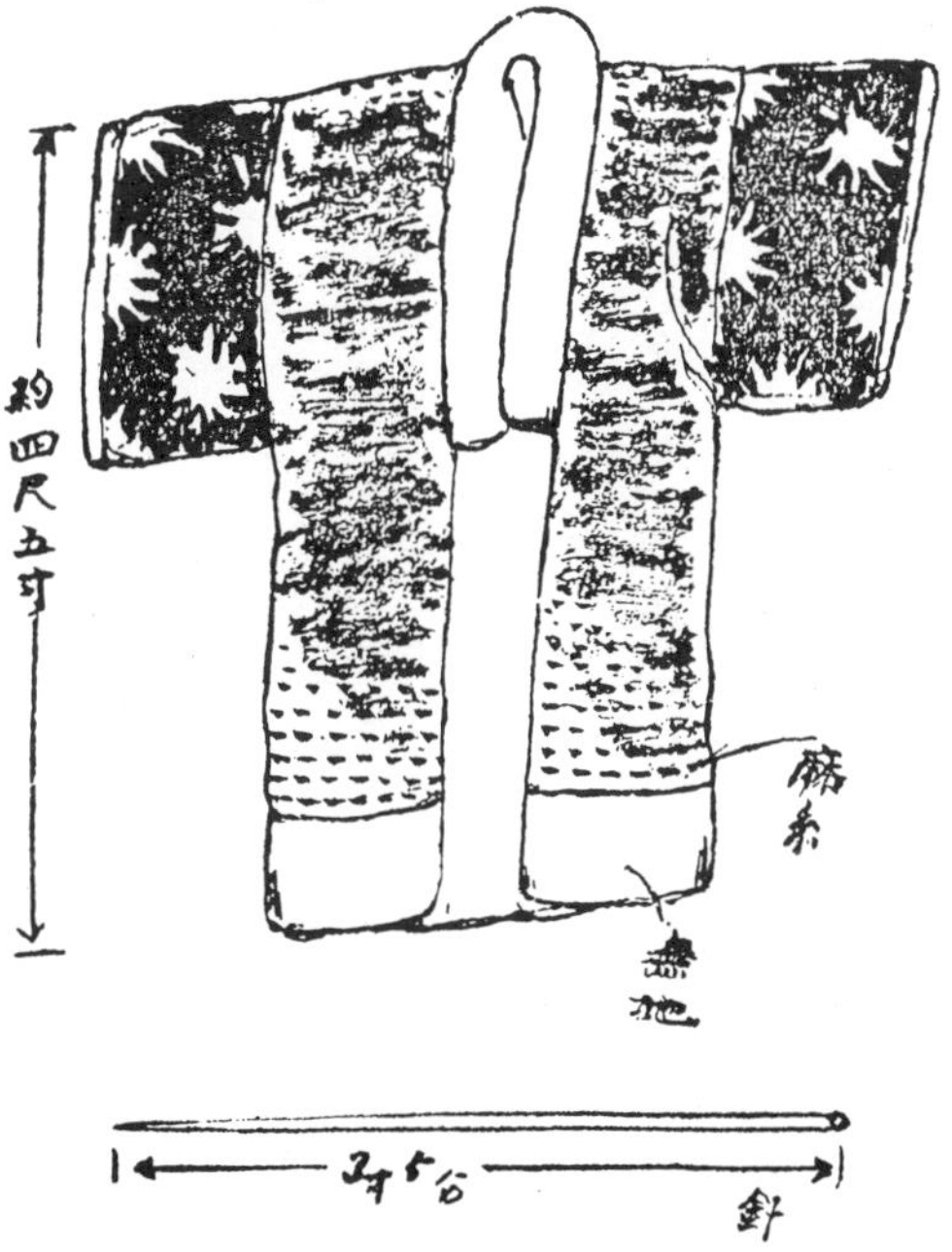

させて起きてくるところは猪のようだなどと、これとてまるきり型なしの悪口でもないのである。羽後の飛島などでも、寝所に藁を敷いた家を実見した。そうして昔話の子供が親父を捉えて、背中に蒲団が一筋くっついているという類の実際の状景をも目睹した。

　ヨブスマの材料は藤布かマダ布、時に麻布もあるがこれはやや高級である。木綿は一切用いず、中には麻の屑のオクソの玉を入れ、それをとじ糸で押さえてある。したがって全体がさしこのように縫ってある。ヨブスマの針というのはこれだと、話してくれた店の主婦が取り出して見せてくれたのは、図のようなもので、時にたずねてくる客があるので、こうして用意しているとのことであった。なお、中にオクソを入れたのは土地のふうで、あるいは蒲の穂等を用いた場合もあったであろう。

　オクソは綿のように軽く柔らかではない。古くなるにしたがっていよいよ塊になって、とじ糸で押さえぬ限り、片方を持ち上げれば一方の端に転がり集まってしまう。単にこれだけの事実でも、ヨブスマが今の木綿の蒲団に比べて、遥かに保温力において劣っていたことは想像できるのである。

　ヨブスマはいうまでもなく夜の衾で、名を聞いただけではいかにもなつかしい。そうしたものが、今もなお遺っているなら是非見ておきたいものと、翌日は朝早く宿を発って、近くの熊ノ子沢、檜沢などの山村を歩き回った。しかしこちらのたずねる品が、問題のものだけに、どこの家へ行ってもそんなものは使っていないと申し合わせたような返事である。まさか見知らぬ家の寝所を覗くこともならず、ヨブスマの実見はあるいは絶望かと思われたが、翌日は道連れとなった木挽を頼んで、そちらで交渉してもらうこととした。しかしヨブスマがこの地方の山村から少なからず影を失っていたことは事実であった。明治三〇年頃、九州方面の製紙会社が、原料の一部として繊維質のこの夜具に目をつけ、酒田あたりに船を回して、盛んに買い集めたものであった。その時ヨブスマ一枚の価格は一〇銭ずつだったとは、熊ノ子沢のある家の老婆の話であった。

四

ヨブスマは由利郡直根《ひたね》村大字猿倉の、村上右馬之丞さんの家で見ることができた。例の道連れの木挽さんの口添えである。主人の右馬之丞さんは、その名前の持つ感じのごとくガッシリした人であった。屋敷前の土蔵を明けて、一枚ずつ都合三枚枹え出してきて見せてくれた。一枚は麻布製で、約五〇年前に作ったことは判っているといったが、あとの二枚はともに藤布製で、製作の年代はともに想像もつかぬが、一枚はもっとも古く一五〇年にもなろうかとの話であった。いかに古くなっても洗濯は致さぬ。損じればそこに代布をあてて繕っておく、地色等も判らぬまでに汚れて繕ってあるが、一枚は地が浅黄で袖が絞り模様になった、画にでも描いたら懐かしかろうと思うような、形としては立派な夜着で、袖が別布になったところなど、この地方のデタチという仕事着と同じである。ただ丈を見ると目測だから正確ではないが、曲尺四尺五寸ほどしかない。これを首まで引っ掛けて横になったら、膝から下は出てしまうであろう。どんなふうにして着たものか判らぬが、定めし窮屈なことであったろうと思った。そうして少し極端だが、自分などにはちょっと持ち上げることもできぬ、とじ糸が断れて、中のオクソが引張るたびにごとごとと動く。

主人の右馬之丞さんは、朴直そのもののような語りぶりの人であった。そうして説明してくれた。ヨブスマなどというのは、今日で考えると、はおって温かいものではない、重いので仕様なしに、汗を流しているようなものですと、笑話そのままであるが、真実の言であろうと思った。冬期ことに寒気のきびしい時など、鳥海山麓の山小屋等に籠っている炭焼、木挽などが、どんな切れはしでもよいから貸してほしいと頼みに来ることがある。そんな時の用意に、こうして捨てもせずしまっておくといっていた。

同じ村の茶店の若者の話であったが、若い衆の集まりなどに、夜が更けて寒気に堪えられぬ時など、その家の納戸などを探すと、二枚三枚は必ずあった。それでそれを引張り出して寝た記憶があるというから、まったく使用価値を失っていたわけでもなかったらしい。同じ村の字川熊《かくま》鷹の巣あたりには、今も使っている家があると後に聞いた。果たして今も使用されているかどうか、猿倉のヨブスマは、特に乞うて布の一片を切り取って持ち帰ったが、後はどうなったか、あるいはもうあの時を境に捨てられたかもしれぬ。

もんぺの話

一

もんぺというものが、このごろ急に都会の人をはじめ、日本中どこでも用いられるようになりました。そして男の人よりも、女の人たちが多く着けていますが、あれはほんとうは男のものです。

男の人が着ていた一種の袴であったのを、いつか女がおもに着けるようになったのでした。それもはじめは都会の人たちではなく、田舎の人たちだったということは、みなさんもごぞんじでしょう。

流行はなんでも都会から起こるように考えている人が多いのですが、けっして都会ばかりが流行のもとではありません。田舎のものが逆に都会に流行することもあるのです。もんぺは、そのもっともよい例だといえましょう。

田舎では女の人でも、すすんで野に出て働きます。働くということが田舎では一番大事なことですから、それには身支度なども、働きよいということが一番の条件です。

そこでさっぱりとした、身がるなもんぺを、本来は男の人が着けていたのを、女がまねて着けるようになったのです。

いつ頃からそういうようになったかはわかりませんが、そんなに古いことではないようです。

雪の深い地方では、寒さをしのぐにもよく、いっそう便利ですから、たちまち流行して、みんなはくようになりました。

そんなわけで、もんぺを早くから女の人が着けるようになったのは、だいたいに寒い地方、ことに雪国が多かったようです。

二

長野県や、そのほか東北地方の人々は、もんぺは私たちの国が本場だなどというかもしれませんが、実はそうでもありません。もともと男の着るものですし、その起こりをもとめると、むしろ西の方です。京都を中心とした近畿地方でも、かなり昔から用いられていたようですが、それよりも西の、九州地方にもっと古くからあったように考えられます。

それはあちらに、形としてもっとも古いものが残っているからです。山で炭を焼く人たちとか、狩人などが着けているものがそれです。熊本県や宮崎県の山おくの村には、麻であんだり、鹿の皮をなめして作ったりしたものがあります。

もんぺなんて、ちょっとへんな名です。あれは関東の一部から、東北地方にかけて多くいわれている名で、どちらかというと、股引ということであったらしいのです。

私たちが股引といっているものは、ふつう肌にじかに着けます。メリヤスの股引などともいいます。ところがもんぺの場合ですと、多くの場合、着物の上にちょうど袴を着けるように着けます。

そうしたちがいはありますが、もともと腰から足の部分を保護するものですから、同じ名であってもさしつかえなかったのかもしれません。けれど別の物を同じ名で呼ぶことは、第一まぎらわしく不便でありますので、どちらか一方をほかの名で呼ぶようになることもよくあることです。

三

今まで調べられたところによりますと、もんぺの名は地方地方でいろいろの呼び方があって、全国でだいたい四五〇もあることがわかりました。

かっこうによって、猿もっぺだの、脛子《すねこ》もっぺだの、だうらもっぺだのといったり、たっつけとか、かるさんという地方もあり、また、はかまと呼んでいる地方もあります。

長野県などでは雪ばかまといいますが、はるかにへだたった四国の高知県などでも雪ばかまといっています。また皮で作ったものは、皮ばかまともいいます。

奈良県や三重県の村にも皮ばかまはあって、白くさらされたもの、美しく色をそめたものもあります。今から一〇年ばかり前、三重県の山の村を歩いている時、白い皮に黄色な縞模様をそめたものを着ている人を見ました。皮ばかまは、山のいばらの中などでも、自由に歩くことができて便利です。

東京などで以前防空に着けていたのは、着物の上につけるので、だいたいにはば広くできていました。しかし田舎で働くには、あまりはばが広くては材料も多くかかり、活動にも不便なので、細くきりりとしたものが用いられています。秋田県や岩手県で脛子もっぺとか、猿もっぺというのは多くそれです。田舎の働く着物は、みじつかとか、こしきりといって、上着は腰までしかないものが多いので、しぜん、もんぺも細くてまに合うというわけです。

もんぺはもともと実用的のもので、かっこうや着け方などはどうでもよい。勇ましくて便利であればそれでよいのでありますが、着た場合むりがなく、よく体に合うように工夫することはよいと思います。

このごろ急につけだした地方は、何かとおくれておりますが、以前から着けていた地方は、どことなくしっくりと体に合っているように思われます。

作り方と着け方の工夫しだいで、いかにも軽快に、そうして美しく見せることができれば、それにこしたことはありません。それには着物の方も、もんぺを着けるために、別の工夫をすることもひとつの方法かと考えます。

ほんとに日本的なものをつくる意味で、こういうことにも、おたがいに研究をすすめてみたいものです。

器物の名称について

いわゆる容れ物

一口に容れ物というても、その範囲はだいぶ広汎にわたるのであるが、ここでは主として田舎ことに農村の生活を対象にある種の容器についていうてみるに過ぎない。

うつわが中の空虚なるものを意味し、いわゆるいれものが、そこにものを寄託することから出た名としても、現在ある容器のすべてが、最初からその定義を追って製作されていたとは限らない。ものの逸散または損傷を防ぐ一方には、他の掠奪を免れる必要もあったろうし、さらに移動の便宜も関係していたろう。それぞれの目的ないし意図によって、たとえば貝殻とか瓢《ひさご》のように、最初からいわゆるうつわの条件を具えた自然物を利用する一方には、単に蔓とか紐のようなもので、結束しておくことから発達した場合も考えられる。小さな獣などは、一本の綱で括っておいてもよかったが、鳥などとなると少し工合が悪い。さらに魚となると、これは一層厄介で、一段と複雑な装置を要する。それも単に一カ所に留めておく場合はよいが、移動の要求が起こった際は、別の工夫を凝らさねばならぬ。檻のようなもの以外の容れ物がそのために必要になる。その他穀物とか、あるいは水とか火となると、これは形や材料製作の様式にまで関心がいる。対象に応じて、別途の方法も要求されてくる。そこにそれぞれの要素をとりいれた、各種の形式を備えたものの工作を促す。この意味から、いわゆる容れ物の多くが、貯蔵と運搬の要素を兼ねていたことも、偶然ばかりではないであろう。長野県などで、現在も使用されているマスとかコクビツ（穀櫃）などいう貯穀の設備は、動物の場合でいえば檻のようなもので、ほとんど移動の可能性はないが、同じ貯穀の目的を持つものでも、俵《たわら》とか叺《かます》となると、移動的要素を多分に備えている。

器物と標準名

農村等に使用されている器物には、標準名のなかったものが多い。それも特殊の用途を持つものとか、ある地域に限られていた場合はいうまでもないが、全国的に使用されていながら、はたして何と呼ぶかに迷うものがある。そういうて、方言を採用するとなると、地域的に、はなはだ名称に混淆があるからこれは実際上むつかしい。ある土地で笊《ざる》をソーキまたはイカキと呼ぶというても、その笊に対する認識が人によって異なる。かりに形でいえば、甲の人はだいたい皿形の具と考えていたに対して、乙の人は筒形と信じている。こういう状態にあっては方言採集に際しても、動植物のように標準語を挙げて、それによって求めるごとき簡便法は不可能である。どうしてもある程度の分類がなければならぬ。もっともそういうたからとて、地域的に、まったく他に類のないものが転がっていたというのではない。一部の例外を除いては、青森県に使用されていたと等しい籠が、用途や名称は異なっても、鹿児島にも見出され、関東地方に行なわれている名称が、関西にも何らかの器具に呼ばれていて、全体的には、ひとつの有機的存在であったといえる。その間には、もちろん細かい地理的分布もあろうと思うが、今のところではそれに触れるべく用意がない。なお、前にいうように、器物全体が、ひとつの有機的存在であることから、かりに名称の比較を試みるにしても、たとえば動物における蝸牛とかメダカ、植物のスミレとかタンポポのように、あるひとつを挙げて対象にしたのでは、器物においては無意味に陥る場合が多い。生活環境の相違から、一方にあって他方にないものがある。かりにあってもまったく様式名称を異にしていたりする。

タワラの語を持つもの

器物の名が、各地方でどんなふうにいりくんでいたかを知る便宜として、いわずもがなであるが、農村にもっとも交渉の多いタワラの語を選んで、それに関係があると思われるものを、まず拾い上げてみる。

今日一般的にいわれている俵《たわら》の語は、穀物ことに米の貯蔵具として普及している。タワラの語源が、田藁ですなわち、材料から出たかの説の当否はさておくとして、容器としての恰好からいうと一種の苞《つと》である。そうして製作様式はいわゆる菰《こも》に近い。ただ物を容れた場合、両側にいわゆる桟俵をつけたことから、特殊の形に見えることも特色である。これとまったく同じ称呼を持つ器を求めると、私の知っているのでは、静岡県田方郡のタータである（**第一図**）。これもやはり材料は藁で、使用形態は腰に帯びまたは手に提げて蜜柑の採集等に使用されている。

第一図　ターラ
静岡県田方郡
内浦村長浜

ほぼ同一の形式のものが各地にある。新潟県などでは、テゴと呼んでいる。富山県婦負《おえ》郡百塚《ひゃくづか》村では、ドーワまたはドワともいう。『富山市近在方言集』に「ドホ、蒲の葉或は藁又稈心等を以て菰編みとし、丸く縫合して拵へたるもの（――弁当入れ）、（――に穂が入つとる）ネコダに同じ」と記載あるものも同じらしい。ただしネコダに

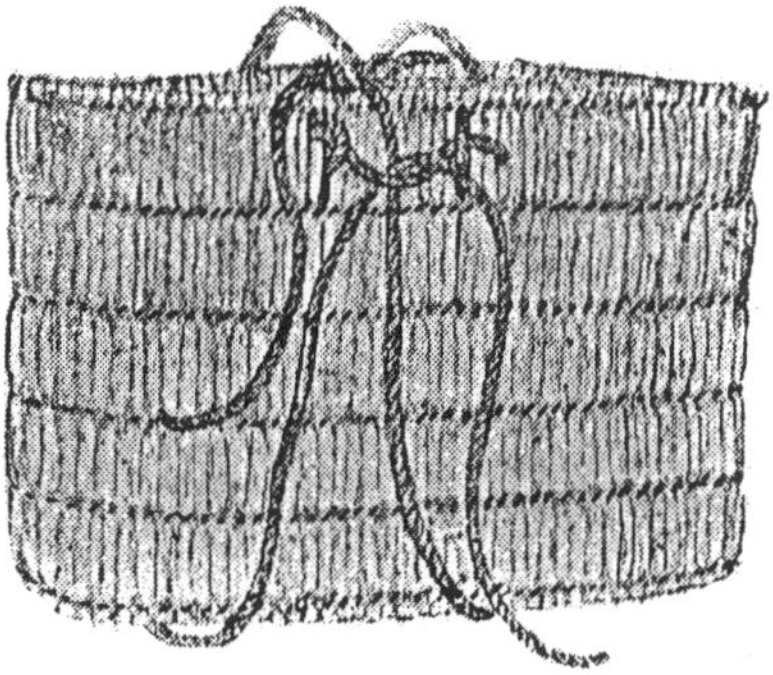

第二図　ネコダ（材料蒲）
愛知県北設楽郡本郷町

同じとある点から、一方同書ネコダの条を参照すると、同じとする観点に少しく疑問を持つが、これはこの方が実物を知らぬのだから、問題とはならぬ。とも角蒲《がま》または稈心を材料とするものもあるらしい。

愛知県伊良湖崎村日出《ひい》（渥美郡）でいう、ナーダラまたはナワダーラは、これをひとまずナワ俵《だわら》の意であったと仮定して、さて実物に当たると、藁縄製で、形は前にいう伊豆のターラとは著しく異なり、一種の背負籠で（袋とも）同じ県の山地地方で、山仕事に携る者が持つ、ネコダまたはネコ・イジコ等いう（**第二図**）ものと同一様式の具である。

静岡県磐田郡などで、狩人がワリゴ入れとして持つものにニンダラというのがある。これもやはりニン俵の意と仮定すると、使用形態は同じく背に負うのであるが、材料はまったく異なった綿布または麻布である。あいにく適当な図がないが、これは近接せる愛知県北設楽郡等で使用される、イジコまたはイジコ袋とほとんど同じであるからそれを参考に掲げておく（**第三図**）。もっともニンダラには藁または、檜皮、芭蕉の茎等を材料とした、第二図と同様式のものもある。

第三図　イジコまたはイジコ袋
愛知県北設楽郡段嶺村
（高橋文太郎氏撮影）

あれからずっと東北に飛んで、青森県津軽半島

第四図　ナンダラ
青森県西津軽郡十三村

の西・北津軽郡地方に、ナンダラがある。これは私などの見ているのは材料は藁で、使用形態は、手にも提げ背負いもする。あるいは保存具として使用されたのもある（**第四図**）。これもナン俵《だわら》のつづまったものとして引用したのである。

さらに南に進んで、南津軽郡にはいると、ほとんど同じものを、ヨコダラと呼ぶと聞いているが、さらに南方の秋田県の大館・十二所（北秋田郡）でヨコダラというのが、多くの条件がナンダラと一致している。ただしこれは名称のとおり、形が一段と偏平である。市に買出しにゆく人などことごとくこれを負っている。これの類型には、長野県上水内《かみみのち》郡栄村辺で使用されているテンゴーがある。

秋田県地内には、ナンダラ・ヨコダラ系のものを、ナダラまたはニダラと呼ぶ地が各所にあり（河辺郡・由利郡）、さらに福島県若松市付近でニダラというのも、同一条件にあるものである（佐治祐吉氏）。

宮城県名取郡、山形県西置賜郡、新潟県岩船郡等でいうカッコダラは、籾種の貯蔵にあてられるもので、これは材料は藁、製作様式は苞を思わせる、今年五月（昭和八年）山形県から新潟県岩船郡へ越えた折には、あたかも苗代に播種直後で、小国・栃倉（山形県西置賜郡）、三面（新潟県岩船郡）等で、農家の外壁等に、水から取り出したこのカッコダラが、干してあるのをいくつか見た（**第五図**）。

なお長野県小県郡上田付近でいう、カツギダーラ（**第六図**）は、材料は藤とか藁、二つを一組として、堆肥とか野菜の類の運搬にあてる。静岡県田方郡でいうターラを一段浅くして、形を大にしたものである。これにもま

第五図　カッコダラ
新潟県岩船郡三面村（高橋文太郎氏撮影）

第六図　カツギダーラ
長野県小県郡豊里村

た土地により各種の称がある。

それから、これもいわゆる俵に関連のある語と思うが、秋田県扇田町（北秋田郡）付近で、田植えとか野良仕事、ことに夏季田草取り等の折、背中に着ける蓙がある。キゴザなどいう地もあり、簑という方があるいは適当かもしれぬが、形式はまったく別で材料は藺を用いている。これをミダラという。なお晴天に着けるをシュル（昼）ミダラ、雨天に使用するをアマ（雨）ミダラといい、後者はやや大形にできている（明石貞吉氏）。

以上はことごとく東日本の事実で、西日本の例を欠いていたのは本意ない。

ビクを対象に

タワラに次いで、いまひとつビクの語に対象をおいてみる。東京などでいうビクの概念は、口の部分がくびれた甕形の容器で、材料は主として竹、用途は魚を容れ運ぶ。釣道具の中の一つということもでき、使用形態は、腰に括りつけるのが多い。

ところが、関東地方の中でも栃木・群馬・茨城等でビクというておるものは、物を容れて背負う場合の一種の

第七図　ビク
茨城県久慈郡黒沢村上郷

背負袋で、今日、登山家等の用いるリュクサックに該当する、前にいう伊良胡崎のナーダラに当たる。したがって、これはある観点にしたがうと運搬具ともいえる。材料が柔軟性の藁またはそれに類似の性質だから、感じがピタリとこないが、一種の籠に、背負うための装置を施したものともいえる（**第七図**）。したがって運搬的装置を除けばこれは単なる容器に還る。

第七図の用途は、狩人の弁当入れで、材料はこの地方でいうイワシバを陰干しにしたものの縄である。これは狩人がつねに身に着けていただけ、形も小形でキャシャにできているが、農家で使用するものは遙かに大きい。栃木県利根郡法師《ほうし》のものは、藁縄をもって編み、負ったところちょっと俵を縦にした感じがあり、すこぶる頑丈である。上越線の水上・上牧《かみもく》等の沿線にも、これを負った人を見た。群馬県横川付近のものもほぼ同型である。

伊豆神津島でいうビクは、これは胴回りのややふくれた竹籠に紐を取りつけたもので、女子が前頭に引っかけて使用する、ほんとの被《かつ》ぎ籠である（藤木喜久麿氏）。

同一形式の具は三宅島・八丈島にも行なわれているが、名称は判然せぬ。

神奈川県鵠沼・鎌倉付近の漁村で、ビクザルというのは、これはごく大形の背負籠である。

次に長野県の小県・東西筑摩郡等でいうビクは、材料は竹を用いたものが多く、作物の採取とか、畑の除草等に腰につけて使用される。恰好からいうとやはり籠で魚猟に用いるもある。同地方におけるビクとカゴの限界は

第九図　メカゴ
青森県北津軽郡小泊

第八図　ヨコタ（伏せたところ）
和歌山県西牟呂郡潮岬村

微妙で、いずれかというと小形のものをいうとの説もあるが、形状においては、必ずしも口のくびれたことを条件としないようである。

静岡県西部の引佐・磐田郡の一部と、そこに接壌する愛知県の一部から岐阜県恵那郡地方にかけていうビクは、材料は藁または藤で、（第六図参照）、二個を一対として、担い棒をもってする運搬具で（第六図参照）、堆肥・野菜類の運搬等にあてられる一方に、個々に切りはなして、容器とするもある。農家の納屋等を覗くと、必ず一組くらいは置かれてある。『言葉の泉』に「ビク」縄にて造れる畚《もっこ》、とあるのはこれを指したかと思う。この種形式のものも、土地によって各種の称があったらしい。たとえばヨコタガコ（宮城）、テゴ（埼玉）、モッコ（越後）、フジジコ（愛知）、カツギダーラ（長野）、ヨコタ（和歌山）（第八図）、フゴ（鹿児島）等である。

なお広島県甲奴郡吉野村付近でいうビクは、竹をすきまなく編んだ籠で、ところによってビコともいうと、磯貝勇氏の報告にあり、さらにイケビクというものもあるらしいが、実物に接しておらぬので十分な認識が能わぬ。

次には用途・形状等から、東京地方のいわゆるビクに該当

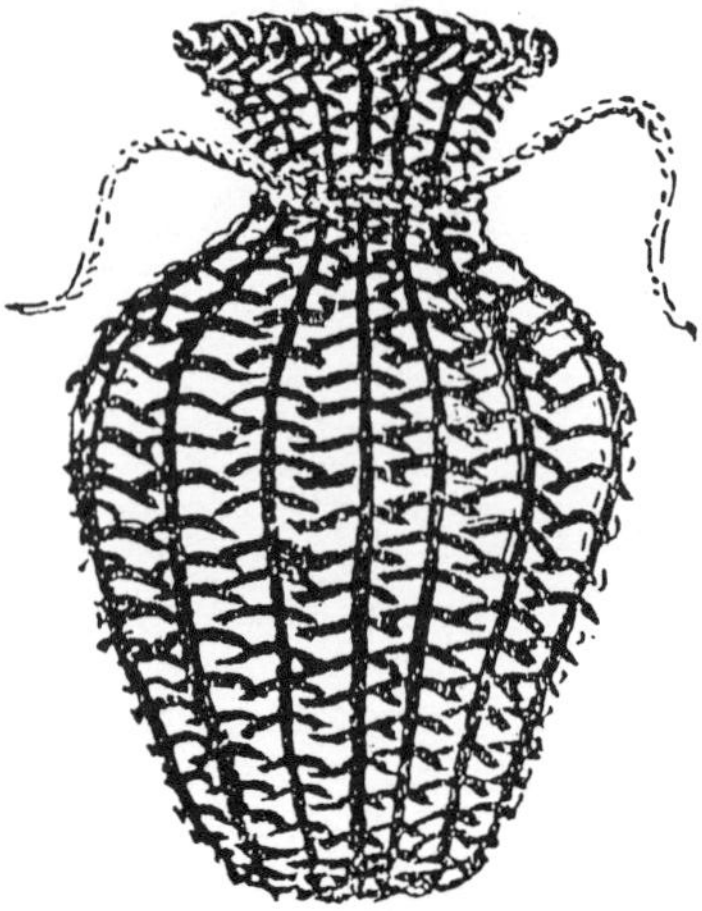

第一〇図　ハギゴ（材料　ニキオ）
岩手県岩泉町

第一一図　カッコベ（材料　イタヤ）
秋田県湯沢町

すると考えられるものの名称を他地方について挙げてみる。

メカゴ・テカゴ　青森県北津軽郡小泊《こどまり》（**第九図**）
ハキゴ　同　八戸市
ハキゴ　岩手県岩手郡雫石村
ハギゴ　同　下閉伊郡岩泉町（**第一〇図**）
フゴ　宮城県名取郡玉浦村
カッコベ　秋田県湯沢町（**第一一図**）
ハケゴ　山形県米沢市
ハケゴ　同　西置賜郡（**第一二図**）
ハケゴ　新潟県村上町
エコ　石川県能美郡梯《かけはし》村
フゴ・イオカゴ　愛知県南設楽郡
イオカゴ　岐阜県恵那郡岩村町
ボツツリ　奈良県吉野郡十津川村
シダミ　大分県日田郡日田町
イオテゴ　鹿児島市（**第一三図**）

これらの材料は土地によって一定でない。例証がとかく東北地方に偏しがちであるが、今の私としては致し方ない。なおここに挙げた名は一例で、同一の土地に、別の称呼が同時に行なわれた例は多かったと想像する。しこうして同一の称呼が、同時に他の器物にあった事実もまた多い。この意味から、器物の名称については、まずひとつの土地によってある程度の認識を得ていないと、他地方の事実を比較する場合、十分な理解が得られなかった。

第一二図　ハケゴ（使用形態）
山形県西置賜郡北小国村栃倉
（高橋文太郎氏撮影）

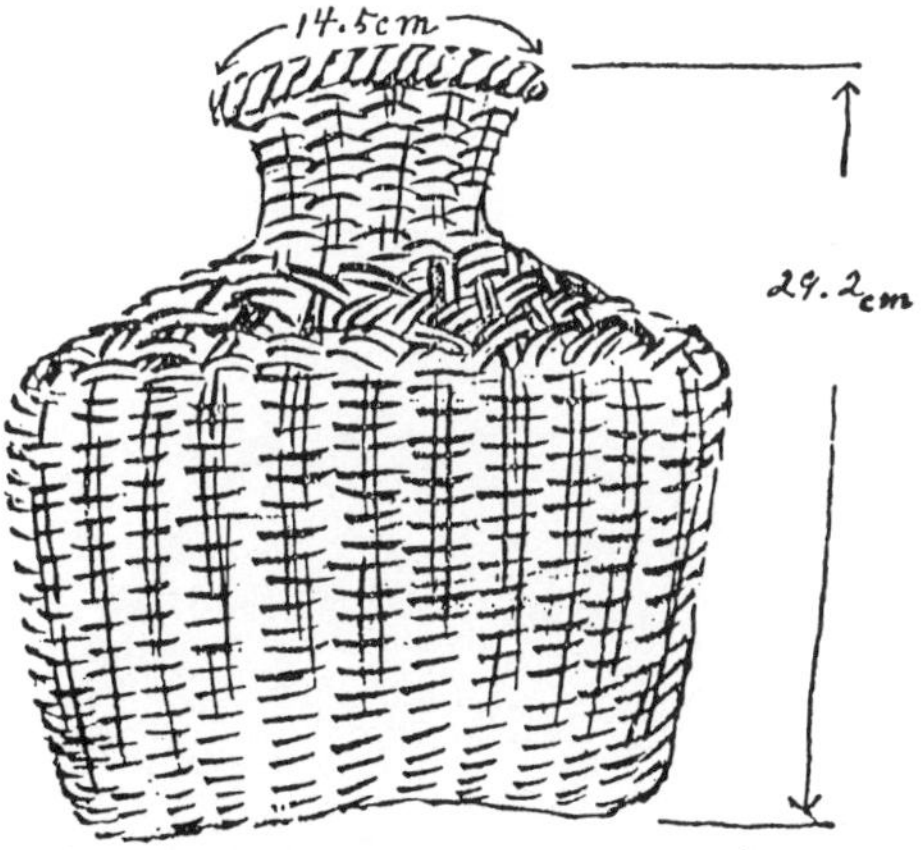

第一三図　イオテゴ（材料　竹）
鹿児島市

背負袋の名

背負袋という名は、この場合不適当であるが、前に挙げた関東地方のビクすなわち一種の背負籠をいうのである。これとほぼ同一の条件にあるものが、東北地方には、多くコダシ・コダスの名で行なわれている（**第一四図**）。材料からいうたワラコダシ・ブドウコダシ・アケビコダシ・ツヅラコダシ・キノメコダシ等はありふれたもので、獣皮とか海草等を利用せるもあり、製作技術等にも注意をひく。春の蕨取りとか、秋の栗拾い、茸狩り等には必要欠くべからざるものである。

いま、これとほぼ同一の条件にあると思うものの名を、他の地方について挙げてみる（青森・秋田・岩手のコ

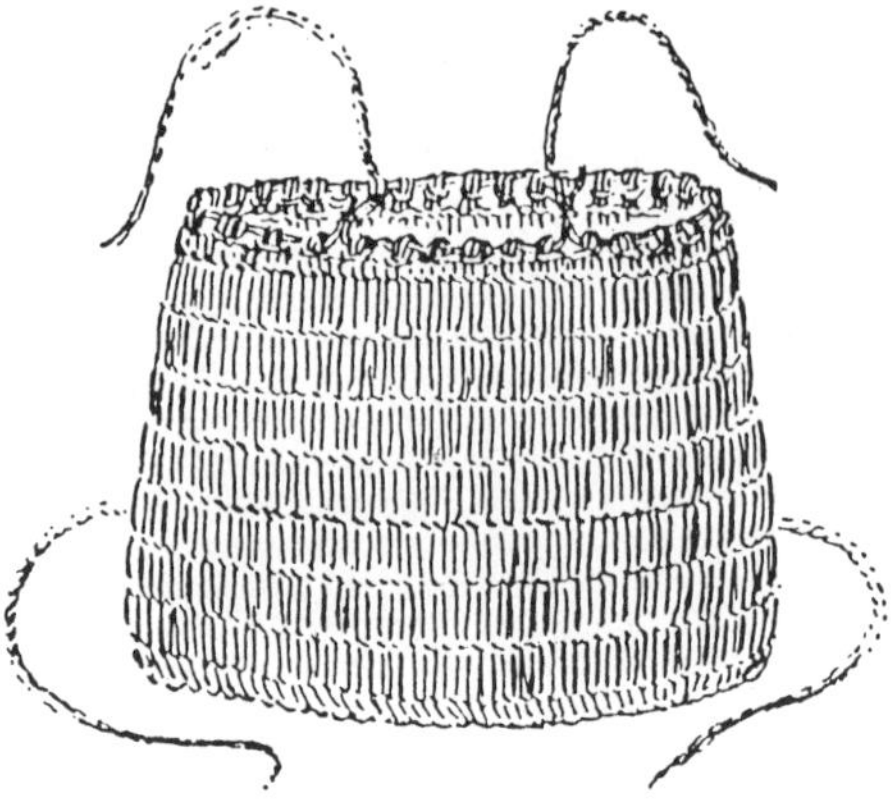

第一四図　コダシ
青森県北津軽郡小泊

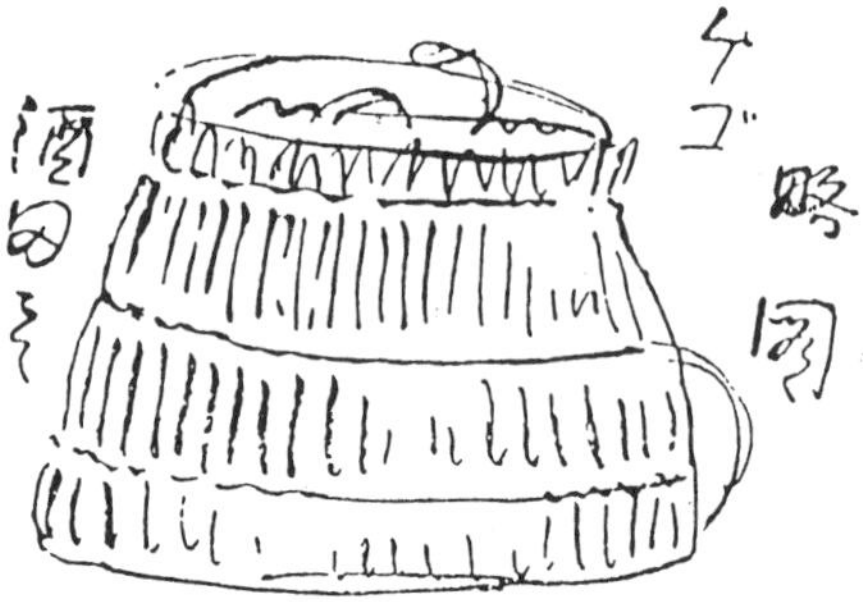

第一五図　ケゴ
山形県酒田市

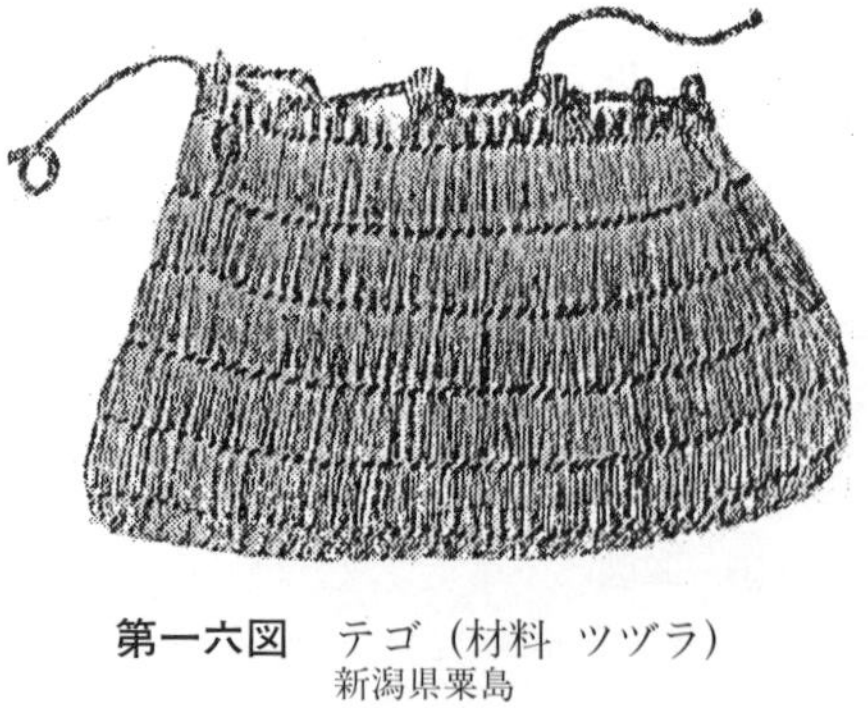

第一六図　テゴ（材料　ツヅラ）
新潟県粟島

ダシ・コダスは省略)。

青森県八戸市　小井川潤次郎氏の説によると八戸市付近のヤヅカリは、口の位置がコダシとは逆で、下部が開くようにできているものをいうが、九戸郡地方はそれとは逆に、八戸市付近でいうコダシをヤヅカリというそうである。

クゴ	秋田県由利郡矢島町
ケゴまたはクエゴ	山形県酒田市（第一五図）
テゴ	山形県西置賜郡小国
テゴ	新潟県岩船郡粟島（第一六図）
テゴ	同　東頸城郡地方
ビク	栃木県利根郡法師
ビク	群馬県横川町
ビク	茨城県久慈郡黒沢村(前出)
コシゴ・ショイコシゴ	長野県小県郡地方
ジョロタ	同　東筑摩郡本郷村
ネコダ・ショイコ・イチコ	同　松本市付近
ショイコ・ネコ・ネコダ	同　下伊那郡園原（第一七図）
ドーラン	同　榊原村
コシゴ・ドーラン	静岡県田方郡西浦村
ニンダラ	同　磐田郡龍山村

第一七図　ショイコ（少年の前にあるもの）
長野県下伊那郡神坂峠にて

第一八図　ネコダ
愛知県北設楽郡下川村

第一九図　イヅミ
滋賀県高島郡大溝町
（『旅と伝説』第六巻第一号）

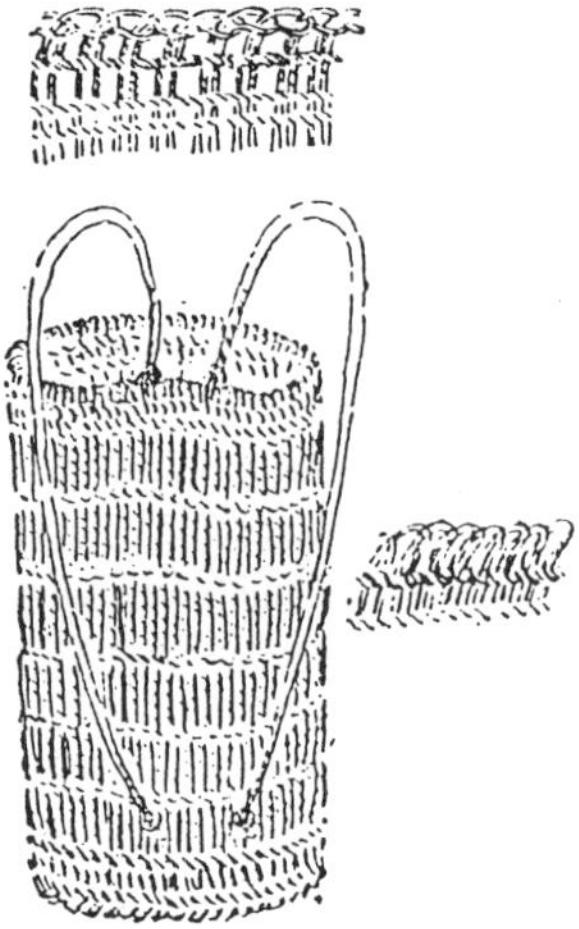

第二〇図　カリ（材料 藁縄）
宮崎県南那珂郡福島町

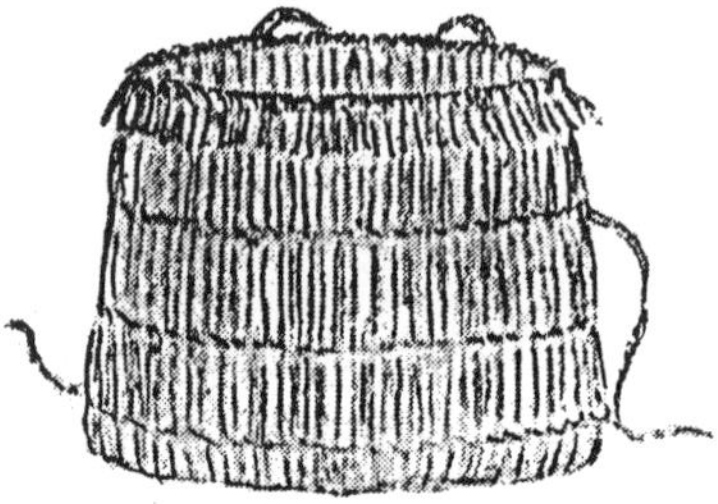

第二一図　コシゴ（材料 藁）
島根県八頭郡山形村

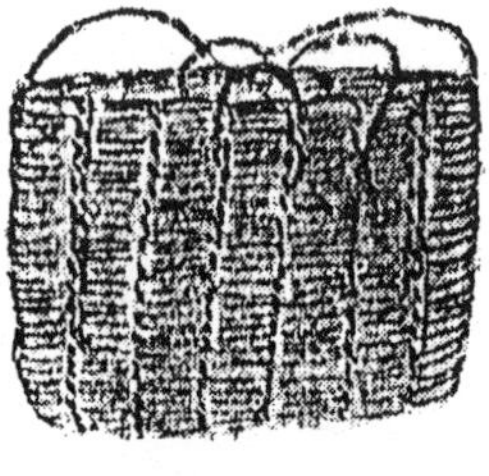

第二二図　カリ
鹿児島県揖宿郡指宿村

ショイコ　　　　　　　　山梨県南巨摩郡奈良田
ショイコ・イジコ・ネコダ・ネコ　愛知県南・北設楽郡（第一八図）
ナーダラ　　　　　　　　同　渥美郡伊良湖崎村
セゴ・ショイコ　　　　　岐阜県恵那郡
ネコダ　　　　　　　　　富山県婦負郡百塚村
イヅミ・テゴ　　　　　　石川県能美郡梯村
イヅミ　　　　　　　　　滋賀県高島郡大溝町（第一九図）
フゴ　　　　　　　　　　奈良県吉野郡十津川村
カリ　　　　　　　　　　宮崎県南那珂郡福島町（第二〇図）
カルイ　　　　　　　　　大分県速見郡北由布院村
コシゴ・コシヅ　　　　　島根県八頭郡山形村（第二一図）
カリ・カリー　　　　　　鹿児島県揖宿郡指宿村（第二二図）
カガイ　　　　　　　　　同　肝属郡内ノ浦村

この他、備中・安芸・出雲等にも、コシゴ・セゴ等の名があり、だいたい同系と信じられるが、単に方言集等を通して知るだけだから、ここには加えぬこととした。

以上挙げたものには、別に材料名を付したもののあったことは、東北地方のコダシにおけると同じで、たとえばワラテゴ・芭蕉ドーラン・ツヅラフゴ・フジカガイ等で、その他、形状・使用形態等をいうたものも多い。

名称と地理的関係

　ここで一応いうておきたいのは、器物の名称と地理的関係である。もちろん前に挙げたようなわずかの事実を根拠に、とやかくいおうではないが、それを求める場合に、たとえば背に負うものの名で、東北地方のコダシとか、九州方面のカリ・カルイ等のように、地方的にある点の分布は考えられる場合もあるが、ものによっては、比較をしようにも、肝腎のものが一定でない場合がある。むしろそれが多い。たとえば東北地方などで、嬰児を容れる籃のエヅコ・エンジコ等にしても、新潟・長野地方のチグラ・ツムラ、石川・福井地方のイヅミなどともに行なわれているが、ひるがえって東海方面からさらに関西・九州地方にはあまり見かけない。こうした事情に逢着する。しかしこれを製作様式とか形状等から、たとえば単に藁製の容器として関連を求めると、東京地方でもオハチイレなどいい、飯の冷めるのを防ぐものとして行なわれている。もっともこれは蓋のある点で、形式は別ではあるが、ともかく交渉あるものとすると、さらに近畿・中国地方から、鹿児島辺にも行な

第二三図　カッコ
長野県上水内郡栄村
(アチック・ミュウゼアム蔵)

第二四図　オボケ
岩手県岩手郡雫石村
(アチック・ミュウゼアム蔵)

われており、ホゴまたはフゴの名が比較的広く分布している。したがってこれを子供を容れる籃とか、飯櫃容れとして、用途を限ったのでは地域は限られてしまう。

器物の多くは、人間の意志の働いた工作物である以上、特殊の場合を除いては、絶えず新しいものが供給されて、そのたびに条件も更っていくから、命名に対する地方的特異性はかなり強調されてきたとみなければならぬ。山形・新潟両県の接壌地帯のカッコダラは、前にもいうとおり籾種を貯えるための一種の苞であるが、これは宮城県の海岸地方でもいう。これに対する秋田県の各地でカッコべというのは、形からいうと一般にいう籠で、したがって用途はまちまちである。あるいは一種の背負袋すなわちコダシ系のものにいう地もある。さらに長野県上水内郡辺でいうカッコは、田植の折に早苗を入れて運ぶ麦稈製の器であった（第二三図）。名称にこそ連絡がありそうだが、用途、形状、材料はまったく別であった。

麻を績む場合の績笥《おぼけ》等にしても、単にその用途だけを目標に、各地の例をとって、オオケ・オボケ・オンケ・オゴケ・ミオケ等を挙げて、もと同一の語の転訛ときめてしまえばそれでもよいが、オボケの語を、オオケ・オンケの転訛とするには少し無理がある。まして績笥には、その製作が、いわゆる籠系統のもの（第二四図）と、曲物ないし桶にできたものとの二種がある。したがってこれを材料とか形態、または製作様式に観点をおいて、かりに籠形式のものについて語音の類似を求めると、ツボケ（岩手一ノ関付近、績み道具の中の一種ガワ等ともいう）、ボテまたはボテカゴ（新潟・長野・愛知等、籠の一種）、ボッツリ・ボーラ（奈良・和歌山地方、籠の一種）、ホボロ（中国地方、籠の一種）、バラ（鹿児島、笊または籠の一種）等に、むしろ関連の求められぬこともない。

用途・製作様式・使用形態の一方に、材料が名称に影響する点もまた少なくない。これを地理的に見てゆくと、九州から中国・近畿等の暖地には、籠系統のものに竹製品が多く、東北・北陸地方は同じ竹でも種類をまったく異にしているから、竹をもって造るものは、形状等にも制限を受ける。その他の蔓科植物等の利用も、生産と密接な関係があるから、やがて名称にも影響すると考えられる。

名称の変化

器物の名称の変化は、畢竟、新造語の発生を意味するが、これが直接の動機としては、たびたび繰り返したがまず次の諸点が挙げられる。

一　用　途
二　使用形態
三　材　料
四　製作様式
五　形　状

これには、単純に新たな伝播と製作を前提とするものと、自然的変化がある。次には地理的関係である。ことに土地土地の生活環境の変遷は、物の伝播と変革に大きな影響があるから、名称においても、その余波を蒙ることは当然である。

なお器物の名称について、ことに注意を惹くのは、語音に類似のものが非常に多かったことである。たとえばやや似たような用途を持つ品について、それを挙げてみると、

カゴ　（各地）
メゴ　（同右）

テゴ　（同右）
フゴ　（同右）
カワゴ　（同右）
エコ　（石川県能美郡）
エフゴ　（滋賀県各地）
スゴ　（広島県比婆郡）
タゴ　（各地・水桶）
ホゴ　（宮崎県東諸県郡）
ケゴ　（酒田市）
クゴ　（秋田県由利郡）
カッコ　（長野県上水内郡）
ハケゴ　（東北各地）
モッコ　（各地）
ヒゲコ　（各地）
エヅコ　（東北各地）

これはほんの一例で、またまだ沢山あるはずである。その他オボケ、ツボケ、シホゲ、クシゲ、オケ等の名にしてもそうで、これらの語尾のコ・ケの音は、ある種の器具をいう意があったとして、語そのものに別に強い魅力ともいうものがあったことが思われる。もちろん中には例外もあったであろうが、単純な癖や感覚が齎したものではないかもしれぬ。この事実は、名称の変化発生を考えるうえに、相当重要の点で、これには語音の持つ意義が大いに関係すると思われる。

　新たに条件の変化から、それに対する感覚をとり入れる場合に、語幹となるのはまず在来語の転用であった。たとえば魚を入れるものがカゴであった場合に、新たに茶を摘むための同じ様式のものができれば、まず茶つみカゴとして複合形を造る類で、この例は何程でもあって、形状、材料、製作様式から、ひいては製作者の固有名詞、伝来の地名等、ほとんど応接にいとまがない。複合の次には分化と語音の転訛脱落があって、意味をだんだん遠くすることも他の場合と変わりはない。

第二五図　エヅコ
石川県鳳至郡
（アチック・ミュウゼアム蔵）

命名動機の特異性

　器物の中には、その用途の関係等から使用者自身が名称を知らないでも不便を感じなかった場合がある。元来必要があって製作されたものだから、名称のないはずはなかったのであるが、それを忘れている。ことに対人的交渉度の少ないものにおいてその感がある。しかし必要があれば、適切な、しかも手近な称呼を付与してゆく。これはそのものに十分の理解があるからのことで、物の名称発生におけるひとつの特色ともいえる。これには自然に醞《うん》醸《じょう》されていた場合もあったろう。かつぐザルだからカツギザルときめていたが、そんな名前があったのか等いう事実もある。これもまた新語発生の動機のひとつである。器物の名称を尋ねる際など、この種新造語の応酬を受ける

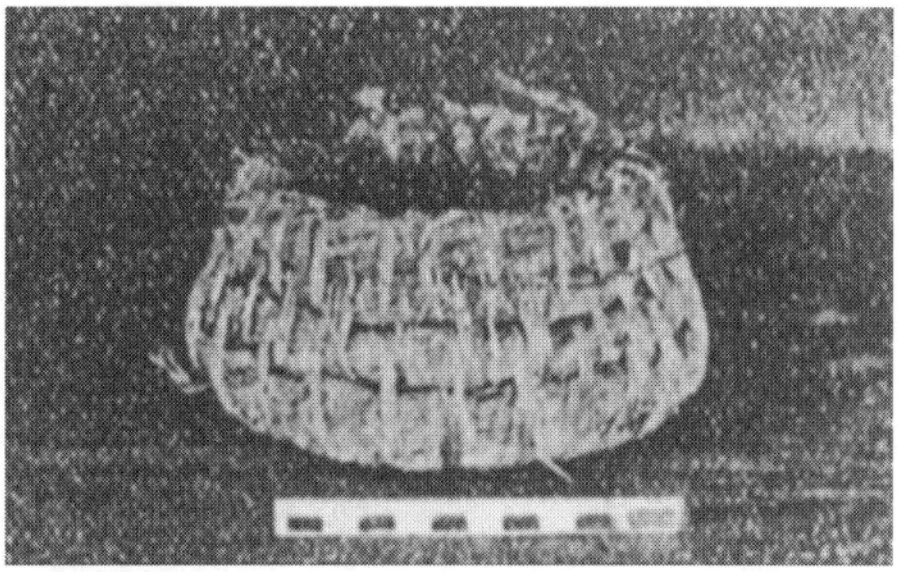

第二六図　エヅコ（祭具）
福島県若松市
（アチック・ミュウゼアム蔵）

場合がしばしばある。たとえば腰につけているからコシツケカゴ、塩を入れた壺だからシオツボだと思いつきの名を答えられても、何ら不合理の感を与えない。容れ物であれば、まずそこに入れるものとか、その他の特色を捉えて、カゴなりツボに盛れば、遅滞なく理解され承認もされる。この種複合形が、器物の名にことに多かったのもこの間の関係があったと思う。もちろんこれは発生の動機で、次の保存と伝播の場合とは別である。

器物においては、形状とか用途、製作材料等、すべてその存在を意義づける条件のひとつでも改まれば、これまた一種の発生でもあった。そこに新語の発生を促す。これは語彙変化の自然法則によるのでなく、対象自体がかわるのだから当然なわけである。しかし用途が変わり形が異なっても、依然在来語を踏襲した例も多い。もっとも今まで手に提げることを建前としていたものが適宜の装置をして肩にかつぐとか、あるいは額に載せていたものがそのふうが廃って手に抱えるようになれば、使用形態に対する新感覚を喚起するから、理屈からすれば名称は変わるわけである。こうして新造語が生まれれば、次にはそれを本として、在来のものと区別する必要も起こる。ひとつの物の発生が、やがて二つの語の発生を促す動機ともなる。しかも在来語は条件に共通点のある限り二者の上に保存されてゆく。子供を容れる籃のエヅコ（**第二五図**）が、一方に飯櫃入れとして、蓋をつけて利用されれば、これをママエヅコとして区別し（山形県西置賜郡北小国）、あるいは祭供用の形の小さいもの（**第二六図**）にメクサレの語をつけても（福島・岩手）なお一方ではエヅコの名に統一されてゆく。この意味で石川県能美郡等でいう背負袋のイヅミと、子供を容れる籃のイヅミは、用途形状はまったく異なっているが、二者の間には何らか関連する要素があっての同一語かもしれぬ。もっともアクセントでは区別されている。

ものの名における複合と分化の事実から考えると、背に負うものに腰に帯ぶことを意味したコシゴ、さらに肩にかつぐものにテゴの名があっても不思議ではない。ひいてはそこを根拠として、ショイコシゴ、カツギテゴの名も生まれてくる。これが各地ごとに繰り返されれば、甲地では背に負うことを意味するものの名が、乙地では腰に帯ぶものにいい、さらに丙地では手に提げ、丁地では棒をもって担うものの名である場合も出てくる。その事実を後の語義批判からすれば、甚しい不合理であっても、発生または変化の法則にはかなっていたわけである。

物を容れる具の葛籠の語原が『貞丈雑記』の著者の説くように、材料のつづら藤からきたとしても、この複合と分化の事実を通すと、かりに材料のつづら藤に関係があったとしても、その間には幾多の変化過程を想像する余地はある。この意味で、単純な古語の残存と考えられていたものの中にも、案外いくつもの段階を経て、現在の器物の名に固定していたものがあったかもしれぬ。これは単に材料における場合のみでない。

新潟県粟島（岩船郡）で、養蚕用の一種の笊をエビまたはエビザル、石川県能美郡でいうエビまたはエビカゴが、もとえびかずらを材料としたものの転用とするのはまだしも、あるいは秋田県由利郡の、背負袋のクゴがクゴという草からきた材料名であり、同じ県の雄勝郡等で、ミノという草から蓑が作られていたというても、単純に材料名の残存とはいえぬ場合もあろう。私の郷里愛知県の東部で、笊の一種をヤスといい、これはヤスダケという竹から作られていたが、この場合のヤスダケは、多くの点から見て、ヤス（笊の）があってのヤスダケであったように思う。したがってことごとく一律に解くわけにもゆかなかった。

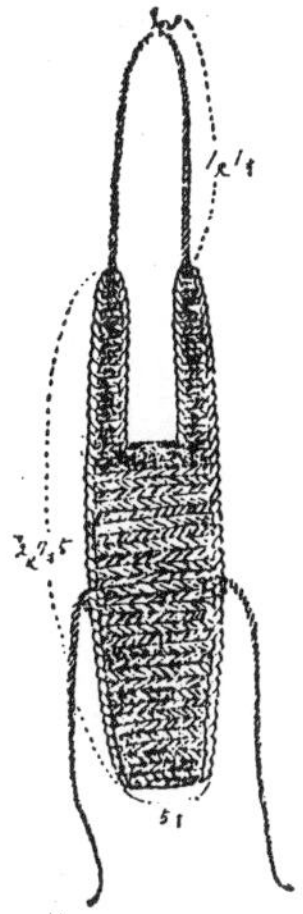

第二七図　ネゴ
秋田県北秋田郡扇田町

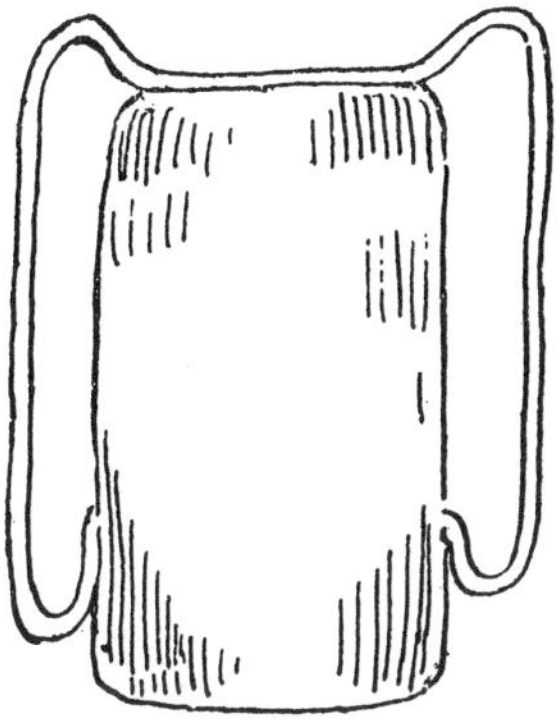

第二八図　ネコ
長野県下伊那郡園原

保存と転用

実は初めの計画では、器物の名称に深い関係のある、製作とか材料、使用形態の変遷等を主としていうつもりであったが、まったく別の結果をたどることとなった。

今までの例が、とかく名称の発生的見地からいうたのに対して、これが保存における一、二の思いつきを述べて、この不用意な一文を終わりたいと思う。名称発生の過程はもちろん重要な観点ではあったが、一方に継承がなくては名称としての意義は薄弱である。転用もまた一種の保存であって、その過程がすべて発生との因果関係を語るものであった。

三河・信濃を繋ぐ山村では、明治二〇年頃迄、多くの家庭にチャオケ（茶桶）という器があった。一にチャフリォケともいい、元は曲物であったかと思うが、今あるものはタガをはめたいわゆる桶である。これをもって茶を立てる。来客などある場合、主婦は一流の茶筅とこの茶桶を抱えて、茶を立て進めたものというが、これが煎茶の普及と一方陶器の土瓶・急須が行なわれるようになって、たちまち必要の圏外におかれた。それと同時に、たとえば電灯の新設に遇ったランプや、ランプの普及を受けたシデ鉢トーダイのように、床下や物置の隅に放り込まれたかというと、元来が液体を容れるようにできていたために、他に流用の途があった。それは東京などでいう洗い桶で、流し口に下げられて食器の洗浄や、または茶釜に水を移す水桶に早代わりした。現今この地方を訪うて、チャオケと訊ねるとどの家庭にもある。破損すれば新たに補充もした。チャオケは茶碗を洗うからだ、または茶釜に水を入れるからいう名だと、もっともらしく説明されてもいる。あるいはこれがトタンの器に変わってもなお茶ふり時代のままを踏襲し保存してゆくかもしれぬ。

さらに同一の地方で、背負袋の一種をネコダまたはネコといったのなども、興味ある問題である。ネコダ・ネコに対して、語音の上から関連を求めると、背に物を負う場合、肉体を保護する目的を持つものがある。青森・秋田をはじめ、各地でネゴと呼んでいる（第二七図）。あるいは越後等ではセナカアテまたはバンドリなどともいう。今一つの例は敷物のネゴもしくはネゴザで、この名称の分布は案外に広い。あるいは長野県上水内郡等では、その製作様式すなわち織り方を、ネゴ編みなどといって、藁沓の製作などにもある（竹内利美氏）。この敷物と背中に当てる一種の保護体と、一方の背負袋との語音の関連は、おそらく製作様式すなわち編み方に対する感覚であろうと思う。そうしてこれが保温の目的をもって背に纏う一種の服物の名にまで移っていったのが、信濃・三河等でいうネコで、別にマルッコ、サルバンコ等（第二八図）ともいう。材料こそ布であるが形式からいっても、着用した恰好から見ても、荷物運搬の場合の、ネゴ・セナカアテ・バンドリであった。なお防寒の目的で背中に着ける、真綿を丸めたものを、キワタ・ショイワタなどいうたが、これを九州地方ではキネバまたはカタネバなどいい、紀伊の熊野浦では、その上に布に掛けて、あたかも座布団のようにして、子守り娘が子供の後に纏いつけていた。オイネというたが、こういう名称から考えると、信濃・三河等の服物のネコにも、製作様式、使用形態に対する感覚の一方に、別の側から転用を助けるものがあったかもしれぬ。ネコに関連ある語では、東京などでもいういわゆる子守り袢纏のネンネコ、それから背のかがんだ人をいうネコショイ、ネコゼの語も思い出される。ネコショイの語はともかくとして、ネコゼの方は、動物の猫に対する感覚が元のようにも考えられるが、ネゴ・ネコショイの語を脇においてみることもまた一つの見方である。

マルゼン

収・二六三五
採集地　愛知県北設楽郡振草村（現東栄町）古戸
回答者　東京都豊島区池袋二丁目九六六　早川孝太郎
回答期　昭和九年

問一　マルゼンといいますか。ほかに何か方言はありませんか。
答　マルゼンのほかにキジゼンという。なお、これは木地具一切にいう語なれども、キジまたはオキジという。
問二　現在はほとんどこれを使っておらぬように聞いておりますが、何年ぐらい前まで、これを使っておったものですか。
問三　現在は多くどんな膳を用いておりますか。またその膳を何と呼んでおりますか。
答　現在も使用している。ただ近頃は能登の輪島等から来る塗物屋のもたらす膳を好む風があるため、儀式の場合などこの膳を厭い、安物の猫脚膳など好むため、次第に台所等に下げられ、日常器具に堕す傾向あり、いずれの家庭を覗いても勝手元にこれの二、三を見るは珍しくない。この器なども、所蔵者は何らの執着もなく、二〇人前そろっているものを引き離してくれた。

マルゼン　(直径36㎝)

問四　このマルゼンから直ぐに現在使用の膳に移ったものですか。

答　家によってはこの形式よりほか所蔵せぬ者が、村の中約五〇パーセントはある。明治四〇年頃は新式の猫脚膳、会席膳のある家は部落中に一軒ぐらいしかなかった。

問五　客膳にも使ったものですか。

答　前条に尽す。客膳として儀式用に使ったもの。家族のものは箱膳で食った。

問六　現在この品物の残っている家では、膳として使うほかに何か他の物を容れるために使っておりませんか。

答　(前条参照)。俎、容器(鳥の餌、種物など)、その他、納屋等において、ちょっとした容器等に使用する。

問七　どこから求めましたか。木地屋から買ったものですか。あるいは町の荒物屋などから買ったものですか。あるいは行商人から買ったものでしょうか。

答　木地屋から入手したもの。明治三〇年頃までは付近の山村に木地屋が入り込んでいて、その手から買った。その以前はどうか判らぬが、二〇〇年ぐらい前までは、同様の経路で入手したと想像せられる。

問八　木地屋が作ったものですか。その木地屋は村に住んでいましたか。あるいは付近の村に住んでおったものですか。村から村へ移り歩きながら注文に応じて作っていたものですか。

答　木地屋が借金のカタにおいていったものもある。木地屋は製作品を付近の農村を相手にしていたわけではなかったから、思い思いに一〇客二〇客と臨時に注文して譲り受けたものという。

問九　一個何銭ぐらいしたものですか。

答　不明。

問一〇　金の代わりに材木をやって支払いをすましたというようなことはありませんか。

答　不明。しかし代わりに材木を渡すようのことは信じられぬ。木地屋は、木地を採るのは以前は自由で、しかも木地に対して代価を払うようになったのは、ごく近世の明治三〇年以降であるから。

問一一　マルゼンを使わなくなったのは、材料になるような大木がだんだん少なくなってきて、木地屋がマルゼンを作らなくなったからですか。あるいは近頃用いている膳の方が安く手にはいって、持ち運びとか食器をしまっておくのに都合よくできているとかいうような事情から、だんだんマルゼンを使わなくなったのですか。

答　前に尽す。

問一二　写真では色彩がはっきりしておりませんが、現物には膳の表に朱が塗ってありますが、この朱は初めから塗ってあったものですか。あるいは相当の期間使用した後に塗ったものですか。また誰が塗ったものですか。

答　始めは木地のまま使い、一〇年二〇年使った後に、塗師屋が回って来て、保存上と美観の上から漆を刷くことを薦めた結果、表面だけ塗らせたのが多いらしい。この風も実は近世のことで、明治になってからが多かった。

豊橋、岡崎辺の塗物屋。名古屋等のものは入り込んだことをあまりきかぬ。

問一三　もしもこの木地膳の製作、大略にても御存知の方がありましたら、どんな順序でこの膳を作っていったか、また轆轤以外にどんな器具がありましたか、おついでの節おたずね下さいますれば幸いに存じます。

答　轆轤を使用することはもちろんだが、木取りはこんな形式。

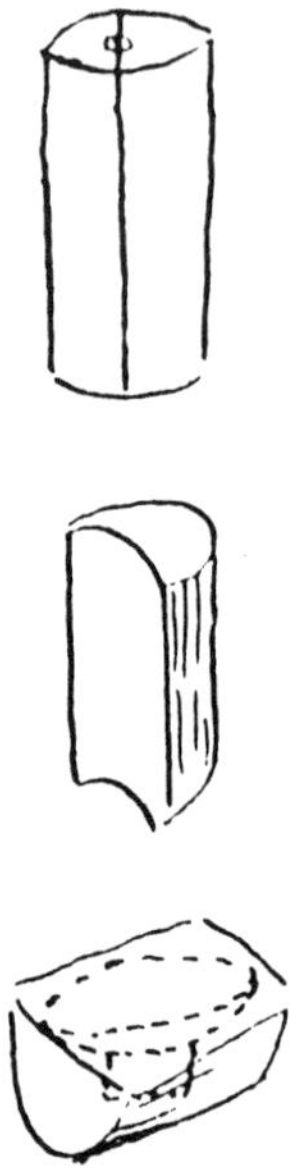

問一四　また膳の上ブチ、底についた輪状の足にはそれぞれ何か部分名称がありましょうか。

答　（後者）はアシまたは「台」。

問一五　多く何の木を用いて作ったのでしょうか。

答　（解答なし）

そのほか何かお気づきの点についてお知らせ願い度く存じます。

その他、三河辺の木地具は主として飛騨地方から移入したとの説をなすものがあるが、根拠のない説らしい。現に北設楽郡古戸の伊藤氏など、家に使用するマルゼンは（約二〇個）、ことごとく同所の山に入り込んでいた木地師から直接入手したものである。あるいは木地師と懇意にしたり、時には宿などして、その代償にもらったものもある。そんなわけで多くそろいのものはなかった。

台の中に家印を描く。その他、他人の家財払いの節に入手したもの多く、直接に注文して作ったものは比較的少ない。

最初に作ったのは、宿屋とか上流階級の者で、現在、村のどの家庭にもあるが、それは特殊の家のものが散逸流布した場合が多い。

正月の歳神祭りに新しい木地を入手して、それが古くなったものが、だんだん日常の具に供される例が多いから、この種の膳にもそうした過程があてはめられるかと思う。

辺土で見る陶器

一

今年の六月初め、津軽半島の鼻の、三厩《みうまや》の宿で見た徳利は、籠目にすすきのようなものが藍で描いてある、有田あたりでできたらしい相当古いものであった。五合入りくらいの大きさで、台所の棚に、津軽塗りの真赤な飯櫃と並べておいてあった。胴から口が長く伸び上った様子が、気持のよいものである。この辺の村々を歩いていると、いわゆる下手物にしても、古い陶器はあまり見かけないだけ、特に目に残ったのである。同行の酒井仁さんは、このごろの下手物趣味に陶酔していた。宿へ着くと真っ先にそこの台所を一通り検分する熱心さである。けだし田舎の旅でもない限り能わぬことである。氏は三厩へ来る前日の、小泊《こどまり》港の宿でも、いくつかの徳利を荷造りさしていた。その徳利はどこでできるのか、東京辺ではほとんど見かけない、生鼠《なまこ》釉の掛かったいかにも下手物らしい、肩のいかった香台の小さなものであった。西津軽郡の十三湖畔の宿でも見た、炉の脇の煤けた棚に、これもいわゆる伊万里ものらしい、赤絵の茶碗がたったひとつ載っていた。東京の夜店などで見れば、格別の感興をそそるものでもないが、こうした土地で邂逅すると、一種のなつかしさがわく。そうしてその器が、遠く旅をしてきた跡が、白い陶器の肌のような線を引いてはるばると見えるようである。十三の港は、古くから江差通いの船の泊まりで賑わった土地柄だけに、越後から加賀地方、さらに山陰道の海を越えて、渡ってきたものであろうと思う。一体に東北地方の田舎は陶器は少なかった。同じ山村でも、美濃や三河などを歩いていると、農家の周囲に、いわゆる瀬戸物の破片が沢山に散らかっている。塵捨場などを覗いても、もっとも多いのがこれであるように思う。そうした状景は東北地方ではあまり見られない。そうして今ひとつ感じたことは、陶器の普及の関係である。数年前、羽後の山村を通っていた時、あたかも田植えの時期で、さなぶりの祝いに、町へ買出しに行く人たちにいく人となく行き違ったが、見ると粗末な藍絵の一升徳利をことごとく提げている。これは中部日本などではとっくに影をかくしたものであるだけ、現在使用されていることがむしろ珍しい、しかも町を歩くと、雑貨などを商う店に、店頭にいくつも並べて売っているのである。

二

陸中遠野の、佐々木喜善さんの村に、やはり九州地方の窯でできたらしい古い小皿を一〇枚ほど大切にしまってある家があった。その小皿が、事情あって佐々木さんの手に渡ってから一〇年近くなるというが、だんだんに毀した残りが、たった一枚だけ今、仙台の氏の家にある。葵のような草が細かい環搔の中にただひとつ描き出されたもので、書棚の端に無雑作においてあったが、この皿などの通って来た経路は、定めし数奇なものだったろうと思う。毀さぬ限り、以前の美しさがそのままであるだけ、感慨も深いのである。自分の生まれた土地などでは、屋敷の地内に、陶器の破片を埋めることをひどく嫌った。その理由としては、これを埋めておくと、いつかはこの世の風に触れようとしないではおかぬ。その念が家の者に禍いをするという。陶器に一種の霊感を認めていたのである。

山間の村などで見る陶器の中には、どうしてもただの商品として持ち込まれたものでない、何かこう特別の因縁で運ばれたとしか思えぬものがある。静岡県の水窪《みさくぼ》といえば、秋葉山からさらに一〇数里の奥で、今に奥領家の名で通っているほど古くそうして交通不便の土地であるが、そこの町から東方へ、水窪川の峡谷を分け入ると、ひどい山間に、未だいくつかの村がある。そのひとつに下田というて戸数四戸の部落があるが、今でも稗と麦を主食としているほどの土地である。足利の末期に、尾張から山伏が五〇余人入り込んで土着したという伝説の地がそこの山中にあるが、その山伏の頭領の覚伝という者の後裔と伝えている家がある。現今高橋を名乗っていて、この地方では有名な家である。そこに覚伝が所持したといい伝える瀬戸の芋の子の茶入と、今ひとつ白釉の茶碗がある。土地が土地だけに、いたく興味をそそられたが、もし言伝えが正しいとすれば、辺土に陶器の埋もれてゆくひとつの実証ともいえるであろう。

もう五年ほど前になるが、同じ水窪の谷から信州の飯田へ出る途中であった。国境の青崩峠の手前の、辰の戸というひどい山村に差しかかった時、案内人と二人、折からの豪雨に悩まされて、路傍の農家を借りて憩った時である。その家の土間の隅に、鈍い光を放っている一個の徳利が目についた。手に取って見ると墨釉の流れかかった久尻窯とも思われるものである。案内人を通じて交渉すると、案外わけなく承諾を得た。その墨徳利を抱えて、その夜は信濃の和田という村に泊まったが、翌日はトランクだけは飯田通いの馬子に頼み、徳利を提げて一三里の道を飯田に向かって発った。今思うても馬鹿馬鹿しい話である。途中の小川路峠の、二里半の登り路を八合目あたりまで来た時には、どうにもその徳利が荷厄介になった。いく度か躊躇した後、思い切って、路傍の草の上において立ち去った。今でもあの時の徳利はどうなったろうと時々思い出すから、持ってきた以上に思慕は深いわけだが、自分が去った後に誰か拾っていったか、それとも足蹴にでもされて毀れたかもしれぬ。ちょうど烏か何ぞが、色の美しい渋柿でもくわえて運ぶ途中に、捨てたようなものであるが、こうした経路で思わぬ土地に将来された器もまた多かろうと思う。六部とか山伏のような旅行者から獲たと伝える器も、伝説でなく実際に二、三見たことがある。

三

これも同じ遠江の磐田郡の山村を歩いていて聴いたことで、一個の急須をめぐっての譚である。自分の記憶では呉須で波に千鳥を描いたもので、中にある水の動きが外から透いて見えるほど薄手のものであった。それがその地に将来された経過が振るっていたのである。もう四〇年も前になるそうであるが、その家に、ある時、寺の坊さんなどが寄って、瀬戸ものの貴重なことを話し合ったことがあった。それから一年ばかり経っての後、年の暮の煤払いに、美事な急須が一個床下から出てきた。家族の誰もがかつて見たこともないしろものであり、その存在は実に不思議というよりほかなかった。だんだん家人について詮索するとようやく事情が判明した。実はその家に幼い頃から養われていた小娘のしわざと判ったのである。以前、瀬戸物の話をやった時それとなく耳に挿んでいた。それで主人を悦ばせようとの心遣いであったろう。二〇里も隔った東海道筋にある生家へ帰った時、親が大切にしていた急須を無断で持ち出してきた。しかし、いかに主人を悦ばせようとの心遣りにしても、差し出すには躊躇されたらしい。持ってはきたもののさすがに娘心から、その処置に困惑して、床下にかくしておいたものであった。随分罪な話ではあるが、事情を聞くとその小さな急須を通して、一人の不遇な小娘の心境が窺われるようである。そう聞いてみればこの山村に存在するには、不釣合いな作振りである。こうした類の話は、辺土にある陶器をめぐっても、いろいろ語り継がれていたことと思う。消えてなくなったものばかりではない、現存のものに、しかも価値としてはなんら顧みられぬものでも、それ相応の由緒は持っていたのである。他の製品と異なって、美しい光をもった陶器だけに、それに対した人々の心理が懐《おも》われるのである。

自分なども二、三度経験した。夏の日、峠路などを歩いていて、偶々路傍の岩清水などに、何人《なんぴと》の心つくしか判らぬが、立ち寄ってくむ人のために茶碗が添えおかれてあるのを見ることがある。どうせ捨てても苦にならぬような粗末な銅板模様などのものであるが、そんな場所で見る陶器の感触は、いいようのない新鮮な魅力がある。この感じは、ちょうどわれわれの祖先が、久しい間の木地の器具から、この白く輝かしい器を発見した時の、最初の悦びにも近いものであろうと思う。こうした感激の心持ちなどは、おそらく今の雑器の製作者は、想像もしてはいなかったであろう。

嫁子鰤の地位

物に託された意思

土地によってはまだ一種の常識ともなっている、他人の家を訪れる際に何の標《しるし》も手土産の用意もなくて、いわゆる手ブラであることを、不作法とし、心なしとして蔑ずむ気持である。未だ何の縁故も因縁もかからぬうちに最初から物など贈ることはこちらのさもしい量見が見すかされるようで、うしろめたい気がするなどいう一方には、そうした思想もある。もっとも贈ることをうしろめたく思うことが、すでにその場合の物品にある種の呪力を承認していた結果であって、贈ると同時に、次の機会に先方から何らかの意志の発動を期待する観念が、こちらに働くことを予感している。単なるしるしであるなどというてみても、そのしるしの持つ力は大きかった。したがって贈るとか訪れるとかいうことが、両者を結びつける重大な機縁であると同時に、両者間の地位の均衡をまず破壊する行為で、次への発動を胚胎している。

賄賂などというと、ひどく不愉快な感情を抱かせられるのも、畢意両者以外の取り残された者の立場から起こることで、一種の罪悪ともなってくるが、もともと当事者からみれば、そこにもたらされるであろう何物かへの期待からなすことである。そうした形式の行為は、実は社会生活の基調でもある。一口に聖なるもののようにいう神の祭りなども、しょせんはこの種交換形式の表われである。この社会にあるいは各自の生活に、新たな輝かしい存在を迎えることが神祭りとすれば、その機縁をまずこちらから作ってゆかねばならぬ。

男女の恋愛生活なども、見方によってはやはり同じで、島の生活などには今もなお残っている。女性が意中の男子に、草履や帯を造って贈るなども、要するに先方の意志を喚びこむ手段で、贈ることに対して、そこにもたらされることの、大きな約束の上を往くものである。婚姻の風習なども、そこに発足点のあったことを前提として、観察する途があったように思う。一方的意志の発動から起こる征服的形式が、すべての基調であると決める前に、この点を顧みぬわけにはゆかぬ。

こうした観点に立って、まず手近な物の贈答の風習に対して見る。

返しもの

陸中の雫石（岩手郡）などで、ジュウマブリというのは、いわゆるオウツリに該当するものであるが、これはその形式において、オウツリとかまたはトシノミとは少し異なっている。オウツリ、トシノミは、贈られた物に対して、まったく異なった別の性質の物であるが、これはその一部分を残して返すのである。たとえば、ここに一一個の餅を贈られたとすると、その中の一〇個を納めて、後の一個だけは手を触れることなくそのままで返すのである。つまり洗いざらい取ってはしまわぬので、果樹の梢に残すキマブリ、三河の山地などで、山林伐採の折などに残すタテキの思想と通ずるものでもある。したがって贈る側としては、一一個の中の一個は、最初から先方に託してはいなかったことともなる。

物の贈答には、こういう形式のあることを一応考慮に入れておいて、他の場合を見てゆく。事実に当面すると、単に言語に現われた点から想像するより、より複雑性があった。

筑前の志賀島（粕屋郡）の勝馬という部落などでは、今でも行なわれているが、歳の暮に、その年嫁どりした者は、特に嫁の里方へ鰤《ぶり》を贈る。これを一に嫁子鰤というて、東京などで歳暮に塩鮭を贈るように上を包んで熨《の》斗《し》など付けて提げてゆく者もあるが、以前は一様にザッショメゴ（雑餉籠）に入れて、オコでもって婿がかついで行った。鰤と一緒に餅とか赤飯等も持ってゆく。鰤は一尾だから、ザッショメゴにはメゴに鰤、一方に餅または赤飯というような恰好もあったわけだ。

受けた里方では、その鰤に贈り主の名札のままを、土間《にわ》のサイワイギ（よろずかけとも）に引懸けて飾る。こうして鰤はサイワイギに懸けて飾ったが、餅や赤飯は、これは近所隣とかまたは親類縁者に分配する。その場合、婿殿は多く里方に一泊して帰るが、その時、里方からはオカエシとして、魚を贈る。しかしその魚はもらったものより遙かに小さなもので、しかも鰤ではなく、アラとか鯛などである。重量一五斤もある鰤に対して、三斤か五斤そこそこのものである。婿はこれをもらって帰って、元旦の祝膳につけ、多く吸物などにするという。ちなみにこの地方では、元旦の祝膳はオゾウニともいうが、オノーライ（お直会）といい、必ずしも餅とは限っていない。

こうしたわけで、嫁子鰤には返し物があった。三河と信濃の国境付近の村々では盆に目上の者への贈り物をイキミタマまたはイキボンなどといい、また正月に嫁の里方などへ年始に行くことをミタママイリという。餅を持参するふうがあったが、これにも返し物がある。それには餅とか団子が多く、三河地内などでは、ほとんど餅をもらってくる。したがって受けた方も取りっ放しでなく、贈った方も差し出したままで、手ぶらで帰っては来ない。この場合の返し物には、一種のおさがりの感もあるが、そうとのみ決めるわけにもゆかぬ。その間の経緯は、今少しひろく仔細に検討する必要があった。

羽後の飛島（飽海郡）などでも、正月一六日をミタママイリといい、ホトケを拝むとして、婿は嫁の里方に鏡餅を持参するが、帰りにはマツッパというて、同じ恰好の餅をもらってくる。秋田県角館（仙北郡）等の、正月一二日のカドレイ（門礼）は主として小作人が地主の家へ鏡餅を持って年始にゆく日である。その時の餅は、藁苞に入れたごく扁平に造ったもの一個である。これに対して、地主から振舞いの膳が出るのが恒例である（武藤鉄城氏）。このカドレイの餅に対しては、地主の側から格別返し物は今のところ聞いていないそうだから、振舞いはひとまず別にして、これは取りっ放しが作法ともいえるが、ただちにそうとも決められない。実は藁苞に一個だけ餅を入れてゆくことを目標に少し他の地方の例と突き合わせて見る。あるいは何かの手がかりにもなろうかと思う。

二個の中のひとつ

市川信次さんのお説では、越後の高田付近の村では、正月に鏡餅を持って、氏神とか寺へ参詣する風が盛んである。その場合の餅は二つ重ねたありふれたオソナエであるが、寺へはそれをひとつだけ持ってゆく家が多い。二つ重ねてあるものを一個だけはなしてゆくのである。また中頸城郡の中ノ俣などでは、氏神へは二つ重ねたものを持参するが、これをいったん拝殿に供え、それへ神主さんから切火を掛けてもらい、一個を残し一個は家に持ち返るのが例である。

この事実からみると、前にいう寺へ持参する場合の、二つ重ねてあるものをひとつだけはなして持ってゆく作法が、持っていって持ち返ることの、簡略とみられぬこともない。そうした解釈を思うにも、実はよりどころがある。

筑前粕屋郡の宇美八幡宮へは、信者が元旦にやはり餅を供える風があるが、これには作法としてあらかじめ二個を持参して、一個を神前に供え、ひとつはそのまま家に持ち返る（宮崎八幡宮筑紫氏）。これはちょっと考えると、余計な手数であるが、かくするところに、その作法の重要性が窺われる。秋田県の大館、十二所等でも聞いたことで、他にも同じ風習はあるが、同地方の正月の若水迎えには、あらかじめ鏡餅を持参して、その半分ないし一部分を、水を迎えた場所に供え、残りを水桶に入れて持ち返り、のちに食料とする。これもおそらく前と同じ意味であろうと思う。

こうした、いったん対手方へ供え、その中の一部を持ち返る行為には、いろいろの解釈ができる。そのひとつは、こちらにあるものの一部分を先方に贈ることを表わしたもので、たとえば二つあるもののひとつを贈る形式である。次は贈ることに対して、先方から、別にもたらされることを意味するもので、筑前の嫁子鰤のオカエシの魚に該当する。しかし前者の場合でも、前にいう秋田県の若水迎え等は、別に先方から、水そのものを受けてくるから、せんじつめたところ、贈った先から、別にもたらされるものがあったわけである。

こうした例を並べて見ると、歳のあらたまる際に、神前で自身の持つ物と他人の物と交換し、あるいは正月送りの火をめぐって、あらかじめその日のために用意した人形や動物にかたどった具を他人の物と交換する風なども、与えかつ与えられることの、技巧化し形式化したものとも考えられ、差し出したことに対する、先方の意志の象徴を攫る結果ともなる。除夜の鐘の終わるのを待ちかねて、雪をわけて商家の門を叩き、身に着ける何一品にもせよ購い求めて帰り、再び床につくという元旦の買初めも、秋田の鳥海山の東麓の村などでは盛んに行なわれていたが、こうした風習も、貨幣ばかりが福の象徴と考えられるようになっては、もう意味はわからなくなる。

ひとつの回顧

民具の定義についてはこの間（一月一七日）の相談会でも問題になった。字義的解釈ならば、あるいは簡単かもしれない。しかしアチックの現在の収蔵品を民具として、これに定義づけるとなるとはなはだ厄介である。これにはわれわれの蒐集の態度に多分に感情が混じっていた。たとえば渋沢さんもいわれたように、民間の生活を対象とするモノといっても、大量生産的な飯茶碗や、今日の農村の改良服などは厭だし、以前の生活に関係があっても、いわゆるハコセコや匂い袋の類は敬遠したい。農具などでも機械的要素の濃厚なものは芳しくない。できれば家内工業における紡織車の程度に止めたく、欲をいえばテビラヒサゲぐらいに限度をおきたい。

たしかはじめは民具に対して、私などは民俗品の語を使っていた。それであの絵葉書を作った時（あれは今和次郎教授と選定した）すったもんだの末に、日本民俗研究資料と銘打ったものだ。つまり日本の民俗研究のための物的資料であって、これを一方の生活と切り離して、モノとして、ないし造型物としての単独な価値は未だ充分問おうとしなかった。あの最初の目安を書いた気持もそれで、民俗研究の一分科事業として、物的資料の蒐集を目ざしていた。収蔵品の場合、土地名称、用途、使用法等の明示を求め、ひいて材料、製作地、製作者の社会的境遇、現生活との交渉等までをも知るべく期したのも、ひとつはそのためであった。この物の蒐集と同時に、文書、絵画、写真等によるものを目ざした。したがって小は農家の台所にある鍋取りから、農家の建築まで、できれば正月の左義長の松明の塔までも欲しかった。しかしこうはいっても、当時、民俗の語に対する解釈も、私などはすこぶる怪しいものがあって、すべての生活現象を含むぐらいに、時には考えていた。今思うとまことに雲を摑むように頼りないもので、気恥しいが、ただせめてもの慰めは、蒐集に対する期待の大きかったことと、情熱のかなり熾烈だった点で、「一日を空しゅうすることは、やがて悔いを百年に遺す――」などと、いささか感傷にはしっていた。

われわれ民族のもつ生活伝統が、広い意味の言語、行動に表われた以外に、造型物に写し示された過程への探求であった。折口博士なども、この微衷に賛意を与えられて、いつだったか年度はじめの相談会に、諸国の正月行事に関した削り掛けとか、あるいは鉈、斧、鉞の類の蒐集を提言された。現在のアチック収蔵中に、生々しい正月の削り掛が案外に多かったり、貧弱ながらも、諸国の鉈、鉞があるのも、こうしたいきさつの結果もあった。民具の多くが経済生活に関係のものが多いこと、しかも、それらを通して、前代の精神生活へのつながりの強かったことを、如実に知り得たのも、実は集めてのち諭えられた感があった。

前いうたような複雑な道程を経てきたために、新たな蒐集と選択には、かなり学的に、反省を必要とすることも考えていた。同時に外部からの、別な声援と支援も受けた。小野博士は蒐集品目安を一読されて、郷土経済史研究の一分科としての意義を高唱され、その高著『郷土経済史研究提要』には、早速「目安」の全文を転載された。小田内通敏氏は、農村指導研究上緊急を要するものとして、幾多の励言を与えられた。ことに新渡戸先生の収蔵履物に対する御質問等は、反省と感激を喚起せしめるものが多かった。

こういう声援と励ましを受けながら、なお郷土博物館的形態も執り得ず、一方、指導的機関ともなり得ない。杉山壽栄男さんからも、何度か御忠告は受けながら、工芸的コレクション化することも未だできなかった。これには前述べた因縁があったことと、その一方に、ごく少数ながら、たとえば岩手県遠野の郷土館（別に名があった）の収蔵品を、間接ながら受け継いでいたり、愛着品を提供された士への、責任の帰趨を重要視したためである。そうして、造型物としての意義を多分に失いかけて、薄汚くなったりまたは破損したものを携え帰ったのも、以上に挙げ切れない何物か別の現わし切れない伝統の影を追っていたためであった。

それらが現在のように成長してみると、自ずからそこに別の欲求と目的、ないし責任が湧いてくる。そうして他面には、おのおのの物の持つ美・力とでもいうか、一種の迫力が感ぜられる。これをかりに芸術としても、特殊のものである。その迫力の意義を当然考慮せねばならない。この意味で、依然としてそのはじめの民俗研究の一参考館であると同時に、民間経済史の資料室であり、その一方に新たに造型物の本質的研究室であることも考慮したい。このごろアシナカの研究は、その過渡期的一大事業ともいえる。今にして回顧するとアチックの成長道程は、きわめて茫漠とした中にも漸次集積を重ねて、あらためて次の発展のため重大な時期に達したともいえる。かりにこの言が許されるならば、その成長は迂遠にして、しかも曖昧な点が少なくなかったが、きわめて当然の発達過程をたどったものでもあった。

三　採訪と聞書

北津軽の民俗

石の信仰を中心に

イタコ（巫女）と石

津軽半島の突端龍飛《たっぴ》岬近くの三厩、小泊等の村々では、このごろでも、村の生活意識からイタコの存在を忘れてしまうことはできぬ。縁談や普請、疾病等ことあるたびにまずイタコの御夢想を聴いたのである。三厩にはいまイタコは一人しかおらぬ。西海岸の小泊には二、三人いたはずだが、脇元村磯松のイタコが評判が高くなって、すっかりそれに圧倒されてしまった。龍飛村の様子は聞いてみる折がなかった。この地方でも、イタコは盲目者に限られていない。そうして信仰上の行儀とか修法等にもあまり重点をおかぬようだ。したがってその生活へはいる階梯にしても一面のん気なところがある。ある種の精神素質をそなえている者で、動機さえめぐってくれば誰がなるかも判らない。少なくもそうした意味でイタコの地位を保持している。

中道等さんの筆録せられた南部地方のイタコやオカミンの来歴を伺うと、神憑きの行法からして容易ならぬものがある。中には宿命的に、その世界に臨むべく生まれたような人さえあるが、そうした高名な人々は、この辺にはいないものか聞かなかった。対世間的には交渉の少ない、同じイタコ仲間でも、いたって低い地歩と存在を守っていた人々についてである。これが自分にはむしろ意義が深かった。オシラ神遊びの森厳さとか、難しい行法、守り本尊の詮索なども、一般に大して問題ともしていない。こうした名もないイタコでも、神の世界との交渉は厳重なものであったのだ。

ほぼこんな前提の下に、第一にはイタコになる婦人の年齢である。つまり巫女の生活にはいる第一階である。今までの例では四〇歳前後で、寡婦が多いそうだ。次には二〇前後の処女である。処女といったところが、定まった夫を持たぬ程度とする。境遇からいうと、夫のある者はきわめて稀であるらしい。そうして信仰生活にはいる過程はすこぶる簡単である。過程と言い条、動機といった方が当たるかも知れぬ。これにはあらかじめ素質なりある種の前提はすでにそなえていたかもしれぬが――むしろ環境意識の影響――によったであろう。たとえばその婦人が浜へ出て――山とか路傍・神社の境内等の場合もあるが――海浜が主たる対象である――たまたまひとつのある貌《かたち》をそなえた石を発見して拾うと、やがてそれが巫女になる第一階梯で、また全階ともなる。その石には形貌の上にある特徴があったわけであるが、これは当人の主観から出ているので、客観的にどんな形とは説明しにくい。だいたい舎利石という一種の瑪瑙石が多いようだ。北津軽郡今別の脇の母衣月《ほろつき》の舎利浜は、この石を産することで有名であるが、この地方海辺一帯にそれが多かったのである。石の大小にはかかわりがないが、多く小石で懐中や帯の間に納められる程度だが、時に相当大きなものもある。その石にはエベスとか犬・狐・猿などの貌が現われている。当人にそう見えるのである。それで石に遭遇すると同時に、ただものでないとする自覚がある。石を手にした次の瞬間から、精神上にも異常な波動があったわけだ。

この間の心理上の消息について思い出されるのは、自分の郷里で聞いた話である。村の近くに、懐中すれば必ず妊娠するとの俗信をもつ石を産する地がある。一に子抱き石というて中に小石を持っている。そこはある龍壺の河原で、それを索める婦人が逍遙するうち、ふっと一個の石を見つけて拾う、それを懐中して帰ると、体の状態が前とは変わったように感じるという、それに近い心理ではないかと思う。

石を獲たことが村人に知れれば、もう立派なイタコになったわけで、これをカミサマになったという。石を授かれば、同時にカミサマになるとの思想を村一般に持ち合わせている。授かった石は懐中するかまたは帯の間に挿む、あるいは真一文字に家に持ち帰って、屋敷中の清浄な場所へ安置して、おいおい祠など設けるのもある。そうした経緯を近所の誰かが知ると、すぐ噂をする。

どこそこのアッパ（母さん）は浜さ昆布拾いに出て石を授かってカミサマになった。

これは一例であるが、時には次のような場合もある。いま小泊の小学校の小使いである婦人は、以前イタコであったことがある。この婦人がイタコになった動機は何か家内に信心ごとがあって、どこかの御稲荷さんの堂に籠っていて、その時、石を授かったそうである。一般に授かった石の貌によって、カミサマに区別があるという。カミサマは憑く神のことで、犬や猿または狐などの貌をしていたのは、それぞれの神の示現であるらしい。

この小使いの婦人の場合でも立証しているように、この辺のイタコは、一度信仰生活にはいったが最後、生涯続けるとは定まっていない。一種憑き物に襲われたような工合で、ある期間を経過すると時にカミサマでなくなる。元の婦人に還るのだ。このカミサマでなくなった際に、後の石の処置とかまた形貌等に変化があったか否かについて、知ることができなんだのは遺憾であるが、当人の語るところでは、後で考えると馬鹿馬鹿しいようでもあると、述懐しているそうだから、大方想像はつく。こうしてある期間——三年とか五年とか——イタコであった者も相当あるようだ。小泊の村では、どういうものか、イタコは新町《しんちょう》方面の家から多く出る。新町は町続きではあるが、農家と山稼ぎの杣《そまふ》が大部分を占めていたのである。

以上の事実は、主として小泊小学校の西山豊さんから獲たものである。西山さんは土地生まれで、未だ三〇前後の年配であるが、村の生活に深い関心を抱いていた人である。またお父さんの教栄さんは土地でもかなりな物識りで通っていた。

三厩のイタコ

東海岸の増川、三厩辺でも、イタコと石の関係は同様に認めている。三厩には前いうた通りイタコは一人しかいなかった。それもこの二カ月ほど、函館の方へ稼ぎに出て留守のために、とかく不自由をするという。これは宿のおかみさんの談である。それでちょっとした縁談や病気にも持ってゆきどころがない。縁談などは、観音さん――義経寺観音――の御鬮《みくじ》か、イタコの占いを聴かぬうちに決めるようなことはまずなかった。

三厩の今いるイタコは、三歳の時に盲になって今年二八だという。二〇歳頃に弘前に出て修業してきた。声がよくて歌が上手なので、青森辺からくるお客さんにも重宝がられた。片田舎の一夜の徒然《つれづれ》に歌でも聞こうとする人があったらしい。それが歌上手のところから、浪花節の一座に頼まれて函館へ行ったのだそうである。宿のおかみさんは弘前近くの出生で、子供の頃は、真鍮《しんちゆう》金具金襴《きんらん》の守袋を肩に掛けたイタコの姿をよく見たそうであるが、この辺ではそうした風俗は見かけないといっている。

賽の河原

授かるとカミサマになるような、不思議なただものでない石は、男子でもときたま拾うことがある。そうした石を発見した者は、その場の近くのある地点を選んでおく。多く一段高い岩などの上である。これは街道傍や山などでもあるが、やはり海辺が多い。こうして最初の一人が石をおくと――子供を失くした人などに多いそうだ――後に来合わせた者がそれを見て積み添えてゆく。そうしたところを小泊では賽の河原という。最初に石を拾う者は何か暗示めいた衝動もあったらしいが、その間のことは未だ究めていない。小泊から増川峠を越えるには、海岸伝いにろくに路もない磯辺を一里ほど北に進んでから山にはいるが、この間にも賽の河原は幾カ所もあると聞いたが、半月ほど前の暴風《しけ》で洗われてしまって、実際目撃したのは二カ所であった。ひとつは岩が崖になった場所、いま一カ所は、磯の砂地に生えている巨きな岩が中心で、その段々の襞に一〇個余りの小石が散りぢりに載せてあった。あらかじめ話を聴いているか説明でもされぬと、見落とすくらいである。

こうした事実から考えると、この名称を与えられる場所は別に限られてはいなかったわけである。それがこうした事例を積み重ねてゆけば、いわゆる賽の河原に石を積む風習なども解きほぐしてゆけそうである。ついでにいうと、この小泊北の海辺から増川の峠道は、路傍の石仏などは未だひとつも建てられてない。

西津軽郡車力村深沢《ふかさ》路傍の地蔵堂は、堂内に石地蔵の沢山あること、特色ある石像の色彩からくる感動は忘れ難いものであったが、そこを別に賽の河原というそうである。それとこの海辺の賽の河原とは、まるきり趣きが変わっているが、だんだん話を聞いてゆくと、その間には自ずから連絡がつきそうだ。十三湊から脇元村への途中、また脇元から小泊への間でも路傍に石地蔵を祀ったところは多いが、こうした場所をやはり同じ名で呼ぶ。権現崎の手前の、小泊村折戸から小泊本村へ越すフクシリの峠路にあるひとつの地蔵塚は、初め一人の男が石をひろっておいたのがもとであることが明らかである。

絵　馬

イタコと絵馬

絵馬をマッコまたはフダッコという。別に神仏の堂などに掲げられた大形のものをガクともいっている。

この地方の絵馬は形式においてもまたこれを奉納の意味も注意すべき点があるらしい。形式としては、西津軽郡の北部から北方へかけて、柱のついたものを多く見た。ちょっと高札というた恰好である。これは奉納場所の関係もあるが、中にはそうとばかり決められぬものがある。十三湊の入口にある庚申塚のように、ただの砂地で

十三村にて

十三湊入り口にある庚申塚

掲ぐべき何物もない場合は、高札式は当然であるが、一方、車力村の氏神さんの境内のように、社殿脇の地面に突き差してあるのは、場所の制限とのみは断ぜられぬ気がする。それからいまひとつ、これには幡などの意もあるかしれぬ、庚申塚の類で祭りでも行なったらしい跡に、檜などの皮を剝いで、尖端の青葉だけを残した竿様の物の、中央よりやや高い位置に、日月を描いた板を打ちつけたのがある。時にはこれを四本柱のように立ててあるのも見た。これもやはりマッコというていたが、直ちに絵馬の一形式とするには腑に落ちぬ。弘前の松野武雄さんにでもお尋ねしたいと思っている。自分の歩いた地方は、いわゆる絵馬屋さん等のない地方だけに、その手になった物はほとんど見なかった。描かれたものは犬とか猫・蛇・鶏に限られていて、鶩を描いたものもひとつ見た程度で、ことごとく素人の作である。斑毛の猫を何匹も描いて、一方に魚を載せた皿をおいたものなどもあった。絵馬奉納の動機は明瞭である。一様にイタコの御夢想によったもので、例のイタコ文を書いたものも一、二目撃した。十三湊の宿の主人の談であった。近所の老婆が患った時、イタコの御夢想に、若い頃マリ猫――小猫である。犬のマリッコなどともいう――を五匹とか、六匹十三潟へ投げ込んだ祟りだとあったそうだが、婆さんにその記憶が正にあった。さっそくその猫を描いたマッコを何枚か作って方々の神仏に立てたという。憑きものや祟りあるものの姿を描いたのだ。小泊で聞いた話であるが、小学校の先生などで、絵心でもあると、方々から蛇や猫を描いてくれと頼みに来てうるさいそうである。

地蔵堂記事

深沢の地蔵堂

北津軽郡川倉の地蔵堂のことは、『津軽旧事談』にも載っている。この地方の地蔵信仰の一中心ともいうべきものらしいが、自分はつい行く機会がなかった。前にもちょっと引いた西津軽郡深沢の地蔵堂は、川倉とは、遙かに平野を隔てて相対していたが、今にその折の感動は忘れ難いほど大きかった。格子の外から薄暗い中を覗くと、中央の壇の上に安置された地蔵が馬鹿に大きい。エナメルのような顔料で赤や緑青をゴテゴテと塗り立てて、顔面なども真っ白くして、目や唇が描き出してある。その像を囲んで大小無数の石地蔵が、同じような彩色で堂の中いっぱいに並んでいる。これは感想を述べるまでもない一個ずつ見たら毒々しい感じのいやなものであるが、全体からは不思議と調和がとれて、何ものか強く迫るものがある。これを見て無心に子供たちが遊んでいると思う親たちもあったろうと考えたほどである。毎年旧暦六月二四日を地蔵の命日として、その前日の宵宮には、縁りある者が堂内に籠もって夜を明かすそうである。そこから山に一町ほどはいったところにも別の小堂があって、これにもいく体かの石像が並んでいた。ここを賽の河原というとは前に書いたが、堂の傍に柳の大木がある。以前この地に未だ地蔵堂がなかった頃は、狐や狸が通行人をたぶらかして困った場所で、しかもここでたぶらかされた者は間もなく死ぬ。そこで地蔵堂を建てたというから、供養の意味であろう。もともとただの土地ではない、堂の脇に村の共同墓地がある。

深沢地蔵堂の柳

地蔵霊験譚

地蔵堂の縁起と一緒に霊験譚も聴いた。深沢から北に進むと栗山という部落があるが、ここと十三湊との中間路傍の松林に、ごろ石地蔵という五尺四方ばかりの堂がある。たしか『相内地方史跡案内』にも、供養碑の文字が収録されてあった。約七〇年ばかり前のことだそうである。十三の湊にシゲムラという医者があった。ある年の冬、北津軽の今泉の病家へ往き、帰りは夜であった。そのとき伴をしたのが今泉の在の薄市の何とか甚兵衛さんの親であった。途中でえらい吹雪に遭って、方向を失いどちらへも行けぬ、このままでは死を待つばかりと、二人手をとって覚悟をきめた時、どこともなく闇を通して眼に映るものがある。それを目あてにして約半里ほどもゆくと、このごろ石地蔵であった。寸尺も見えぬ吹雪の中で半里も前が見えるはずはない、これこそ地蔵尊の加護と感じて、新に堂を勧請したのだそうである。これは十三村長の加福善蔵さんをお訪ねした時、たまたま来合わせた七〇ばかりの老人が語るのを脇から聴いたのである。

　この地方では村端れや道の辻に、粗末な屋根を設けたりして祀られてあるものには石地蔵が多い。三体地蔵、六体地蔵などいって、ひとつ石にそれぞれ刻んだものもある。なお地蔵の像に掛けたよだれ掛けは図のようなもので、マイカケともいうがオケサまたはケサコという、これには赤または白布などで、十字が縫い出してある。小泊の海満寺の和尚さんは、十字の説明を、沢山の寄せ布で縫う習俗のあるところから、それを簡略したものというたがやはり卍字の意であろうか。

地蔵像に掛けたよだれ掛け

各種の行事

大歳の夜と博奕

小泊では大歳の夜に寝る者を戒めて、

　イチャゴジンチ　ネルモナバカダ

というたとえがある。イチャゴジンチは一夜五〇日の意で、この一夜はただの日の五〇日に匹敵するからだという。大歳の夜には、どこでも日待ちをする。その次第は、縁故ある者が五軒ないし一〇軒ぐらいずつ、中心となる家に集まって夜を明かすのである。その団体を一に組ともいうが、別に名称があったかもしれぬ。組の組織は地理上の制限にはかかわりはない。以前は信仰関係があったものと考えられるが、現在では博奕の貸元中心の集団である。古くから博奕の盛んな土地柄だけに、そうした形態を生んだらしく、中には博奕の集まりのようにも考えられている。これは各地にあった正月のお日待ちに、カルタや宝引きをやったことに関連があった。これも詳しいことを知りたいと思ったが事柄が事柄なのと、時間がなかったりして、通り一遍の旅行者ではおよばなかった。

庚申講なども、やはり貸元中心で成立していたようで、三厩で聞いたところでは、一〇軒または一二軒ぐらいで一組がなっている。その他小泊では、貸元中心の風習は、歳越しの日待ちと庚申祭りだけでなく、各種の行事に関連していたようである。以下特別に断らぬ限り、小泊を中心とした記述である。

タチ遊び

これは現在の事実からいうと信仰には関係がなかったようである。未だ次第等を充分に究めていないから何ともいわれぬが、古く村の若者にとって重要な行事の名残りであったように考えられる。タチは刀の意である。春先きになると——三月頃——村の一二、三から一六、七ぐらいまでの男子が、五人あるいは一〇人ぐらいずつ一団となって、浜辺に板割れや筵を引き回して小屋を作り、そこで寝食している。毎日浜へ出て昆布を拾ったりまた貝などを採って、それを売って得た金で食料品を仕入れ、別個の生活を送る。ときたま他家の品物などをさらったりすることもあるらしい。そうした一方では、柳の枝でタチを作って他の小屋の者を相手に戦の真似をする。各自小石を懐へ入れて激しい石合戦などもやる。これをタチ遊びまたはタチをやるという。近頃では親たちや小学校などがやかましいので、中以上の家庭の者はほとんど参加しなくなった。粗暴で殺伐な行為に傾きやすかった点もあるらしい。小学校の西山さんは、東京辺の不良少年のような傾向があると説明されたが、そうした観察も今では一部当たっていたかもしれぬ。老人たちの生きている間に、詳細な次第を知っておきたいと思う。

ハナミ

花見である。旧暦三月二五日をハナミとして、これには村の者ことごとくが出る。ことに子供たちから若者、娘たちはこの辺でいうチョット着に衣装を改めて参加する。初めお宮に集まり、紙で幡を造って大文字を書き、長い竹竿に結び下げる。これを天神様に上げるという。子供たちは各自紙片に同じ文字を書いて結ぶ。この幡を中心にして、銘々重詰や瓢に酒を用意して、山中の沼にゆく。沼はオヌマといって、龍神が棲むといわれている。そうして雨を降らせる神ともいう。一同沼の畔に達すると幡を沼に納めるが、これにも儀式があったかしれぬ。後で一同重詰を開き瓢を傾けて、終日遊びくらすのである。なおハナミは四月八日と五月五日と前後三回行なうのである。五月五日には、また蓬菖蒲で屋根を葺くのである。

虫送り

虫送りの日は定まってはいないが、旧暦五月中に行なうとしている。藁で蛇の形を作り、首の部分を赤や群青で彩色したりして、それを引いて鉦太鼓で村を練回り、最後に村端れの庚申塚の松の木へ引っかけておく。これを藁蛇《わらじゃ》という。西津軽郡館岡村亀ケ岡から、筒木《とうき》坂への途中でも、この藁蛇が樹木に引っかけてあるのを見た。

疾病送り

村に流行病が出たりすると疫病送りをやる。寺から鉦太鼓、百万遍の数珠を持ち出し、念仏を上げてから鉦太鼓で村端れに送り出す。この時各戸からは草鞋に赤飯を盛って持ってゆく。

ネブタ流し

七月一日から七日まで、ネブタを作って村中を引き回し、最後に海に流す。その時歌う詞、

ネブタ流レロ　蓮ノ葉モナガレロ

盆行事

盆花迎え

七月七日はボンバナ迎えの日である。この日、家の煤掃きをやり井戸がえをする。ボンバナはヤチに生ずる草で、東京辺でいうみそはぎに近いものらしい。迎えてくると樽の中などに生けておいて、一三日を待って飾る。なお一三日には必ず墓場に提灯を持ってゆき、お寺に参詣して家に帰って祭りをし膳につく。

迎え火

一三日の夕方、各戸で迎え火を焚く。軒に灯籠を建て、樺の皮を焚く。それで迎え火を焚くことをカバコタクベアという。

盆竈

一四日には門に筵を敷き、屏風を建て回し――屏風のない家庭では戸板などで囲う――木を中心に立て、アマ石という浜の土を採ってきてこれでカマコ（竈）を作り、煮炊きをして家庭一同飲食する。なおこの時は何でもかまわず笑ったり騒ぐほどよいとしている。

玫瑰の実

精霊棚に玫瑰《はまなす》の実を糸にとおして飾る。

盆踊り

盆踊りは今も盛んだそうである。しかし以前にくらべて風儀はよくなった。以前は踊子の娘たちを若者が物色して、後で畑や浜辺の船の中などへ連れこむのが当例となっていた。これをメラシフッパルというた。メラシは娘の意である。次に盆歌の特色あるものを一、二挙げてみる。

○メラシ定めらば茄子畑ヶァよかろ
　茄子を枕に葉はござに
○踊りの中さへ短冊なげた
　それをとる人ァわし女房
○今の若い者ァ甲斐ないでァネシカ
　メラシそばさおいてただ見てる

岩手県二戸郡荒沢村浅沢〔現安代町〕見聞記

――斎藤善助家にて――

家と人

樹木　今から三、四〇年前までは、屋敷の周囲には大樹が一面に茂っていた。今ある西の門の所から北の方にかけて、西陽を防ぐため周り五、六尺のヒバが一〇本ほど茂っていた。そのために家の前には陽はほとんどあたらず、乾物等もほとんど不可能であった。それでだんだんにそれらの樹を伐って、一本も残りなくなってしまった。さて樹がなくなってみると、何となく淋しいので、再びそこに樹を植えたのが、現今あるものである。

屋敷に樹のあることが、家の富裕と繁栄を表徴するものとしてあったのが、それでは陽が透さず、健康にも悪く作業も進捗しないので、だんだんに伐ったもので、樹を伐ると淋しくはなったが、総てに家が明るくなった。こうなっては、もう再び以前の陰冷な生活は厭わしいものに考えられて、それに戻ることはできなかった。

屋敷の周りに樹がなくなったばかりでなく、村全体にも著しく少なくなった。部落から離れて田代山を中心として刈敷山はあったが、部落の周囲はやはり樹が茂らせてあった。そのために水は冷寒で、水田は稗以外には結実不充分であった。そのために、稲の成熟する田地は阿比《あっぴ》川の岸に近い田面の中で、山沿いはことごとく稗が作られてあった。

石神にも中佐井にも、また岩屋等でもそうであったが、巨樹がいたるところに繁っていた。松と杉、それに楊はことさら多く、槻《つき》の巨木もいたるところにあったが、周囲の樹がだんだんに伐られてからは、風損をしたり、また売却されたりして今はまことに零々たるものとなった。岩屋に往く、阿比川の橋の袂の槻の木は、周囲二丈に余るものであったが、大正何年かに一二〇〇円で静岡県の者に売却して、これもなくなった。

カギ渡し（カギを渡す）　上閉伊地方のいわゆるヘラ渡しを意味する語であるが、ここでは女性にかぎらず男女を通じていわれている。しかしあらためての儀式作法等はなかった。あの家ではもう息子にカギを渡した、あるいは嫁にカギを渡したなどという。カギは炉の鉤をいうと思われるが、鍵を意味するともとれる。

カギをヒルというのは、一家の切りまわしを意味していて、カギのヒリ方が手にはいっているとか、巧みだなどともいう。カギをヒルのヒルは、経る意とも振るともとれるが、土地の解釈では切りまわし、すなわち計略をいうので、あるいは繰る意もある。機《はた》をヒルというのは、機を仕立てることをいう。

カギをヒルのは、斎藤家などでは必ずしもカギを渡された者ではなく、家の年長者で、現在では、家事一切から、農事の取りまわし、奉公人の差配等も、すべて今年七二歳になる老婆が当たっている。その以前もやはり老人が当たっていた。斎藤家の老婆は、常居《じょうい》の炉の正面に座っているのが常で、そこでいわゆるカギをヒっていたのである。

一人爺さん　村で不幸者の随一というと、中佐井の一人爺さんが噂に上がる。女房に死なれ子供はなく、まことに気の毒であった。それで自分の弟を養子にしたが、それも間もなく子供三人を遺して死んでしまった。どこまで不孝者だろうといったが、爺さんも遂に死んだ。養子の子供すなわち孫三人は、これまた貧しく育ったが、長男は村を出て所々放浪し、四国の讃岐あたりに行ってしまった。残った二人の姉弟は、仕方なく姉の方は他家に奉公にやられたりして、後には盛岡に出て岩手病院の看護婦になった。弟は荒屋の高等小学校の一年まで行って、できがよいので細野の代用教員をしていたが、姉の手引きで勉強し、樺太に渡り、普通文官の試験を受け、それに合格して今では樺太豊原の林務局に勤めている。これが今浅沢の第一の成功者である。人間の家は、極端に悪い後はどうやらよくなるものらしいと、村では噂している。

ちなみにこの地方では、不運とか不幸者というと、物質の多寡をいわず、子のないことであるが、それがこの頃では少し標準が異なってきた傾向があるという。

荒れた家　中佐井の大平《おおだい》（現主人佐藤博省）という家は、同じ村の親方佐藤氏、石神の親方斎藤家に次ぐ羽振りのよい家であった。家は嘉永年間の建築で、木材のよいこと大きなことも、二家に続いていて、木材などは遙かに優れていた。先代と先々代の主人は、剛腹で見識が高く、農家でありながら農業は少しもしたことがない。こういう人が二代続いたためにすっかり住荒らして、今の主人というのは農を業としているが、家にはほとんどおらず、他に稼ぎに出ていて、家柄としてちょっというのを憚るようなしごとにも携わっているらしい。でも子供二人は、一人は農学校、一人は補習(?)学校を卒業したので、この二人が何とか家運を挽回するであろうといわれている。

大きな家はまったく住み荒らした感じで、土間（ニワ）に続く台所から常居にかけて、人間の住む家とは考えられぬほどの汚さである。土間の板の間という台所に続く板の間は、一段低くなって床が五寸ぐらいの高さで、中央に大きな炉が切ってある。その一方の隅に、唐櫃《からと》（車長持）をすえてあるが、今はその中に稗などを納れている。土間の二階という中二階があって、そこに上ると煤だらけの家財農具の類が乱雑においてあって、昔、醤油を造る時用いた箱などもあった。そこから厩の上の二階（マゲ）を見ると、蜘蛛の巣が一面に張られて、それに煤がたまり、凄惨な感じさえする。なおこの家に関しては、佐藤源八氏の『浅沢村郷土資料』にも記事がある。

交易の家　中佐井の山岸のウエという家は、佐藤源八氏の屋敷のすぐ上位にあって、今はこれまたひどく零落して、厩から土間の板の間は、ほとんど閉め切って、座敷の方だけで暮らしているが、以前は一種の裕福さを持った家であった。自家でできた漆器と、それに近所で作られた漆器を持って、下閉伊郡のオトモ（地名）、岩屋堂などに商いにゆき、全部売り払うと、帰りには海産物など仕入れてきて、家で小売りをしたものであった。それで石神、中佐井などでは、ここ三、四〇年前までは、家に不時の来客でもあると、この山岸のウエに行って何かないかと聞いて、魚など仕入れたものである。魚ばかりでなく他の日用品なども多少とも貯えていて売ったものである。

酒造　中佐井の大屋は、今の主人は佐藤仙祐といい、酒造を営んでいるが、家計はまったくいき詰まってしまった。しかしこれは昔からの正しい血統はすでに絶えているから、いわゆる代が替わっている（正系から甥に移っている）。明治の初め、この家の飼い犬と狼と嚙み合った話は、『浅沢村郷土資料』にある。

田屋　中佐井の田屋という家のことも『郷土資料』にあるが、田屋《たや》は村では隠居所という意があり、その昔の田屋すなわち作小屋から出た名称であることも想像される。

貧富の縁　繋沢《つなぎさわ》（家数八軒）と石神の間は山道をゆくと、約一四、五町しか離れておらぬ。付近の部落の中で、繋沢と石神とはもっとも縁が深く、婚姻関係ももっとも深い。湯ノ沢もまた縁があるが、沢がことなるために、繋沢ほどではない。湯ノ沢、繋沢はこれはまた縁がふかい。

繋沢の者は、今木炭製造などもやっているが、一体に暮らしは豊かな方である。ただこの二〇年来、五日市に天理教の教会ができてからいつとなしに信者になる者が増えて、今ではほとんど全部がその信者である。部落中央の水車を持っている家は、以前は楽な暮らしであったが、天理教に凝り、布教師から地方の部長になるとて、大和郡山の本部にもう三回ほどゆき、田畑を全部失ってしまった。しかし部長にはなれない。

これと同じような男が日陰部落にあったが、これは賢い男なので、一切自分の金は使うことをせぬので、この方は同じように教理に凝ってはいても、家産は少しも傷つけないでいる。

産土様（オブスナサマ）　繋沢の産土様は、石神から越えてゆくと、村の入口の左手にある。山の神で、春と秋に祭りがある。神体はなく文久元年正月中七日の碑がある。この山の神には、別に八幡・駒形神社も祀ってある。山の神の祠の前に直径一尺ぐらい、左右直径一尺五寸ぐらいの盆型の石器がある。絵馬、白旗（ハタ）を祈願に奉納する風があり、沢山上がっているが、奉納者はほとんど繋沢部落の者である。

交際　繋沢の上の端の家は、主人は伊藤熊造というが、この男は妙な性格で、未知の人を見ると直ぐ隠れて決して姿を見せぬ。別に精神病というではないが、変わり者である。しかしその女房は他の人たちよりも特に人に馴れていて、応対など、部落中一番だという。石神の斎藤家の下の家から嫁に行った者で、もう六〇ぐらいの年配である。一体に繋沢の者は、他所者に会うことを好まぬという。村を歩いていてもそういう感じがあり。女たちはもちろん、男でも話を好まぬ。

草履　ここに現在八二歳になるという老婆があるが、腰は曲がり、外の仕事は一切できぬが、家にいて草履を作っている。草履はアシナカで、藁が打てぬのでごく粗末である。鼻緒の結びをイボムスビ、そして普通の草履は単にゾーリという。この老婆は紺の豆絞りの手拭いで頭をグルグル巻いているが、これは平素も癖になっているそうであるが、何という被り方か知らぬというておる。老婆は頬かむりなどして見せ、これはホッカブリだと説明した。

（老婆に足半の代として一〇銭を出すと、こんなものいらぬと辞退したが、家人になだめられて納めた。いたく嬉しそうであった。）

川魚　繋沢の部落は、部落の脇を川が流れて、そこにイワナ・カズカが豊富にいるとて、どの家にもそれを捕るカズカ網が軒に掛けてある。ちなみにイワナは多く餌釣りであるが、カズカは網（カズカ網の漁法は別記）で捕る。カズカは水底にいる小魚で、この地方でいうハイとも違う。

燈火　街道から約半里ほどはいりこんでいるので、一体に生活程度は低く、文化には後れていて電気もない。松の根を燈火に焚くことはもうないが、どの家も松の根は用意されている。

生活慣行

炉の座席　主人の座をヨコザ、客の座をソンザ（正座の意か）、内儀の座は格別名なく、ヨコザの向かいをキンシリ（木の尻）という。石神斎藤家では、常居のヨコザは座敷を背にしているが、台所のヨコザは土間（ニワ）を見ている。今ある玄関は近年に至って設けたもので、それ以前は今の機《はた》のある位置に玄関があり、これは賓客の出入口で、一般の村人や所用の者は、土間の入口から出入りした。多く履物のまま応対するので、主人はそこの炉のヨコザに出ていたものである。

茶の間　常居の次の茶の間には、仏壇を下に神棚が上にあるが、常居との境の柱に銭筒《ぜにづつ》（木にて作る賽銭箱のごとし）が取り付けてあり、そこに銭をいれたもの。銭筒は台所にもあったが、これははるかに小さかった。茶の間の銭筒の上の鴨居には、暦を入れる箱があり、一方に巻こむ仕組みになっていて、月ごとに、その月の部分をだすことになっていた。

茶の間と部屋《ひや》との間には、ノレンが掛かっているが、これは藺を編んだ簀である。

部屋　寝所を部屋（ヒヤ）といい、小間で一軒に一間ないし二間ある。斎藤家は二間である（別に一間）。以前はここにはいって寝たもので、奉公人は台所に続いた部分に別に設けてあった。または土間の二階等に寝るもあった。部屋には床に藁のハカマを一尺ぐらい高く敷き、入口の敷居には、佐渡等でハジカクシという横板一尺ぐらいのものが渡してあったもの。斎藤家などにもそれがあった。

夜着はヨブスマといい、この辺ではマダの布か、上等のもので麻であった。ヨブスマの中にはオクソ（麻の屑）を入れ、それの移動を止めるために指してあった。これを指すにはカワバリという、長さ五寸ほどの針で縫ったもの。ヨブスマは明治の末から大正にかけて、その繊維が製紙の原料になるとて、高価で売れたので、ほとんどその時期に影をかくした。量目で取引され、一貫目何程というものであった。ヨブスマは洗濯のできぬものなので、破損すると外から布を充て、繕っておくことは秋田県などと同じであって、その重いことも、今では笑い草のひとつになっている。

ヨブスマは丈の短いものなので、今のように長々と横になるわけにはゆかない。腰からひざを曲げていわゆる丸くなって寝たものである。

裸体　寝るには多く裸体で、これは今も行なっている者が石神の中にも何軒かある。またひとつの布団の中に両方から足を入れて、土地のいわゆるチガイに寝ることがあり、これに名称があったものという。

セナカアブリ　炉の傍らで榾を焚いて寝る者もあった。それで足とか背中にヒカタができていたもの。

ネゴ・ネゴザ　藁の上にネゴを敷き、その上に体を横たえ、ヨブスマを被ったものである。ネゴザは縁なしの畳（菅筵《すげむしろ》）に、藁の筵を合わせて作ったもの。これが今日の敷布団である。

サッコリ布団　サッコリはあるいは別に名があったかと思うが、多く炉燵布団に用いたもので、比較的近世の流行ともいう。不明。

服　飾

服装　衣類は一般に厚着の風があって、八月一八日、一九日、二〇日など、ともに華氏八七、八度（日中）の温度であるが、畑や山で労働する人々も、ハダギ（襦袢）の上にこの地方のいわゆるミジッカを着ている。しかもそのミジッカは単衣は稀で、大部分が袷である。中にはその上に綿入れのソデナシを着ている者も少なくない。女は多く鉢巻きをもするか、さもなくばフルシキを被ってハダギとミジッカを着け、下には紺のモモヒキをはいている。斎藤家の奉公人なども、襟にあかどりをいう巾をつけて畑に出ている。

改まって人前に出るとか、町にでもゆく時は、都会風の浴衣に帯を締め、パラソルなどさしているが、これらの場合はかえって薄着である。子供は大部分洋服を着ていて、これらはまた裸体でいる者が多い。

フンドシ　褌をコバカマともいったというが、今はいわない。褌の中に、六尺褌と三尺褌とあり、三尺褌はいわゆる越中褌である。

ハダギ　肌着は東京辺のジュバンに該当するもので、これは夏冬とも着ている。袖のないものである。

ミジッカ　労働着で、これには単衣と袷とあるが、夏分でも袷が多く、単衣はまれである。ミジッカは名の通り腰までの短いもので、裾が切れているが、襟は必ずあり、多く紺木綿か、また繻子をもってさしてある。襟はナンガ（長着物）につけるものをカイリ（掛襟か）、ミジッカに掛けるを三尺ハイリ（半襟）という。ミジッカの柄《がら》は多く紺で、材料は麻布（ヌノ）であったが、このごろは木綿縞が多くなった。

ソデクチ　肌着にはソデクチを別に作ってつける。あるいはソデクチだけを取り替えることもある（繋沢）。それで若い女性など、ソデクチだけを今の流行の華美な布地でつけるので、著しく目立つ。このソデクチは筒袖で、口に横布が細く当ててある。

テッカエシ　手甲のことで、手の甲の部分に刺繡（サシ）をする風がある。

キャハン　脚絆には紐で結ぶものと、コハゼのものとあるが、これは平常は用いておらぬ。

モモヒキ　いわゆる筒型の東京辺でゾウモモヒキというもので、男女ともことごとく着けている。股の部分は切れており製作も巧みでないため、冬分はそこから風がはいって寒いので、それを防ぐためにハンバカマをはくのである。

ハンバカマ　冬期に用うる裁着の一種で、ミジッカを着、モモヒキをはいた上からミジッカの裾まで入れてはくもので、膝より約二寸ぐらい上がったところまでおよぶもの。

アカトリ

ハラテ

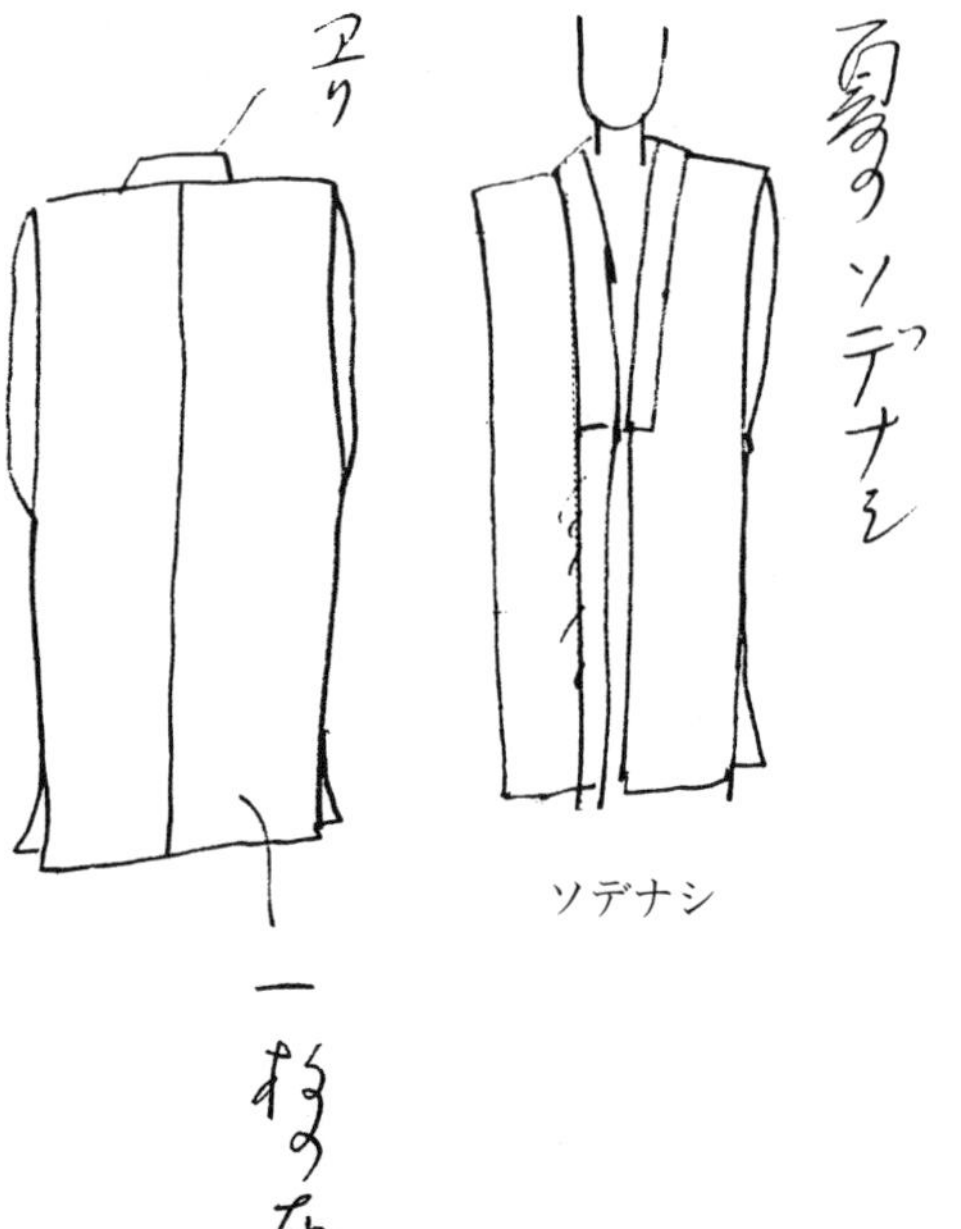

ソデナシ

コバカマ　コバカマはユキバカマの裾に、横布を付けたもので、いわゆるカルサン型のものである。

ユキバカマ　いわゆるモンペをいい、別にモッシラともいう。モンペとはいわない。

アカトリ　後襟に掛けるものでこれは女性に限られている。秋田辺でエリカケというものと同じである。

フルシキ　被り布で、岩手郡でシハンというものと同じ。これは紅とか紺などの地が多い。若い女性に多く見る。

ソデナシ　袖無しで、製法はごく簡単で、単衣と袷と綿入れとある。夏分でも綿入りの袖無しを着けている者が多い。

ハラテ　腹当てで、ハラテコともいう。男子よりは女子かまたは子供が多く、夏分でも用いている。繋沢で会った老婆の着けていたものは、上部の布はビロウドであった。また別の形式もある。

サルハッピ　猿法被。今は多く幼児のもので、信州等でネコ、サルバンコなどいうものと同じ形式。実物二つアチック収蔵中に加う。これを藁にて作りしものが荷を負う場合のセナカアテまたはネゴである。

ネバソ　真綿のことで、冬期はこれを背中に着ることあり。

ハカマ　葬式に袴を着ける風は、明治二七、八年頃まで行なわれ、会葬者は全部、袴着であったが、今はその風大いに廃れた。

ジャブトン　座布団で、これもごく限られた階級に近世行なわれるもの。

ゴザ　来客があるとゴザを取り出して敷く。そうしておいて、茶の仕度などする。ゴザは上がり端か、さもなくばヨコザに敷く。

農業

畑　屋敷の前の畑には、野菜を仕立てるふうは今も行なわれ、いずれの家庭にも、ささげ、いんげん、胡瓜、紫草等が仕立ててあって、いわゆる前栽のふうを失ってはいない。

垣　畑には隣地との境に必ず垣(カキ)を結ぶふうがあり、材料は栗の木または漆を採取したあとの木である。斎藤家では、漆を取ったあとは漆掻きに渡すことをせず、各種のものに利用するが、とりわけこの垣に利用するのが多い。

稗　畑作には稗を主として作り、それについで黍、粟、大豆、小豆等で、里芋も多く作った方である。冬作は麦が主であったが、小麦を多く作った。

稲　稲は以前は少なかった。斎藤氏少年の頃は、水田の約三分の一が稲で、他は田稗を作っていた。田稗の品種は畑稗とは異なってヒゲの多いものである。秋田県鹿角地方では、奥の方(二戸郡荒屋浅沢地方をいう。江戸時代の鹿角は南部藩だった)の者は昔から藁の木を知らぬというて笑ったもので、古くはほとんど稲はできなかったという。

苗代　苗代には植えつけをせず、休閑にしておくふうがある。しかし植えつけるもある。この休閑にしておくものをホンノーシロという。また休閑にしておくものでも、畦つき一株通りだけは植えつけておく。これは赤坂田、平館、大更《おおぶけ》地方も同じである。

籾種　籾俵に入れて貯える。斎藤家は土蔵であるが、普通の家は常居の天井などである。籾種は桶に二、三日浸してから、八十八夜三日前に播くものとしてあった。籾俵は年々新たにせず、空いたものは土間の天井に吊るしておいて、秋に至って貯える。斎藤家では土間の厩の前の所に吊るしてある。

稲の品種に自慢白というのがあり、北口（土沢）の北口庄七郎が苦心の結果作ったことは、佐藤氏の『浅沢村郷土資料』にもある。

田植えの食事　平素は異なっていた。朝飯は格別異なっていないが、小昼《こびり》（朝と昼飯の間の食事）はウルイの葉に包んだ飯で、これには煎豆が添えてある。そうして以前は必ず濁酒があったもので、濁酒の飲めぬ者には甘酒の振舞いがあった。

昼飯と夕飯の間には、別にヤスミといって食事をした。都合五回である。このヤスミには多く丸飯（握り飯）に味噌を塗ったもので、この時にも酒が出たものである。

田の神　田植えの朝と終わった日に膳を作って祭る。

弥十郎　田植えの日に采配を振う者を弥十郎といい、これは多くその家の主人が当たった。弥十郎につづいてソートメ（五月乙女）と立人《たちど》がある。タチドは老人とか子供で荷配りであるが、苗は配る前に小束に作り替えて、ソートメのうしろに投げてやる。これがタチドの役である。

ソートメゼニ（五月乙女銭）　田植えが終了した時には、田の神に膳を作って神棚に供える。これは二膳である。そうして田植えに携わった者にはソートメゼニとして夕餉の膳に、主人から一銭ないし二銭の銭か、もしくは髪油、手拭い等を載せて出したものであった。娘たちはそれが楽しみであった。今このふうはない。

マンガアライ　田植え終了の後の祝いをいい、他地方のサナブリ、ドロナガシ、シロミテ等に当たるものである。この時にソートメゼニを添えたのである。

田の面積　何刈りとて計算する風あり。一反歩一〇〇刈りという。すべてその標準なり。また藩政時代は五畝歩を一人役といいたり。

麻糸（イト）　麻は畑から刈り取るには、鎌で切ることはせぬ。幹を摑んで根ごと引き抜くので、これをアサフキという。フキは引くの訛りである。しこうして切り抜くと同時に鎌で根の部分を切る。引いた麻は適当に束ねて、釜にて蒸す。蒸す釜はニワガマまたはトナガマといい、鍔のないいわゆる端反り釜である。湯と麻との中間には木製の枠をおき、上から蒸桶を伏せておく。

蒸し上げたものは、いったん天日に晒し乾燥させ、湿気のない場所（多く土間のまげ）に貯う。貯えたものは仕事の手順を見て、適当の量だけずつ川に持って行って浸す。川に晒してから家に持ち返って皮を剝ぐ。剝ぐには一端を持って折ると皮が残るので、そのままずるずると皮を剝ぐのである。剝いだ皮は一握りほどにして、オシキまたはオシキダイでかすを取る。すなわちオクソを除くのである。

オクソを除いたものは、これをカチョカといい、竿に掛けて乾燥させるのである。乾燥は家の中でほぼ乾いた時、外に出すもある。これを貯えておいて、冬分仕事の暇の時に取り出して績むのである。

皮に晒してから早く皮を剝かぬと、腐ってしまう。これをクサレまたはダレ、クサレダレともいい、役に立たぬ。わずかに下駄の緒にするくらいである。オクソ取りは退屈する作業で、厭なものである。それでこれには多く唄などを歌ったもの。オクソは綿の代用にしたり、また小児を入れるエヅコの中に入れたりした。

麻を釜で蒸して乾し上げたものは、各自に分配される。ここで所有権が分かれるので、この地方では女一人に五〇把あてが普通である。これをホマチという。その余りの分は主人の所得に帰するわけである。

麻を紡ぎ合わせるをオムというが、巧みな者は、全部指頭でやるが、多くは指頭で絢ったあと、さらに膝頭で絢る。この時はまだ糸が太い。績んだものはオボケに取り、それを玉にする。いわゆるへソダマである。荒巻きのへソダマともいう。これに湯を掛けてあらためて錘《つむ》にて縒りをかける。以前はテシリツムでつむいだが、今は糸車を用うる。つむいだものはガワに巻き取り、再び玉にするが、これもまたへソダマすなわちイトである。ガワは竹で編んだもので、木のガワは主として紬の場合に使用する。

このイトをもって他品と交易したり、人によっては布に織り上げるもある。麻は現今では岩屋、繋沢等で多く栽培していて、石神、中佐井の方は少量である。麻稈《おがら》は屋根を葺く時、萱の下に敷き（軒通り）、また盆に松明として焚く。

漁具と漁法

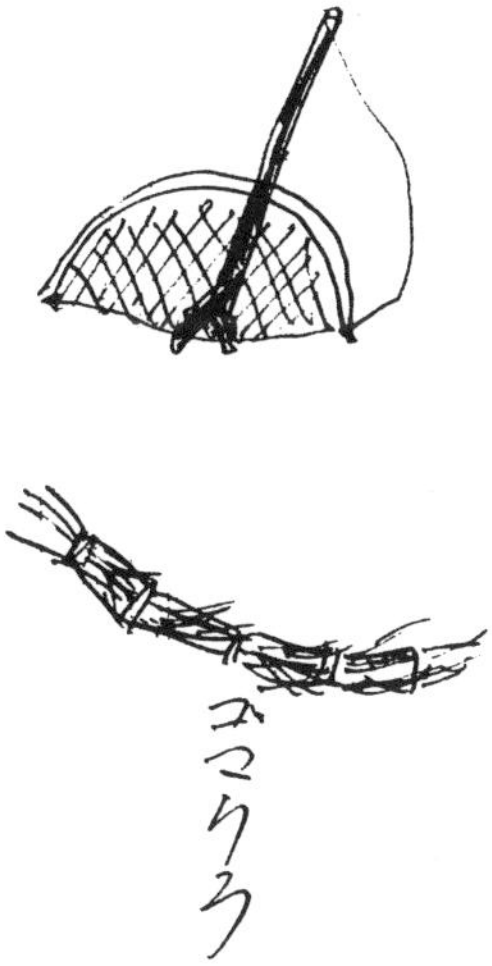

カズカ漁の漁具

カズカ漁　川にいる雑魚の一種で、秋田県由利郡でヤマヒメ、静岡県・愛知県の山村でジンゴ、中国辺でドンコなどという。これを捕るには、魚の集まっていそうな所を目がけて、マタ木で網の中央の端の部分を川底につけて一方が待っていると、一人がゴマクラという粗朶《そだ》を水中に浸し、それを持って網に追い込み捕る。

手網　楊の根元とか雑草などの水中に茂った中、また濁水の場合に掬い捕るものである。

釣り　もっとも多いのはイワナ釣りである。

イワナ　現今ではもっとも美味いものとしている。繋沢の川にもっとも多く、これは共食いをするので、たいていひとつの渕にひとつぐらいしかおらぬ。

ヤマベ　阿比《あっぴ》川にはヤマベが沢山いて、見事でもありかつ味もよかったが、水力電気で水をせぐようになって以来ほとんど影を絶ってしまった。

石神を中心とした地方にいる魚は次のようなものである。タナゴ、フナッコ、コイ、ハイ、カズカ、イワナ、ヤマベ、ウナギ、ヤヅメ（八目うなぎ）、ドジョウ等で、ナマズはおらぬ。ハイの小さなものをメダカという。

河童　槻の木の渡しの河童と斎藤家の話は、『浅沢村郷土資料』にもあるが、詫びがかなって許される時、火事と災難には遭わせぬと約束したという。斎藤善助氏少年の頃は、前の阿比川に遊びにゆく時は、河童にドウツンを抜かれるとて、最初に川泳ぎにゆく時は、胡瓜を懐にして行って流したものという。

方　言　語

蛇　ナブサ（山かがし）、クソヘビ（まむし）、カラスヘビ、青大将カナヘビ、とかげ

福島県南会津郡檜枝岐村採訪記

一　まえがき

左の記録は昭和一四年七月二八日より三〇日にわたり同地訪問の際の見聞によるものである。採訪の動機は七月二五日より三一日にわたる一週間、南会津郡荒海《あらかい》村所在会津山村道場における青森営林局主催の山村経済更生講習会に出席せる機会に発している。よって二八日にひとまず講義の終わるを待ち、午前一一時荒海村発の乗合自動車にていったん田島町に出て、午後一時同地発大宮村山口行の乗合自動車の客となった。途中駒止《こまどめ》峠にて遙かに西方に会津駒ケ岳の山容を見る。午後三時三〇分山口着、山口営林署を訪問。あらかじめ同営林署の御配慮により、土地にただ一台の自動車が用意されてあったが、折悪しく管内に急病人発生のため、自動車はその方へ融通されたとのことに、しばらく営林署に待ち合わせた。その間、同署今井氏および檜枝岐担当区員徳原氏を通じて、村の概況を聴くところがあった。午後六時半に至り漸く自動車が還ったので、直ちに徳原氏と同乗、檜枝岐に向かった。山口檜枝岐間は県道八里半、そのうち大川村内川《うちかわ》よりの五里は、路面狭隘にてかなり難路であるが、途中障害物がないので自動車の通行は割合に楽である。しかし内川を過ぐる頃からまったく夜にはいり、闇の中を進むので途上の観察は不可能であった。

午後八時一五分、予定よりいくぶん早く檜枝岐に着き、宿舎にはいった。折から山口営林署長岩下氏も前日来

第一図　檜枝岐村

署務のため滞在され、面接の機を得たことはなにかに好都合であった。宿舎には時局がら鉱山関係者および繭商人が滞在していた。夕食後、九時三〇分に至り、村の実行組合長星数三郎氏と、担当区の平野氏が来訪され、経済更生の実状につき説明を伺った後、さらに生活状態につき種々聴くところがあった。その夜は一二時過ぎに聞書を中止して休息した。

翌日は岩下氏の御配慮で、尾瀬沼見学の予定であったが、自分としては予定の滞在期間が短いので、むしろ村にあって見聞を重ねることを窃かに希望したのであるが、幸い実行組合長の星氏が御同行下さることになったので、尾瀬沼往きを決意したのである。午前四時三〇分起床、一応村内を見物し、七時三〇分星氏とともに出発。途中キリンデ(麒麟手)の先まで宿の自転車を借りて往き、それより徒歩。途々山川耕地の状態等を観察、それに関連して星氏より話を聞く。談話がやや集積する頃を見計らい、路上に座して反覆説明を求め、手帳に記入した。したがって地名その他林相、地形等についても認識を深めることができた。以後この方法を繰り返し、七入《なないり》、赤法華《あかぼっけ》等の部落では、家

第二図　沼山峠より尾瀬沼をのぞむ

の形式、作物の状態をはじめ、たまたまそこに働く人々と談話を交換し、逐次手帳に止めた。午前一一時半、沼山峠の頂上に着、休み処《やすど》にて盛夏の陽に照り映える尾瀬沼を俯瞰し、湖を中心にスケッチ二枚を試み、山を降り沼に向かう。長蔵小屋に着いたのが〇時半、折から湖畔はキスゲの花盛りであったが、時刻が早いので、湖畔逍遥の東京の客はほとんど見られなかった。長蔵小屋にて用意の昼食を済まし、のち湖辺を一巡した。午後二時尾瀬沼を後にし帰途につく。暑気強く、午後の陽を負っての沼山峠の登攀はかなり苦痛であった。よって途上でヘビイチゴその他の山果を摘みかつ味わい、名称とそれに絡まる伝説習俗等をききながら歩いた。午後四時三〇分七入り帰着、同所に畑作を行なう寅蔵氏宅に休憩、茱萸《ぐみ》とあたかも蟹の肉のごとき赤《あか》茸《だけ》の漬物の振舞いを受け、山椒魚（東京にて孫太郎虫というもの）、岩魚の捕獲および棲息の状況等を聴きたるのち辞去。午後六時一五分宿舎に帰着した。

同夜は星氏と会食、さらに昼食に引き続いて話を聴く。その間にも星氏は諸方より話を集め来りて供給され、またしても午後一一時半に及ぶ。

翌三〇日は前日同様午前四時半起床。農家の写生をなし、朝食後は川東部落である上の段に赴き、徳原氏の案内で共同作業場、墓地、各家の倉庫（板倉）の聚り、石畑《いしばた》など見学、併わせて付近の人々の説明を聴く。それより旧の路を引き返し、鎮守神社、寺院、旧家の建築を見たのち村役場に至り、村長星美雄氏に面接、吏員諸氏を交えて、村の現状から各種の発掘遺物等について知るところが多かった。かくして一一時に至り、かねて依頼の自動車が迎えにきたので、再び徳原氏と同乗、高屋敷、嫁の郷、葭ケ平等の部落に注意し、大川村大桃を経て、午後〇時過ぎ山口着。営林署にいったん休憩。岩下署長その他の方々に袂別、前日のコースにて田島町着、午後四時半荒海村山村道場に帰った。今にして思うと、なお一、二日間の余裕があれば、各種の事項について得るところ多かったと思うが、前後の事情から、その間の融通がつかなかった。したがって折角訪問しながら瞥見の程度に終わったのは返す返すも遺憾である。

前述のごとく、本採訪記は短時間の見聞であったので、すでに他の人々によって報告記述せられた事項は、なるべくそれらに譲り、努めて未報告の分野について知ることを期した。なお本記述に当たり、参照した檜枝岐村に関する文献は、わずかに左の数種である。

一　享和三年改修『新編会津風土記』
一　中村春二『旅ごろも』明治四〇年刊
一　金子総平『南会津北魚沼地方に於ける熊狩雑記』アチック・ミュウゼアム刊
一　野口長義「南会津の民俗」（『旅と伝説』第一一年二および三号）
一　田中館秀三・山口彌一郎「福島県南会津郡檜枝岐村の出作」（『地理学評論』一二巻三号別刷）

二　概　説

1　地　理

檜枝岐村は南会津郡の西端をなし、古来、山間僻陬をもって知られた地である。南会津郡は地勢上東西に分かれ、東部は田島町を交通・経済の中心として一帯に山岳重畳である。これに対し西部はいっそう山岳深く、上毛国境に源を発する伊南川の流域を中心にし、北は只見川をもって新潟県に境している。

只見川は群馬県との県境にある尾瀬沼に源を発し、いったん北流してのち、新潟との県境を東流し、中途伊南川を併わせて会津盆地に出て阿賀川となる。檜枝岐より只見川の流域にある柳津駅（若松柳津線〔現只見線〕）まで陸路三五里に及ぶ。檜枝岐は尾瀬沼の東方四里、前記伊南川の支流である檜枝岐川の源に位置している。

檜枝岐には河川よりもむしろ山岳として知られたものが多く、会津駒ケ嶽（二一三二メートル）、燧ケ嶽（二三四六メートル）は村の北西を占め、帝釈山、台高倉山、孫兵衛嶽等はともに標高二〇〇〇メートルを越えている。なお当村より各地への距離を示すと、

大宮村山口へ　八里半

大川村内川へ　五里

田島町（支庁所在地）へ　一六里（経大川村内川・大宮村山口・駒止峠）

群馬県沼田町へ　一八里（経尾瀬沼・戸倉）

日光町へ　一五里（経引馬峠・栗山村川俣）

新潟県小出町へ　一六里（経大津岐・銀山平）

別に大川村内川より館岩村中山峠、荒海村経由の道路もある。

大体以上のごとくであるが、聚落としてもっとも近きものは郡内大川村大桃、群馬県利根郡片品村戸倉で、ともに村の聚落地から四里ないし五里を隔てている。ことに後者における道路の中、尾瀬湖畔に出ずるまでの四里は森林を縫うて道幅も時には二尺に満たぬ険路である。これをもってもいかに交通不便で、かつ山間峡谷の底に孤立偏在せるかを顧わしめる。

交通の不便は生活経済ともに外部との交渉を隔絶して、古風の様式を遺し、かつ独特の形態を発達せしめたことが考えられる。

2　村　勢

現在の戸数は漠然九六戸といわれているが、村役場作製の『昭和八年度村勢要覧』に基づき概況を示すと左のごとくである。

広袤　二五・五六六方里（東西四里南北六里半）

土地面積　三万八九〇〇・三町歩

　うち国有林野　三万七〇〇〇町

　　民有地　一九〇町

　　村有地　一三〇九町

戸口　　昭和八年一月一日現在

世帯数　一〇七

人口　　六〇五　うち　男三〇三　女三〇二（一世帯人口平均六人）

ついで近年における戸口異動を知るために、一〇年前に遡り大正一三年一二月現在の戸口を示すと、

世帯数　八三
人口　五一七　うち　男二七五
　　　　　　　　　　女二四一　（一世帯人口平均六人）

さらに徳川時代（享和三年〔一八〇三〕）当時の家数は七五軒である（『新編会津風土記』巻一六、檜枝岐村）。

ここで注意しておきたいのは、地理的環境が前に述べたような状態におかれていて、行政的社会集団として、かなり特色があることである。たとえば、戸口の状態であるが、これは一二六年前すなわち享和三年度の七五戸に較べると、約二五戸を増加しているが、それらは新しい部落を建設したのでもまた、他を合併したわけでもなく、まったく昔ながらの地域内に発達し異動したのである。

わが国の多くの村は、明治維新後ことに明治二三年の町村制実施を境に、数個の村を合併したり改組しているが、ここはまったく以前のままである。かようなことはいかに山間僻陬といえども類例が少なく、社会的性格を保持させることも注意すべきで、やがて生活様式の上にも関係する点が多かったことが考えられる。

しかしその生活の基礎である土地資源の方は、明治維新以後、著しい変化があった。村をめぐって無限ともいうべき山林原野は以前は随意利用に委せられていたのであるが、そのほとんど全部が国有林地に編入されて以来、経済的にはまったく閉め出しをくったかたちである。そこで、現在の檜枝岐村の所有する土地関係を見ると、

民有地
畑　　　二・七町（有租地）　八二・七町（免租地）
宅地　一万四八四六坪（有租地）　六一五坪　（免租地）
山林　　五〇町（有租地）　三四・四町（免租地）

原野　――　二〇・五町（免租地）

備考　免税地中、耕地は賃貸価格一反二〇〇円以下、山林（雑種地）は一反一円以下の土地で、別に、村有林野一三・〇九町がある。

次に生産物の統計を『村勢要覧』から摘出してみる。

一　農産物

品目	作付反別	数量または価格
米	ナシ（昭和一四年度試作せるも不成功に終わりたりという）	
麦	二反	二石
繭　数量	一六六三貫	価格　四六四八円
馬鈴薯	二万八八〇〇貫	四三二
大豆	三二石	六四〇
小豆	六石	一五〇
蚕豆	七石	一二六
粟	三三六石	四三六八
稗	一五石	一五〇
玉蜀黍	二六七石	一〇六八
蕎麦	四三二石	八六四〇
きび	一〇四石	一五七五
大根	九〇〇〇貫	九〇〇

菜	二万五六〇〇貫	二五六五
南　瓜	六〇〇〇貫	六〇〇
		計二万五九〇〇円

二　家　畜

兎	三〇頭	一五円
鶏	三〇〇羽	一五〇円
牛馬匹なし		

三　林産および工産

木炭	五〇〇〇貫	
ワサビ（山葵）	一二〇貫	三六〇円
茸	三〇貫	二五〇円
宮島（飯杓子）	六〇〇俵	一八〇〇円
杓子（汁杓子）	三五〇俵	二四五〇円
級《しな》縄	三〇〇〇連	九〇〇円
ゼンマイ	一五〇貫	三七五円
毛皮		二五三〇円

四　水　産

干岩魚	六〇〇連	三一二円
山椒魚	三〇〇〇連	三〇〇円

山椒魚の一連は一〇匹である。

以上の中の林産、工産、水産物の大部分は国有林地内に穫たものである。

3　生活の概観

生活の様態は、地理的事情と気候的制約等によってかなり特質がある。このことはやがて生活理法として多くの古風を遺したことを意味している。したがって生産の形式、消費の形態等の直接の生活現象をはじめ、それらをめぐる各種の慣習の上にもよく表われている。

生活理法は大体に協同性を根幹となしていて、村は一個の生活体を構成しており、その下にさらに便宜的な団体を作っている。したがって家は、それらの生活体を構成する単位であって、それと同時に、成年者すなわち生産的能力を有する者の地位も、家とは別個の関係において重要であることも見逃せない。この間の関係は、いろいろの生活慣習に窺われるところであって、単に行政的関係における村とかまたは法律的概念による家にあてはまらぬ場合が多い。ここに村の特質があったゆえんである。由来、わが国の村落社会は、構成的に、この種の形態を基調として発達したものとみられるが、後世家の地位が著しく向上し確保されるにしたがい、村は単なる行政的区画に還り、同時に生産能力を基準とする成年者の資格は、社会的には格別の意義を持たぬようになった。したがって団体生活に重点をおいた成年者の資格認定も、儀礼的な意味において存在したに過ぎなかった。しかしそれらはきわめて近世の変化であることが考えられる。檜枝岐村が生活的に古風を遺した意味もその点にあるので、これは生産、居住意識をはじめ、あらゆる生活の上に遺されていたのである。

生活の根幹をなす生産の種類はかなり複雑であるが、これらは大体において次のように区別される。

一　農耕

一　狩猟および漁撈
一　木工具の製造
一　出稼ぎ（屋根葺き職）
一　山野における各種原料食糧の採取

以上の他に家庭的手工業があるが、これは級《しな》の繊維をもって級縄を造り他地方に輸出する。

この分類をもっても一目判然することは、檜枝岐村の産業が、生活的になお自然経済的要素の多かったことで、しかも一般山村におけるよりも、自給経済的色彩が稀薄なことである。その間の割合をここに明示することは困難であるが、前掲の『村勢要覧』に表われた生産物の統計と対照すると、自ずから肯かれるものがある。

これらの生産関係を季節的時間的に区分すると、夏期の農耕と、冬期における狩猟と木工具の製造を代表的とし、出稼ぎはそれらの中間である初冬または春期に行なわれ、漁撈と採集は大部分夏期を中心とする。なお家庭的手工業は大体において冬期間に行なわれている。

次にこれらを当事者の人的関係につき、性的に区別すると、農耕と家庭的手工業は女子、狩猟、漁撈、出稼ぎは男子の担当で、採集は両者共通である。しかし近年は農耕において男子の進出が特に著しいものがあることを付け加えておく。

次にそれらの実施形態であるが、狩猟と出稼ぎは団体により、農耕と木工具の製造は団体を基調として個人的家によって行なわれ、採集および家庭的手工業は、家および個人経済を対象としている。

以上が生産経済における区分の大要であって、そこに自ずから生活理法の窺われるものがある。さらにこれを生活の本幹をなすところの居住慣行についてみると、次のごとき特殊な形態をとっている。

前にも述べたように、村における各個の住居は、檜枝岐川に沿うて一カ所に聚まっているが、この聚落は、現時のわが国一般の村落のように、生活の本拠としての絶対性がなく、季節的に移動の形式をとっている。このことは地理的または気候の関係から、居住の地と生産の場所が、必ずしも一致せぬ事実を示すものとして興味がある。すなわち年間を通じて、冬期と夏期で居住の場所が異なっていて、檜枝岐川に沿った聚落は、時間的にいうと冬期間の生活の本拠である。したがって夏期ことに五月中旬から一〇月下旬までの六カ月間は、農耕の必要上から、土地のいわゆるハタゴヤ（畑小屋）に分散移住する。畑小屋は一般的の出作小屋に該当するもので、現今でも石川県または岐阜県等の山村のごとく、焼畑生産の盛んな地域に行なわるるものと軌を一にしている。

畑小屋の存在する地域は、本拠である聚落からほぼ放射状をなしていて、現在、陸地測量部五万分の一檜枝岐図に示されている赤法華《あかぼっけ》、七入《なない》り、麒麟手《きりんで》、嫁が里、高屋敷、芳ケ平など六つの部落がほぼこれに当たり、これらは外観上は一個の部落をなしているが、本拠の冬期におけるとは逆に、一一月より翌年五月初旬まではまったくの閑居に還るのである。ことに畑小屋の生活は、一般の出作小屋の概念が与えるごとき簡易粗末なものでなく、農耕の本拠であるとともに、養蚕等も営む関係上すべての点に調っている。よって二者の間には、居住期間設備等からいうと、格別な差などがない。ただ形態からいって、冬期の住居が村全体の聚りであるに対し、夏期の方は分散的であるから、前者が何となく本拠らしい感じを与えるに過ぎない。これを決定するのは、生活意識の表われである慣行その他につき、いずれに重点があるかの検討によって定まるわけである。そのことは同時に、村の生活における生活理法の中心が、本質的に集団分散のいずれにあるかを顧う上にも興味がある。単に行政その他の関係から、村役場、小学校その他の機関が存在するだけでは、未だ充分根拠とするに足りない。

檜枝岐村においては、私の知り得た事実では、畑小屋の所在地に対して、一方の聚落地を本拠とし中心とする称呼はない。ただし個別的には、畑小屋に対してもっぱらエノマエといっている。エノマエは家の前で、現今の一般的語法とはいささか異なっているが、要するに代表的であり中心の意味で、物の表面をいうオモテ（表、面）の意に通じる。これは一般に部落または同族間において、その代表であり中心である家をオオヤ（大家）、オモテ（表）等いうとともに、オマエ（大前、御前）と称したことに対照され、場合によって家の間取りの代表的な部分を、オマエの名で呼んだことにも関係する。長野県下伊那郡の山村（上久堅・千代村）等で、末家から本家をいう場合に、エノマエと称したことも、このさい併せ考えられる。この点からいうと冬期間の住居が本拠であることは明らかである。

次には生活の重点をなすところの穀物その他の食糧品、什器、衣類等を収納する場所が、集合的に聚落地に設けられてあることで、現在ではその倉庫と畑小屋の連絡は、小学校に通学する児童によって行なわれている。次には冠婚葬祭の場所であるが、これはほとんど畑小屋には行なわれぬ。神仏の祭祀等も原則的に畑小屋の生活にはない。したがって畑小屋生活の期間中も、旧暦七月の盆と、それにつづく鎮守の祭典には、ことごとくエノマエすなわち家の前に還るのである。

ここの居住形態は、生活理法の中心が、社会的団体にあったことを語るもので、いわゆる家の前は、本拠であったこととなり、畑小屋は生産の必要上から、個別的に分散せるともいえるのである。

なお食糧・什器・衣類等の収納場所をもっぱらイタグラ（板倉）と称し、別棟をなしことごとくの家にある。これは火災予防の目的から出たものか、住家とは位置を異にし、何戸かが一カ所に集合している。

これを要するに本村における住居形態は、はなはだしく分散的で、原則的に二カ所に分かれており、その上にも、生活物資の収納場所をさらに別にしていたのである。この関係をさらに仔細に検討すると、冬期間における狩猟や山仕事等の小屋があって、かなり複雑であり特色があることを付言しておく。

4　食　糧

土地が地理的に隔絶する関係から、食糧は自給を原則とするが、前にも述べたごとく、生産的条件に欠陥があることと、近年に至り都会的生活の浸潤等から米食が盛んになり、自給はいっそう困難な事情にある。食糧の第一は米であるが、これは生産不可能であるから、全部を輸入にまっている。このことは必ずしも、近年の現象でなく、すでに徳川時代よりそのことがあって、村の成年男子を標準として、藩主より給与を受けたものというが、その配給の組織・数量等は明確でない。

明治維新後は、米は必要に応じて田島方面より、馬背によって輸入されたが、冬期間は積雪のために、駒止峠の交通が杜絶するので輸送不可能に陥る。この欠陥を補う必要上、郵便法を利用し、小包郵便による米の輸送という特殊な現象が出現した。これの盛んに行なわれたのは、大正七、八年の好景気時代であったというが、何分にも運賃が高率のため、漸次、必要量を見越して貯蔵することとなり、その点の欠陥だけはあらためることができた。しかし現在においても、隣村大川村に対し、一俵につき一円以上の運賃が加算されるので、これを食うことはかなり経済的に矛盾している。現在、営林署の担当区員等も、米を常食とする関係上、冬期にはいる前には、五、六〇円の米をあらかじめ購入している状態である。以上のごとき事情にあるから、本村において米を常食にすることは、将来交通機関がいっそう改善せられざる限り、多大の困難を伴うことは言をまたない。

米の輸入が以上のごとき関係にあるので、従来より村の者は特別の場合を除く他は、他の穀物、ことに畑作による雑穀を利用していた。これは現在においてもしかりで、食制上にかなり古風を遺していて、米飯を主食として毎時これを用いる等のことはないらしい。この点で現在も食糧の根幹をなすものは、粟、稗、大豆、馬鈴薯、蕎麦の類と、別に大根があり、さらに山菜山果の利用があった。以下、本村において食糧として重要な地位を占むるもの二、三につき記してみる。

稗　稗は作物として漸次減少の傾向にあり、現今では、これを食糧に利用する家庭は年を逐うて少なくなった。しかも稗の利用を漸次圧迫しつつある作物は、粟であるらしいことも興味がある。

粟　現在檜枝岐村における食糧の代表をなすもので、他地方における米の位置に該当する。したがって、これは年間を通じて利用され、多く米に混炊せられており、やや上等の部で、米七粟三の割合という。

蕎麦　檜枝岐の作物としてもっとも知られているのは蕎麦で、作物として土地がらにも適っていたようである。利用法は、いわゆる蕎麦切りを第一とし、別に団子、蕎麦掻き等にする。

大根　耕地の関係上、大根の生産は相当量があって、これは副食物というよりむしろ主食物としての利用が年次を遡るほど濃厚であったようである。

以上の他、玉蜀黍、大小豆があるが、近年は馬鈴薯の生産が盛んで、食糧として重要の地位を占めるに至った。

5　衣　服

近年は衣服の材料はほとんど外部からの輸入にまつ状態であるが、以前はやはり自給によったので、この点では変遷がことに著しいものがある。衣服の自給資料として、大麻の栽培はここ三、四〇年前までは毎戸に行なわれ、女子は冬期間にこれを績み織ったのである。大麻以外では藤、葛、からむし等を採取し繊維として織ったが、これは一段と古かったようである。なおシナ（級）の皮の産額は土地柄から相当量があって、女子は冬期間級縄を造り、群馬・栃木地方に売却し、一部は家庭用として、各種の利用法があるが、これを衣服の原料とする風は、近世ではほとんどなかったようである。

その他、綿に代わるものとして夏期アカソ（からむしの一種）を採取し、これを煮沸してのちに梶棒の類で打ち、肉質分を除いて繊維を乾燥して用いた。もっぱらアカワタといって、夜着の類には、大麻の表皮である苧滓《おくそ》よりもむしろ保温度が良かったと伝えている。

衣服原料として、養蚕を行ない繭を取ったことも古くから行なわれ、現在山林の至るところにある山桑は、当時の名残りを留めたものであった。その他一般服制上では、いわゆるモンペが流行して長着物の上に穿つこととなって、労働着と常着、または晴衣との区別が不明瞭になった観がある。

6　動　物

村に家畜として飼育されるのは、兎、鶏、犬、猫ぐらいのもので、牛馬は皆無である。これに対して野獣の方は、山林が広い関係から豊富で、これらは狩猟の対象として、村人には昔から親しみが深く、その産額も相当であることは、「村勢」の条にも挙げたとおりである。

野兎　山林が広潤なるために、野兎の棲息は相当多数に上っている。現在檜枝岐産の獣皮年産二四〇〇余円のうち、大部分は野兎皮である。私が訪問の帰途、檜枝岐より大川村に向かって自動車を走らせていたさい、一羽の野兎が道路上に跳び出し、しばらく自動車に先行して走っているのを見たものである。

川獺　現在檜枝岐川には川獺はきわめて稀であるが、ここ四、五〇年前は夥しく棲息していて、薄暮が至る頃には、そちこちの渓流中の岩上で、その鳴声が聞かれたものである。しかるに明治三〇年頃大洪水があり、その洪水期を境ににわかに姿を減じてしまった。あるいは洪水に押し流されたものかと村人は噂している。

熊　熊は昨年度において約一〇頭を捕獲した。捕獲数は年によって一定せぬが、大体一〇頭程度である。熊は毛皮を翦《は》ぎ、肉は食用とするが、第一の目あてはその胆《い》である。熊の胆は商品としても価値が高いが、村人は自家の常備薬として貯えている。その効顕の著しいのは外傷、眼病、腫物等を主とし、その他、腹痛発熱等あらゆる病気に霊能があるとされている。私が訪問のさいも、村内の大腸カタル患者にもっぱらこれを用いているとのことであった。

猪　以前は夥しく棲息し、畑作物を荒して困却せるというが、これも明治二六、七年頃を境に、ほとんどその影を失った。その原因はまったく不明であるが、一説には国有林地内の焼畑が整理されて、森林と化した結果、食物を得るに困難の結果かというが、その説にはなお疑問の余地が多い。

鹿　カノシシという。これまた猪とともに夥しく棲息していて、その大群を見ることも珍しくなかったが、明治二二、三年の頃、初冬の頃未だ暖地に移動せざる前に、稀に見る大雪の年があって、その期を境に激減したと伝えている。当時山中の鹿は食物に飢え、餌を求めて林中を群をなして彷徨したが、雪のために行動の自由を欠き、峰より谷、谷より沢を目がけて集まり、沢をわけて進む中、随所にある瀑布から墜落して斃死したと伝えている。その数は実に夥しいもので、たとえば沼山峠近くの蛇滝等は、一カ所に五〇余頭が折り重なって墜死していた。この年を境に著しく減じ、現今ほとんど影をみなくなった。

羚羊　アオシシまたはクラシシとも呼んでいて、現時においても相当数棲息するとみられており、熊を除いてはもっぱら狩猟の対象となっている。

狼　オカミといい、以前は棲息したというが、近年はほとんどいないという。なおこれについては、詳しい話を聞く暇がなかった。

なお、狐、狸、貉、栗鼠等があり、別に川には岩魚が多いので、夏期はこれを捕獲して生活の資を得る者も少なくない。その他山椒魚の産も多く、これは一〇疋あて揃えて、東京の黒焼店に出すということで、いわゆる孫太郎虫である。

7　土地の沿革

平家落人伝説

村の開発は平家落人が隠遁せりと伝えその子孫の開発という。その是非はともかくとして、知識階級の中にもこれを信じている者が多いらしい。故田山花袋氏も、その伝説を無条件に信じていたようで、そのことは中村春二氏の『旅ごろも』中にも誌されている。これらは単純に言葉が京都訛りであるとか、名字に橘がある、あるいは婦女子の挙措が何となく典雅であるという類の主観的観察に出発せるもので、これは各地にある同型の説と同じく、史実と解する根拠は現在においては何ものもない。なおこのことに関連して、檜枝岐の女子の身だしなみ、挨拶の際の態度等を見ると、三〇歳以上の者は特色があって、一種の羞恥の状をもって応対するところ、いかにも古風の感があって、今日の都会の女性にはとうてい見ることができない。なお応対の語尾にス音が強く特に印象的である。

紀伊より移住

一説によると、延暦一二年紀伊牟婁郡星の里より、藤原金晴という者が来て開発し、初めはそこを小屋の原と称した。のち、上野国の秋塚甲斐守の次男星四郎左衛門吉国が邑長となるという（『村勢要覧』）。あるいは土地からその他の点より、近江愛知郡小椋村に本拠をおく木地師によって開発されたともいうが、これまた根拠とすべきものがない。現在の伝承その他について見ても、少なくも轆轤師との関係は何ら求め得ない。職業的にはむしろ檜物師（曲輪師）で、これは相当古くから行なわれたようである。

土地検地の最初

徳川時代に入り、寛文年間（?）に字上の段の寄進平《きしんだいら》に土地丈量が行なわれたのが最初であるという。しかし一般には検地帳が焼失して何ら知るところがないといわれている。

古来よりの氏族

村内に古来より在住せる者は星、平野、橘の三つの姓に分かれる。現在は他の姓も相当あるが、それらはいずれも近世において移住せるものである。

斧役（ヨキヤク）

徳川時代は村内の一五歳以上六〇歳までの男子はすべてヨキヤクと称し、木羽板《こばいた》の製作に従事した。これに対し上司より米の配給があったという。したがって如上の年配の男子を持つ家庭は、ある点において生活が保証される。ヨキヤクはけだし一丁前を意味するものであって、生産能力の保持者である。なおヨキヤクに対する米の配給組織がいかがであるかは知ることを得ないが、越中、飛騨の山村における焔硝の煮株と同じく、木羽取扱いの株の所持者があったかと思われる。

交易小屋

檜枝岐の西方四里、尾瀬湖畔に以前は物資取引の小屋があった。ここに会津産の酒と米を送り出し、上州戸倉と交易に当たった。これに対し戸倉方よりは塩と油が供給されたというが、この慣習は約四〇年前に廃止したという。明治四〇年刊中村春二氏紀行に、この小屋のすでに破損して使用に堪えざる記事があり、破損の状より類推して約一〇年前に廃絶せしもののごとしとある。なお該小屋を一般にトリヒキゴヤ（取引小屋）と称したというが、一説にはここにて、土地産の杓子、マゲワ（檜物）の類と塩その他と交易したとも伝えている。しかし杓、檜物の類はいずれかというと、下野方面に多く出したと伝え、取引小屋に送出せることの確証はない。

ガワの製造

現在宮島（飯杓子）、汁杓子およびガワ（檜物）は重要の産物であるが、その中のガワの製造は比較的歴史が新しく、明治二九年頃信州西筑摩郡（木曾）の者が来て、製造し併せてその術を伝えたもので、その子孫がなお現存している。それ以前はもっぱらマゲワと称し、水桶、火鉢、テナゴ（貝桶）の類をそれぞれ自家用に作る程度で、交易品として出すことはほとんどなく、しかも明治にはいって、いっそう衰退せるものである。そこへたまた木曾の者が来て、いわゆるガワの技術を伝えたのである。ガワ、マゲワはその手法はほとんど同一であるが、後者は頑丈であって自家の器具を造ったのである。

三　農業

農業は村の生活においてもっとも基本的のもので、土地隔絶、交通に恵まれぬ関係上、食糧生産の第一条件をなすものである。しかしそれらは平地地帯に比して自然的条件が著しく不利で、たとえば、

一　山岳地帯の狭い渓谷に挟まれていて、しかも四周の山林は大部分国有林に属する大森林である関係上、日照時間がきわめて短い。

一　積雪地帯で冬期間の積雪は五、六尺ないし一丈におよぶ等から裏作はまったく不可能である。

一　標高高く夏期においても冷涼の気温に晒される期間が長いこと。

以上のうち、標高の高いことは何といっても、致命的で、これは本村において九三九メートルを数え、もっとも低い葭ケ平においてもなお八四〇メートルで、その他はおおむね九〇〇メートル以上一一六〇メートル（赤法華）に達している。土壌は粘板質で礫が多いので、これまた勝れているとはいえない。

自然的条件に対して、人的条件においても、幾多欠けた点があり、一般に農業は女子の担当とする通念があることから、技術方法等に改良進歩もなく、かつ作物の選択等も、必ずしも適正とはいえぬものがある。

耕地は全部乾田であって、水田は全然ない。今年（昭和一四年）一部分に水田経営を試みたとのことであるが、一〇月初旬耳にせるところによると、稗の成育はかなり良好であったが、ついに結実に至らなかったという。し

かし、本村から北方約三里を隔てた開墾地大津岐では、数年前から少数ではあるが、収穫をみていることを伝聞した。

畑は、いわゆる熟畑と切替式の焼畑の二種に別れているが、別に林地内に仕付けた山桑があって、これは至るところに繁茂している。熟畑の面積は統計に見ると八五・四町（昭和八年『村勢要覧』）を数えるが、そのうちの八二・七町は賃貸価格二〇〇円以下（一反）の劣等地で、これが全体の九六・八パーセントに達している状態である。なお山口彌一郎氏の報告[1]によると、別に桑畑四・五町歩を挙げているようである。焼畑の面積の概数は知ることはできぬが、これらは逐年減少して、現在はきわめて僅少であるようである。

農作物は前述せるごとく穀作としては粟、稗、玉蜀黍、黍、蕎麦があり、これに大・小豆、馬鈴薯があるが、大体において技術的に幼稚で、成績は不良である。その他繊維作物として大麻、蔬菜（主として葱）、調味料として荏がある。しこうして胡麻、甘藷、里芋等はまったく見ない。

果樹は現在早生林檎、小粒梨、梨、苹果、李《すもも》、杏《あんず》、小渋柿（渋柿）、毛桃《けもも》等があり、その他山果に類するもので、コクワ、茱萸《ぐみ》等が屋敷をめぐって作られている。

養蚕は相当盛んで、畑小屋において飼育されているが、桑は自生の山桑を多く使用している。

家畜のないことは既述せるとおりで、最近わずかに兎、鶏の飼育を始めた程度である。

農具は格別に特色は見られぬようである。たとえば耕耘用の鍬についていうと、いわゆる平鍬に対し、手鍬である唐鍬がある。その他採取器具等も、大体において、郡内他地方と大差ないようである。

次に農耕に対する観念として、これはもっぱら女子の担任として男子は関与せぬ風がある。檜枝岐の農作が成績不良である原因は、一にこれに懸っているとすらいわれている。

肥料は原始的に近い方法を採っているにかかわらず、人糞尿の使用は盛んで、これはすべて女子が担当しており、また堆肥も相当造られていて、馬がいないにかかわらずマヤゴエと呼んでいる。

これを要するに、檜枝岐における農業は、土地条件のみならず、その他においても一般に条件不良で、今後多くの点につき改良の余地がある。以下語彙について説明を補足しておく。

イリバタ（入畑）　山中等に孤立せる耕地をいう。

カノウまたはカノ　焼畑。以前は現在の国有林地内至る所に地を求めこれを行なったが、現在では逐年減少の傾向にある。なお焼畑における作物の輪環年次については、山口彌一郎氏の報告[2]に詳しいから、省略する。その他カノウと称するもののうち、ただ一回の作付けを試み放置するものがあったらしく、それらに多く耕作者の名を付し地名として遺っている。麒麟手より七入りに往く途中の、作吉畑などはその一例である。

アラク　焼畑をいうが、主として第一年度または新規開墾地をいう。

イシクラ　焼畑耕作の際、小石を集めて積んだ塚をいう。現在巨大な樹木の繁茂した林中に、この石塚が至る所に存在することより類推すると、相当古い年代にすでに行なわれたことを思わせる。

フクノ　福野と解すべきか、カノ（焼畑）またはアラクに対する語で、いわゆる熟畑をいう。

イシバタ　石畑で、耕土全部がほとんど礫をもって埋められている。これは檜枝岐の石畑として名高いもので、一見せるところ、道路に敷く砂利の貯蔵所のようで、ほとんど土壌らしいものを見ない。本村の字上の段にもあり、蕎麦以外の作物は栽培不可能といわれている。

ハタゴヤ（畑小屋）　一般の出小屋、出作小屋に該当するものであるが、この地の畑小屋は年間の約半ばをそこに生活する必要上、その建築設備等あえて本宅すなわちエエノマエに劣らざるものがあって、おのおのに飲料水等を得る設備があり、その他便所、納屋等も調っている。建築の様式は、これまたエエノマエと大差ないが、大体において、古風を存しており、本宅の形式が曲り家であるに対して、屋根の形も切妻またはマルヤネと称する四つ棟造りである。五月中旬よりここに移り一〇月下旬まで滞在する。

スゲ（菅）　稲作のない関係上藁がないので、その代用として盛夏の候にこれを刈りとり、ハタゴヤの軒に干しておき、履物、縄等の材料とする。

ウナイ　耕耘作業をいう。

マゴエ　堆肥。

コトーリ　そばたたき棒。

カガラ　鍬板。

トウグワ　唐鍬で、焼畑耕作用の小形鍬である。

クワ　平鍬ともいい、一般に小形である。

（1）「福島県南会津郡檜枝岐村の出作」『地理学評論』一二巻三号。

（2）同右。

四　狩　猟

狩猟は直接目的以外に、男子の行事としてもっとも重要であって、そのことがやがて村の生活にも密接な関連を持つようであるが、漸次忘られつつある。狩猟の時期は秋季農作を終わってから、翌春雪解の頃にわたって行なわれ、これを冬期と春期の二期に分かっている。以上は団体的に行なう場合で、別に個人的な狩猟があり、これは季節にかかわりなく行なわれる。

団体的に行なうものは、あらかじめ時期を定めて計画的に行ない、野獣の出没に応じて行動するわけではない。ここに意味もまたあったので、このことは現存せる他地方の狩猟作法にも通じている。したがって単純な経済行為とのみみられぬ節があり、その目的には、団体的統制すなわち社会生活に密接な関係が考えられ、ことに成年式との関係は注意をひくものがある。しかし現時においては、すでに村として全部が参加するわけではなく、ある限られた者の間に行なわれるに過ぎない。しかしその組織は前述せるように、過去においては村落生活の基調をなしていたことが考えられるのである。以下記載の便宜上、語彙により説明することとした。これはまず語彙を通して伝統の所在を究めることが、迂遠ではあるが、妥当と信じたのである。

狩猟語彙

カリド　一般の狩人をいう。ここでは奥羽地方のごとく、マタギの語は用いない。

カリバ　狩猟の場所である。同時に狩猟そのものにもいう。たとえばカリバに出るというと、狩猟に赴くことである。よってカリバヤマといえば、狩りを行なう山である。なお、狩場には原則として各員の間に階級差別がない。よって村の日常においても、何の差別もない場合をカリバのようだという。

カリバテイ　狩場隊で、狩猟の団体をいう。

カリバダテ　文字に書けば狩場立とするが穏当と思うが、狩場団体の意である。あるいは達と書くことが妥当とも考えられる。ダテはダチ（達）、タテ（立）にも通じ、山立、山達、友達等いうタチ（テ）と同じで、また隊にも通ずる。狩猟団をタテということは、他地方にもあり、『山立由来記』の山立はそこに関係がある。タテ（チ）はいずれかというと、祭りの意味があり、湯立《ゆだて》、刀立《かたなだて》等はそれで、『山立由来記』は狩猟者の団体の由来または由緒書という意である。これが一般に山を職場とする者の称となり、あるいは早くから盗賊の別称となった経路もおのずから考えられるところで、個人的意味をもつ先達の語も、団体的存在を背後においてはじめて意味がある。

フユカリバ　冬狩場で、農事を終わり、旧暦一一月から師走にかけて行なう狩猟で、これにはもっぱら羚羊を目的とするから、別に羚羊捕りともいう。その時期は秋の収穫後であるから、携帯の食糧等も豊富に用意できるので、相当長期にわたって行なわれ、二〇日あるいは二五日間にもわたることがある。

ハルカリバ　冬狩場に対する語で、春狩場である。これには穴にいる熊を主目標とし、期間は春の彼岸過ぎより八十八夜までとし、その間、二次三次と、その年の状況により何回にも行なうのである。しかし近年は猟具が鉄砲となった結果、熊が穴を出て遊行するをねらう結果八十八夜過ぎに漸次延長する傾向がある。

カリバゴヤ　狩猟期間中滞在する家である。

シュン　節または盛りともいうべき語で、狩猟の期節を意味し、これから顧うに、新潟県岩船郡三面《みおもて》で春の狩りをスノヤマというのも、関係が考えられる。

ホンシュン　シュンから出た語で、春彼岸から七日を過ぎたる節すなわち彼岸の終わりの日をいう。春狩場はこの時季より開始されるのである。

ショデヤマ　ホンシュンを期して狩場にはいる、すなわち春狩場の最初である。その期間は出発より帰還まで、八日間を通例としていて、もっとも大切なものとしており、狩猟以外の意味が深い。

ニバヤマ　ショデヤマについで行なう狩猟で、別にニンドノヤマ（二度の山）ともいい、次は三番山などいう。なお狩場に支障があった時は、いったん里に帰って出直すこともあるが、これもニンドノヤマという。

ナコトバ　人によりマコトバとも聞える。狩場山におけるいわゆる山詞で、里にあっては一切口にせぬを建前とするが、現今は信仰が衰えて、聞けば誰でも話してくれる。

ジコト　　サトコトバともいう。ナコトバに対する語で、山入りの際はこれを語ることを忌む。よって若者などが、うっかり口に出す場合に、何人も返事をせぬのが常である。したがって山で返事のない時は注意するのである。

ジュウニサマ　　十二神ともいい、山の神のことである。

ヤマノカミ　　山の神ですなわち十二サマのことである。北秋田地方マタギの山詞では、ヤマの語を絶対に忌むので、山の神の称もまたないのであるが、ここでは何ら意にせぬようである。したがって一般に山の神の称が行なわれている。

テイショウ　　大将で、狩場隊すなわち狩場達の頭目で、隊員は絶対その統制に服するのである。大将は一同の統制に当たるほか、幣帛を切って山の神の祭祀を行なう。なお大将の選定は、だいたい年齢順に古参の者を推すが、必ずしもそれと限らず、狩場の掛引き、平素の信望も大いに関係する。

ブンジ　　大将に対して副将格である。あるいはまた大将が外部すなわち狩猟の統率に当たるに対して、これは山小屋内の統制ことに食事の管理権がある。したがって食事の分配権は絶対である。一説に大将は陽でブンジは陰を意味し、家庭でいえば主婦の役に当たるという。大将とブンジの関係を語る一例として、たとえば、山小屋の座席についていうと、炉を中にして、大将はカミゴヤにあり、それに向かってブンジの席がある。さらに狩りの場合に、獲物のない時は、ブンジと大将が役を取りかえることがある。

カシキ　　炊き役で、ブンジの担当である。

ヤマビリイ　　弁当をいう。蕎麦粉二合半をもってこね団子となしたるを一人前とし、餡にジュウネン（荏）を入れる。これはあらかじめ家で作って七、八個を用意する。一個一食には用いない。大体において食事は節約する慣いで全部食い尽くさぬを作法とした。なお以前ほど食事は少量であったと、もっぱら老人間に伝えている。

ナカマ　仲間で、隊員全体をいう場合もあるが多く大将、ブンジ以外の隊員を引っくるめていう。その間には年齢能力による差別も階級もない。よって譬えに何ら差別ない場合を、宛然カリバまたはカリバダテのようだという。ちなみにナカマの人員は必ずしも一定でなく、一〇人前後である。

カミゴヤ　上小屋で、山小屋の炉辺の上席、大将《ていしょう》の席をいう。

ナカホド　炉の座席の名。狩場小屋の炉は長方形に切ってあるから、入口から奥の正面は空けておき、向かって左側の上手に大将の席である上小屋があり、その向かい側をいい、すなわちブンジの席である。なおナカホドの称は上小屋以外の全部をいう場合もあり、仲間一同の席でもある。

サビ　狩場隊の者が山にある間の重要の日。桜田勝徳氏の聞書(1)には、サイビと解して斎日かとあり、あるいはこれが正しいかと思う。私が聞いたところでは明瞭にサビと呼んで、サビは幸の多い日とも説明しており、七日のサビ、三日のサビなどという。

ヤマイリ　家を出立する日をいい、その日は鬚など剃って身だしなみとする。

ハツコバ　狩場山の第一日をいう。これは家を出立する日ではなく、狩場小屋に陣取りたる日で、家を出てから多く二日目に当たる。

ミッカノサビ　家を出立せる日より数えて三日目をいう。この日、頭目は山の神を祭り隊員一同もこれに従い謹慎する。

七日サビ　家を出でて七日目をいい、行事は三日サビと同じ。

七日がえり　家を出でてから七日目に下山するを忌みていう。したがって下山は狩猟のいかんにかかわらず八日目を多く選む。よってカリバ山は正味七日をもって一期間と定めるわけである。それ以上に長びく場合も折にはあるが、道中等に費すわけで、狩場は七日をもって終えるを通例とする。

七人カリバ　狩場隊の七人を忌むところから特にこの語をいう。

トバマツリ　狩場小屋の留守中を護るべく戸口の行事である。狩場に出る際は、最後にブンジがこれを行なう。その方法は、まず戸を閉め、それに棒切れにてもまた道具類にても何によらずおき、その上から「上」の字を右掌の指にて空間に描き呪文を唱えるのである。ちなみにトバマツリを行なった後はブンジが呪文を解かぬ限り何人もこれを開くことは許されぬ。たとい大将といえど手を下すことができぬ。よって、時によりて大将が先に帰り戸口に突立ち鎗を杖にしてブンジの帰還を待つ状景などしばしば見るところである。

ブガキ　一種の呪法。狩場に出た留守中、獲物を烏、貂《てん》等に荒らされることがある。それを防ぐために外出の際は、あらかじめ雪中に埋めておくのである。その折の呪法をいう。その方法は獲物を埋めた雪の上にまず鎗の石突をもって円を描き、その下位の一隅に「上」の字を描く。しかし場合によっては発見されて奪わるることもある。かかる際はブガキが利かぬといいブンジの恥辱である。ちなみにこの地の狩人は貂に対して一種の信仰を持っていたようである。

ケマツリ　毛祭り。獲物があった際、その場で行なう祭りである（熊と羚羊）。これは必ずしも大将が行なうわけではなく、仕止めた者が随時に行なう。ケマツリは狩りの流儀によって一定でない。たとえば獲物の頭部中央または前肢の裏、耳等の毛を剪って串に挿み、あるいは適当の木を選み、その枝に懸けなどして捧げる。あるいは七カ所の毛を剪るのが正しいともいう。ちなみに毛祭り以後の祭事は、すべて大将が中心となって執り行なう。

サナデル　毛祭りの直後の仕事で、解剖をいう。北秋田地方のマタギ（狩人）の行なう毛祝《けほか》いは、解剖の後に行なうようであるから、だいだい共通している。

トナカケ　解剖の際、熊の頭を木の枝に懸け祭ることである。

カワジメ　解剖に付した獲物の皮は、木の曲輪《まげわ》（ネヅコ）に張っておくのが常で、これをいう。

ナゴエ　熊の断末魔の声をいい、別にナゴエダテともいう。北秋田地方の狩詞[2]のサンヅゴエに該当するものである。

ショウブ　首尾とも解すべきか。狩りが首尾よく運んで熊を斃した場合をいう。したがってショウブシタとはうまくいったこと、すなわち成功を意味する。北秋田の狩詞では熊と渡り合い、うまく相手を斃した際挙げる声をショウブゴエという[3]。

マツリコム　熊を捕ることをいう。

ショヤ　初矢で、獲物に対し最初に与えた傷をいい、これには特別の分配が付随する慣いで、もっぱらハナという。九州宮崎県等の狩詞に、チギョウ（知行）というのがこれに当たる。狩場の分配はすべて平等であるが、初矢に限りそのことがある。ハナには熊の月の輪の皮を切って（約四寸四方くらい。しかし獲物の大小により一定せず）与えられた者は、これで山用の巾着または火打袋等を作り腰に下げる習いで、黒毛の中に白い月の輪が表われて美しい。一見してそれとわかるので、かたがた誇りともなった。しかし、時日の経過につれて毛が抜け落ち冴えぬものでもある。

メツケバナ　纏頭の一種である。これは穴熊狩りにだけいうもので、穴を発見した者に特別の分配がある。これは初矢とはいささか異なり、多くは代金のいくばくかを与える慣いである。しかし、初矢と同じく月の輪の皮を与える場合もあるという。

ザンゲバナシ　懺悔譚。山入り中に獲物がさらにない場合は、仲間中に穢れのある徴として、大将は一同に向かい、何にてもあれ秘密を告白させる。これを促すことをザンゲロともいう。現今は懺悔譚も次第に形式化したが、本来は厳粛であって、狩場隊にある限り、一切の秘密は許されぬ。ここに狩場隊の性格もあったわけである。故に懺悔譚は、あらゆる範囲にわたるが、結果からみると情事に関することがもっとも多いという。したがって狩場で懺悔譚に語ったことが、里に還ってから悶着を引き起こした例もしばしばある。

ヒ　火で、シニッピ（死火）、サンビ（産火）などいい忌むが、ことに死火を忌む。またヒヲクウ（火を食う）といい、狩人は穢れのある家にて飲食するを戒む。ヒは別に斧面の刻みをもいう。

ヒガトオル　一種の霊感をいい、狩場にある場合、ことに朝起きた際などに感ずるもので、多くは里すなわち家の出来事を直感するのである。その感応があった日は、ことに謹慎する。

ヒロシマ　狩場すなわち山から里をいう。他地方では他界のことをかくいうようであるが、それとは逆である。よって懺悔譚にも、若者などはヒロシマに還った夢を見て、家が恋しいなどという。

マツリナオシ　山で凶変のあった場合など最初から行事をやり直す。これをいう。

ヤド　祭り宿ともいう。狩場山を下り里に帰ってジュウニサマすなわち山の神の祭りを行なう場所で、多くの場合大将の家である。もしその家に故障ある際は他に変更する例もある。なお山入りの際の勢揃いもそこに行なう。

ヤドノミアゲ　宿の土産。熊の頭と胸骨を与える慣いで、これが頭目に対する特別配当でもある。ちなみにこの地では牙はほとんど問題とせぬ。

ソレソレ　小腸を裏返しにし、その中に血液を詰めて煮上げたもの。これを山みやげまたは山の手みやげともいい、里に持ち返り、見物をはじめ、熊買いの商人等にも与える。

マツリザカナ　祭り肴。熊の心臓と舌を山の神祭りの際の肴にする。

ヤキモノ　熊の脺臓を取り、祭りの肴とする。この時、腎臓と胸の肉は山の神のシシと称して、前者は一本の串に刺し、後者は幅が広いので二本の串に刺し、鉢に載せて供える。

カージメセイ　前にいったカワジメを下山の際に負う役をいう。カージメ背負いは若者すなわち仲間中の最年少者を選み、行列の先頭に立つ慣いである。カージメは実物よりも巨大に見えるので、何によらず、大きな荷物をすべてカージメのようだというくらいである。カージメには中に臓腑その他が納めてあるので重量も相当であるところから、若者等は負い切れぬ場合もある。その時は他の屈強の者が代わって負い、里近くなった際に、はじめて若者に負わせることもある。里に近づくにしたがい、出迎えの見物が、これを見て、カージメの大小により、狩りの首尾を批評する。

オオダア　大乢か。山の尾根の乢《たわ》をなせる所。熊は好んでこういう場所を通行する。

トオリ　熊の通路、別にカカリバともいう。

オソ　罠。主として熊の罠をいう。熊罠の構造については檜枝岐星数三郎氏談として『南会津北魚沼地方に於ける熊狩雑記』に詳しいから省略する。

オソバ　罠を仕掛ける場所。これは熊の通路を測って設けるので、おのずから地形に共通点がある。その場所を最初に発見せる者に対し一種の占有権があり、したがってその権利の譲渡も行なわれる。多くは親から子供に伝わるを普通とする。現今も地名に庄七オソバ、仲七オソバ等あるは、それである。ちなみに地名にいうオソバは中部地方には各所にあり、お傍、遅場などの文字をあて、その解釈もまちまちで、オソバすなわちおそばで悪い場所といい、あるいは苧場にて、山苧の採取地とするもあるが、おそらく罠場所をいうことに発したと思われる。

オソカキ　オソは単独に掛ける場合もあるが、多くは二つ以上を連繋する慣いである。したがってオソとオソの間は柴木等をもって垣を結ぶを常とする。その垣をいう。

オソをキル　オソを掛けるをもっぱらキルという。

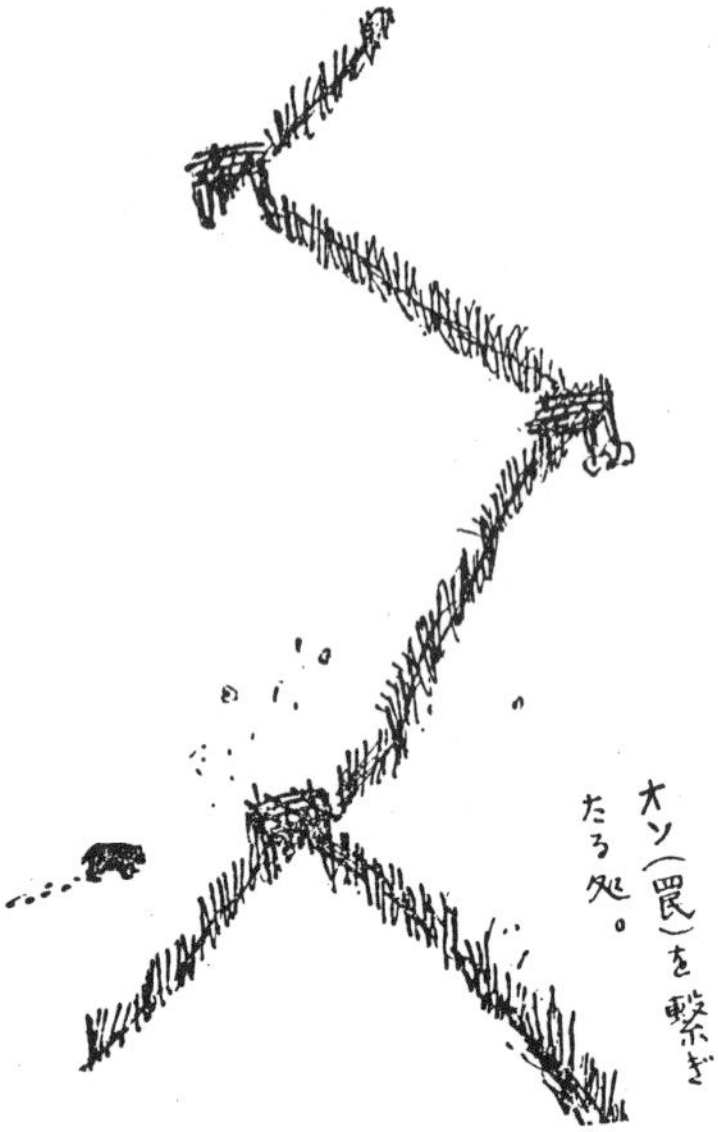

第三図　熊の罠を繋ぎたる図

オソを背負う　罠の押えの石が軽きに失するかまたは熊が巨大であって、せっかく掛かっても、そのまま遁走する場合がある。これをオソを背負うという。

ツナギ　オソは前述のごとく、単一に掛ける場合は稀で、数個以上を地形に応じて設け、その間をオソガキをもって連繋し、あたかも漁法におけるエリのごとくにする（第三図）。これをツナグという。ツナギは二個または三個程度の場合をコツナギ、五、六個あるいはそれ以上をオオツナギという。したがってその場所を地形によって、ツナギ沢、ツナギ曾根あるいは小繋沢、大繋ぎ場などという。各地の地名にいう繋沢、綱木、小繋等の語義はこれによって自明で、野牧きの際、牛馬を繋いだところなどいう説明はけだし付会の説であろう。ちなみに檜枝岐の字笹川の山に大繋ぎ場があり、近年までオソを繋いだことを伝えている。

ミチギ　足跡にて、熊の足跡のことに雪中に印せるをいう。導きに関係あるか。狩人はミチギを発見すると、それにより熊の行く手を判断し、オソを切る。檜枝岐村字赤法華より沼山峠に出ずる途中の渓流にミチギ沢がある。昔村の倉殿《くらどん》という熊とりの上手が巨大なミチギを発見し、その行く手を按じ、この熊は大繋ぎ場の第何番目のオソを切るべしと予言したが、果してその言のごとく的中せりとの伝承がある。ちなみに倉殿はまつりこみの上手と謠われた者である。まつりこみとは前述のごとく熊を捕ることである。ミチギの語は、別に道標にもいい、山中を往く際、後の者に行く手を知らせる目的で、樹幹に鉈目三つを刻む。これをケツリタテともいうが、またミチギともいう。

一般語彙

ナメ　鎗にて突くこと。
タチノール　熊、その他の獲物が斃ること。
トモカ　狩場小屋の炉縁。里言葉でマツコという。
イラクリ　火箸、木にて製すを常とす。
モシキ　モエツボタともいう。榾である。これは毎日伐る。榾の長さは一尺五寸くらいに短くする。山に永く滞在せぬまじないという。
カミゴヤ　狩場小屋の炉辺の大将の席。既述。
ナカホド　中火処にて、カミゴヤ以外の席。既述。
ウダツ　小屋の柱。尖端が股木になり、梁を受けている。
ミゴヤ　小屋の内部で主家に当たる場所、ちなみに狩場小屋はミゴヤと、しこうしてゲンカ（玄関）をもって構成される。一般の畑小屋の形式等もそれを基準とする。
シヨヅエム　鉤のこと、股木を利用し逆に吊し、そこに鍋など掛けるのである。
コシキ　雪掻きへら、冬山なれば狩人はたいてい所持する。しかし岩手、秋田地方のマタギのごとく絶対ではない。
ギンブウジ　擬宝球にて、コシキの柄の端をいう。しかし現今使用するものは、宝球の形でなく、逆に、凹形に創ってある。これは鉄砲を使用する際、筒を載せる便宜から、改造せるものという。

マキコミ　山刀の一種で一端に紐がつき柄は糸で巻いてある。オオガタナとともに常に身に付けていて、鎗の折れた時には、これをもって穂に代えて獲物に立ち向かうことがある。
ステバ　雪隠。したがっていわゆるチウ木をステギという。
トナ　頭。
ナメツリ　舌。
ヒエガラ　咽喉笛。
ブウタ　肺臓。
マル　心臓。
山の神のシシ　腎臓
タチ　膵臓。
ヒャクヒロ　小腸。
キモ　胆。
シガメ　肛門。
タナゴコロ　掌。
エダ　四肢。
セキジシ　横隔膜。
ウエノフ　上の腑にて横隔膜より上部。
シタノフ　下の腑。同右下部。
ノリ　血液。

ネエガネ　　同右。
クサカケ　胸部でいわゆる水落に当たり、ハトムネともいう。ここの肉を祭祀用として貯蔵し、次の山入りの際一同で食べる。なお狩場終わりの祭祀にも用うることは既述した。
トチゴメ　　これは羚羊に限るもので熊にはない。反芻の胃袋である。狩人はこれをも食べる。
ニゲ　いわゆるにぎのこと。トチゴメの中にある未消化の食物で以前の狩人はこれも喰った。しかし決して美味ではない。木の芽、笹の芽、草苔などが多くある。
シシ　　肉。
スダレ　　スダレニクともいう。肋骨の左側の肉。山小屋にある時に食べる。
ケモノハモノ　　小鳥獣で、狩場ではこれらには一切構わぬことを建前としている。
クサムスビ　　みちぎ、すなわち行く手を仲間に知らせるために、草を結んでおくをいう。
エセ　　難所をいう。あるいは悪いことにいう。したがってエセゴトは悪戯。またエセ沢は難所のある沢。エセ所は難所。
ヘツリ　　崖をいう。山峁の文字を充てるもある。したがってヘッツテトオルというと崖涯に這いついて通行する意。
クラ　　礫のある所。
イリ　　水上。
マゲ　　熊の穴、熊のいる所、むしろ家の義か。熊のマゲ、マゲ探し、マゲを見る等の用例がある。
ヤラ　　樹木、草蔓等の叢生せる状をいう。藪の意に近い。たとえば笹ヤラは笹叢生地、樺《かんば》ヤラは樺の叢生地、ノラヤラの語もある。

セイハダ　灯火用の樺皮。以前は灯台にこれを焚いたので、樺皮採取を、セイハダ取りなどという。
シロッコ　白樺の異名。
タシロ　田代。湿地で水草の簇生する場所。沼のタシロは尾瀬沼の湿地。なお、尾瀬沼尻には何々田代と称する地名が夥しく存在することは周知である。駒ケ岳のタシロは一般のお花畑に該当する。顧うに各地にいう地名の田代は、水田計画上の予定地として命名されたものではなく、天然に水田としての条件を具えた場所の意であろう。
タシログサ　藺草の一種。
シロウ　春期雪解けの頃、山中になお雪のひとむら残存せる状景。
クロウ　針葉樹林をいう。
アサキド　雑木林また濶葉樹林をいう。土地の者は、その場の状況により判断区別していうのである。
ドングイ　虎杖。
タンソ　いわゆる生菅のこと。尾瀬湖畔の日光キスゲは有名である。
アテ　樹幹に対し、これを伐採利用の場合いわゆる幹表《みおもて》に対し裏をいう。アサキはアテよし、クロキはミオモテよし等の譬えがある。
ミオモテ　幹表でアテに対する語、一般のミキに当たる。
ヨレ　腕の形容という。樹の癖を樹幹について、右ヨレ左ヨレに区別し、利用の参考とする。樹によってその判別が難い時は、腕を出して、左右に見較べれば判別するという。
山の神の木　オオシダの木を特に山の神の木となして伐ることを忌む。
三叉の木　梢が三叉に岐れた樹は、神様の休み木として伐ることを戒しめる。

アットサマ　神様をいう。アットサマの休み木などの用例もある。

（1）『南会津北魚沼地方に於ける熊狩雑記』。
（2）拙稿「阿仁マタギの狩詞」『方言』七巻一号。
（3）同右。

五　木具製造

檜枝岐における木具の製造は、その沿革は甚だ古いと考えられるが、これを立証するに足る史料はただいまのところ見当たらぬ。あるいは伝説として高倉宮の御事蹟に関係ありといい、さらにその伝説は近江愛知郡に本拠をおく、木地師一派によって、運搬されたにあらざるかとの説もあり、(1)したがって土地の開発は渠等によって行なわれたとの推断も下し得るが、明確に立証はできない。ただ一部の文書または伝承によると、それら一派の開発にしても、現在われわれのいわゆる木地師すなわち轆轤を使用する徒との関係はほとんど手懸りすらない。徳川時代会津藩においてはコバイタ（木羽板）の製造を試み、村の成年以上の男子はヨキヤク（斧役）として、米の配給をなしたものというから、木工者とすれば、近世ではむしろその方である。さらに近年の事実に見ても、轆轤を用うる者はほとんどなく、前述せるごとく、木羽または曲輪類の製造に当たっていたようで、これらは近世に至り、長野県木曾から、より新しい技術と製品がはいる以前にすでに製造の行なわれたことは、現在自家用としての製品も残っており、かつ技法も伝わっていて明らかである。狩りの場合のカワジメ、あるいはテナゴ（貝桶の類）、オボケ（紡笥）、水桶、手水鉢、火鉢、その他クリモノの鉢等の存在は、それを証明している。

それらの細工製造は冬期間団体を組んで山中にはいり、原料を求め、定められた小屋で製作をなす。のちに製品を負って里に還り、さらに家にて加工する場合もあり、そのまま自家用としまたは他に鬻《ひさ》ぐ等であった。その山入りの組織は、団体的である点は著しく狩猟組織に酷似しているが、本来別系統のものと考えられるのである。以下狩猟の場合と同じく語彙によって、その組織を窺うこととする。しかも家を離れ山にはいり、別竈の生活をなす関係上、それらには狩猟の場合と同一または交錯せるものもあると思われる。しこうしてこれもまた信仰をもって団体性の基本としたのである。

語　彙

ヤモウド　山人、山仕事すなわち木具の製造に従事する者で、いずれかというと個人的意味をもつ。

トオヤマ　遠山で、山仕事をいう。秋の収穫を終わると、それぞれに組をなして山にはいり、山小屋住居をして、木具の製造に従事する。

フユヤマ　トオヤマの別称。冬山。

トオヤマダテ　遠山立とも考えられるが、別に狩猟の項に述べたように、この場合のタテはタチ（達）またはタイで、山仕事の団体である。

ヤマノカミコウ　山神講、年二回、正月と一〇月、日時は一定せぬ。宿に寄合い祭りをする。以前は女性は一切加えなかったが、近年は食事の世話等、女性が参加する。

オオガタナ　鉈の一種で、別にナタともいう。

マツリタテ　山人が山にはいる時、適時に山神祭りをするをいう。

ヤマドリ　山取りですなわち荒取りのこと、杓子へら、鍬の柄などの粗木取りすること。

バンデイモチ　山小屋にて山の神祭りの際に作る餅で串にさし焼く。秋田のタンポヤキ、木曾地方のゴヘイモチの類、粳米の飯を潰して練ったものである。あるいは味噌を付けるもある。
ヤマミアゲ　遠山達が山帰りの土産をいう。これには前記のバンデイモチもあるが、別にバンデイと称して、めいめいが作った木鉢、杓子その他を添え、それぞれ縁故の家に配る。
アイツトヤア　挨拶の詞、現今では山土産を配る時の挨拶にいう。したがって山土産そのものをアイツトヤアともいう。アイツトはけだし仲間すなわち相手の意か、ヤアは呼びかけの詞であろう。

（1）柳田国男「史料としての伝説」『史学』四巻二号。

六　屋根葺き職

狩猟、木具製造の他、別に屋根葺きの職人があり、これまた団体をなしていて、春秋の農閑期を見て、群馬、栃木方面に出稼ぎする。

狩猟の団体が分配に対してまったく技能的差別がなく、ただ初矢にのみ特別の配当があるに対し、屋根葺きは技術能力の差別がことにやかましい。よって譬えにもとかく面倒なことを屋根屋割りのようだという。

屋根葺きは、トリヌケ、イッチョウマエに区別され、トリヌケは一種の見習いでイッチョウマエ（一丁前）に達する段階である。トリヌケから一丁前に進む査定は実に面倒で、これは必ずしも年功は問題とならぬので、生涯トリヌケで終わる者もある。したがって仲間一同の承認を必要としその間の関係は実に微妙であって、要するに技術人柄ともに兼ね備わって、一同の意向が一致することにあったのである。

出稼ぎを一に関東稼ぎといい、群馬、栃木地方に出たのであるが、近年漸次衰退して人員も明治初年頃の五分の一に減じ、現在は僅々四、五人によって組を作る程度である。

七　一般民俗における語彙

1　信仰関係

チンジュ　村の氏神をチンジュ（鎮守）という。鎮守神社は燧岳神社を祀るというが、一般には八幡様といい、あるいは三社を祀るとも伝え、村の祖神と考えられている。社殿に直径七寸くらいの河原石がおかれてある。神様は苧稈《おがら》をもって葺かれている。社殿より一段低いところに広場があり、その一端に社殿と向かい合って舞台《ぶてぃ》すなわち舞殿《めえでん》がある。旧暦七月一九日が祭日で、この前後すなわち盆から引き続いて以前は村人が芝居を演じたものであるが、今はほとんど行なわれぬ。一般に檜枝岐の者は芝居が上手だといわれている。

カネノオ　神社には祈願に幟を奉納する風習があって、この幟をカネノオという。奉納鎮守神社と書き社殿の脇に立てるのである。またカネノオとともに新しい手拭を奉納するふうもある。

ウチガミ　鎮守神社の境内に、村の家々のウチガミの祠が祀ってある。これはもと屋敷にあったものをここに移したものである。

ホウソウ神　鎮守神社とわずかに地を隔てて疱瘡神の社がある。鎮守神社から石段を渡って参詣ができるようにできている。

ヂシバイ　いわゆる村芝居を地芝居といい、以前は鎮守神社の祭典に、村の若者が役者となって行なったもので、祭りの後は、他村に招聘されて興行に出たものであるが、今はない。

里芋と胡麻の禁忌　檜枝岐では里芋と胡麻は一切作らぬ。その理由は、昔、鎮守様が里芋の稈で滑って胡麻の稈で左の目を突き片目となったためであるという。そのために氏子である村人は片目の徴しがあり、左の眼が一般に細いといわれている。ちなみに里芋と胡麻を忌む風習は南会津地方一帯にわたっていわれている。

七入《なないり》の山の神　字七入りの路傍に祠がある。現在は杉の伐株の上に祀られてあって、祠の前に直径三寸ほどの円い河原石が置いてある。

沼山峠のジュウニサマ　檜枝岐より尾瀬沼に向かって、峠の八合目付近の路傍に祀ってある。祠は現在腐蝕して形もないが、幟が一本立っている。現今では下野方面から通う馬方の間にもっぱら信仰があるという。

星立庵　檜枝岐村の寺院であるが、いわゆる庵寺である。本尊は地蔵菩薩、境内に銀杏の大樹がある。

2　正月行事

マツムケイ　松迎えで一二月一三日をいい、恵方の山から迎える。伐ってきた松はいったん家の前の柱に結びつけ、酒を供え祭りをする。かくして晦日に至りこれに注連を付けるのである。なお家によって二七日を松迎えとするもある。

シックメナワ　しりくめ縄ですなわち正月に飾る注連のことである。縄にはその年の月のほど藁の端を垂らしこれをシックメという。この縄を居間の四方に張り回して年を迎える。

ヤマイリ　年があらたまると、まずその年の明きの方の山に入ってその年のワカキを伐ってくる。ヤマイリには大刀《おおがたな》を帯び幣を用意するのを作法とする。日時は一定せぬが元旦が多い。ワカキと同時に、団子の木といって枝の多いミヅキを伐ってくるのである。

モチ　小正月をいい、一三日から始まると考えられている。この朝、まずワカキを焚いて団子を煮、それと同時にミヅキに団子を挿してマユダマを作り、座敷の正面に飾り、その下に斧、鋸その他の器具類を飾る。また蕎麦餅を造って供える。ちなみにマユダマの団子には粟が多いが、近年は米を多く用うるようになった。

セイノカミ　一四日朝に至ると、各戸から松かざりを前の河原に持ち出て焼く。これはもっぱら子供の仕事となっていていわゆるドンドの火である。この火で餅を焼いて食べることも各地共通で、火の煙のなびく方向が豊作であるという。

ユーワリ　小正月の一三日はユーワリすなわち夜割りと称えて徹夜する慣いである。この夜眠ると白髪になると戒しめたものであった。

正月のいろり　いろりはユルイというが、正月中は特に清浄にして、子供たちにもそこに足を投げ出すことを戒しめる。正月中にいろりに足跡をつけるとその年猪が畑を荒らすというのである。

団子の煮汁　小正月の団子を煮た汁を、家の周りに撒く。これは夏分蛇のはいらぬまじないといわれていて、その時の唱え言はいろいろあるが、次はその一例である。

ながむしくんな（来るな）金がみござれ

3　居住慣行

キリヤ　いわゆる切妻造りの家をいう。畑小屋の形式にはこれが多く、かつ古いといわれている。

マリヤネ　円屋根でいわゆる四つ棟造りをいう。畑小屋にも見るが、本村すなわち家の前の建築にも見る。これはキリヤに比して新しいといわれている。

マガリヤ　曲り家で、中門造りともいい、もっとも新しい形式といわれていて、畑小屋にはほとんど見るこ

第四図　檜枝岐の農家

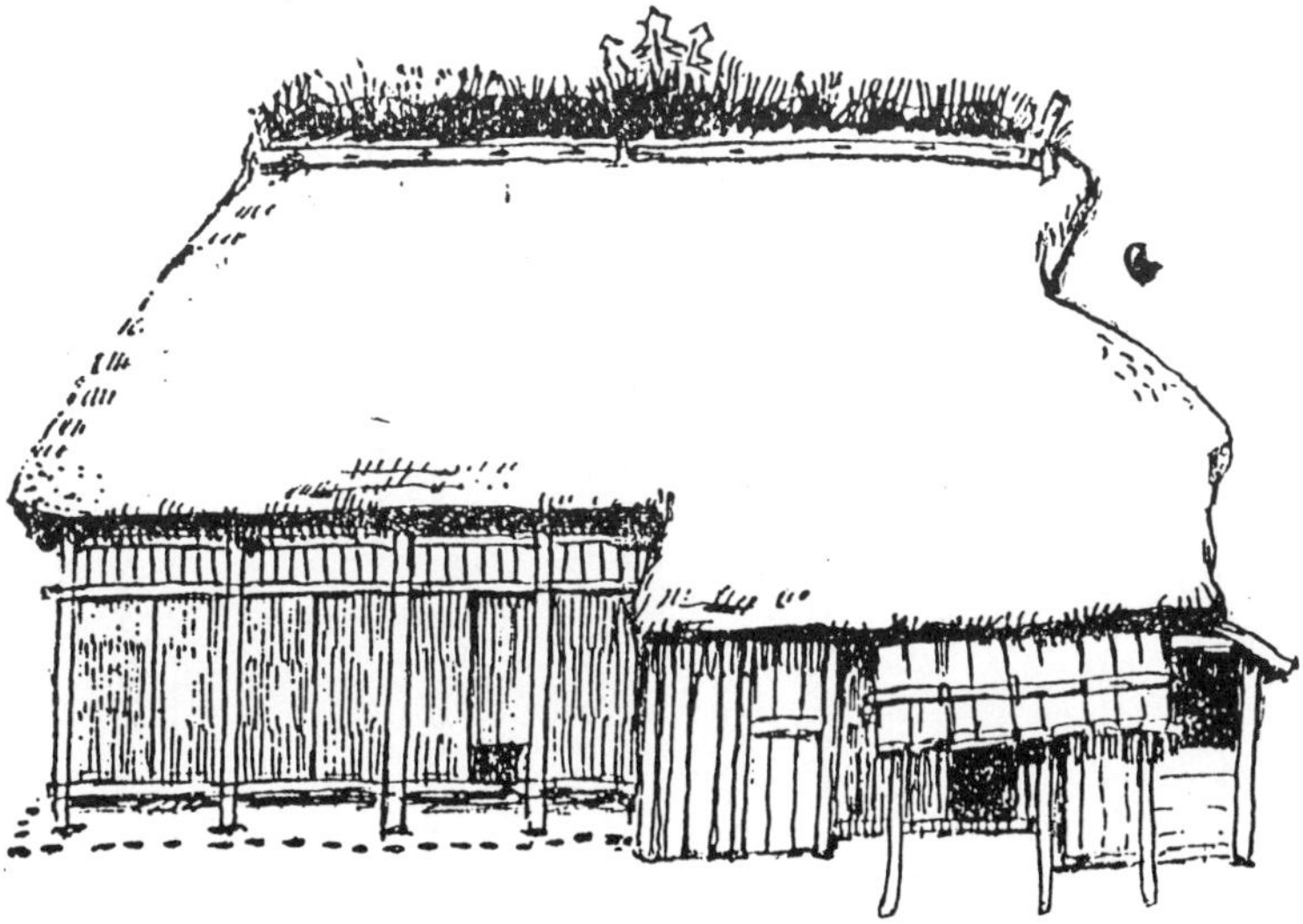

第五図　檜枝岐の農家

第六図　イタグラの図（ウチツケイタグラ）

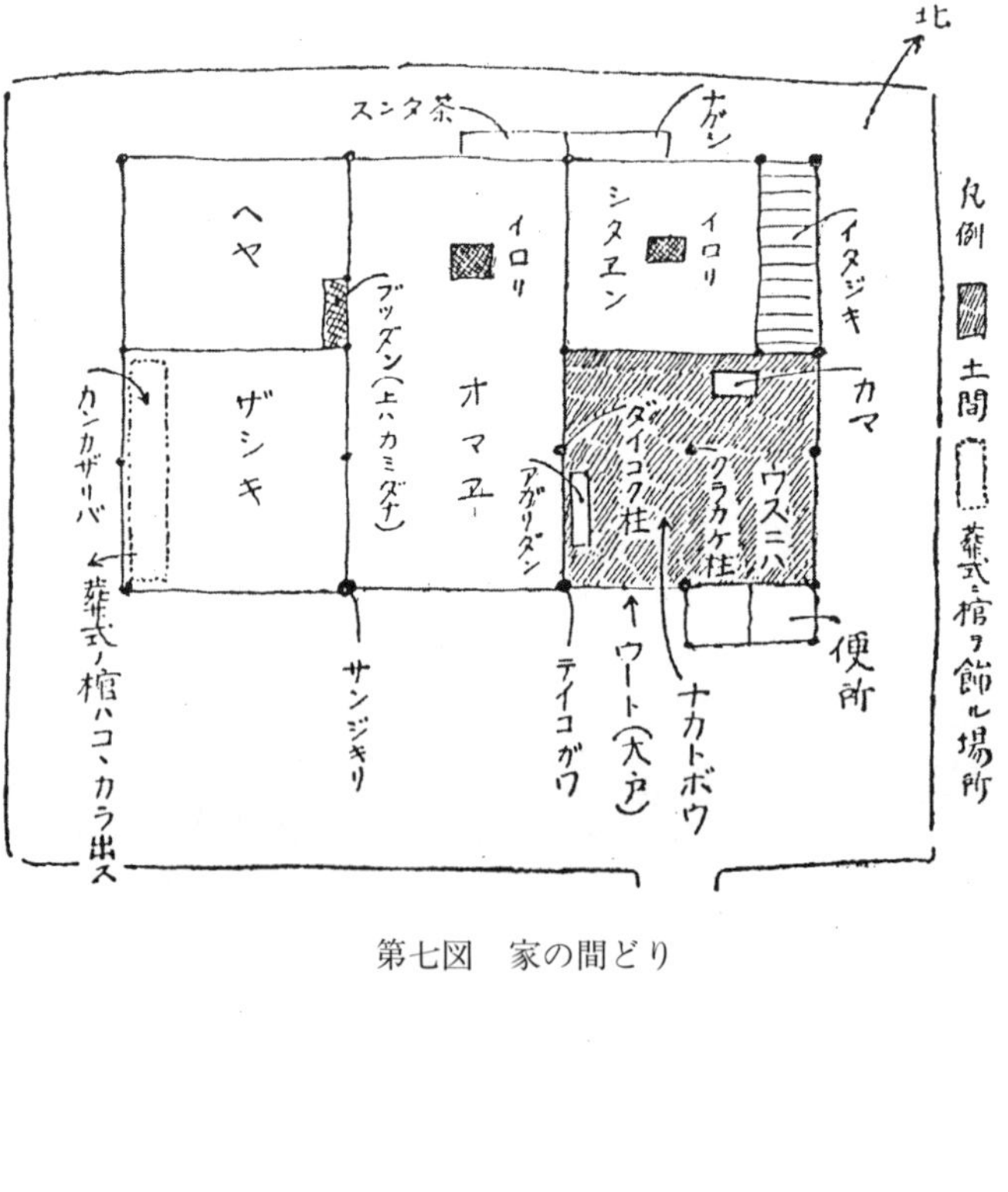

第七図　家の間どり

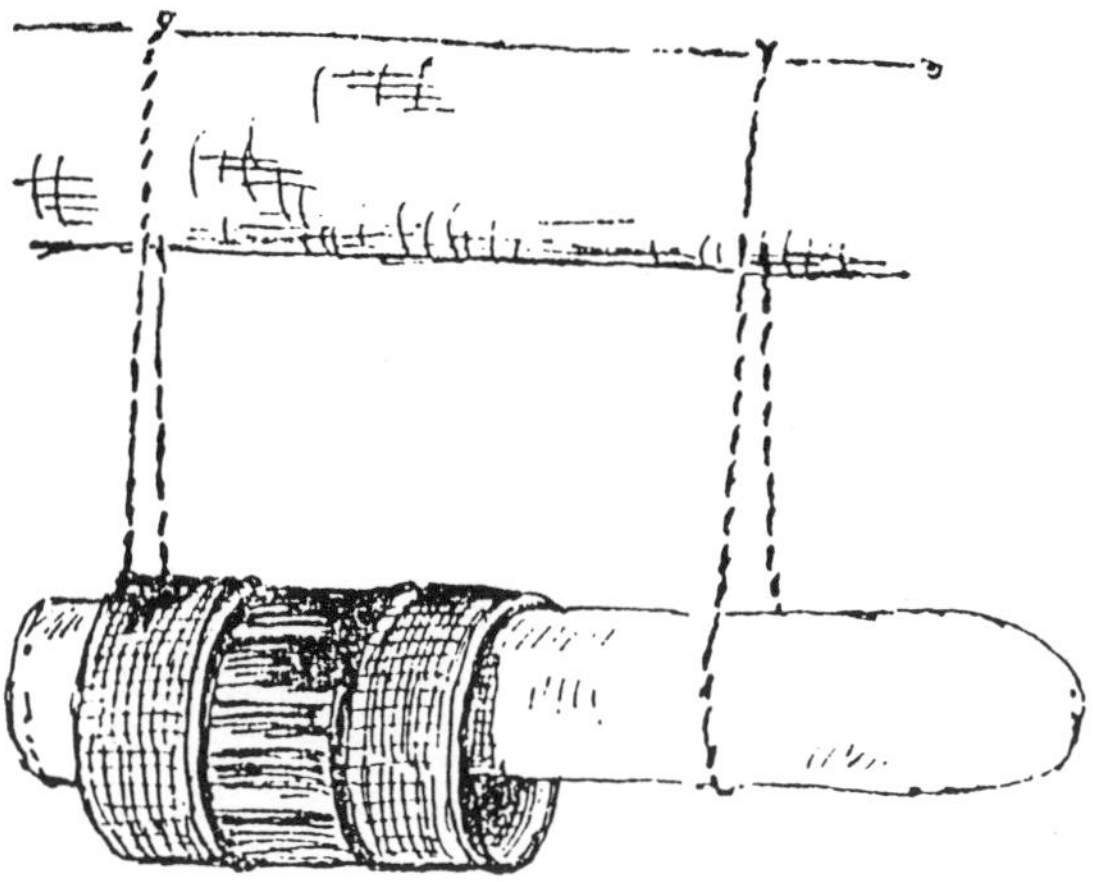

第八図　オセエマラ

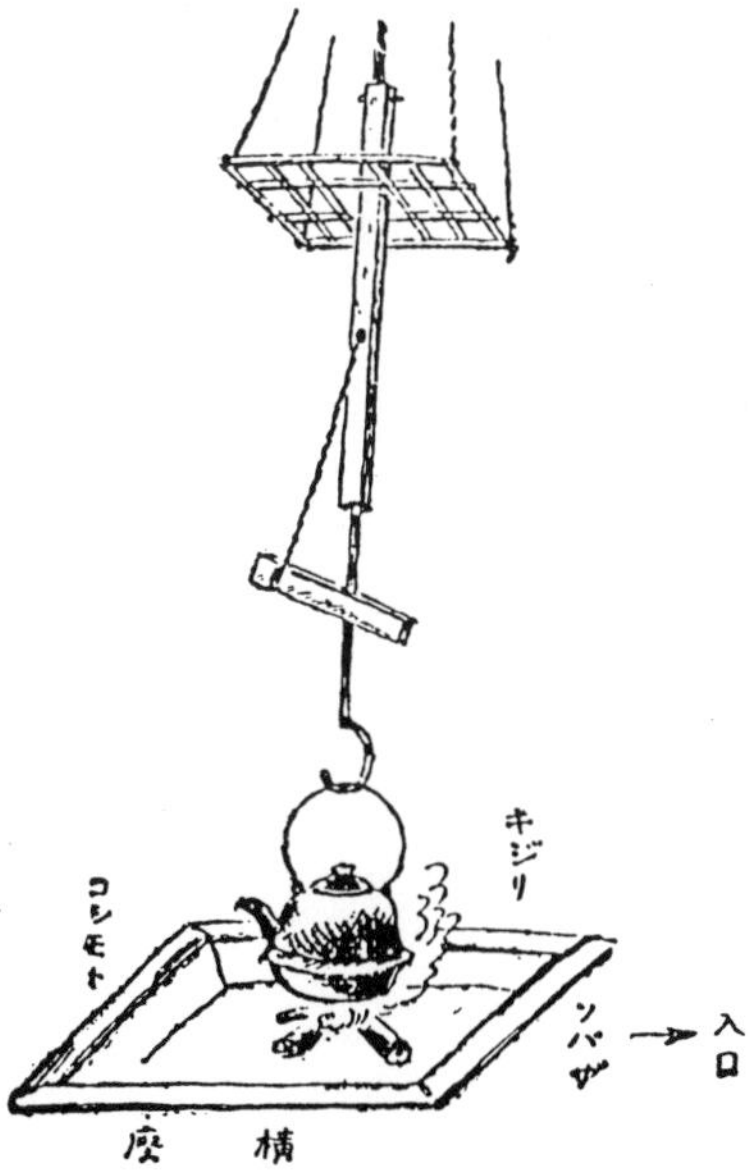

第九図　檜枝岐のいろり

とがない（第四図および第五図）。

グシ　屋根棟をいう。

クレムネ　屋根棟に土芝をおいた形式をいう。これには特別の草花等を繁らせる風は見ない。

クレキ　クレムネのクレすなわち土芝押えの木をいう。

イタグラ　板倉で、穀物、什器、衣類等を貯える倉である。この倉の様式はここ四〇年間に三次にわたって変遷が行なわれている。もっとも古い様式は蒸籠造りでいわゆる社倉式であるが現在は一、二戸を残すのみである。次はオトシイタグラという様式で、四隅に柱を建て、これに横に板を張り重ねたものであるが、一般に耐久性がないと信じられている。第三は現今のウチツケイタグラで、これは材料を要せずかつ耐久性も強いといわれ、大部分はこの様式である。ちなみに板倉は前述せるように、住家に付属せず、一〇数戸の分が一カ所に蒐めて設けられている(第六図)。

ニワ　家の前の畑をいう。いわゆる前栽である。

家の間取り　第七図参照。

シタエン　下縁で、座敷に対する土間の部分をいうが、若夫婦はそこに座敷を設けて住む慣いで、ここにも別にいろりがある。

ヘヤ　寝所。

オセエマラ　家の棟木に左右向かい合わせて飾る陽物をかたどった物で、別に火伏せともいい、家造りの際に飾る。これは各戸にあるが、いずれも煤で真黒に煤けていて、よほど注意せぬと判らない。第八図のごとく、桶胴に入れて縄で吊り下げてある。

ユルイ　囲炉裏である。サジキの囲炉裏は年に一回ホドマツリと称して祭りを行なうので、現在でもここで四足の類の煮炊きをなさぬ。四足類はすべて下縁の囲炉裏で煮炊きする慣いである(第六図および第九図参照)。

ヨコザ　炉の座席の正面をいい、一般に家長の席と考えられているが、来客によってはそこに請じる。

オマエ　家の間取りの中の正座をいい、そこに神棚、仏壇を祀る。

4　社会経済

アカナシ　出産。アカは嬰児、ナシはなすで産のこと。これは汚れとして山入りの者はことに忌む。

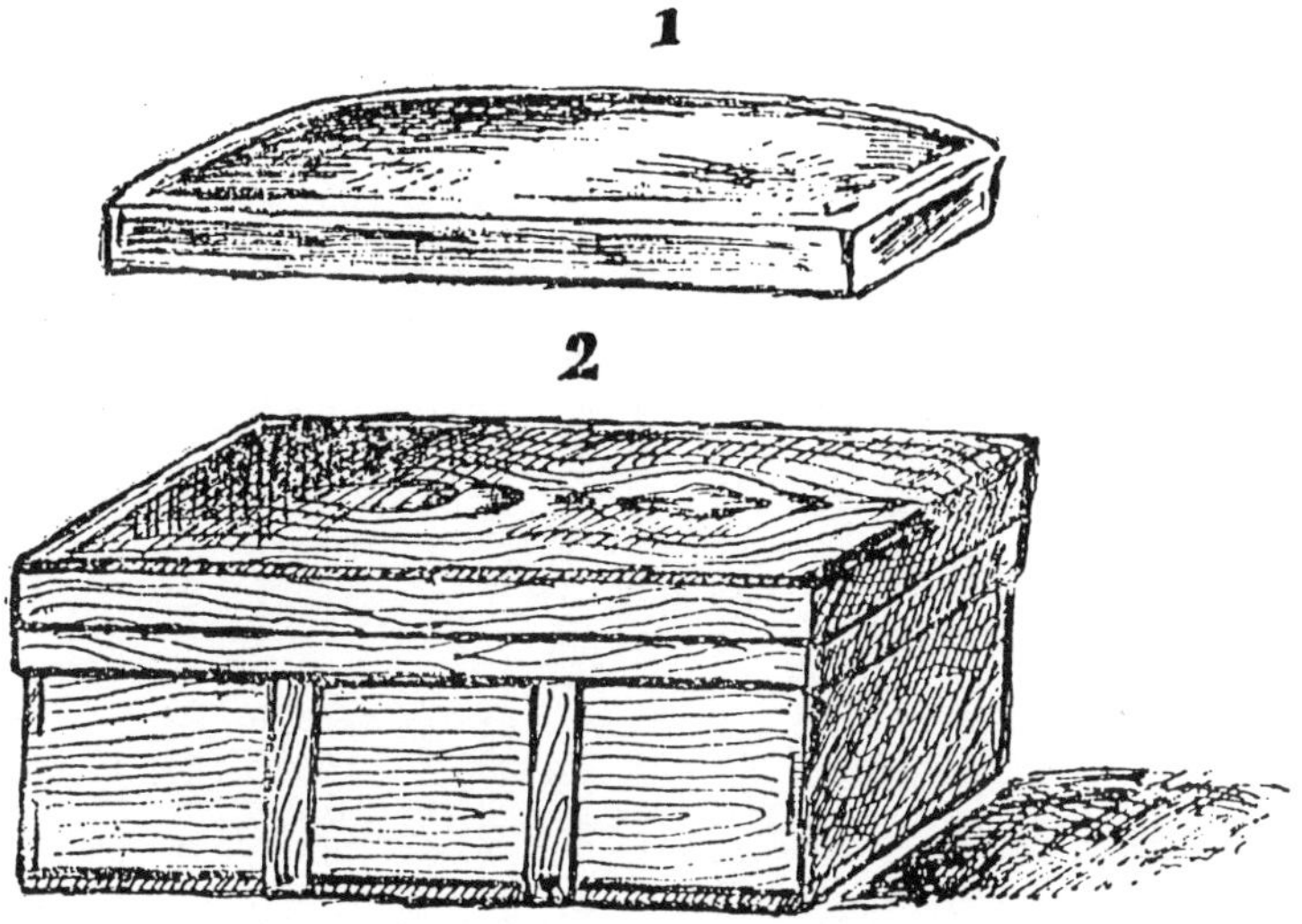

第一〇図　カラウトの図　　１女子用の蓋　　２男子用唐櫃

オビヤ　産忌み。一オビヤは七日間である。

イヅミ　子供を納れる揺籃。秋田県のエヅコ、越後信濃等のツグラに当たる。これは多く曲物にて造り、山野に持ってゆく場合も多い。

ワカモン　若者で、男子が一三歳に達すると褌を着け一人前といった。しかし近世では一五歳を若者入りの年齢とした。

メラッパシ　女子は一三歳を厄年とし、その春からメラッパシとして一人前の交際をする。けだし女郎端しの意か。

ヨキヤク　既述。徳川時代は男子は一六歳に達すると斧役として、木羽作りに出て藩から米の配給があった。六〇歳を越すと年寄りとして除かれる。

ワタクシ　いわゆるへそくりのことで、ホマチまたはネーショ（内密）ともいう。

カラウト　男女子とも一五歳に達すると、親が唐櫃を作って、当人の所有として与える。以後は本人の衣類その他いわゆる私経済的物品はことごとくそれに納めておく。女子は婚礼の衣装等を入れるわけで、婚家に持ってゆくことも当然である。かくして当人が死亡すると、カラウトは棺に代わり、なかの財産は親類縁者に遺品として分配し、一部を死体とともに葬るのである（第一〇図）。

カラウトの材は黒檜《くろひ》を用い、高さ一尺二寸、長さ（内法）二尺八寸、横一尺四寸あり、いわゆる掛蓋作りで、蓋の深さ三寸といわれ、これを一に唐櫃寸法といい、他の器具の寸法に用うるを忌む。なお男子用と女子用とで、蓋の様式が異なっており、男子用は平面であるが、女子用はいわゆる蒲鉾形にする。唐櫃の製法は厳重を要し、ことに水漏れを防ぐところから「四方立不知之法《しほうたてしらずのほう》」と称して独特の秘伝を要すという。これが製作を依頼された大工はできあがり納入の際は大豆三粒を納れる慣いで、この大豆は終生そのままに置き、決してはたかぬものという。けだし唐櫃は成年式に伴う経済的独立の根拠をなすものであった。男子の場合は成年と同時に作り与えることは稀で、結婚期までに作ることが普通であるが、女子の場合は、必ず作るものとしており、「衣類はなくともせめて唐櫃だけは用意せねば……」等とはしばしば耳にするところである。

当人の死後唐櫃の内容品の処分には格別の慣行はなく、もっとも血縁の近い者が中心となって分配する。なお死体とともに納める物品は、女子の場合は髪道具を第一とし、その他生前愛惜の品、六文銭、針に糸を通した物等である。これに対し男子の場合は、当人が出羽湯殿山、日光二荒山、燧岳等にお山がけをなしたる者は、その折の行衣、湯だすきを第一とし、その他は格別のことがない。だいたいに男女とも価値の高い物は納れぬ慣いである。

チャオサメ　結納を意味する。婿方より嫁の家に扇子、茶と、別に金子を三〇銭ないし五〇銭を贈る。

茶納めの祝い　結納が滞りなく済むと、双方ともに、茶納めの祝いと称して、親類とそれに隣近所を招いて茶の振舞いをする。

ヨメノヘヤ　婚姻があると、ヨメノヘヤとしていわゆる下縁（土間）に別に座敷を設け若夫婦の住居とする。

オヤコ　親類。
イエドシ　家同士で、他人を交えぬこと。ユイまたはヨリエイ（協力）に対してこの語がある。
ヨリエイ　協力。ヨリエイにすべ、といえば、協力してなすこと。
ハグレ　いわゆる村八分。ハギルともいい、交際を断つこと。
ニレール　憩うこと。休日。
コトビ　祭日。
ハッタカ　他家を訪れる際の挨拶。いなはったかの略。別に「いたか」ともいう。バンバ（婆）いたかえ、など。
コンタエ　訣別の挨拶。このたび会わんの意。
アシタエ　同上。明日会わんの意。
ムカシカタリ　昔話。
ザットムカシゴザッタ　昔話の語り出し。
ヘーン　聞き方の相槌。
イチガサケモウシタ　同右。結末の語。
オモシロクゴザッタ　聞き方のお礼の詞。

5　雑

ヤマ　仕事の意。労働の意にも通う。山の作業に限らず畑仕事にもまた川漁をもすべてヤマまたはヤマをするという。たとえば「今日はカワヤマに行った」といえば川漁に行ったことである。

ノンノウ　蚕のこと。ノンノケイは養蚕。
ヒビツ　蚕の蛹。別に男児のものの異名。
ダクナ　無駄事。金をダクナ。紙をダクナにするなどいえば、それぞれ無駄にすること。
タアレ　タアレルともいい、戯れの意。また弄ぶの意もあり「火タアレル」は火を弄ぶこと。またタアレが多いといえば、物入りの多いこと。

動物に対する詞

ホーホー　鳥を追う時。
コーコー　犬を呼ぶ時。
ピーピー　猫を呼ぶ。
トウトトウト　鶏を呼ぶ。

天象

ワタクシカゼ　一地方だけ吹く風。
ワタクシアメ　一地方だけ降る雨。たとえば樋内のわたくし雨など。

八　結び

檜枝岐村における探訪記は以上をもってつきる。前にも断ったごとく、短時間の探訪であるために、多くの部門にわたり調査がおよばなかったことと、特に注意せる問題についても、未だ粗雑の点が多かったことはかえすがえす遺憾である。

私が檜枝岐村の生活に期待した点は、村がわが国においても有数な山岳地帯の奥地に存在して、地理的のみならず文化的にもかなり隔絶せる点であった。ことに古来から僻陬部落として著名で、生業として狩猟と木工具の製造に従事し、農耕はあるが稲作はまったく行なわれぬ等の事実は、古風な生活理法を護持する上にも有力な条件である。さような解釈の下に、まず探訪の主目標をわが国の部落生活における先型形態におき、その仮定を基礎として、これが実生活の関連性を索めるにあった。もちろんそれには、あらゆる角度から、民俗的資料の蒐集をまず必要とすることはいうまでもなく、問題はなお将来に遺されねばならない。

しかし村の生活形態に直面して、まず私の興味を刺激したのは、生活の本拠が、季節的に二つに分かれていることであった。その原因はいろいろあろうが、根本的には、経済的に資源の獲得が、本然の生活と地理的に両立しえない事情を語っている。この事実は土地的環境の関係上、特殊な発達形態と解する道もあるが、実は特殊であるのはどこまでも土地的環境であって、生活形態ではなかった。これをわれわれ民族の過去に求めれば、今日の多くの部落を建設するためには、おそらく経験せるところで、土地開発に伴う歴史的過程ともいうことができる。したがって資源獲得の目的をもって、一定期間本拠を離れて、別の生活を送る様式は、なお各地に残っていて、たとえば石川県能美郡白山山麓における出作、岐阜県大野郡・吉城郡地方のいわゆる薙畑作り等もそれであって、かつては広く各地に行なわれたところである。さらに沖縄県八重山郡の新城島、小浜島の人々が、西表島におけるタアツクヤア（田作家）の生活等もその範疇にはいるもので、稲作を行なうために、一定期間本拠を移動する必要があったのである。

この種の生活形態は、農作の一方に狩猟・漁撈等を営む社会にはことに顕著であって、この観点によると、わが国一般の農村社会が、生活の本拠に同時に生産の機関を併せ持つことは、一種の理想型ともいうことができる。

あるいは歴史的集積の結果であって、最初から与えられた条件とはいえなかった。しかも生活の本拠の移動には、社会的団体性を必要とせることも当然考えられるところで、この点においても、また古風な生活形態を残すわけで、そのことがやがて社会的に生活理法の根幹となることも当然考慮されるところである。

檜枝岐村の生活慣習における団体的色彩は、その居住慣行にも求められるが、狩猟生活との関係は特に注意すべきものがある。わが国における狩猟生活は、各地に残存する事実に見ても、ともに団体性を基礎とすることは、私があらためて説明するまでもない。しかもこれを単純な経済的行為とみる上には、その組織作法等にも矛盾せる点が少なくない。たとえばその集団を山立といい、狩場達と称して、山詞として特殊の言語を有した等の事実は、むしろ信仰的集団としての意味を顧うものがある。この点、檜枝岐の狩場達の社会にも、数々の事実を遺していたことが特に注意される。

これらを要するに、狩猟生活の根底には、村の生活における団体性の獲得ないしは強化意識が存在せることであった。獲物の出没に関係なく、一定の季節に行なわれたことも、表現の形式は特殊であるが、一種の祭りであって、ここを出発点として、祭祀の本義を求める道もだんだんとあって、これがやがて村の生活における基本であった。

しかもこの古風なる生活の理法が保存された理由は、その生活が広大な山林をもって囲まれ、外部との交通等の多くの条件が、古風なる生活環境を保持すべく形成されていたことに求められる。それと同時に、生活の根幹をなすものは、実は狩猟行為でなく、食料の生産を目的とする農耕であったことである。この目的のために、儀礼的な狩猟行為を保存する必要があったと考えられるのである。したがって檜枝岐村の生活が、他の一般社会に対して意義を持つ点も、またそこにあったので、狩猟を生業とする人々が、たまたまその条件を具備した山中に残存せるとは断じ難いのである。この意味において、はじめて他の社会、ひいてはわれわれ民族の生活的伝統に関連性を持つものと信ずるのである。

採集手帳より

供給者　石川県能美郡梯村〔現小松市〕遊泉寺出身　立山いと氏
日　時　大正一三年八月～一〇月

婚姻習俗

1　**サケ**　結納をいう。普通五升が決まりである。「サケヤ済んだか」などいう。結納は終ったかの意である。
2　結納は婿の兄弟と、媒酌人と、親類の一人、この三人で持参するのを普通とする。
3　**ナカド**　仲人で、媒酌人をいう。
4　**ムカイド**　嫁迎いの者で、これは男子である。
5　**ヨメドリ**　輿入れをいう。多く深夜に行なわれる。
6　**ヒトモヤイ**　輿入れの当日、嫁の里から赤飯と酒を持参する、それをいう。これには容器に桐油をかける。
7　**ムコドノ**　婿殿で、嫁取りの当日はこれには何らの役もない。まったくの手持ち無沙汰である。服装等も平常と変わることはない。したがって一切関係の席へ顔を出さぬ。納戸の隅や、背戸口、または勝手元の人込みの中で、酒の燗など手伝っている。翌日の披露が済んで三日目の夜にならなければ、嫁と顔を合わせることも、また客人の席へ出ることもできぬ。未だ顔も知らぬ嫁などの場合は、到着と同時に、隙間見たい気もするが、これをするとたちまち批難を受ける。

8　**オクリド**　嫁の送り人である。母親、姉妹の一人、媒酌人の女房、この三人は必ず加わるものとしている。もちろん男も加わる。その時の状況で便宜代わることはある。

9　**ウチツキノ餅**　ウチツキノカイ餅ともいう。到着第一に一同に出す餅で、おはぎである。三つ宛碗に盛る。これを各自手で摑んで食べる。

10　**マエワイの餅**　ウチツキノ餅の次に出る、これは普通の餅で、多くの場合二片である。

11　**ウチツキ**　嫁が婿の家に到着した刻と、一方その夜をいう。ウチツキノ餅を食べて、嫁の一行は、入口からその家の納戸に通る。納戸の口には多く暖簾がある。嫁が中にはいると同時に、暖簾を引いて中は見せぬ。ちなみに暖簾には鶴の丸、扇面など、その家々によって模様が染抜いてある。

嫁が納戸に通ってやや落ち着いた頃に、舅を先に、一家と近所の者が挨拶に出る。その時、送り人に向かって挨拶の詞、これは極く一般的な例である。

「お手伝いあったろうに、にゃーにゃ（娘）をよこして下されてありがとござります」

一方、嫁に向かっての詞

「にゃーにゃよく来てさんしたねえ」

これは女性の挨拶である。この場合、嫁は多く口籠っている。さて挨拶が一通り終わって、後にウチツキの酒ごとがある。この時マエワイの餅も出るのである。

12　**コワバナレ**　輿入れの荷物を運んできた人夫には、庭先で腰かけのまま酒を飲ませて帰す。これをいう。

13　**オカザキ**　角かくしをいう。

14　**朝餉**　ウチツキの宴が終わり、混雑している間に、時間は進行して、夜があける。披露が始まるのであるが、これを一にアサメシという。赤飯と白飯で、一家《いっけ》の者、媒酌人、それに近所隣りの主人が列席する。これには婿はもちろん送り人と嫁も顔を出さぬ。仕度は汁、酒、汲物、小蓋物その他家によって異なる。

15　**ザッショ**　アサメシの披露が済んで、いったん座敷を改める。ザッショはひとつにヒルメシともいう。やはり披露であるが、これには部落内の、各戸の女（主として主婦）が招かれる。これはアサメシに比して一段と献立が劣る。この時送り人と嫁が挨拶に出て、嫁は一通り汁を汲んで引込む。一家の者が取持ちして酒が回って、女たちの間に歌が出る。

16　**タチオイ**　タッチョイともいう、アサメシ・ザッショを通じて、もっとも献立がよい。一に夕飯ともいう。送り人と、一家近所の者、それに特に招かれた有力者が列席する。それで席の順は、向かって右方の上席が区長とか土地の顔役、左方は檀那寺の和尚で、一般にドウジョウ（道場）という。一同席に着いたところで、嫁が出て、順次汁を汲む。一通り終わると嫁は引込んで、後は酒になる。

17　**シバチ**　タチオイに充分酒も馳走も回った後に、再び嫁が出て、改めて茶を汲む。それをいう。茶を立ててまず仏壇に供え、後を一同に汲むのである。ちなみに三河の自分の郷里等で、振舞いの最後の飯を「しいばち」または「おしいばち」というて、無理強いに一杯進めることがある。それと関連があるようだ。なお、タチオイが済むと、送り人の中の男たちは帰る。

18　**ヨナミノ酒**　タチオイが済んでから、さらに席を改めて、屋根葺膳に、汁、小椀に小蓋物ぐらいで、部落中の各戸の男を招く。それをいう。これが、前後四回を通じてもっとも賑やかである。これにももちろん嫁が出て汁を汲む。男たちは嫁の汲みぶりをさまざまの言葉で批評して嫁が差し出すのも容易に受け取らぬ。嫁はその間次へ立つわけにはゆかぬ。その間、満座注視の的となってもっとも恥かしい当惑する時である。披露の席にはすべてこの傾向があるが、この場合がもっとも露骨である。これで披露は終わったわけである。

19　**ミツンマイ**　ミツミマイともいう。輿入れから三日目である。嫁の里から餅を搗いてくる。黄粉と小豆の二種類である。男親がそれを荷って、女親は小袖を着て後からしたがってくる。これは片親の場合は片親だけである。餅を舅をはじめ家中の者に食べさせて、一家近所へは、別に配る。そうして容器は残してゆく。帰る時は多く夕方になる。これと一緒に送り人の女たちも引き上げる。なおミツンマイには、家により、ヨツンマイ、イツンマイまで行なう場合もあるが、多くミツンマイだけである。

20　**初夜**　送り人の女たちが帰ってから、すなわち輿入れ三日目の夜に、婿と嫁は初めて床の上で顔を合わせる。床はネゴサ（寝蓙）でこれは二枚つぎ、嫁が持ってくるもので、敷くのは媒酌人の女房である。

21　**ナカイレ**　輿入れから七日目に当たる日をいう。ミツンマイの中の餅の容器に、赤飯を入れて、これを舅が荷い、嫁の供をして里にゆく。この時婿は加わらぬ。

22　**ムコヨビ**　ムコドリともいう。これは格別日は定っておらぬ。作法は嫁どりと同じで、婿が嫁の里に行くのである。この時嫁も一緒に行くが、これは正式ではない。それで服装等も、嫁の方は平常のままで、多く手伝いに行くとしている。

出産習俗

1　**ハイムシロ**　産所は格別定っておらぬ。板の間に莚を二つ折にして、その間に、木灰を敷く、これがハイムシロで、産婦の席である。

ハイムシロの上に、藁莚を敷き、中央に直径一尺ほどの穴を明け、産婦はその上に反り気味に座る。文字どおり藁の上から拾い上げるのである。

2 **バテ**　出産直後から三日目まで、嬰児をくるんでおく、その布をいう。なお出産後産婦の席は、別にハイムシロを仕立てて座らせておく。これは七日目までそのままである。

3 **ウブギ**　産衣は三日目に着せる。なおウブギは生まれて後に縫うものとしている。

4 **イヅメ**　七日目以後から、嬰児をイヅメに移す。イヅメは藁製の籠で、エヅコともいう。

5 **エナ**　胞衣は今は鋏で切るが、竹で断るとしてある。一二日目に屋敷内に埋める。多く厩の前などに、ハイゴサと一緒に埋めた。

伊豆三宅島視察記

一

神着村大久保の浜の沖から陸を望むと島の中央にそびえた雄山はまったく雲に隠れているが、南国特有の輝きをもった緑の山の色が美わしい。きり立ったような山の下に、わずかな砂浜が開けて、ゴチャゴチャと人家の屋根が見える。波打際の真白い砂浜には、折柄の豪雨にもめげず沢山の人影が動いている。時計を見ると五時一〇分前、昨夜一〇時に房州の館山を立ったのだから、ちょうど七時間を費したわけだ。大久保の浜は、明治七年雄山噴火の際に、噴出した土砂で埋まってできたのである。したがって今ある何十軒かの家も、それ以来のものである。

その昔、英一蝶も小金井小次郎も、流囚としてこの山色に無限の感傷を味わったわけであるが、当時の島の船着き場はもちろんここではない。遙かに南に回った伊谷《いがや》村の浜で、そこには今も牢屋敷の跡がある。

東京から海路一〇〇カイリ、周回七里、面積三・二二方里、ほぼ円形で、村はすべて海に沿っている。いわゆる伊豆七島中では大島、八丈島につづく広さがあり、現在の人口ほぼ六〇〇〇、戸数一三八〇を数えておるが、明治八年足柄県の調査による全島の戸数八二二、人口二七九〇、流囚三八名に比較すると、戸数において約五割を増し、人口は二倍以上に達しておる。これが五カ村に分かれていて、村には特有の伝統があり、各村間は婚姻

伊谷村の船着

等もいまだ不自由であるらしい。これらの村は、地理からいっても本来一カ村になるべきものであった。この点、昔の村そのままであったことは、自治からいうとまさに理想的であるが、現代の行政ないし経済機構に対応するためには、少なからぬ欠陥と不便をなめさせられているらしい、早い話が船着場の施設にしても、各村ごとに補助金を受けて、一様に不完全なものを競っておる。これをどこか一カ所に集中して、道路を連絡することが、もっとも急務であるとは、一般の要望であるが、さて実際問題となると容易でないらしい。しかし、いまさらどこの村だけがうまいことをするなどと、小さな感情に支配されている場合ではないのだから、早晩、実現をみるであろう。

二

島の生活という言葉には、それ自身にすでに特別の感傷を伴いがちである。ことに離れ小島などというと、無限の哀愁さえ含んでいる。これには久しい間の文学や説話に培われてきた伝統的感情が多分に下積みにあることは否まれない。しかし現今の島の生活はさして感傷的なものではない。まして交通施設がだんだんに整備されるにしたがって、むしろ島特有の優越性が次第に現われようとしている。この点で三宅とは目と鼻の間にある大島などは、地方の山村などより遙かに生活条件はよい。

三宅島なども、一瞥感だから充分な断定は下されぬが、わが国一般の島の生活標準からいうと、多くの条件がことごとく劣位であるとは考えられない。首都大東京を手近に控えていて、航海も月に五、六回はあるのだから、欲をいえば果てしがないが、まだまだほかには気の毒な島が沢山ある。近いところでは八丈島の南三〇カイリの洋上に浮かぶ青ガ島、さらに薩南の海上に点在する島などには、一カ月一航海の淋しさをかこつところはいくつもあって、折角伐った材木も船便のないために腐らせている状態で、政府のこれに対する施設等もまったく顧みられずにいる。そんな遠方はひとまず別にして、目睫の間にある同じ七島中の御蔵島、利島のことを思えば、義理にも身勝手はいわれない。

ショイコを負う島の女

交通の不便は、今の地方生活者の一様に抱いている不満であるが、それも最近は著しく緩和された。現に三宅島の例に見ても、つい六、七〇年前までは、一年一回のマキ船に物資を積んで、順風をまって伊豆の下田または江戸に向かって出帆したことを顧えば、嘘のようである。交通不便の土地は地方においてもまだかなり多い。中央部の長野・山梨等の山村には、自家生産の繭や楮を肩にかけて、四里も五里も山坂を越えて背負い出さねば、取引のできぬ土地がある。今から思うと何故にかような不便な土地に村を開いたかと、祖先を恨みたくもなるのだが、かつては都を遠くまたは山深く隔てていることが、安息を得、太平を謡うために必要でもあったのだから、現在とてもことごとく条件が劣っているとは未だいえない。これは島の場合にもあてはまるわけで、不平不満の半面に、人間生活の上に、より大切なるもの、たとえば天然の条件等をもう一度ふり返って、わが郷土の地位と認識を深め、そこに発足点をおくことがむしろ必要である。

交通の不備不完全は、実は地方から渡った役人とか小学校の先生とか、そういう境遇の人々に痛切に感じられる。事実、土地との交渉は薄く、ただ役目のため任務のために、自己の感情を忍ばねばならない。土地の者がそういう人々と何も一緒に考えることはない。不如意だがこの一面には、島なればこその優越も多い場合もある。たとえば伝染病なども、適当な医者のない不便はあるが、地方の者がこれに対してさんざん苦痛をなめた時代に、何も知らずに呑気にしていた。島の人々が一様に疱瘡を怖れたなどの事実も、一面には四面環海の優越条件がもたらしたものである。

三

天然の条件のすぐれていたことは、何も椿油だけではない。他の地方に比較して、交通をはじめ各種の文化施設の後回しにされている点を指摘する一方には、島の人たちが一様に誇っているのだからまず誤りはなかろう。海には豊富な海産を控え、山にも畑にも四時緑の色を絶つことなく、牛の飼料等も、ほとんど貯える必要がないというのだから、かように恵まれた土地はそう沢山はない。しかも夏分は涼しく冬は暖かいのだから、東北などの僻村の人々が聞いたら羨むにきまっている。悪い方では冬分の北風がひどいこと、船つきの悪いこと、全島に水田のないこと、藁が得られぬこと、ひいては海に魚族は豊富でも、資本のない関係から他国の資本家に荒らされること等、ことに飲料水を得る途が充分でないことは気の毒であるが、これも今は貯水タンクができているから、不自由はない。屋根から引いた雨水は東京の水道よりもかえって細菌数が少なくて、見た目は悪いが理想的だと語った人もある。ともかく永い間の慣習で、清冽な水に対する執着が、さして強くないことは、島のために幸福であった。畑は切替畑と熟畑の二種があって後者などネンジュウという。これは切替畑に対する四時年中の意かと思うが、こっちは神着村にもっとも多く他は微々たる面積である。したがって切替畑が大部分で、これを昔から粟畑麦畑の地目に分けていた。この区別は現在としては、何によったものか不明であるが、古くは焼畑の一種に、粟一回の作付けで終ったものであったというから、おそらく北九州の対馬や、南九州で焼畑の一種にいう粟山と同じで、今も該地方にはこの様式が残っている。

切替畑はいちにノーギリといい、多くは嶮岨な山の腰に営まれた狭い段畑で、オクタという土止めの柵を組み、畦ごとに牧草の萱を植えている。形だけを見るといかにも貧弱で、平坦地の畑を見馴れた目には粗笨そのもののようにも映るが、土地柄にはもっとも合致したもので、現に鹿児島県等で、コバヅクリと称して近時奨励しつつあるのもこれである。生産力も必ずしも悪くはない。明治七年に足柄県の役人が島を視察した時の『伊豆諸島風土略』には、三宅島の切替畑の成績について、

一反ノ地得ル所ノ麦豊作ニシテ石ニ不満ト、諸作之ニ準ス云々

とあるが、現今では一反歩二石前後を得ていて、最高三石六斗というが、今年度試験場の指導で試みたものは、大麦五石六斗余の成績を挙げたとある。

何よりも島の農業として有利なことは、地目が山林である関係上地租の安いことで、全島の地租は昔ながらに

四九円という。これは一方に土地整理の進行せぬ関係ではあるが、取り残されたものの幸福と解することもできる。

切替畑の作付年次は普通五年で、その後は牧草の萱と榛《はん》の木を植えるが、それらの苗は不自由なく得られ、榛の成育に伴い、萱は枯れる仕組みである。しかも榛の成育は比類なく良好で、これは薪炭材とするが、時期によって、その葉は牛の飼料ともなる。

四

牧畜は昔から有名で、島の中央の雄山は旧幕時代から牛の放牧場であった。一年一回、正月に村人が出て牛狩りを行ない、二五日には角突きの行事があり、翌日は角を切って再び山に放す、あるいは役牛として各自使用するもあったが、明治にはいってから、たまたま山にはいって牛を捕り窃かに撲殺して食料とする者が多かった等のことから、明治三七、八年のころ、島内協議の上、伊豆下田の某に払い下げ、その者が地方から狩人を雇ってきて全部打ち殺し、跡を絶つに至ったという。今あるものは、全部洋種の乳牛で、役牛としてはほとんどない。各村に共同の搾乳場、バター製造場を持っている。それらの施設には幾多の改良すべき点があるとしても、島が先天的に牧畜経営に恵まれていたことは感謝さるべきことである。

島の天恵としては、以上の他に海産がある、従来の鰹節製造が跡を絶って、生魚のまま輸出されるようになったことは、何としても交通施設と、東京という大都市を近くに控えている有利であるが、別にテングサの採取があある。これは莫大なもので、一面には現在島が経済的に行き詰ったというのも、この予期せざる海産から上がる

坪田村の乳牛

莫大な収入がかえって災いしたともいえる。一部の人の説によると、従来の自給本位を捨てて食料等も、粟、麦、甘藷をほとんど顧みなくなり、米食に代えたのもそこに動機がある。たとえば坪田村の場合でみると、大正九年にこの村だけでテングサによる浦代金三八〇〇〇円、以下次のような数字で累進した。

大正一〇年　二〇五〇円
同　一一年　二八八八円八八銭
同　一二年　四五六八円八八銭
同　一三年　九〇〇〇余円

以来村営にあらため、初年度には諸経費差引約三万四〇〇〇円の純益をみた。爾来一二年間のうち、売上額の最高は九万三〇〇〇円で近年は七、八万円程度であるという。

五

伊豆七島のなかでは、三宅島がもっとも変遷がひどい、伝統が早く亡びたとの声は、島を訪う人々からしばしば耳にしたが、来てみてその変化の著しいのに実は一驚を喫した。伝統的生活様式の亡びることは、一面からいうと新文化への進出で結構なことであるが、急激な変化は必ずしも生活を安泰におくものではない。

どの村を歩いてみても、家屋はもとより風俗その他慣行等に耳を傾けても、古風を偲ばせるものはほとんど失われている。家のほとんど九〇パーセントは近年の改築改造で屋根は全部地方から取り寄せた瓦で葺いている。間取り等も土間を狭く取って農家という感じはきわめて乏しい。しかも以前の建築は遙かに土間が広かったのである。これだけの事実からいっても、生活の不如意が、伝統生活を忘れしめた原因とはいえなかった。

しかも人々の感情や習癖には、必ずしもこの新様式にそぐわぬものがある。屋根は瓦で畳み、床には青畳を敷き屋敷の周囲は石垣の塀をめぐらしても、一方文化生活ないし新時代の社会生活に対する習練の伴うものがなければ、とかく軽薄な感だけが残る。事実、一歩村を出て隣村に歩を運ぶにしても、まっ先に道路の不完全を痛感せねばならない。伝統生活そのものは、必ずしも捨てておしいものではないが、すべてに過誤なく新たな生活様式に乗り代え得るほど、お互いは賢明ではなかった。一方に古典的生活に顧みて反省をくり返すことは、必ずしも生活の退歩でないことを、この島に来て痛感した。

伊豆内浦雑記

この記録は昭和五年八月上旬、田方郡中の内浦、西浦二村の、海辺部落における見聞記で、ほとんど通り一遍の採訪に過ぎぬものである。

大瀬崎

伊豆田方、加茂両郡を占めるいわゆる西浜の、北の突端にある岬で、東に内浦の湾をひかえ、北は駿河湾を隔てて富岳に対している。岬に大瀬明神を祀り、豊漁の神として豆駿遠の漁業に携わる者の信仰が厚い。社殿には大漁満願の幟が沢山上っている。岬の突端に淡水の池があり、鮒が多い。これを捕ると、たちまち神罰をこうむると怖られていて手を下す者はない。過って戒めを犯して神罰を受けた者の話もある。

江梨

エナシという。大瀬崎から東へ半里、西浦村の西の端である。戸数は約四〇戸ほどあり、三方山に囲まれて、わずかな入江に臨んだ部落である。この地方の漁村の特色であるが、漁区を他地方の漁業家に売却して、自分たちは農作と山林、それに一部の漁をして、しごく裕福らしい生活ぶりである。家居の囲りを石で積みあげて、石の門柱を建った家も何軒かある。屋敷に石の利用が行き届いている。

家居

西浦村は内浦村にくらべて、交通上一段奥になっている関係から、都人士に知られるほどの海水浴場もないだけに、風習、家居等も古風が遺っていたようである。しかし沼津はつい目と鼻の間にあり、現今では沼津駅から村の中央古宇《こう》まで乗合自動車で一時間の里程にあるから、文化の浸潤は思いの外に伸びている。家の作りも現在では瓦葺きが大部分を占めているが、一部には以前の茅葺屋根がある。これは西浦村の、江梨、久料《くりよう》、足保《あしぼ》、古宇、立保《たちぼー》、平沢、久連《くずれ》、河内等もほぼ同じである。以上のうち、河内が純然たる農村である。

この辺の茅葺き屋根の家の特色としては、庇のほとんどないこと、そして一棟構えの多いことである。土間はいうまでもなく、座敷にも、天井にもすべて簀の子も何も張ってない。屋根裏を直に見通している。

コズノコ　入口をまたいではいった土間は、一方の座敷に対して、土間向こうに、穀物等を貯えておく場所がある。三尺に一間ぐらいか、あるいは奥行一間に二間ぐらいの大きさで、床が張って戸のあるものもある。ここをコズノコというている。中には挽臼を据えてある家もあった。労働着などの丸めて投げ込んである家も見た。一見向こう座敷とでもいう感じだが、寝ることはしなかったらしい。

アガリダン　よりつきの部屋には、土間からの上り台がある。造りつけのものと履物箱兼用のものもある。これをアガリダンというている。

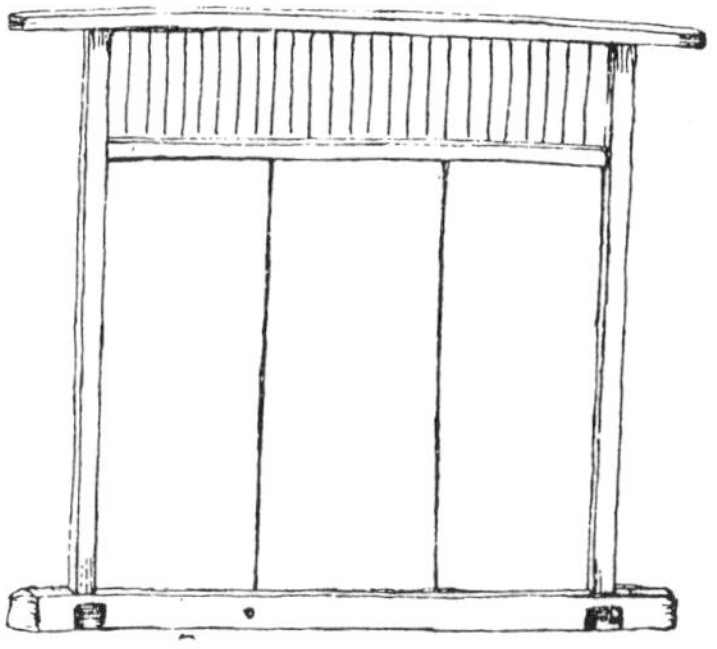

第一図

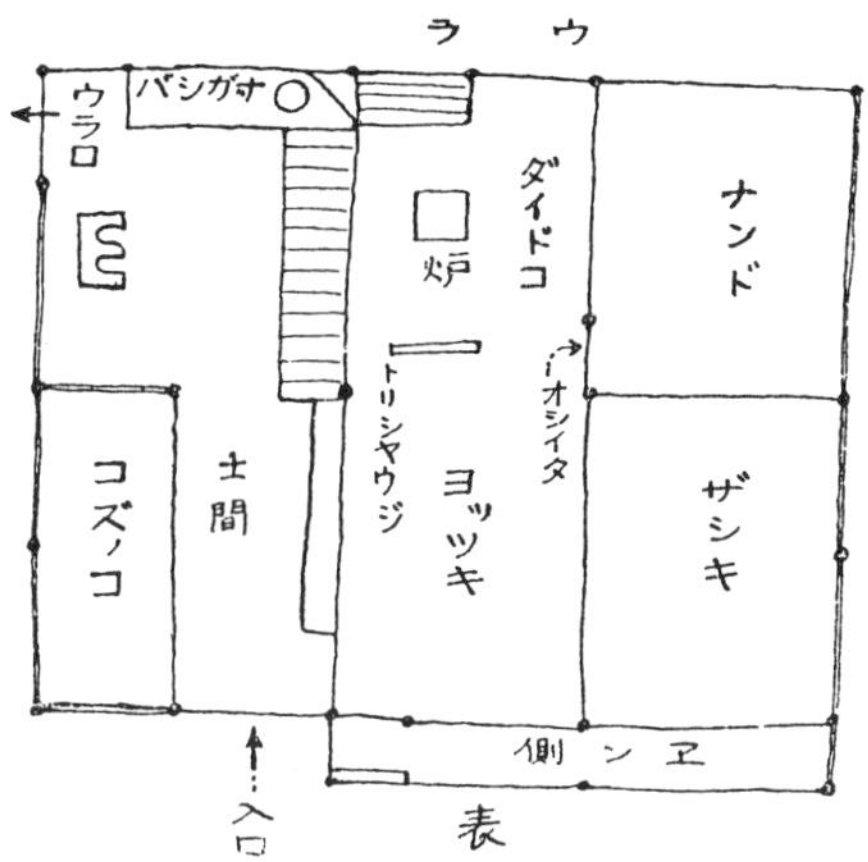

第二図

アガリット　よりつきの部屋である。太黒柱を境にして、台所の炉のある部屋と一続きになっているのが、以前の形式のようだ。台所との間に敷居をおいて、戸障子などはめた形式は近頃の改造のようである。

トリショウジ　衝立である。かつて秋田の由利郡の農家で見たカザタテまたツッタテというたものを思い出した。第一図のような恰好で、炉の向こう座すなわち客座の後に立てて、入口からの見通しを防いでいる。これがやがて敷居がはめられて戸障子がおかれては、トリショウジの意義はほとんど失われるわけだ。高さ二尺四、五寸ほどもある。比較的立派にできている。三河や遠江の山地等には、これのごく粗末な、挽割板一枚を二つの台にはめた幅一尺五、六寸ぐらいのものが炉の脇に二つぐらい並べてあって、それに暦などが貼ってあった。以前の炉辺には離すべからざるものである。

ナンド　寝部屋である。台所の次で、ほとんど明かりは採り入れ難い。裏口に窓を切ったり、格子をはめたりしている。したがって昼間でも暗い。

コシド　これには別名があるかもしれぬ。台所とナンドを区切る敷居がここに限って五寸ほど高くできている。その高い敷居がコシドだと説明してくれた。これをまたいで出入りする。いわゆる恥かくしなどいうものに当たる。

ナカイ　よりつきの部屋の次で、ザシキともいう。古い建物を見ると、ヨリツキ、ダイドコ、ナンドと、この座敷と方形を十文字に区画されていたようである。しかし家によっては、このナカイの奥にも座敷がある。ナカイは奥に座敷がある場合の名称である。仏壇等がおかれてあるのが多い（第二図）。

オシイタ　家の中央部、前方形を十文字に区画した中心に、土間から見て幅三尺ぐらいに取って、左右に柱があり、中段に桟を渡した部分である。向かって左の柱を多く小黒《しょうこく》といっている。これは大黒柱に対しての名である。河内では、ここにエベス棚を祀った家を見たが、多くは意味がありそうで何の意味もないのが多い。

神棚　神棚は一軒の家に幾カ所もある。台所にエベス棚、それによりつきの部屋には、金毘羅様、大神宮等、別々になっている。

ハンド　古い建築にはすべて縁側はない。障子の外に直に雨戸の敷居が付いている。そこの入口に寄った雨戸の戸袋の部分に、三尺目に柱を立てその間が三尺ほど腰高にできている。そこに小さな戸が閉まるようにできている。これをハンドという。このハンドの由来について次のようにいうている。以前はこの地方は、山犬の被害が多くて困ったので、朝起きるとまずこのハンドを開けて、そこから外を一通り検分して、異常がなければはじめて他の戸もあける。一種の臆病口といっている。しかし近頃では、家を暗くするばかりか、養蚕等の家仕事に邪魔になるというて取り除いた家が多い。しかし河内にも、また久連《くづれ》の村でも、この形式の家は残っている。

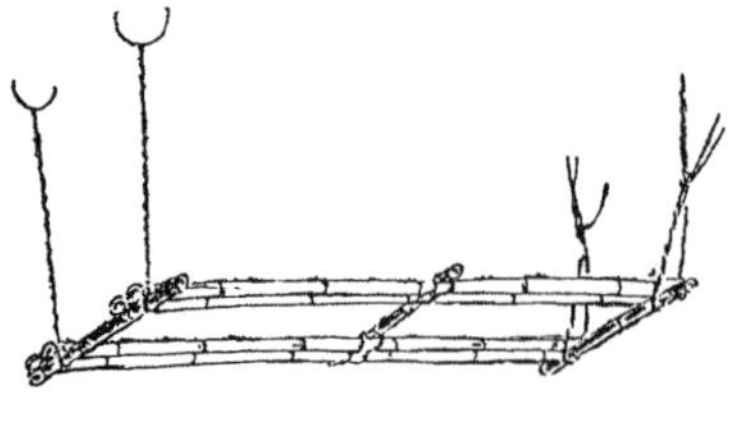

第三図

ヒダナ　火棚である。第三図のような形のものを河内の海瀬善右衛門さんの家で見たが、その時家人の話では、別の形式で、信州辺にある正方形の簀の子の形式のものも他にあったそうである。雪の少ない土地柄だけに、今日までの存在は不思議のようである。

山の話

西浦、内浦ともに海沿いの村であるが、部落ごとに三方は山に囲まれていて、しかもその山は天城へ一続きになっていただけに、山の話はかなり多いようである。したがって漁の一方には、狩人として暮らしを立てていた者も沢山いたようである。

鹿　鹿は明治の初年までは、実に沢山いたそうである。近頃になっても、海へ追い出して、漁師が追い詰めて捕ったことも何回かある。夏の朝など山へ草刈りに行くと、幾匹となく群れて通るのを見たものである。鉄砲でももちろん捕ったが多くは陥穽で、捕りつくしたというている。

オコヤ　江梨の山に、韮山の江川氏の鹿狩りの小屋があった。これをオコヤというて、武士衆が勢子を多勢つれて詰めていたもので、江川氏がそこへきたのを見たこともあったという。このオコヤにいた者で、戸田《へだ》の某という勢子が狩りの上手で通っていた。

タヅマ　鹿猪のくるのを待っている場所である。関東地方でタツマというものと同じである。

トオリ　獣の通る路であるが、多く猪鹿の場合に用いられた。

ヨネライ　ヨネライはルス鉄砲ともいう。仕掛けておく鉄砲のことである。

コシゴ　胴乱で、狩人の持つ煙硝入れである。これにハヤゴが付く。

アサヤマ　朝狩りをいう。

ヨウヤマ　夕狩りをいう。狩りは朝か夕に限っていて、昼間はあまり行なわなかった。

クネ　クネは猪除けの垣である。多く石で築いた。河内の部落など、ことに猪の被害が多かったので、今でもまだその跡が方々に残っている。

フケダ　一にヌタともいう。湿地で、猪のよくつく場所である。

タッツキ　裁着で、狩人が主として着けたものである。今日はほとんど見かけなくなった。めくら縞のものを用いていた。重須《おむす》の富サという狩人、また江梨の波止場の伝兵衛という狩人などが、平素着けているのを見たものだという。これは久料のムカイという屋敷の老婆の話である。

ジバン　これは狩人に限らず一般の労働着である。衿なしに仕立て、今でも浜仕事、山仕事にはこれを着る。いわゆる襦袢とは別である。

ヤマイヌ　オオカミともいう。ヤマイヌには趾に水かきがある。それで雪中などの足跡を見れば、心得た者には直ぐ判る。またヤマイヌ（山犬）は神様であるから、深山にいて、決して人に姿を見せることはない。たまま病気になると、ヤマイイヌ（病犬）になって、里近く出てきて人に噛みつく。しかしこれはすでにヤマイヌの資格を失ったものであるという。

久料のムカイという家の老婆、年は六五、六であったが、少女の頃「ヤケノ」の山に草刈りに行った時、たちまち天候が変わってきて、ナゴが立ちこめ四辺は真っ暗になった。その時遠くの山でヤマイヌが吠え立てて怖ろしかった経験があると語っていた。ちなみにナゴは霧で、春から夏にかけて、天候の変化の前には、ナゴが非常に多く、今まで晴れていた空もたちまち閉じ籠められることがあったのである。

ノイヌ　西浦村河内の海瀬善右衛門さん（昭和五年、九二歳）は、この地方の狩人の最古参者で、かねて豪勇の聞えも高かった。この人の談によると、一般にヤマイヌと呼んでいるものに実は二通りあって、一は前にいうたヤマイヌすなわちオオカミで、これは神様である。今ひとつはノイヌというもので、普通に猪鹿または人家の犬などを襲うものはこのノイヌである。性質はもちろん獰猛であるが、本来地犬の種で山に棲むようになったものであるから、滅多に人間に襲いかかることはない。したがって毛色も一定せず、白、赤、白黒の斑などがある。

ヤマイイヌ　これを単にヤマイヌともいう。病犬で、これは前にいうたヤマイヌすなわちオオカミがたまたま病気になったもので、里近く出てきて人に嚙みつく、もっとも怖るべきものである。河内の山之堂の某は、夕方馬を引いて山を下る途中、これに襲われて、鉈をもってかろうじて斬殺したことがあったという。ヤマイイヌに嚙まれると、じきに病気が感染して、起居動作までことごとく犬になる。小便をするにも片足あげたり、目がすわり顔まで犬のようになることがある、そして必ず死ぬ。これを治すには、人糞を喰えばよいという。現にそれを喰って助かった者もあると、河内の狩人石倉浦吉さんはいうていた。前号土橋里木さんの、病犬の話と比較して面白いことである。

前いうた海瀬善右衛門さんが若年の頃、村にこのヤマイイヌに嚙まれて気狂いのようになった若者があった。家人も持て余して、座敷にませを結って中に入れておいたが、荒れて仕方がないので、村内の若者が三、四人あて交代で見張りをしていた。善右衛門さんもその中の一人であった。明かりを消して真暗な家の中にひそんで見張っていると、牢の中から、貴様たちそんなところにかがんでいても俺にはよく見えるぞと、ものすごい声を出してわめいたのに、怖ろしくなって、土間の傍に身を忍ばすと、それそこにいると間髪を入れず怒鳴ったのに、生きた心地はなかったそうである。その若者は一週間ほどして死んだそうであるが、善右衛門さんの話しぶりもまたものすごいものであった。

不動様とヤマイイヌ　病犬は、不動様の祀ってある村には決してはいり込まぬという、不動様は犬を連れて、犬の縄を握っておられるからだ。それでヤマイイヌの害のある村では必ず不動様を祀るものだという。

リュウソウサマ　運の神様だといい、かねて狩人が祀る神様である。リュウソウ講というて、狩人たちが春秋に集まって祭りをする。リュウソウサマは江尻（駿河）の付近に祀られているというが、自分はどこの村か究めておらぬ。

古い屋敷

西浦村久料のシモという家は、屋敷も古いというが、建物も古い。古宇の秀吉という家も古いそうであるが、これは行って見なかった。シモという家名の家で、古いのでは河内にもある。現今の海瀬権平さんの家で、別にタンバと呼ぶ家である。文禄三甲午年八月一一日付の河内村の水帳にも丹波と出ている。言伝えによると、昔丹波の国から越してきたとのことである。代々村の三崎神社の鍵取りで、次のような書類を大切に保存している。

（一）　本　文

四組木綿手繦之事許容海瀬太治右衛門従向後可懸用之状如件

文化二年八月廿一日

神　祇　管　領　㊞

豆州君澤津郡河内村三崎大明神鍵取

海瀬太治右衛門久宜

（二）

右四組木綿手繦懸用之事所被許如件

神祇管領長家

安政四己年七月　　公文所印

盆行事

朔日盆　内浦村、西浦村ともに、盆はツイタチボンというて、新暦月後れの八月一日である。そして二日、三日と祀って、三日の夕方送るのである。

ショウリョウノコシカケ　盆棚である。これはニイボンの家だけが作ることになっていて、三年間は続ける。この盆棚は七月二九日に作って、八月いっぱいおき、晦日に海へ流すのである。第四図に示したものは、内浦三津《みと》のウエという屋敷の、瀬川秀吉さんの家にあったものである。家によって形式が幾分ずつ異なっているようであ

第六図　第四図

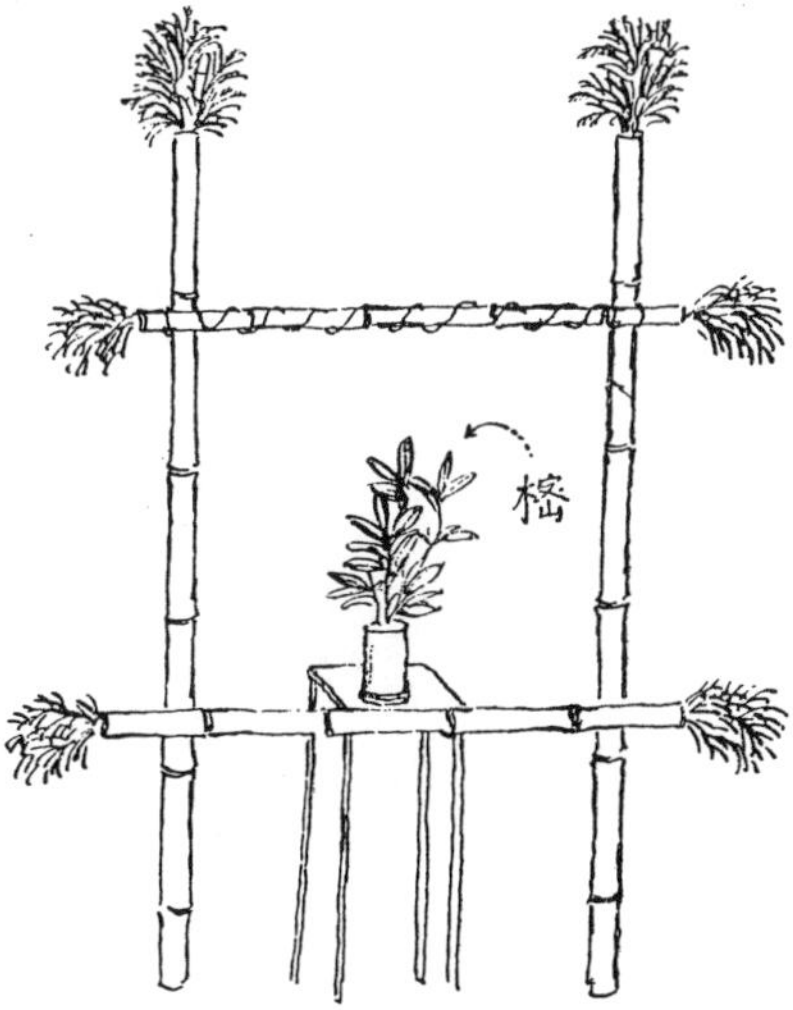

第五図

る（第五図）。

精霊ニ銭ヲ上ル　三津付近では、八月二日すなわち精霊迎えをした二日目の朝、座敷の仏壇に供物に添えて銭を上る。これは精霊様が神田の市へ行かれるので、その資本だという。金額は家の暮らし向きで定ってはいないが、一円ないし二円程度である。裕福な家では一〇円一五円ぐらい供える。ちなみに相模の鵠沼海岸の農家で聞いた話に、盆の一五日朝、精霊様が市に行かれるので、朝早く起きて握飯を供える。これは精霊様の弁当だといったが、この話に関連があるようである。

キチュウ棚　盆行事ではないが、家に死人があった場合は、四十九日の忌明まで、家の前に忌中棚を設けて毎日水を手向ける。第六図に示したものは、江梨のある家で、盆棚と並んでいたもの。また重須で見たものは、家の入口脇の壁に新筵を張り、囲りを青杉の葉で飾って、中央に戒名を記した札が貼ってあった。

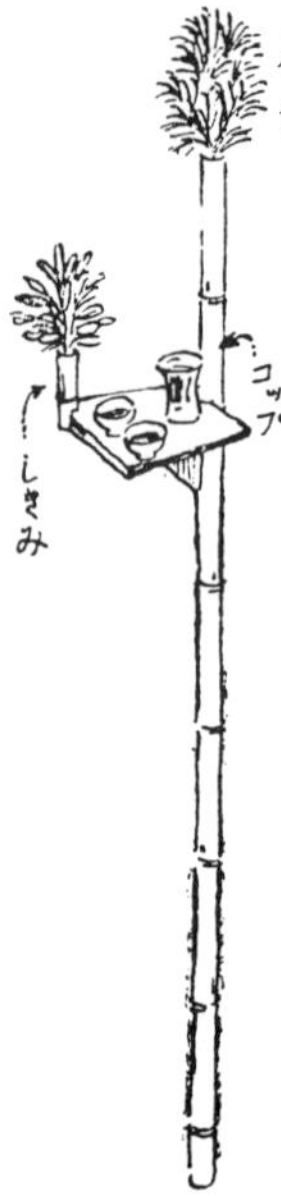

第六図

三津所見

伊豆三津の浜で、図のような石の叢祠に、鰯を四足上げてあるのを見た。

相州鵠沼でも、漁のあった時、子供が辻々の叢祠に上げて歩いているのを見た。

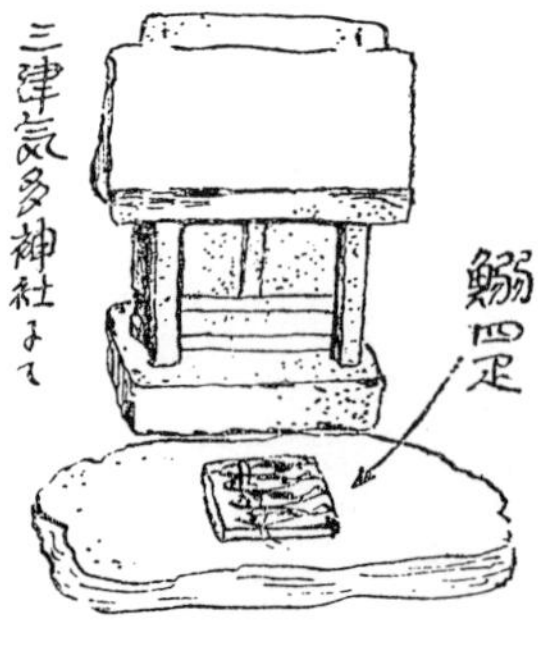

伊豆内浦の若者制度

内浦

伊豆内浦は、東海道線沼津駅からは南に当たる。駿河湾の奥のつまりである。今の田方郡内浦を中心にして、駿河の駿東郡江の浦一帯と、西寄りの西浦村を含む。すなわち西伊豆の海岸を境する、大瀬岬から東に続く浦々をいう。徳川時代の行政区画にしたがうと、その間に一四の村里を数えることができる。大瀬岬に祀られた大瀬《おせ》神社は、大漁の神といわれているが、この浦々一帯の守り神でもあった。付近は古くから漁業の盛んな土地である。

チョウヤ

この地方の村々の氏神の境内等には、一見社務所というた感じの建物があるが、これは多く土地の青年団の事務所——集会所である。今の青年団が以前の若者組合の後身であることを前提としていうと、村の祭りから盆・正月の行事のあるものも、ことごとく若者があずかっていたことも変わりはない。この集会所をチョウヤと呼んでいて、チョウヤといえば、若者の寄合所のことでもあった。

信濃の南部から三河遠江に続く山村では、チョウヤというのは多く祭りの仕事などする場所であった。今年の五月はじめに、西浦村足保《あしぼ》の氏神を訪うと、高い石段の下にある建物の中から、しきりに話し声がする、何気なく覗いて見たら、村の若い衆であろう、ガランとした中で何やら相談の最中であった。内浦村の重須《おもす》・長浜・三津《みと》・駿河の江の浦あたりでも、何かというと青年たちはこのチョウヤに集まる、そこには膳椀から寝道具等も用意されてある。長浜の白髯神社の脇のチョウヤにも、窓口に垂れた幕を上げて見たら、木綿の段々縞の布団を敷いて、若い衆が三人眠っていた。それを見て以前の若衆宿――寝宿――の光景がちょっと目の前を掠めた心地がした。しかし寝宿とは別であった。

この地方の若者組合は、各地の例にもれず明治維新を境にしてはなはだしい変遷をたどった。ことにこの辺では、唯一の生計の的である漁撈の制度が一大変革をよんだ――津元――網処《あんど》持ち――などの特殊の存在が崩壊を告げた。その影響も大きかったらしい。しかし一方からいうと、漁業という共同作業を控えているために、思いのほか内容は壊れていない、村の生活様式が、すでに相当訓練されていた若者組合を支持する点が多かった。したがってある種の行事に対して若い者を中心とする気持も、人々の頭を去ってはいない。この三月半ばであった。出征の兵士の武運を祈るために、三津の村では、若い衆が一週間裸参りをやった。夜にはいってから浜へ下りて垢離を取ってそのまま村の気多神社へ参る、一晩に二一遍繰り返すとか聞いたが、暗闇の中をワッショイワッショイの掛声を揚げて、裸形で押し合っての行列は、どうしても青年団という感じではない。

以下は内浦村の長浜――三津を中心として、明治三〇年前後の若者組合の回顧談によったものである。

寝宿

明治神宮外苑の日本青年館の参考室に、伊豆新島の若者宿の枕がある。長さ二間近くもある角材で、黒々と膏の染みこんだところなど、離れ島の若衆宿の状景をしみじみと懐わせるもので、あの一本の横木に頭を並べた人々の姿が見えるようである。長浜あたりにはもちろんこんな枕はなかったが、寝宿の風は近年まで続けられてきた。そうしてこれは幾軒にも分かれていた四、五〇戸ほどの家が、海沿いにごちゃごちゃと固まり合った村であるが、その間に適当な家を選んで、五人六人と集まって寝た。これにはヤドガシラ（宿頭）が各一人ずつある。宿頭はその中の古参者であった。毎年一〇月の初めから翌年の六月まで、一年の三分の二をそこに行って宿泊りするのである。単にヤドというて、この選定は多く新参の者が交渉に当たった。あらかじめ夏分に決めておく、そうして一〇月からそこに出向いてゆく、これをヤドイリというた。ヤドの生活は単に寝るだけの者もあったが、そこで長唄などを習っている者もあった。これは寝宿とは直接関係はないが、以前の若者の生活を思うものがあるからいうてみる。明治初年頃は三津の村等はことに村芝居が盛んであった。江戸の猿若町から振付けを頼んだりしたくらいであるので、義太夫や芝居のせりふを真似る者も多かった。現在では、この地方いずれの海岸も見事な石垣――防波堤――が築かれてあるが、ここ四、五〇年前は、波の洗うにまかせた崖そのままが多かった。それで漁の手隙など、芝居でもある前は、潮の引いた跡など、その崖にずらりと背をよりかけて、台本など読んでいたものだという。

子若者

長浜では数え年の一六歳から若者入りをしたが、人手の少ない家庭などでは、一五歳に達すれば、頼めば仲間入りができた。これはいうまでもなく労働に対する資格の関係からである。若者組合はこれをコワカモン（子若者）というた。そうしてこれを補佐し指導するのがシクロウ（宿老）団であった。子若者の停年は二四、五歳であったが、時にはもっと早いこともあった。若者入りの作法としては格別やかましい規定はなかった。酒を印に持ってゆく等のこともない、ただ世話人を要すことが定法であった。

子若者の社会には、それぞれ古参順で階級がある。最初の一年間はこれをシタバンといい、二年目がシタバンアガリで、これまでは未だ一人前とはいえぬ。一種の見習で、役員の選挙等にも口出しはできぬ。三年目にいたって初めて一人前の資格を認められる。これをヒラノワカイモン（平若者）という。これらに対して格別に資格を表識する形式等はなかった。平若者の中から子若者一統の宰領をする者が二人選まれる、一をチュウガシラ（中頭）、一方はそのソエヤク（副役）である。

シタバンは最下級にあるだけに、その一年間の生活は苦難そのものであった。上の者の使い走りから雑端役をも引受けて立たねばならぬ。軍隊生活の新兵よりなおひどいことがあった。漁に出てもちょっとの隙もない、他人が憩む時刻でもウカとしてはいられぬ。船の掃除から碇のあげ下し、浜から上ってきて、いわゆるオキアガリ（沖上り）の振舞いには燗番と膾作りに定まっていた。家柄などは問題とはならぬ。寝宿においても夜具の上げ下しから掃除等はすべて勤めねばならぬ。平素の行動にも、束縛と監視の眼が周囲に光っていた。寒い時でもわが家以外に炉の傍などへは寄れぬ。そうして挨拶が悪いとか出過ぎるとか、仕事のことはことに厳格であった。たまたま優しい言葉を掛けられても――好い若い者だ、しっかりやれ――くらいのものだ、早くシタバンアガリからヒラになりたいと、それのみを思うたと長浜の小川喜作さんは語っていた。

宿老には年配の遙かに多い者もあった。その中に子若者一同を総轄するオオガシラ（大頭）と、そのソエヤク（副役）がある。これらの役は年々の寄合の席で決定するが、大頭は事実上副役の昇任であったから、新たに選まれるのは副役で、選むと言い条、形式は大頭の指名であった。これは子若者だけの社会の、中頭と副役の場合においても同じであった。

正月一七日

毎月二日あて子若者の寄合があった。場所は前いうたチョウヤが多い。この寄合でも、中頭から一同に小言が多かった。ことにシタバンとシタバンアガリが目標となる。したがって新参の者にとっては、すべてが小言と聞える場合もあった。もちろん沼津辺の女郎の談や村の娘の噂も出た。月々の集まり以外に、別に年二回の大寄合があった。これには宿老から大頭までが列席する。第一が正月一七日のオヒマチ、次が三月四日の大瀬神社の祭り、最後が一〇月晦日のオヒマチであった。その他に九月一九日の村の氏神の祭りがある。このうち子若者にとって、もっとも印象に残ったのは、正月と三月の寄合であった。

正月一七日のオヒマチは、その年の新入者の披露と役員の改選である。その光景はまず大頭と副役を正座にして、宿老から中頭、平の若者と、子若者一同が居流れて円陣を作る。そこへシタバンアガリの者が酌取りに立って、盃と銚子を持って大頭の前にかしこまる。大頭が一口飲んで、あらかじめ定まっているその年の中頭の者を指名すると、酌取りがその盃を持って、まず場を右回りに三回回ってその者の前に座って盃を指す、これを受けて返盃すると、それで役が定まったことになる。以下副役、平の若者とだんだんに盃が回って、新たに平の若者、シタバンアガリ、シタバン等を命ずることがある。これで式は終わって後は無礼講である。なお大頭とその副役もこの形式で任命が行なわれる。

アラヒロイ

三月四日の大瀬神社の祭りには、一同船を仕立てて大瀬に参詣する。帰ってから夜は振舞いがあり、それが終わると大頭以下一同居流れて、子若者一同に対する各人の平素の言動に対する批評と制裁がある。これをアラヒロイといい、伊豆三宅島等でいうトモギンミ（『民族』三巻一一七二）に似たものである。一種のトモギンミは月々の集会にも中頭を中心に行なわれるが、これは一段と厳然たるものがあった。役員を正座に一同円座を作り、一人あて中央に呼び出して互いに吟味してゆく、子若者としてはもっとも恐ろしい裁きであった。平素の言動のいかんによっては世話人渡しまたは仲間追い、すなわち除名等の宣告が下される。主として問題となるのは交際ぶりと労働のいかんで、その制裁は各自のもっとも苦痛とするところで、事実上の村八分であったから、さまざまに人を頼んで詫びを入れ謝罪等の手続きを繰り返す。一年間世話人預りとして改悛を誓わせるのもあった。したがってこの場合は夜が明けてもなお解決のつかぬ場合がある。それでアラヒロイに限って夜が明けても灯火を点けて続けている。終わると初めて合図の太鼓を打つ。近世では仲間追い等の宣告を受けた者はなかったというが、それでもこの合図の太鼓の音を聞くまでは、村中の者が安楽に眠れなかった。ことにわが子を若者に出している母親等は、暁方の合図の太鼓を聞いてホッとしたという。

信濃園原にて

駒場から昼神《ひるかみ》へ　伊那谷の駒場の宿を朝の七時半に立って、前夜から苦にした神坂越えの第一歩にかかりました。神坂の奥から流れ出る阿知川と、寒原峠から落ちる大沢川との合流点に祀られてある白鬚明神は、今では安産の神として土地の信仰をあつめております。途中の昼神は、徳川時代は一部落ほとんど被官で、親方屋敷というのは、いま智里村の村長をしておられる原謙蔵さんの家と聞きましたが、先を急ぐため、その屋敷の前も素通りにしました。

園原　「ははき木」に名高い園原も、峠を案じたことからこれもほんとの素通りでありました。ちょうど五月五日で、山腹の高台に展けたこの古い村には五月幟が風にはためいているのが、遙かに手前から眺められます。養蚕の関係で、菖蒲蓬で屋根を葺く以外は、すべて新暦で節句を祝うとのことです。石をおいた屋根の形式は、この地方一帯の風でありますが、耕地が多く屋敷が軒を接して続いているのも、何かしら由緒ある村を思わせるものがありました。駒場から毎日海産物を行商に行くという青年に案内してもらって、村の中央処の、澁谷彦太郎さんの家でしばらく憩わせてもらいました。家名《えな》をひしやといって、かなり大きな建物であります。入口を西に取って、南口が背戸になっている相当古い建築と思われましたが、年代等は判らないとの話であります。間取の模様を簡単にスケッチしてみました（第一図）。

ヒバタ　土間の背戸口に向いた室をヒバタといって中央に炉があります。炉の上部のヒダナは汚いからと、数

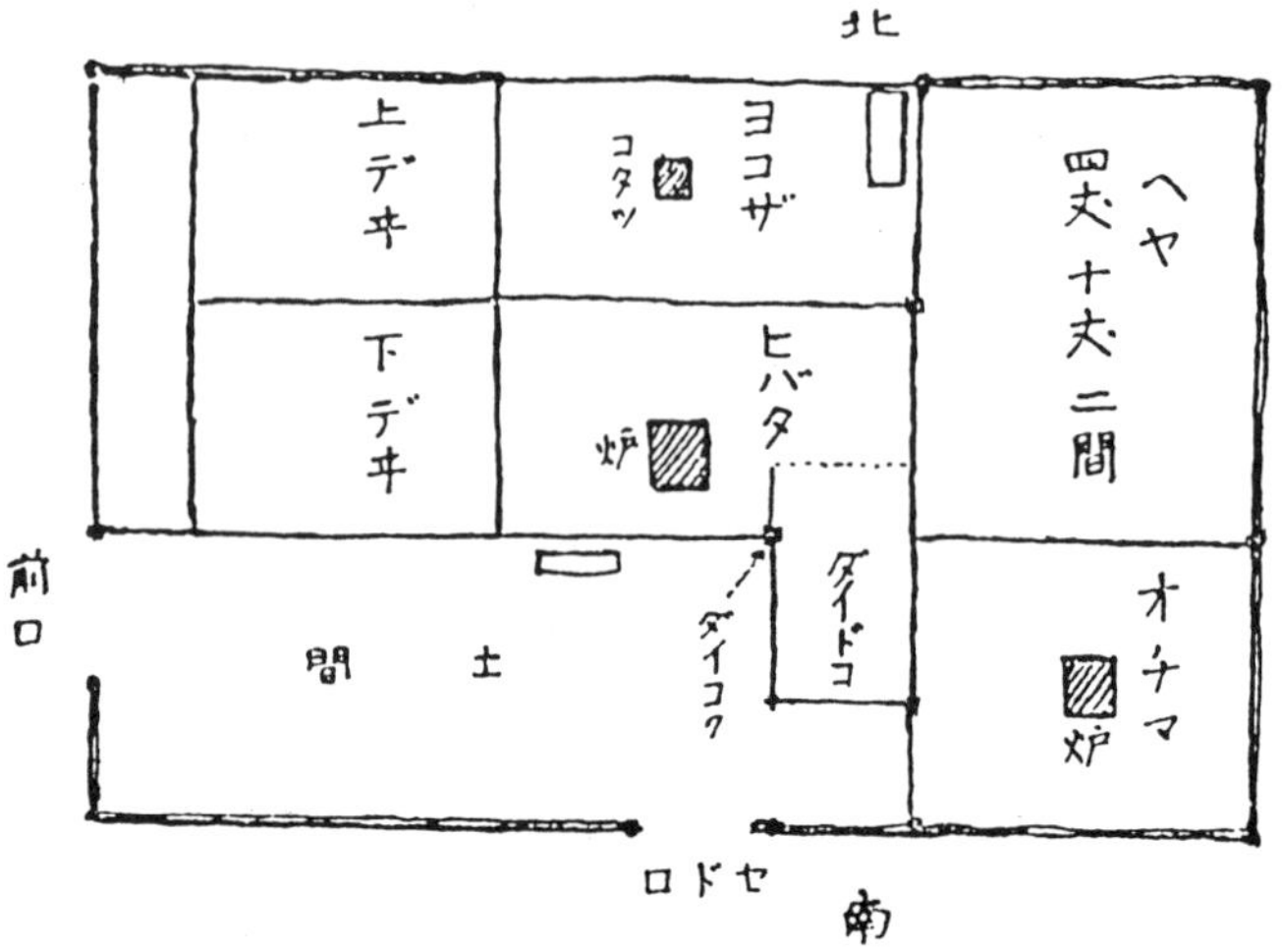

第一図

年前に取り払ったそうで今はありませんが、採光の悪い建物だけに、炉の正面がヨコザ、その向かいの土間に接した側がダジリ、大黒柱がヨコザに向かって右手にあります。客の座にも、内儀の座る場所にも格別名はないとて笑って答えてくれません。六〇恰好の人のよさそうな婦人が、主として問に答えてくれました。

ヨコザの間　ヒバタの次、炉のヨコザの後に続く一間を、ヨコザの間またはヨコザといって、一段高くなって畳が敷いてあります。横長い座敷の中央に小さな炬燵があって、一方に仏壇があり、その脇の戸棚は艶々と拭きこまれてあります。一方がデイ、一方仏壇の後がヘヤでありますが、これは遠慮して内部を見ません。ヨコザの間は、今では客でもある時はここに通すとみえて、私もここへ上らせられました。味噌漬、チマキ、白砂糖などの接待を受けながら話を聴きました。チャツに山形に盛った白砂糖の接待は、久し振りでなつかしく思いました。現今でも旅人の行き暮れた者などは泊めるらしく、家の人々は土地柄にも似ず人扱いが馴れています。その日の朝も一人、神坂を越える客をさっき送り出したところだとは家人の談でありました。

オチマ　入口から土間の奥の突当りの一間はオチマと呼んで別になっております。何にする座敷か知らぬが、

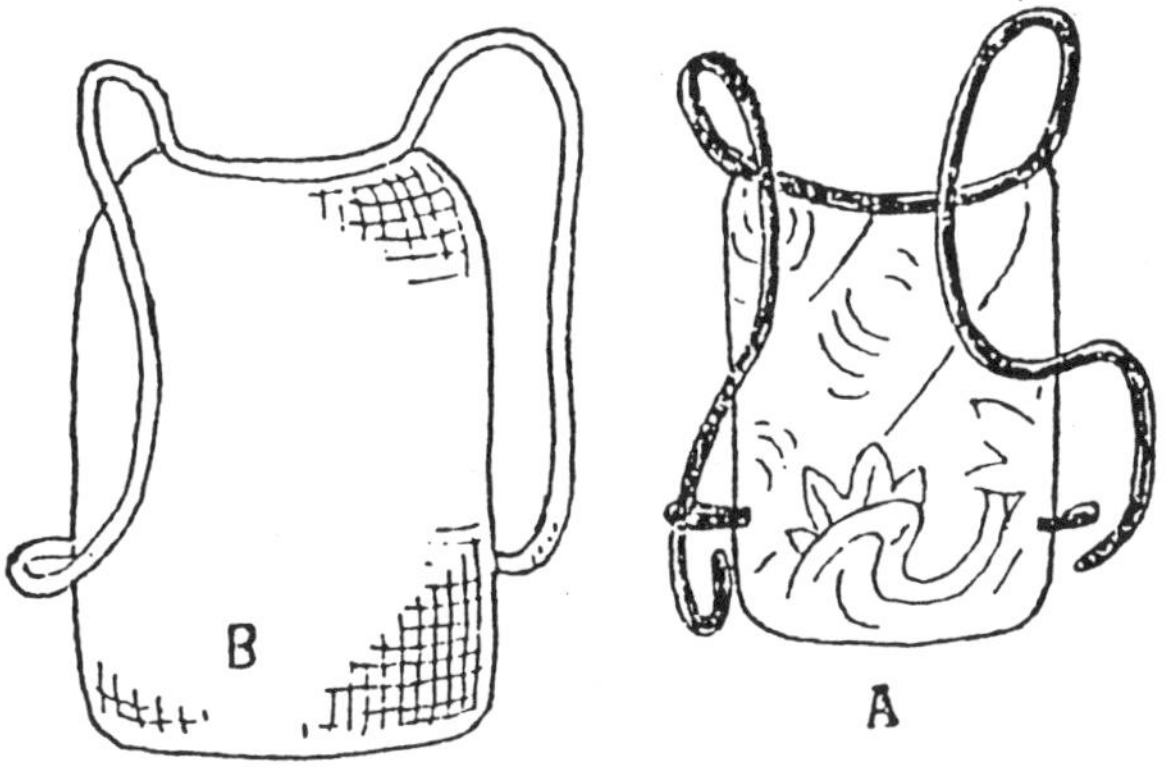

第二図

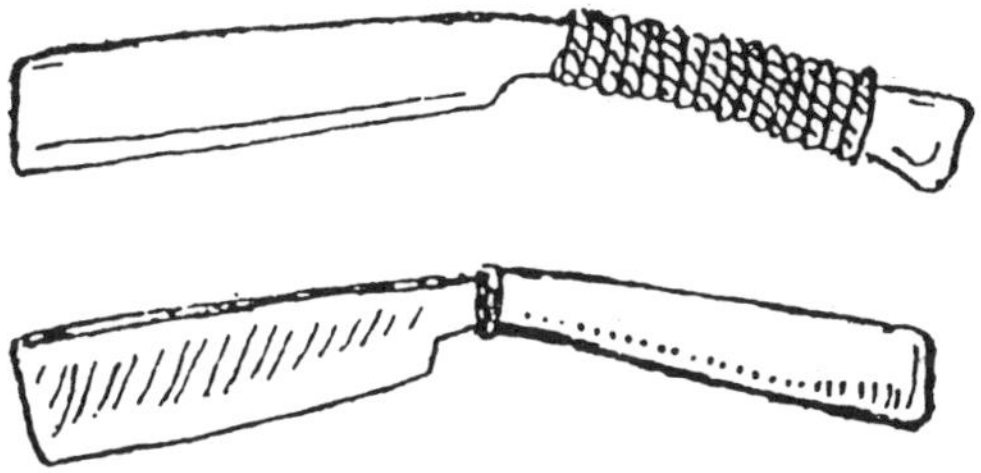
第三図

炉も別に切ってあって、一住居できるようになっていると説明してくれました。以前から養蚕が盛りになると、座敷中に棚を設けるので、その期間中ここに一家住居をする、それには恰好にできているといいます。柳田先生のお話では、近江のある地方ではオチマは今でも土間になって、そこだけはタタキにして籾殻が敷いてある、文字どおりの落ち間であると聞きましたが、ここのはそうはなっておりません。村の中にこのオチマのある家は四、五軒で、大きな屋敷でないとないとのことです。

ネコ　別にマルッコともいいます。四つ五つぐらいの女の子が着ていたのは第二図Aのようで、紅いメリンスでできておりました。大人のもの（B）とは作り方が少し異なっております。どちらも綿が沢山入れてあります。

モックラ　ユキバカマ、ハカマともいう。木綿縞で作った山袴で、この家の三〇恰好の婦人もはいて台所で煮物の世話をしておりました。別にタッツケというのは、後も前もほぼ同じで、四角なマチが付いているともいいましたが、この辺ではあまり用いぬと聞きました。カルサンもあるがこれは膝のところでくくってある、これもほとんど使わないといいます。

コギノ　仕事着で、これは衿なしで、丈は膝までぐらいのものと聞きました。

マゲモノノオハチ　飯櫃は曲物のものを別に使っております。これには格別変った名称はないとのこと、隣部落の、本谷の奥にこれをもっぱら作る職人がいる戸沢という村で、やはり下伊那郡智里村の中であります。

ショイコ　山仕事にも、ちょっと用足しに出るにもこれを背負って行く、藁で編んである。中には弁当を入れたり鋸なども入れておく。普通に荷物を背負う枠の方はセエタまたはショイタというのであります。

エナタ　鉈で、これは第三図上段のごときを単にナタといい、木の柄のものをかく呼ぶのであります。

オジンマ　お父さんの意もありますが、男子に対して一種の親しみをもった称呼であります。私を案内してくれた青年が、途中で逢った人々にたびたびこれを発するので、耳にのこりました。

熊谷と渋谷　現在園原には、熊谷と渋谷とを名乗る家が大部分であります。これは本谷の中の外濃間《そとのま》等も同じと聞きました。

網掛山　網掛山は園原の東方にある山であります。ここにツグミを捕る鳥屋場も幾カ所かあると聞きました。この辺一帯ツグミが捕れたのであります。

富士見台　神坂の峠が眺望が悪いのに反して、峠から六、七町北に登った富士見台は、名前のごとく眺望がことによく、一帯が平坦な熊笹の原であります。夏分は園原辺の者が馬をここに曳き出して放牧をします。富士見台の東の神坂山にも放牧する場所があります。馬は秋まで数カ月間捨てておくのであります。

神坂峠　園原の部落を出はなれて、朝日松、駒繋ぎ桜、神坂神社等を過ぎてから、路は次第に険しくなって、行く手は一帯のナギのために路はほとんど断たれがちであります。河原を足跡をたどって渡ってゆく有様で、土地の者以外はこの頃では滅多に越える者はないようです。しかし峠に近い付近は、一帯の熊笹の間を、細かな磨滅した砂利路が千古の足跡を遺すように思われて、熊笹を渡る風の音に、幾度か立ち止まって耳を傾けました。

霧ケ原　峠を西に向かって一歩降ると、西筑摩郡神坂村湯舟沢の御料林で、昼なお暗い檜の密林を縫うて青苔の敷きつめた間を一線の砂利路が続いております。途中にある風穴小屋の付近から、麓の霧ケ原の人たちが、森林中の笹を払下げて盛んに刈っております。これは田の肥料にするのであります。路は下りに降って、霧ケ原の部落を越えて味噌野から美濃の落合までひた走りに降ります。

（五月二四日記）

蔵木村採訪記
――島根県鹿足郡――

この一月、石塚尊俊氏から蔵木村の話を聞き、現在同村で使用しつつある紙布の一片を貰ったこと等から（この紙布は実は九月、中出川とともに行った折、貰った）是非一度、蔵木をたずねてみたく思っていた。ことに正月には同村に越中の淚田に似た大きな畦なしの田のあることを聞き、同村訪問の念はいよいよ強くなった。

昭和二三年四月六日、快晴、朝はかなり冷えて霜が真っ白であった。七時二三分山口発の列車で、九時一〇分頃、島根県鹿足郡日原駅につく。岩国往きのバスは一一時なので、駅でおひるを食べて待つ。日原の駅はつまらぬところ、津和野の青野山がよく見える。赤い石見瓦の家の間に、折柄、桜が満開。一一時出立。日原の町は約半里をへだてたところにあることを知った。日原の町から高津川に沿って上るのである。非常に路がわるく、動揺はなはだし。高津川は急流というほどではないので、路は割合に平坦であるが、なにぶん路面がひどい。渓谷に沿ってわずかの平地があり、そこが村居になっている。円《えん》の谷、畳、古屋敷、左鐙《さぶみ》、新畑、下ヶ原、下須、法師淵、白谷、下河内等を経て、一二時半頃柿木村《そん》につく。それよりさらに夜、折原、月瀬、大野原、真田、七村を経て、七日市村につく。七日市はちょっとした町なり、ここより川が岐れ、高津川の水はいよいよ少なくなる。

二時一〇分頃、六日市町につく。宿屋も二軒ばかり目につく。岩国往きはここにて乗り換えなり。

村上定次酒店より、村上昭四郎氏の部落を聞く。昭四郎氏は六、七年前に物故せられし由。夕方はバスがあるというのを、道中見物したいからと道を聞いて歩く。陽光かがやき、ホームスパンのコートは暑くてやり切れぬので中途で脱ぐ。蔵木村まで国営バスあるなり。有飯《ありいい》の部落をすぎ、橋を渡り、ちょっとした丘の下を曲がるところに男が二人薪を割っていた。その斧の形、特色あり。かくのごとき形、小さくして力は出そうもない。ここに蔵木村の境あるなり。

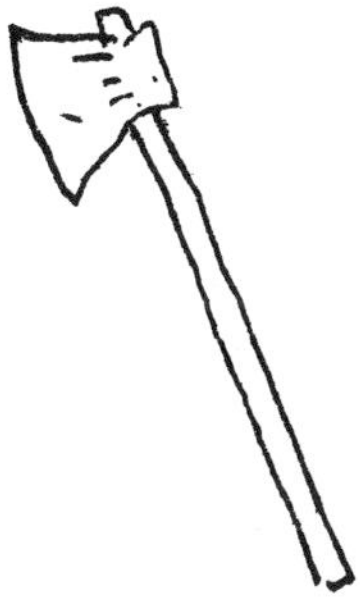

最初の部落は九郎原なり。ちょっとした聚落あり、聚落の中央処に一本の高野槙の古木が目につく。

この辺に寄生せる葛が色が変っている

路傍で桐の材（この辺桐材多し）を車に積んでいた男に何の木かと聞くと、杉だといったが、少し往って樹の近くで聞くと槙の木だという。古い屋敷跡で、娘が死んで埋めたその墓じるしという話だと聞かせる。そばに小さな茅屋があり、老人が働いていたが、さらに聞くことはしなかった。

ここで八町八反八畝八歩の田のこと聞く。初見の原のことなるべしと語る。もうじきだという。この辺、杉がよいとみえて杉林とところどころにあり。それよりも懐かしく思ったのは、六日市に下車した時から気づいたのだが、刈敷山が非常に広い。昔のままの姿が残っている。六日市に立って道が岩国の方に曲がる谷の山はかなり高いが、頂上近くまで、美しく草刈場になっており、頂上近くは笹原らしく、青く見える。こんな土地も珍しい。九郎原辺でも、さらに奥の蔵木、樋口（役場の所在地）辺にも、山の窪は美しく刈敷山として刈りこまれている。

樋口の部落は村の中心だけあって、やや広い。ここを中断し、右手にちょっとした山がある、そこに神社があるところを通り、左手に寺院を見て進むと、道は山の迫を通る。そこを出て右手に見える田圃を見ると、かなり広いが畦がない。ところどころに古竹が立っている。これはと思って、折から行きちがった人を捉えて聞くと、これが例の八町八反の田で、土地で沼田といっているもの。

向こうに見えるのが、村上益人氏（昭四郎氏の息）の家のある田ノ原である。山に杉のよく茂ったところがあり、その前あたりに巨きな瓦屋根が見える。ここあたりかと思ってゆくと郵便局があり、案の定、益人氏の家であった。途中に桜の咲いた神社は後で聞くとお旅所とかで、そういわれれば、建物が目につかなかった。

沼田《ぬまた》、田ノ原は地下水が高く、かつ排水口がない関係からか、沼田が多い。そのひとつが前いう部落入口のもので、俗に八町八反八畝八歩といい、昔、津和野城主亀井健信が自慢したというものである。もうひとつは、俗に上の沼田（前を下の田）という。面積がやや狭いらしい。一端に一本杉というのがあり、一見三〇〇年以上の樹齢をもつかと思われる。古い藤がからんでいる。根元に図のような池があり、浅く底が見えているが、蛇の池という。ちょうど尾瀬沼の田代を見るように、一種の水草（藺ではない。萱のようで、これで土地の者は茣座を織る）が茂り、その根がからんで踏めば音がし、一種浮島の感じなり。そうしてその草の間に、ポツリポツリと水溜まりがあり、これが高津川の水源なり。これでいよいよ湶田の標本たることが判る。この湧水地から少し北東に田圃について進むと、やはり同じような

島根県鹿足郡蔵木村田ノ原蛇の池の一本杉(上)。この根元から湧出る水が高津川の水源(下)。

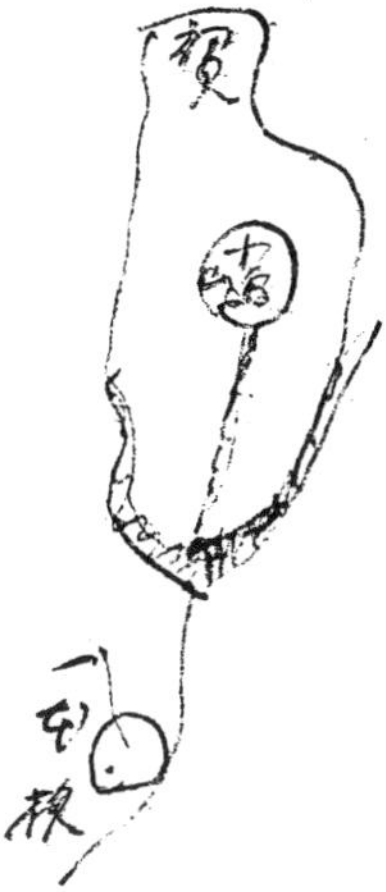
上の沼田

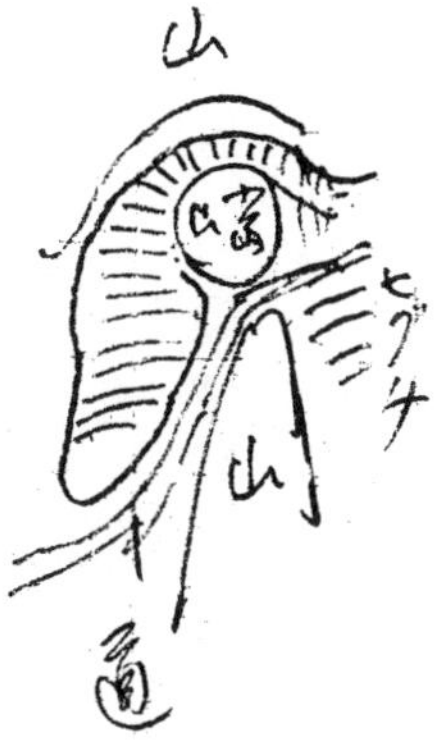

下の沼田

沼田あり、彼方に小島山とて妙見を祀る山見ゆ。この山は水田の中に孤立せるなり。小島山の手前付近、ここではわずかに畦ができつつあり、しかも山に沿いしあたりには巨大な樹の株がところどころにある。それで土地の者は、上代は一帯が大樹林でその間に水が湧いていたものならんという。小島山の北は、土地がやや高いので水なく、田の形はしているがまったく荒廃している。ここで道は二つに岐かれ、一方は昔の星坂を経て佐古へ、ひとつは初見の原を経て深谷川に達する。深谷川は深く峡谷が掘れ？そばにゆかぬと判らぬくらい。この川をへだてて、小五郎山がそびえている。頂上に池があり、この池にからみ、名馬の伝説あり。名馬するすみはここの産なりなどという。初見の原から深谷川をへだてて、メシを炊いておけとどなり、谷をこして往くとちょうど飯ができているなどという。

初見の原は小島山から望むとひとつづきの平坦地が見えるが、小島山付近にくらべ、はるかに地盤が高いので、深谷川の水をかなり奥から引いて水田にしている。なお下の沼田にある山も小島山なり。

なお、この辺の水田の畦は栗の木にて柵を設けてあるのが特色。村上氏のうしろのところにも、ひとつの沼田あり。これまた涼田なるが、これはそばの山の窪から段々に田ができている。この田の畦、全部栗の木の割材なり。こんなふうにできている。

コーノス様　神主か郷主か、いずれにしてもこの神、下の沼田の傍の向かいの山の麓に祀りありしが、明治三九、四〇年の頃、今の天陽社へ合併した。そこを今も郷の森（神の森）という。

フケダ　沼田をいう。沼田は昔にくらべて水量が減った。昔は満々と水をたたえていた。昭和一四年の大旱魃以来、特に著しい。下の沼田は地番が一番から五七番におよぶ。その他に現在畑となりおるもので、さらに番号あるべし。一枚は二斗五升まき、または三斗まきと称す。一斗まきは約五畝というから、仮に三斗まきを一筆とすると五七番で八町五反五畝となる。これにセセリ田および外周の田を加えるとほぼ八町八反余となるか。

和歌山県東牟婁郡田原村ドウミチの一枚田　ヌマタ(沼田)。中に出ている杭はサイメ(境目)。

カンジキ　沼田にはいるには竿《さわ》を踏んで稲刈りなどするが、別にワと称してカンジキを履く。カンジキはワカヅラという一種の藤の蔓にて製す。

ヨリヤ大明神　天永二年〔一一一一〕三月七日の勧請。厳島神社の末社、ゴヨウ（五陽）神社を勧請。「当村万民百姓安全諸作繁昌の為に奉斎　都合取役頭　品本国三郎勧請」とある。

菊紋の墓　字金山谷に菊紋の墓あり。春秋の社日にまつりをする。

蛇の池と雨乞い　藁で蛇をつくりそれをもって祈る。必ず雨が降ったもの。

古鏡　弘化甲辰年〔一八四四〕禁中様の御用で紀州藩の肝煎りで津和野藩より、一番巨きな檜を出せとあり伐って出した。周り一丈一尺、その根本を掘ったら古鏡が出た。周り一尺三寸ある。

妙見様の祭り　四月一八日。この地方では津和野の稲荷様と並んで人出の多い祭り。格別に農の祭りというほどのこともない。

紙布　カミツムギ。淡く染め上げ、常服に着る。上着にも袴にも、また羽織にもこれを用い容袖に仕立てた。雨天の際に着るとよいといい、川漁などする者も着た。ふとんなどもこれを用いたが、しかしそれは昔の話。今は紙を作る楮も三叉もきわめて少ない。昔の名残りを留めているのは、どの家にも土間（ニワ）の天井に巨大な蒸桶が吊るしてあること。あたかも巨大な鐘のごとくに。紙布は明治三〇年頃に廃る（養蚕盛大―村誌）。

同族　イッケ。

ナンド　ナンドと称して二畳くらいの部屋があったもの。今はほとんどない。また長四丈という間もあった。

屋根　屋根は二種あり（草屋根）。こんなふうに（上図）。田ノ原では大庭徳二郎氏の家が古いという。

部屋　寄りつきの間をオモテノマ、奥をカミノマ、流れ四畳の間は今の納戸。

楮　楮は慶安四年（一六五一）に郷士、坪井与三右衛門が初めて植えた。反畑に

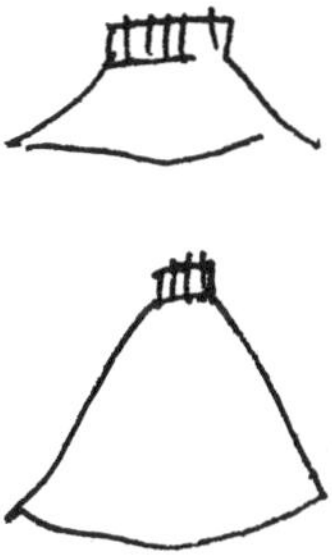

植えた。昔は志賀郷の一部。

徳佐下駄　佐賀のビッタイ、筑前のゴメン等と同じものをかくいう。しかしこれは松材なり（村誌）。

親分子分　成年期に有力者をたのみ、親方どりする。その後親子の交際をつづく。

匹見　匹見（美濃郡）地方のことにミカヅラ（三葛）はいちだんと山の中。村上氏の妻女は匹見下村の出身。

豊後路にて
――由布から湯の原へ――

そこぎり

名物の底霧が南北由布一帯の盆地をまったく包んでいた。ただひとつ何とかいう山が、その中からポッツリ頭を出している。その霧の中から汽車の汽笛が響いて、温泉の村の湯煙も見分け難い。日田の宿でもそういっていた。朝霧のためにどうしても寝過ごしてしまうと、日隈川の川霧に閉ざされた景色があらためて思い出された。しかし由布の底霧の下からは、秋の収穫の営みが大きなうめきのように聞こえてくる。村を歩くと、霜をおいた野面はもういっぱいの人出である。

リキヅエ

北由布村湯坪の、田口延吉さんから贈られたリキヅエを持って宿を出た。ここから阿蘇野の山村を越えて、湯《ゆ》の原《はる》から竹田へ出る予定を立てたのはほんの一時間ほど前だ。秋のシノウ期で、案内人が危ぶまれたのが、うま

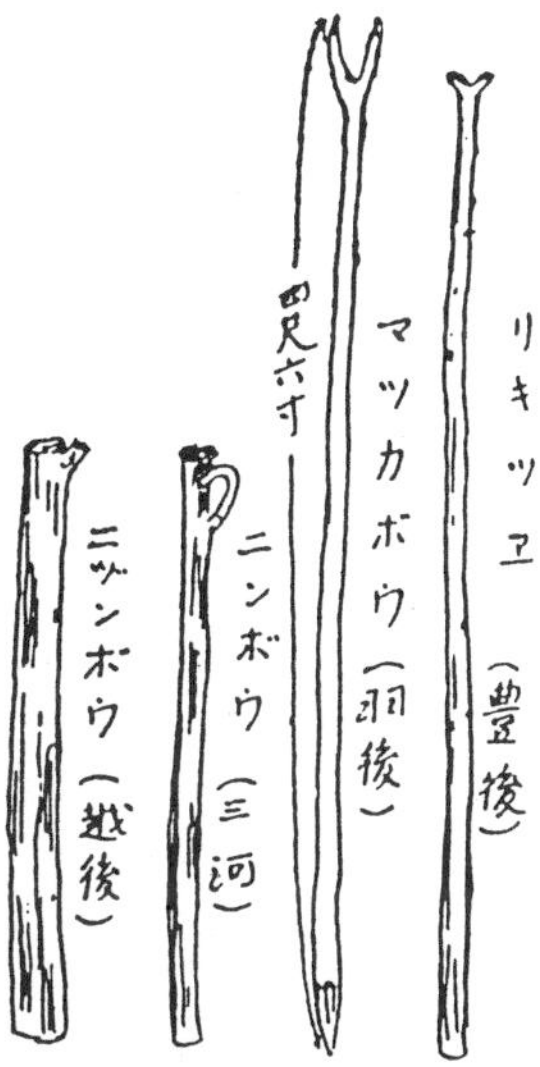

セイタ（カルイ）を負う女
（阿蘇野村高津原にて）

く頼むことができたのだ。リキヅエは上端が股になって、ステッキ代わりには少し長すぎる。昨日森の町から由布院への汽車の中でも見た。草山のひどい傾斜面に荷を着けたカルイを立てかけて、下方からこれをもって支えておく。そうすればどんな険岨な地形でも自在に荷を下ろして憩うことができる。その棒を片手に持って、山を下ってゆく人も幾人か見た。

この地方でいうカルイは、東国ではヤセウマなどともいう。山地における唯一の運搬具でレンジャク・ニナワなどいうものからみると、遙かに労力が省けるので、加賀の小松付近の農村では、明治二〇年頃にたちまち普及したとのことだ。それ以前は、特殊の山民以外は使わなかったという。ショイマ（北津軽）、ショイワク（北伊豆）、ショイタまたはセータ（信濃）、オイコ（熊野）などと、行く先々で聞いた名だけでも何程となくある。磯貝勇さんのお話によると、中国の広島地方にもオイコ・ワク等の名があって、いわゆる天秤とは違う、カネリンコ・キエイコ等いうのも同じものらしい。恰好からいうと、橇を立ててそれに肩縄を付けたようなところがある。薩摩の坊の津あたりでも、ショイタ・セータの名はあって、ここ二、三〇年に流行ってきたものと聞いた。東国の各地で聞く、ショイバシゴなどというのが、形にピタリと合った名のようにも思う。

リキヅエはそのショイバシゴの、一種の補助具でもある。これもまた各地でいろいろの名称と形式があって、その起原は単に労力を省く目的だけに考案された具ではなかった。山伏と金剛杖の関係も久しいが、しかし一般にいう金剛杖は、先が股になってはいないようだ。この地方でいうリキヅエは別にツエともまたコンゴウヅエともいう。この棒にコンゴウの名を冠せたことは、用途が用途だけに、ちょっと妙な感じもするが、しかし卑しい冷飯草履、藁沓の類にも、コンゴまたはコンゴウの名があることを思うと、妙に思う方がどうかしている。

リキヅエ即ちコンゴウヅエは、南由布村の下津々良の農家の軒先にも二本立てかけてあるのを見た。いずれも三河や信濃で、同じ用途を持つイキヅエ・ニンボウ、越後地方のニヅンボウなどより遙かに丈が長い。共通点は先の股である。秋田県十文字町で手に入れたマッカボウとほぼ恰好が近い。しかしマッカボウの方は、股の穂が遙かに長い。マッカは股木のことで、蕎麦とか豆などの実を打つ具がやはり同じ名で呼ばれている。

三河のニンボウは、運搬補助具である一方に、明治初年頃まで、アミダヤシキ・ホトケショイなどという、特殊の任務を持つ家の表徴でもあった。それは一種の毛坊主で村の不浄役である。鹿杖《かせづえ》などいうのも、恰好からも関係があろう。今の撞木杖のことで股に鹿の角などを利用した、一種の行旅具でもあることが、『嬉遊笑覧』にも引いてあった。角筈という地名が、この種の器具を持つ伝道者の屯することから出たしゃれであろうことは、かつて柳田先生が説かれた。

自分が持ってきたリキヅエは、材は樫でもあるらしい堅木で、樹皮がすっかり剝いであるが、しかし粗末なものだ。湯の原の宿ではまさに埃溜に捨てられるところをやっとことなきを得た。

タケウマ

下津々良から鹿出へ登る途中は、ところどころ田圃の畔を渡らねばならぬひどい路である。地図を見るとこの一帯の地つづきに、鹿《か》伏《ぶし》だの猪伏《いぶし》だの、あるいは熊墓などいう変わった地名があるので、鹿出もシカデあるいはカイデとでも読むのかと思うたらこれはロクデであった。時間があればいろいろ聞きたいこともあるが、先を急ぐのでそうした暇もない。ただ鹿出の部落を出離れる前に、思いついて道路脇の農家を見せてもらった。表いっぱいに籾が干されて、厳重な格子構えの家の中には、主婦らしい人が一人いた。家を見せてもらうという意味が充分に理解されぬかして、うさんくさそうに生返事ばかりしているので、ほどよく切り上げることとする。入口をはいったところの土間にツヅラという蔓が沢山束ねてあった。日田の町にはこれの問屋があったようだから、この辺でも相当の産額があるのかもしれぬ。カルイまたはカリなどいう背負籠の類や、篩などを作る材料だと語っていた。シタベラという馬の鞍の形なども興味がある。上り端のところにコトボシという一種のさげ提灯がおいてあった。

写真機を見て、ここでも子供たちが寄ってきた。みんな竹馬に乗っている。乗っているというと少し大げさだが、実は股の間に挟んでいる。したがって竹馬というてもいわゆるタカアシ・サギアシの形式とは別で、青竹を股に挟んだ骨董集などに引用された竹馬図のあの形式である。しかもこれは一端を手に持っているのではない、腰のところに縄でもって結わえつけている。そうして後に出た部分の枝をほどよく切ったのは、後脚を意味するのかもしれぬ。信州新野（下伊那郡）の雪祭りの神事に出る牛は、神主が乗っているが、実は牛の胴体を腰の部分にくくりつけたもので形式には共通点がある。直ぐ眼の下の谿を、汽車が走り自動車が通る時勢に、こんな遊びをやっている子供たちに会おうとは意外であった。竹を腰の所に結んだところは、越中などの農村で、夏分稲田の除草に、股間を保護する目的のマタスラズを着けた形にも似ている。マタスラズは褌がサルマタまたは股引に展開してゆく過程を見るような、原始的の恰好をしたものである。

薄の山

鹿出から峠を越えて、いったん湯の平の温泉場に下り、さらに山にかかる。湯の平の茶店の主人は、阿蘇野まではまだ四里はある。今日いっぱいは充分かかるなとど、まことしやかに語ったが、実は未だ通っておらぬらしい。事実このごろでは、ここから阿蘇野―湯の原へ越す客などは滅多にないらしい。湯の平には、今、温泉宿が八〇軒からある全盛ぶりだが、湯の町の片端しを見ただけで山路にかかった。かなり急坂つづきである。ここから内山（南庄内村）まで二里弱の間に村はもうない。山また山の、しかも一面の枯野だ。行く手に次々に薄の尾羽根が重なって、それを越えて行くのである。尾羽根は尾根またはツルネなどいう地形に当たる語である。黄色い薄の山の、と

峠のくぬぎ(鹿出にて)

ころどころに松がひとむらずつ茂って、その間に放牧の牛が遊んでいる。朝から見つづけている由布獄から、東の方へ眼をそらすと、薄の山の、次第に低くなってつきるところに、佐賀の関の甍と海が陽炎のようにかがやいて、それから遙かかなたに、伊予の山々が浮かんでいる。宛然昼中を行く感があるが、路は一歩一歩険しい。晴れた空はたちまち曇って時々時雨がくる。丘を下り岨路を横ぎり、尾羽根を越えて、道はともすれば途切れる。森の町から由布の村へかけての汽車の沿線も、一帯がこの薄――というよりも笹――の山だが、まったく樹というものを見ない。いよいよこれが最後の登りだという尾羽根を越える。三角点は九四五メートルとある。行く手に松の間からコバルト色にかがやくのは池であった。案内の男はその池の畔をもう転がるように降っている。南庄内の内山へ落ちる貯水池であるが、岸に松が生い茂って、池というよりも湖水に近い景観をそなえている。

アマツツミ

案内者が四〇年前に通った道というので、実は薄を分けて進む路に少なからず不安を抱いていたが、この貯水池へ出たのでホッとした。五万分の一別府の地図にも出ている。池の名は格別聞いておらぬ、ただツツミというと、これも案内者の言だ。池水をツツミということは、自分の郷里などでもいうた。山の上などにあるものをアマツツミというて、天堤などと書く。またそういう村の名もあった。信濃の松本平から浅間の湯を過ぎて、御射《みさ》山《やま》に越える途中の池もアマツツミというた。つい一カ月ほど前に、その畔《ほと》りを通って、野菊となでしこの花をむしってきたものだ。東北秋田市の、脇を流れる旭川の源、仁別川の奥などで、榑《くれ》を流すために、谷間に水を堰き止めたものを、包水《つつみ》というと、菅江眞澄の『筆のまにまに』にもある。ツツミから出たアマツツミ・アマツヅミの名は、単にイケなどというより山中の池水をいうにふさわしいように思う。

貯水池——ツツミ——に出てからの路は、もう一瀉《いっしゃ》千里の勢いで降る。内山の部落に出て、郵便集配の少年に遇ったのが、湯の平を出てから、最初の人である。

阿蘇野

この界隈で山の中といえば阿蘇野だ、あそこへ行けば今でも村中が狩人を渡世にしている、熊を捕った話もあるなどと、聞かされてきたが、それもこれも昔語りになろうとしている。猪はいるが非常に少なくなった。でも二、三年前黒岳で熊を捕ったという。内山から崩れるようにいったん川に下って、さらに急坂を登り切ったところが阿蘇野の高原である。四方をすっかり山に囲まれて、延長四里におよぶという村の大部分が見渡されるところが、かえって別の意味で山中の別天地の感をそそる。道にはいたるところにマセがあって、馬が放して遊んでいた。屋根を葺いた萱が真白に晒された家がところどころにあるのも珍しい。これこそ白茅の家だ。水はいたるところに湧いて流れている。谿は深くて、村に立ったのではその所在がちょっとわからない。水が冷たいせいか、鰻などはどうしても生い立たぬそうだ。地形からいうと、大分川にそそぐ阿蘇野川の上流で、水は奥の黒岳から流れてくる。東に熊牟礼山がそびえ、西北に花牟礼、黒岳の俊峰を控えている。上重《あげじゅう》・原中《はるなか》・井手下・日ケ暮・伊小野等の部落があり、高津原《こうづばる》はもっとも奥の行止まりである。

阿蘇野神楽という特有の神楽があって、村中の者にその心得がある。それで田植えの後や秋の収穫の終わった時、近くの湯の平・湯の原等へ湯治に行って、帰る時にお別れに一舞演るのが例で、膳をお獅子の面にして舞ったりするのが、昔から評判であるという。今でも村の祭りには神楽を盛んにやる。お面なども沢山ある。その話が聞きたければ、役場にゆけば判ると教えられたが、その暇もなくしてしまった。

はじめはそこに一泊の予定で、井手下に一軒あるという宿を目あてにたどりついたが、婆さんが一人留守をしていて、まだ時間があるから、湯の原まで往けという。道案内なら、家の爺さんがするというのだ。宿屋の看板はあるが、座敷というても、菓子等を並べた店の次に一間あるだけだ。それに今は秋の収穫期で、泊まられるのは少々迷惑らしい口ぶりである。由布からの案内者はここまでの約束だったのである。

やがてその家の爺さんが、途中の本峠まで送るというて、提灯を持って先に立って鞄を持ってくれた。時計を見ると四時だ。一一月の末で行く手の川の端に、日がもう半分沈んでいた。

湯の原に牛馬の市が立つとかで、牛を曳いた中年の女と村端れで道連れになった。宵のうちまでに湯の原に着いて、明朝の市に出すのだそうであるが、手拭で頬被りをして、両袖を胸のところで掻き合せた古風な恰好をして、ほとんど気まかせに歩む牛の後からボツリボツリ行く呑気さには、こちらが閉口して先に立った。

阿蘇野井手下より本峠を眺む。本峠の下の集落は日ヶ暮、手前の林は墓地。

本峠にて

本峠は阿蘇野谷の南の関門である。峯から峯に続く一帯の草の山を、風がはげしく吹きまくってゆく。頂上に立っての眺めは格別であった。遥か北西に当たって、ひときわ黒い山は名の通りの黒岳で、それが雪を被って半面まだらになっている。花牟礼《かむれ》・大船《たいせん》山に続いて、煙を吐いているのは、久住《くじゆう》山の、硫黄精煉所のあるところという。昨日の午後には、ちょうど反対の側の、玖珠川の岸に立ってあの山々を見ていたのだ。真白に雪を被っていた涌蓋《わいた》山はここからは見定め難い。さらに西南の空を仰ぐと、阿蘇の御山が怪物のように平野の中からそそり立って、次第に暮れてゆくところは、たとえようのない悠遠そのものである。暮色はすっかり迫って、凄いように縦走している山背の底に、目ざす湯の原の町の灯が、白く二つ三つ光っていた。煙草に火をつけながら、送ってくれた阿蘇野の爺さんに別れて、例のリキヅエをさっそく行旅具に応用して、両端に、鞄といまひとつ途中の採集品の風呂敷包を引っかけて山を降った。

なお阿蘇野は蛇が多いとのことから、道々爺さんに聞いた蛇の方言だけを書きつけてみる。実物について得たものでないので、あるいは解釈が誤っていたかもしれぬ。括弧内は標準名のつもり。

ヤワタロ（青大将）　コウラゴ（しまへび）　マヘビ（やまかがし）　ウシヘビ（まむし）

なおこの他に、肌の赤いツチモチヘビというのがあるというたが、これは果して何に当たるか話だけではわからなかった。

長崎県北松浦郡生月町採訪記

——昭和二六年八月二二日～二三日——

生月島要覧

面積	一五平方キロ　南北一〇キロ　東西三キロ
水田	二六三町三反
畑	三二八町〇反
山林	一一七町九反
原野	一七三町六反
反地	四四町六反
その他	五町七反
計	九三三町一反

農産物	生産高	供給高
米	四五三一石	一四三四石
麦	三四二四石	九七二石

甘藷　　　二八万六八〇〇貫　　　なし
馬鈴薯　　　一三〇〇貫　　　なし

藩政時代
高　　　一六一一石五斗一升五合
うち田方　　　七八町四二四歩
畑　　　六二町五〇〇歩
右成物　　　八一三石六斗四升三合七勺五銭
小物成米　　　三石

戸数　一八〇〇戸　　漁業六五％　半農半漁三〇％　その他一〇％
人口　八五〇〇人

〇免　聚落をメン（免）という。生月に今四つあり。山田、南、御崎など。
〇触《ふれ》　区長のある所をフレという。本触、山田触など。
〇館浦は別に山田免という。浦と岡。
〇断層　第三紀層、断層処々あり。西方は断崖絶壁つづく。
〇寄《より》　集会のこと。
〇納屋　作業場、または寝部屋（親方の家の）。益冨氏。

○ことぶれ　芝居のことぶれなど。
○こうぼう様　物知り、いくぶん蔑視の傾向あり。あまり名誉とは考えておらぬ。
○梨の品種　バンサンキチという。房をなして実がなる。美味でないという。
○生月島の泊まり宿の風習　藤永氏談。生月島には昔より泊まり宿の風あり。成年に達すると、部落の有力者を選み頼んで泊まり子となる。昭和のはじめこの風は滅びたが、なお残っていた。藤永氏の子供の頃、藤永氏の家に三人泊まりにきていた。一人は藤永氏の友達、いま一人は藤永氏の兄より三、四歳年上の人、一人は親戚関係の者であった。たいてい兄が結婚すると、弟があとを襲うといった具合で、兄弟三人あれば、次々にきたものである。
　泊まり宿を選ぶには、家が広いこと、家庭的によい家、友達の質のよいことなどであった。五人くらいが多かった。娘宿もあったが、これは早く亡びた。明治三〇年頃に終わる。
○とまりやさき　泊まり宿のこと
○泊まり宿の子供　泊まり宿子。一年間休みなし。夜間だけ。部落内の信望家を物色。仕事、草履つくり、縄ない。
○高麗島の伝説　西方海上に昔、高麗島というのがあったが、海底に没し消えてなくなった。島に祀ってある地蔵の顔が赤くなったら何か変事があると伝えていたが、赤くなったのを見て、逃げ出し生月に逃れた者がある。それが今、西という姓を名乗る家、三戸ある。逃れてきた時がちょうど正月であったので、餅をつく暇がなかったのでダゴ（団子）を作って間に合わせた。それが家例になって、この三軒だけは正月に餅をつかぬ。団子ですましている。今、字館《たち》の浦の近くに住む。
○根猪子《ねしこ》（獅子村）　この部落、納戸神の信仰盛んなりという。部落は白砂の海岸あり、海岸より向かって二方

に台地迫り、海岸を一辺として三角形をなす。部落に集会等ある時は、総代は海岸の白砂の上に裸足になりて山（部落）の方に向かい、今晩何々の件にて何時から集会があるむねを大声に叫ぶのである。松本仁三郎氏談。

○年中行事　一二月二五日のクリスマスと、正月三日間が年間で一番大切な日。正月には鏡餅（オカカミという）を作り、大歳の夜に津元に集まり、納戸神に供え三日に至りお開きと称し、まずお水をこれに注ぎ、割って一同食べる。現在は津元に集まることをせず、銘々の家にて行なうようになった。別にみでし（おやじさん、すなわち津元の次位にあるもの）の家を中心に行なうもある。

○初寄《きつより》　正月信者（納戸神の）一〇戸ぐらいずつ、それぞれの津元に集まり、餅をついて神に供える。戸主だけなり。津元は交代で勤めるものである。

○たもと神　納戸神は津元に祀ってあるので、個人で祀り、かつ奉持する神をいう。これも納戸神と同じく、神像には限らず、多くゆかりのある器物である。

○納戸神信仰と仏教およびカトリックの教会　生月島には浄土宗のお寺があるが、仏教徒は極めて少ない。納戸神の信仰者がもっとも多いが、これらの人々はカトリックの教会にもゆかない。むしろカトリックの教会または信者に反感を抱いている。藤永氏の親父はいわゆるミデシの一人で、納戸神の祭りに方々に招かれまた祈禱などもする。

○納戸神　津元という家に祀る。津元中心に一〇戸程度が集団をなしている。納戸神の本体は、たもと神と同じく影像とは限らず、器物またはその一部等であったが、近代は画師等に依頼して描かせ、表装させてある。明治二〇年以後の現象。船原貞吉氏明治二〇何年かに経師に依頼、画描きに描かせたのが別紙のもの〔別紙欠〕。なおマリア様でなくキリストを一人描いたものもある由。
○藩政時代は館の二、三〇戸が三組に分かれ、一組におやじさん役（番役という）が五人あり、この五人がそれぞれ津元で納戸神を祀っていた。
○オイリ　正月の水曜日をオイリといい、行《ぎよう》がある。この間は卵も肉も食わず殺生もせぬ。行の間は謹慎してお経を習う。行にはいってより四〇日をハナといい、白米を煎って供える。このハナは米がはぜて花のようになるから。それより一週間後にお祝いあり、これを二月のお祝いともいう。
○ナキリ　萱をなって注連と同じようにし、部落の境に張る。ナキリは名切りなるべし。ナキリを行なうのは正月の初祈禱なり。この他に田祈禱というあり。なお病気をした時は、家の門口にこの萱の縄を張る。
○オドウグ（お道具）　これにて病気の者など祈禱する。病人の傍に座し、お水で清め病人の背をお道具で打ち唱え詞をする。高声に元気よくいう。なお道具は一日に一本ずつ作り、神聖のものとしている。

北松浦郡生月町（生月島）納戸神神祭り神寄詞

生月町字館　船原貞吉氏伝承

お願いを奉る　てんちう　ごしんだい　なされましたる　おーえの　おんなら　ぜす　きりすとーさま　おんは
は　さんたまりあさま　ふらんせすこ　ざべりよさま　くるすたんしよ　あるみるさま　おなかえ《中江》[1]さま　には
さんじゅあんさま　ひらせ《平瀬》のたぶろうさま　やすまんだけ《岳》の　おくのいん《奥の院》さま　ごすてんのう《天王》さま　はまだ《浜田》[2]の
ほうじゅあんさま　せんねんまつ《千年松》[3]には　せんえもん《仙右ヱ門》さま　しらはま《白浜》の　こいちろう《小一郎》さま　めんちよろうさま[4]　じ《地》
ごく《獄》[5]の　やいちべい《弥一兵衛》さま　まりあさま　じゅあんさま　ねしこ《根猪子》[6]はずれに　まつさぶろう《松三郎》　またさぶろう《又三郎》さま　う

しわきさま　つじもと《辻本》　そうべい《惣兵衛》さま　ししのこじま《獅子の小島》の(7)　とうまるさま　まつさき　あんとうさま　こうしろうの　だぶろうさま　さかいめの　あんとうさま　ひらと《平戸》の　おいまわしの　がすばるさま　まだら《馬渡》の(8)　おつれのじゅあんさま　ながさき《長崎》　うらかみ《浦上》　いちごろうさま　ひご《肥後》の　あんじようさま　ながの《長野》の(9)　さんとうさま
ながさき《長崎》　たけやま　に　十六はしら《柱》　の　ごせいじん　の　みなみなさま　には　たのみたてまつる

(1) 中江島
(2) 浜田　生月島、館の中の小名。
(3) 千年松　生月町の中、字白浜にあり。
(4) めんちよろう　館に祀られてある。
(5) 地獄　字館にもあり。また中江島の岩窟をいう。そこより清水滾々《こんこん》と湧く。納戸神の信者は年二回または三回、この水を迎えてきて、神に供えおき、洗礼に用う。いつまでもおいても、決して濁るということなしという。船原貞吉氏この春むかえ来たりしというを、硝子瓶に貯えありしが、清冷氷をとかせしごとく清らかなるを見る。
(6) 根猪子　平戸島の部落名。獅子村の字なり。
(7) 獅子の小島　平戸島、獅子村字獅子の沖にある島の名。
(8) 佐賀県馬渡島　生月島の東方海上にあり。
(9) 長野　伝承者船原貞吉氏は長野県のことなりといいしが、誤りにて、おそらく、この近くの地名なるべし。しばらく後考をまつ。

この他　やすまん岳　平戸島第一の高山。
まつさき　生月町字一部の地名。
こうしろう　同右地名。現在池あり。こうしろうの池という。
平戸のおいまわし　平戸島やすまん岳、奥の院の近くの地名。

神寄詞に引続き次の詞ある。

ほしいほしい　ひともとじやー　えんな　とめーご　いわいび《日》　には　つとめも　あやまり　しよしやく　も
やめず　せかい　ばんみん　の　とが　を　ゆるしやっしやる　ために　たのみたてまつる
たったまい　たっとみ　たまう　べれーな　ありま　こーもる　ほどの　おんしるし　を　もって　あたい　た
まえや　たのみ　たてまつる　いかに　くろーす　みずから　かからせ　たまう　にんげん　は　あく　を　ぬ
け　たまう　ほどの　ごくりき　を　もって　いっしん　に　おおがみ　ねがい　たてまつる
昭和二六年八月二二日　何々のことによって祈り奉る

五家荘聞書

葉木村　――昭和一〇年二月二五日～二八日――

一

戸数　葉木村四二戸　人口二二四人

最低温度　昭和一〇年、零下七度。九年は零下一六度が最低。気候寒し。小学校長談。

タケンカワゾーリ　浜町（上益城郡）の傍のスバヤシ部落にて製す。早楠の部落にて入手。

キネグツ（ツマゴ）　冬期は藁にてキネグツとて靴を作り履きたるものという。今ほとんど見かけなくなった。

アシナカ　緒の結び方にいろいろあり。ツノムスビ、カタカクシ、ヒュウガムスビ、ヒラムスビ、このうちツノムスビは魔を祓うという。

サスラ（サスライ）　南瓜が普通以上にできて実る年は、サスラまたはサスライがあるとて忌む。慎まねばならぬ。よくないことがその家にある。

マタシダン　ここに二、三軒家あり、路傍に墓地あり。墓石五、六立ちおる。墓の前にアスナロ、ヒバ、ヒノキなど植えてあった。しかしこれは挿したものが根付いたのなり。ここは古くよりの墓地にあらず、祟りがあるとて移転せる由。この下にも墓あり。不思議なる墓石立ちいたり。 こんな石なり。

ハチケンダニ　地名。ここに家一戸あり、ここの谷を八軒谷という。昔ここに八軒の家ありしと。今墓あり。昨年熊本から調べにきたが、百七、八十年前のものなりしと。

クマタカ（熊鷹）　鷹の中の大なるもの、羽を広げれば六尺ぐらいのものあり。猫、犬などを襲う。猫、犬は襲われると、コロリと仰向きに倒れて防ぐという。

ズウ（またはバクチドリ）　ヒタキのごとき鳥を区長の家で飼っていたり。メジロよりこれが一番高い。子飼（卵）より育てる。かくせぬと餌につかぬ。鳴き声、さまざまにさえずる。春になれば羽も瑠璃色に抜け替わる由。〝チョンチョン　ビールビール　シソートーハチ　シック〟とさえずるという。バクチドリとは、鳴き声から博奕の丁半にかけていうなり。

サメウマ　白眼馬なり。これを馬喰《ばくりょう》が買うと、運がよくなるというが、今はなくなった。サメウマの爪は諸病に利き、ことに熱うかしによいという。サメウマは月毛馬から生まれるが、今は流行らぬので少ないのだという。

ガレ　三月などのアラシのこと。小石ガレ。

案内人　沼田興作、原町から頼んで行った案内人。五五、六歳。

ヒノトギ（トシギとも）　ヒノトギは旧正月のうちに山にはいって伐っておく。多く割っても割れぬような木を選ぶ。このごろにても直径一尺以上のものにて、長さ七尺ぐらいのものを用う。

コノミヤ（マユダブともいう）　正月一四日に作る繭玉なり。仏壇、大黒柱等に飾る。二四日朝に取って食す。

木はイセボ（フジに似たる中やや洞《うつ》ろの木）、カシ、楊等を用う。葉木村にて見たるものは餅なりき。久連子村にては、これに団子にて、綿の花、臼、粟の穂等を作り、かつ削りかけ（こんなふうに）をも挿す。

カグラ　葉木村には旧正月一一日に神楽あり。終夜燎《かが》りを焚いて歌舞あり。面いろいろあり。また面のなき舞いあり。太鼓ひとつ、舞子は青年なり。稗にて酒を造り神に献ず。破城《はじろ》神社なり。

ヒラクチ（マムシともいう）　マムシはさかりの時に群れをなし集まるという。三、五疋集まったところでこれを殺すと、ピイピイというごとき声を出してオラブ（鳴く）。その声を立てると、あちこちから無数のマムシが集まってきて、とうてい殺し切れるものでなく、ついに退却せざるを得なくなる。その時は、あたりの草、石までがたちまちマムシになるかと思うほどつぎつぎに現われる由。ちなみにマムシは精力の薬として、これを皮を剥ぎ乾しておき、また焼酎漬となしおき、その焼酎を薬用とす。

オロイ（エ）**所**　すべて悪い場所、悪いことにいう。オゾイ所などいうに同じ。

囲炉裏

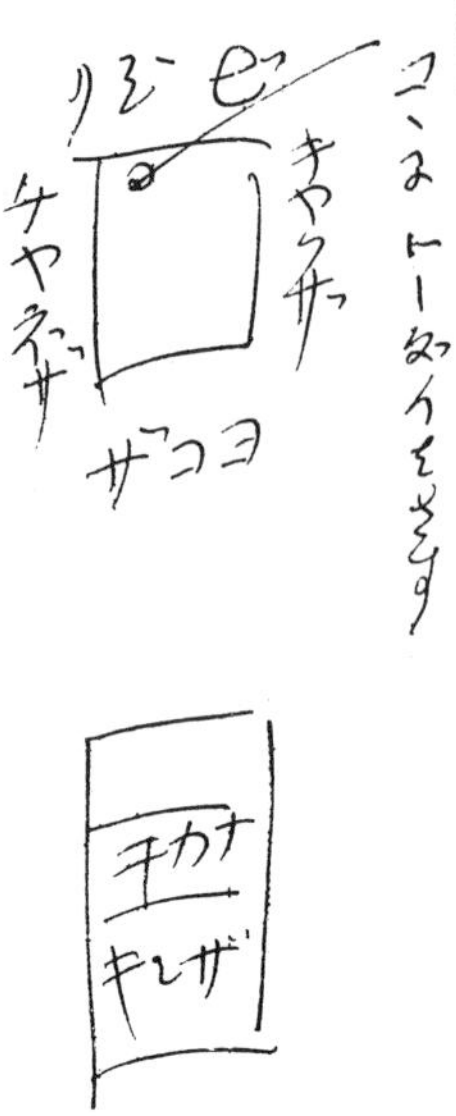

囲炉裏の灰　囲炉裏の灰はニラの肥料にするほか、他に利用せず。

グメシ　稗に大根の葉、その他、野菜等を混じ炊くをいう。

稗飯のいろいろ　麦と稗は粥にはせぬ。主として飯に炊く。稗と小豆を混じて食うのが普通。また小豆と玉蜀黍を挽割りにせるものを混じても用う。久連子村にて食いおりたり。小豆と玉蜀黍の飯は葉木にて食いてみたり。サラサラと軽きものなりし。

背負枠　カライ、モリキ、オイコ、朝鮮カライともいう。

鍬

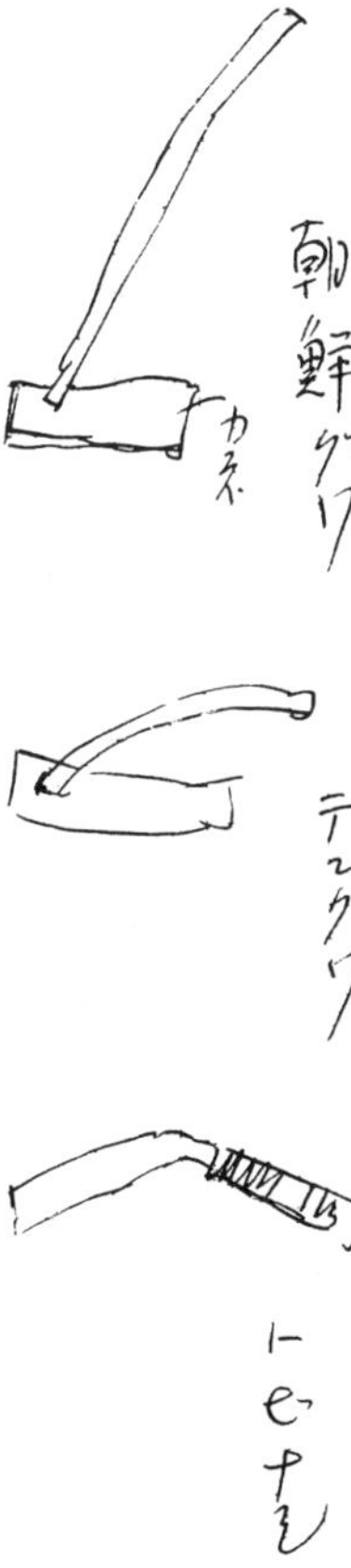

クサヒキ　牛ならば鞍下の皮下の肉。あばらに沿うたる肉。椎葉でいうクサワキに当たる。

フシコクラ　瘤のある木。

コヤスノキ　葉は長目、落葉樹。シデに近し。これをもって箕の手を作る。また女が産の折、枕にすると産が軽いという。

エビラ　萱で編んだ簀をいう。この上にいろいろのものを干すなり。遠江などにてエギというものと同じ。

オボケ　苧績笥、欅の木の皮にて作る。

カボケ　樺の木皮にて製したる容器。茶入または種物入れに使用。焼物少なき故なり（縦木村）。

ミソウシナイ　サルスベリに似たような肌、燃やす時カスが多くたまる（縦木村）。

天神様の祭り　旧一一月二五日（縦木村）。

サントキ（コビル）　午後三時頃に食うもの。芋または団子などなり。玉蜀黍の団子など特に食う。

コメにする　粟、稗を精製すること。

ユーメシ　夕食。
チャオケ　朝飯の前に食うもの。
シバオリカミ　柴を折って供える神をいう。人の死んだ跡か何か判らぬ。通りかかった者が柴を折って手向ける。これをなせば膝が軽くなるという。
アンジャモノ　兄のこと。
オッチョ　男。
バーキ　女。誰々オッチョ、誰々バーキ。
出産見舞い　出産見舞いには団子などを作って持ってゆく。別に懇意な者はウブキとして布をもってゆく。
カミダテ　産後三、五日目くらいにあり、その折、名をつける。
オハチゴメ　葬式。死人があった時は、普通、穀類、小豆、稗、粟等を持って加勢にゆく。他人は大豆、稗、蕎麦、麦等を持ちゆき、これは現在二升と決まっている。別にオハチゴメとて、稗なれば白げ、唐きびなどもコメ（精製）して持ってゆき、必ず添える。金を包む者も出てきたが少ない。
京の丈山　昔々、京から女郎がきて雪になやみ、谷に落ちて死んだ故に、名あるという。
姫谷　平家が落ちてきた時、姫様が下った谷なりという。
ガラッパ　昭和九年旧九月頃のこと、葉木村の平《たいら》の奥のひとつ家の主人（五四歳ぐらい）、平素神事《かみごと》などする者なるが、一人炉にあたっていると、五、六歳くらいの子供三人が表にきて上がり口に並んだ。餓鬼ども何しにきたと怒鳴ると、子供は構わず一人が上に上がった。それで立って行って蹴落とすと逃げ出したので、なおも後を追ってゆくと近くの淵に飛びこんだ。その淵は底があらわに見えている小さな淵である。これを見たその男の家内子供がにわかにわめき立って、アバがガラッパにとられたと泣き叫ぶので、村人もみんな出た。一方、男は淵からさらに崖の上の方へ何者かを追うように走って行った。顔は血の気なく、瞳が据わっていたという。間もなく村人が取り鎮めて家に連れ帰ったが、その者の話によると、いったん淵に逃げこんだガラッパがさらに崖の方へ逃げて、こっちへ、こっちへと嘲弄するので、憤慨して追ったものという。その男は神事などし、また呪いなどする者である。

仁田尾のホウリノウチで、兄弟二人がコバキリの日に、水浴びしようと水にはいった。いったん浮かんだが沈んだ。弟の方、ガラッパのせいといい、刀を持って淵にはいり底を掻き回した。岩の下に引きこんで、尻の穴が開いていた。死骸を摑んだ時は非常に重かったが、急に軽くなったという。仁田尾の屋敷の者、兄はシロコなり（緒方宮松談）。

柿迫で村会議員がガラッパに取られた。昨年の一月、旧一二月のこと。柿迫村字岩奥の者なり、四〇余歳の男。

山姥と産　昔、砥用町柏川《かしわごう》の村上藤九郎氏の先祖の許に、子を孕んだ山姥がきて、どうか厩の二階で産をさせてくれといった。快く承諾すると、やがて山姥はそこにはいって産をした。よってウフギを二枚こしらえて与えた。山姥はさらに髪を梳く間、赤児を抱いていてくれというので、諾《うべな》って抱いたが重くて耐えられなかった。やっと女が髪を梳く間抱いていると、山姥はそれを受け取って礼をいって去ったが、以来その家は次第に栄えて物持ちとなった。

ちなみに山姥に赤児を抱かされて重くて耐えられぬ時は、眠って見せると、子供を落とされては困るので、早く受け取るともいう。

同じ話は八代郡下嶽村にもある。

下嶽村の某所に名代の松の古木があったが、それを伐り倒してしまった。某の男がそこを通って山に行くと、途中で子を孕んだ山女に行き会った。女が産をせねばならぬとて、その仕方をたずねた。そうしていうには、あの松の根元がよい場所で、始終そこを休み場と定めていたが、伐られたので場所がない。厩の二階を貸してくれとて、そこに籠って生んだ。子抱きの一条あり、それでその家も富み栄えたという（松岡秀談）。

左座《ぞうざ》勇次郎　この家が樅木村の殿様なりしが、今はひっそくしている。樅木は昭和×年に出火にて二〇数軒焼け、家は少なくなった。仁田尾と樅木村が左座姓、久連子、葉木は緒方姓、椎原は不知。

二

クタシヤボ　前年旧八月伐っておき、翌春三、四月に焼き、六月下旬に蕎麦を播く場合にこの方法を選ぶ。クタシは腐らすことなり。椎葉村にて、ナデキヤボというものと同じなり。

ヤボの面積（利用）　一戸にて一年間一五二ぐらい切るのが普通。ヤボは黒島等のごとく、面積はこれを薙《な》ぐ労働時間をもって計算するなり。これは葉木村緒方、宮松氏の家を標準なり。

ヤボの小作料　トクマイは今なし。多くはのちに植林の条件にて借りる。

サクゴヤ（ヤマゴヤ　サクバゴヤ）　コバ（小畑）、ヤボ（焼畑）には小屋を設け、そこに寝泊まりして夏期農業の世話をなす。多く四月より八月までなり。

ヤボの地割（樅木村）　村の者集会の席にて決定。集会は旧正月五日—初会、七月一六日—中上会《ちゅうじょうかい》、ちなみに樅木村は葉木村と違い山林は分割せず共有なり。しかし登記せぬだけで用役権は与えてあるともいう。

ミキとアテ　樹木の北に面せるをミキ、東南をアテという。

ヤジメ（カジメとも）　髪の毛など焼いて立てる。猪おどし。

ヒヅト（火苞）　**サゲシメ**　以上二つ、竹、木等の先にボロを綯《な》い、火をつけ吊るしコバの畦などに立てておく。またヒヅトはブヨ除けにも使用。

ソバムギ（ヤボの形式）　ソバムギは蕎麦と麦を同時に播種して、蕎麦だけを先に刈り取るものなり。これは地味のよいところに行なうなり。

稗の品種　現今、葉木村にて栽培する稗の品種は次のごとし。コヤマタビエ、セータケビエ（晩種、オクテなり）、エドヒエ、ミノーヒエ（ワセ）、オダイシヒエ、オチマヒエ等なり。品種には人名をいうもの多く、しかも女の名多きなり。以上のうち、エドヒエもっとも美味、収穫の多きはオチマヒエなり。

玉蜀黍の品種（トーキビ）　葉木村の玉蜀黍の品種は次のごとし。カシワキビ、シロキビ、シトーキビ、ヨシノキビ。

サクガミサマ　内大臣山にあり。作物に虫がついた時はそこにゆき（あるいは祭りに）、境内の砂を迎えてきて畑にまく。内大臣の祭りは旧四月四日なり。

コバ焼きの節の唱え詞

一　げにや　木おろしの　けさあさ　くろやまに　あさねいたしもうしには　あまのいわとに　あさひさすまで

二　げにや　木おろしの　げにけさの道は　のぼるが道なり　ゆうさんの道は　おりるが道なり　おれやおれ　木のもとまで　おんてをおんそへ　下さるは　今日のまもりの　おんかみにそ　たのみます

三　木おろしの　一のえだをうちならし　申してには　一だい将軍さまにぞ　参らしよ　二のえだをうちならし申してには　二代将軍さまにぞ参らしよ　三のえだを　うちならし申してには　三代げくみよう　五代げくみよう　みんなみんなの　おん神さまにそ参らせる

四　今朝のあさをは　東あがりに西さがり　北と南は　たいらたいらとほめていく
五　にのさをへ　にのさをへと　かすみ中をきれていくときは　みだのおんこなればぞ　ほうはきらわで
　たいらたいらと　ほめていく
六　たなばたくだりへ　みやまうぐいす　やよほほほい
七　みんなどなたも　ごよじんなされ　ごよじんなさらにや　おそろしゆごさる

願ほどき（夕方、切り倒し終わった時、コバで願ほどき）

一　今朝の約束の通り　少しもちがは　さうたがは　さんがために　夕日様にうち向かひ
いちかたや　にかたのこぎり木おろしを　致し申してには
かみ（髪）の中《うち》の　苔もふるひ　つくら（懐の方言）のうちの　ましばもふるひ　もとのみやまに　ふ
るひおさめて　まゐらせる
二　木おろしの　けふのこの小畑《コバ》に　さを入れなれば　今日が今日ばかり　とも思召めさん　十日もまゐろ
う　廿日もまゐらう　この先三十日や百日もまゐるほどなる小畑《コバ》なれば　いつより静かに　今日のごと

怪我人が出た時は、この願ほどきの最後の文句異なる。
「いつより静かに　今日のごと」を
今日より静かに　いつものごとく
とする。また七の「みんなどなたも」といいしを

　　みんなどなたも　ごくろでござる　やおほほほい

とする。

それより神に酒を進じ（一合五勺）、次に稗のヒトギを作り、一人に一升、加勢人に与える。

三

シシノカマ　冬期雪降る時は、猪はカマの中に隠れおるなり。カマはススタケの茂りのある地点を目がけ、鼻つらにて穴を掘り、やがて穴の近くのススタケを牙にて切り、くわえて引いてきて渡しかけ、次には反対の側より切りて、その下を通して渡しかけ、次には前に切りし場所の中間にて切り渡し、図のごとく矢柄十文字に下に下にと渡しかけ、堆《うずたか》く積みてその中に隠れおるなり。雪深き時もカマの上は一見して判るなり。それは、その部分の雪が破けおる。これは猪の体温によるという。

ススタケの代わりに木の枝を用うるもあり。葉木村八軒谷の古カマに、手負猪（片目になった猪）の逃げこみしことあり、追いゆきし狩人がびっくり尻餅をつきし話あり。

カマは夏分も作りおる。これは多く蚊、虻を防ぐためともいう。しかし夏のカマにつくは仔連れの猪のみにて、一丁（一匹）猪にはかかることなし。

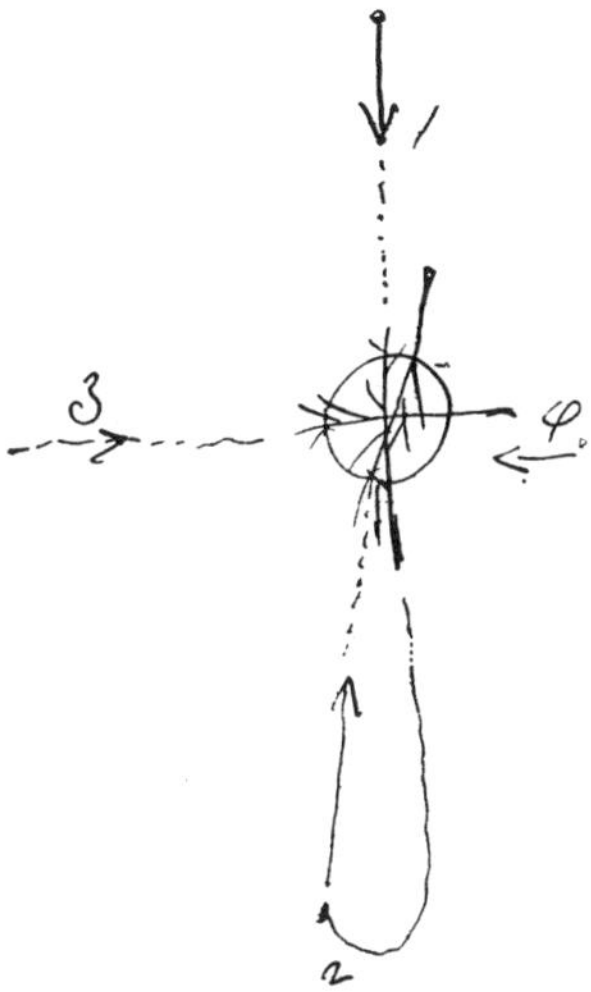

ユキジケの猪　冬期積雪の中にある猪には、飢えているものあり、これは手負いにならずとも、人を見れば直

ぐに襲いかかるなり。よって人間でも意地の悪い奴をユキジケノシシのようだという。

猪のシソウ　猪のシソウとて霊獣なりという。四相を悟る。これに対して人間は一相しか悟らぬという。

猪とマムシ　猪はマムシが大好物にて、これを捕りし時は喜び、くわえて七迫七尾根を飛び回りてのち食うという。また蟹が好きなりという。猪の息がかかるとマムシは体が利かぬともいう。ちなみに狸もまたヒラクチを好くという。

セコ　大ゼコと子ゼコとあり。子ゼコは新米なり。子ゼコに猪の仔をかろわするなり。

シバトコ　猪を殺した場所をいう。

猪のケヤキ　猪は毛焼きとて、毛のまま焼いて食うなり。また塩漬け、味噌漬けにもなす。味噌漬けよしとす。

狩の作法　山中で獲物を獲った時、そこにおいたまま立ち去るには、身につけた手拭いでも着物でも上に被せておく。かくすれば他人に取られることもなく、また、テン、イタチ等に荒らされることもない。テン、イタチ、キツネなどによく荒らされるものなり。

オコゼ　オコゼを山の神に見せると狩りがあるという。俗にセンマイガミといい、これを入手せる時は、白紙をもって左右より一枚ずつ合わせ千枚を巻く。久連子の平盛氏宅にもありたり。神棚に祀りありたり。現主人、父が死んで後、不思議のものと思い紙をはぎしに、中よりオコゼ出たり。猪一頭獲るたびに一枚ずつをはぐ。

ウジ　獣の道。

カクラ　狩場。ナベブタカクラ、何兵エカクラなどあり、前者は鍋を用意しておいても間違いないというよい狩場なり。鍋の蓋の下に入れたも同然なるにより名とすと。

山の神のホコ　猪を獲りし時は、山の神にホコを奉る。木製もあり。多くは鍛冶に打たせて奉進す。三つ叉鉾なり。願は日限りとするが常なり。その日のうちとか、三日のうちとか。

山の神祭り　山の神祭りに稗酒、玉蜀黍の酒を供える。ドブという。俗にゴカビールという。

コウザキ（コウザキサマ）　猪の心臓なり。猪を獲たる時はその場にて腹を割き、コウザキ（心臓）を取り出し、この先端を切り取り、それを七つに切って各串にさし、地上に挿し立て山の神を祭る。残りの部分は狩りに参加せし者に少しずつ切って与える。これは女子には決して与えぬ。コウザキを七つに切る理由は、山の神は七福神なる故という。

コウザキ　山の神のことともいえども、多く山の神と一緒に祀ってある別のものなり。神先なり。

ハンキリ　狩人の着る着物にてヤマギモンの類なり。これに襷を掛けることが狩人の服装なり。

ヤマカラシ　山刀なり。

イシワタ　胃袋をいうなり。

ババジシ　腎臓なるべし。黒い色をして柔かく時期により生で食うと、塩気と砂糖気がある。これをババジシという理由は、柔かいから婆にばかりくわせる故という。

イ　胆をいう。猪の胆は妙薬として珍重するなり。葉木村下屋敷の殿様の家（緒方佐熊）に立ち寄ったら、猪の胃があるから買わぬか、赤痢にもチブスにも妙薬なりと説明したり。

イ　猪（熊、猿にも共通）の胆に品種あり。テツイとキンイとあり、テツイをよしとす、キンイこれにつぐなり。キンイは白毛の猪に多し。黒猪の胆は大きく、白猪の胆は小なり。

コワタ　小腸をいう。

オオワタ　大腸をいう。

イカリケ　頂の毛にて、猪怒るときはこれを立てるなり。別にウナゲともいう。

フクバラとビンボウバラ　女房の懐妊中は狩りは慎むものといえども、これを意にせぬもあり。フクバラとビンボウバラとあり、フクバラなる時は狩りの成績よく、山に入りて獲物なしということなし。ビンボウバラはこれに反するなり。

ニタ　ニタ待ちには穴を掘りて隠れ、また櫓を掛けて撃つもある。猪のニタにゆくふうは、虱を取るためなりという。

日ビラ　日向をいう。またヒアテとも。日陰をキタビラというなり。猪はキタビラにいるものなり。

マブシ（ユメ。射目）　猪の道に待ちいて撃つをいう。ユメ、ユメダチともいう。マブシの語はあまり使わず、すべてユメという。一本杉のユメ、山椒の木ユメなどいい、あらかじめカクラにより場所定めおるなり。

ヤグラ　猪狩りの中、夜待ちとて、ニタの近く猪の出るのが判っている場所近くに、樹上に櫓を結い（六尺四方くらいにて板を枝の上に渡す）、そこに待っていて撃つ。松岡秀氏はこの方法にて三匹撃ったことあり。ちなみに、篠原忠志君は鹿児島県川内の奥の市来なるが、同氏の祖父は狩りが好きで山にはいってこの櫓待ちをやりおり、その癖がつき、家にいても横臥して眠ることなく、座ったままにて睡眠をとりしという。そのために家の者かえって困ることありしとて、同氏の母、始終物語りし由。

オキト　陥穽なり。これはウジを目がけ左右両側に大木を倒しかけ、ウジのみ開け、そこを直径六尺、奥七、八尺、一丈中を広く掘って上に萱など敷き土を少しかけ、さらに木の葉を敷きおく。猪そこにかかり倒れとんぼして陥るなり。オキトを造るには三人組四人組などあり行ないたり。ススタケを焼き、油をつけて鋭くし、落ちたる猪を突き殺したり。

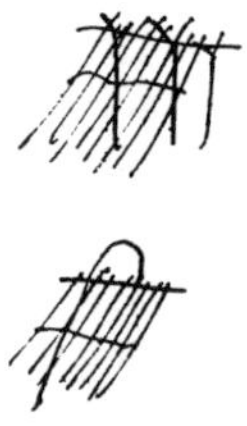

コヤマ（またはシシヤマ）　猪罠なり。まずヌタギ三本を並べて立て、これを柱という。それに桁を渡し、タルキとて材木八本をその横にもたせかけ、材木の間は、藤蔓またカヅラにて編みおく。地上とタルキの間、中央部にて二尺ぐらいなり。これにマネキとてハズを入

れておき、マネキよりは綱を引き、下に千鳥に引きおく。しこうして地上にエバとて小豆を撒き浅く土を被せおく。猪きて小豆を掘る時、綱にかかればまねき外れて圧死するなり。

ザトウとコヤマ　座頭三人、道に迷い、このコヤマにたどりつきはいりしが、あまりに天井低き故、何ならんと怪しかりし、しこうして三人の一人がまず占い見るに、半刻経たぬうちに大難くるべしとの卦が出たが、他の二人笑って相手にせずおるうち、一人が誤って綱にかかりし故、たちまちタルキ落ち死したりという、説話なるべし。

サルジ　狩犬の尾羽の短いものをかく呼ぶなり。これは猪狩りには危険多しという。すなわち犬はタテニワにて猪を留めている時、いつでも身をかわすことのかなうよう絶えず尾羽をもって梶を取り、うしろを探っていて、樹木などあれば、そこを避けるなり。しかるにサルジの犬は尾羽なきため、うしろの様子に暗く、猪に襲われし時、萱とか樹木のために身をかわするかなわず、牙を受けるなり。

犬の鳴き声　キャンキャンと鳴くをオイナキといい、タテニワなり。これには雄犬よし。

ショウヒゲ　犬の顎にある髭をショウヒゲという。これの一本のものはなし。三本が普通にて、二本のものをよしとする。また鼻髭のうしろにありしもよしといえり。

目の形（犬）　犬の目は角なるがよし。円きかまたは魚眼とて、角なきは忠実ならず。

細島の犬　細島（地名）の犬は山犬の落とし種という。松岡氏二二、三歳の頃、そこに狩犬を買いにゆき、四疋買ってきた。もっともよい犬が二円、悪いのは七〇銭なりし。狩によくその犬の血を引いたのが、この頃までいたり。

ヤマイヌ　松岡氏の父が以前、葉木村の栗の木の迫《さこ》に犬二匹を連れて狩りに行くと、山に血ノリのみあって、骨も肉も見えぬ。不思議に思って跡を止めてゆくと、犬が前に走って行ったがたちまち逃げ返って股ぐらの中に隠れこんだ。容易ならずと樹間からすかして見ると、七疋の猪を沢山の山犬が囲んでいる。追い詰め、追い詰め食っていたので山犬を数えると赤色もあり斑も混じって都合三七匹いた。

松岡氏の父これを見て帰らんとせしが、現在獲物を見て、山犬におそれ逃げるは狩人の名折れと考え、狙いて猪を撃ったら確かに命中したが、丸が外れて山犬のひとつにもあたった。しかし鉄砲の音を聞いて猪も山犬もたちまち逃げて姿を隠したという。

七〇年前、黒松峠のアザメというところで、鹿を捕って喰い散らしてあった。それを下駄山師が拾ってきて食ったところ、翌日、小屋の前で仕事をしていると、突然山犬がうしろから襲いかかつて右の肩にくらいついた。山師はその折、センバを右手に持っていたため、右肩をやられていかんともしがたく、大声で女房を呼んだ。女房これを見て驚き、鋸を持ち来たりて山犬を叩いたが、あわてて鋸の峯で打ったので、山犬はくわえたまま離さない。そのうちに山師はやっとセンバを左手に持ち替え、肩先の犬の頭にセンバを打ちこんだ。それに犬が弱って逃げ出すのを追いかけて殺した。毛色は鼠色にて頭より尾の先まで九尺あったという。下駄山師の供給した話なるか。

ヤマイヌの捕った鹿を拾う時の作法　山犬が猪鹿を殺し食い残してあるのを拾って持ってくるには、その猪鹿の肉のもっとも美味の部分を切り、串にさし焼いてその場に立ててくればよいという。これをヤキジシという。山犬は焼肉がもっとも好物なる由。松岡秀氏の父、生きておれば今年九九歳になるが、かく語りしと。

鹿の角とタラ　鹿の角はタラの芽を食うと落ちるという。故に角細工には、タラを入れて煮ると柔らかくなるという。

ミノワタ　鹿は反芻のために、胃の中に入れあるもの、イシワタに対してミノワタといい、犬に与う。

アカフク　肺臓なり。犬に与う。

クロフク　鹿のは一枚。猪のは何枚も重りおる。クロフクは生で食うと塩気あり、また甘味もある。クロフクに胆がつながっている。

キリヤ　鍋の底に残るチを取ったものが一番よいという。員数以外の丸にて、黄金、鉄の丸に値するもの。別にテツヤともいう。魔物に遭った時の用意という。昔、飼い猫が鑵子を冠って化けたのをキリヤにて仕留めし話あり。

タチアゲ　鹿皮で製するもあれど、別に五家荘にては苧をひねりて編みたる厚き布にて製す。

熊捕り勘平（山本）　樅木村開持の狩人なり。今より四三、四年前、同所の山にて熊を三疋捕ったことあり、以来村人熊捕り勘平と呼ぶ。

千疋塚　千疋供養ともいう。猪千疋は、人間一人の殺生に値する故、供養の要あり。仁田尾村黒原《くろはる》にこの千疋塚あり。

久連子村　——昭和一〇年二月二八日〜三月一日——

昔話の発端の句　昔々さる昔、こっけ昔のその昔、あるところに……

結末の句　ソレバーッカリ。これは肥後海岸地方等も同じ。

椿の木　椿の木を山入りに伐ってきて、これを石臼にさし飾り、それに小豆《アツキ》とて五倍子（フシ）の木にてハナ（削り掛けなり）を作り、掛けて飾る。また粟穂も作り、葉は篠（ノガラという）、竹の葉を添える。また五倍子の木で人形を作りさげるなり。これはあとで玩具とする。ちなみに椿の木を

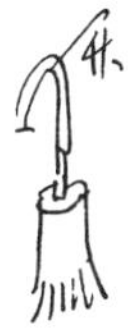

アツギの木といい、この芽生えは粗末にするものでないという。

山入り　正月二日、現今は青年がその日に狩りで獲った獲物でたたき汁を作り、酒を呑み懇親会をやる。昔は山入りは、殿様（地頭）の家のタキギ寄せにて村中出て、大木を山から引き出したもの。女たちはそれを見物にでかけたもの。歌があった。

マイダゴ　楊の枝に団子、餅にて臼、綿の花など作り飾る。

カタナ　正月一四日、

削り掛けを作り、これをカタナといった。子供が持ち、切り合いをやったもの。女の尻を打つ等のことなし。

イワイモウス　竹を割り火で曲げ、それに削り掛けをさし（五倍子の木）、神々に供える。また子供たちがこ

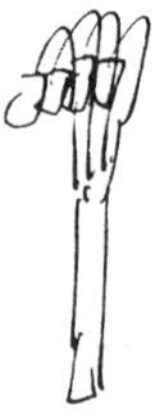

れを熊手形に作り、一四日の夜、「十五日祝い申す」、と唱え、各家の前に至りひとつあて抜き取り、戸口などに投げつけてまわる。すると各戸では餅二つあてくれたもの。イワイモウスが、久連子から五木村荒地に出る途中の神などに上がっていた。

トシギ　ヒノトギをいう。また別に他に縁づいた者が、年末に大なるもの一本とそれに小さなものを添え持ってくる（薪なり）、これをもいう。タキギを持ってきましたというと、喜んで受け取り、薪置場におく。これに対してセイボをやる。

ツンノハ　ゆずりは。

方言　アテー父　アボー母。

古屋敷にてスデ。
久連子岳にてウチボウ。

サイヅチ

ヤマギモン　麻の白地なりしが、現今は浅黄染などあり。

コタナシ　コタナシという着物あり。ヤマギモンをいうとも。

マツボリ　へそくり。

ヨナキガイ　煙管貝をいう。木の洞にいる。これを子供が夜泣きする時、頂につけておくと止むという。

カミナリギ　落雷せる木を削ってそれにて火をとぼすと、子供の夜泣きが止むという。

見回し役　これは二人で、狩りの当日朝、カクラを見定める。

イメ　次にイメがイメバに部署につく。イメバには、桂イメバ、スクイ倒しイメバなどなり。マブシにつくことなり。

犬　次に勢子が犬を連れてゆく。猪の行動によってイメの配置が変わる。

インダテ　猪と犬との戦い。

スブクロ　鉄砲のぬれぬために、鹿皮にて袋ができていた。これをスブクロという。

ヤボコウ　猪組が獲物をかつぎ山をおりる時、一定の場所にて一発ずつ撃つ。大なる獲物には二発放つもあり。それで村人は猟の有無を知る。ヤボコウは三回、三発撃つのが普通である。また願をかけて猪をお授け下されたら、ヤボコウ三発撃ったあとに、何々の歌を謡ってあげますという。

シロハタ　アカハタ　猪の願に、白旗を五尺とか、赤旗何尺差し上げるというもある。

山の神のホコ　猪をお授け下されたら、三つ叉剣を上げるという。久連子の山の神に沢山の剣が上がっている。これは個人の祈願。

オコゼと千枚紙　オコゼを手に入れると、千枚紙とて左右から一枚ずつ包み、千枚を重ねてこれを神棚に上げておく。猟のあるたび一枚ずつ剥ぐなり。

猪の下顎　五家にては猪の下顎を珍重し、これを保存する。葉木村の緒方宮松方にもありしが、また久連子の平盛方にもあり。ここは昭和二年、出火にて類焼したが、それ以前は座敷の長押に三段して並べ掛けあり、その数二百数十ありしという。

ナガシタ　猪の胃袋の周囲にあるもの。七つに切り串にさして祀る。これは山の神に供えるといわず、稲荷様にという。串の材料はアカウツギ（赤花のウツギ）。

ソッシ　胴骨の傍についている脂肉。

クロフク　腎臓なるべし。

マルト　心臓なり。

山の神へ　山の神祀りにはソッシ、クロフクと、マルトの三つの各先端を切り、串にさして上げる。串はアカウツギの木なり。

ヤマイヌ　平盛氏の祖父が山犬を二疋とった。いずれも赤毛なり。口が黒く、耳の付け根に黒く筋があつた。はじめ罠にかかった猪を少し喰ってあったので、山犬と思い、かけたら、その罠にかかった。その後、その罠を見回りにゆくと、別の一疋が途中までついてくるので、その道に罠を掛けたらかかった。それで二疋捕った。

球磨郡へ越す横尾越えの四合目ぐらいのところに平地あり、そこに五歳ぐらいの猪を喰い散らしてあった。犬は一〇疋ぐらいいた。その時、もっともよい肉を取って一〇本の串にさしヤキジシにして立ておき、猪をとってきた。その後、山小屋にはいっていると、ヤキジシを喰ったあと、一晩中、小屋のまわりにきて吠えて仕方がなかったという。

五家の荘と熊　平盛氏の父が話に、小谷の清長某が熊を獲った。仔熊であった。その手をもらい、丸入れに作り使っていたもの。

緒方兵馬はひとつの大木の洞（栃）から三疋の熊を獲った。熊は木を登る時は爪を立てて上り、洞を出る時は爪を立てたまま滑るので、爪痕が線をなして引いている。よって爪が引いてあれば留守、爪が打ちこんであれば洞にいる証拠である。栃の木の洞あるもの一間ばかり上がったところに爪を打ちこんだ痕があるので、登ってゆき、上から覗くと黒いものがいるので、打ち殺した。一疋引き出すとなお一疋いるのでこれもうち、最後にそれを引き出すべくはいると、また柔らかい毛が手に触れたので、これも打った。三疋とも仔熊なりしという。

狩人の遺言　平盛春長氏の父は名うての狩人なりしが、春長氏にあるとき語るには、狩りをしてもよいが、熊だけは進んで撃つな、それは熊を撃つには月輪を撃たねばならぬが、これをやれば家族に「片輪」が生まれるからと、しかし出遭ったら殺せと教えた。

熊　昔、椎葉で撃たれた熊が逃げてきて犬を嚙み殺したりして困った。それで方々さがすと、平盛家の床下に隠れていたことがわかって、それを殺した。その熊を胆が流れるといって、梯子に前肢をしばって立たしてあったという。平盛氏の九二歳老媼談の由。

鹿　平盛氏の伯父、鹿二頭をうち殺せしことあり、鹿は角をもってねじ伏せると案外弱いという。

ヤズクミ　赤不浄、黒不浄の折にはヤズクミということあり。獲物に丸が命中せぬことあり。熊三頭獲った兵馬が、伯父が死んで一〇日たたぬうちに狩りにでると、山に五歳ぐらいの猪が寝ていた。撃ったが猪は平気で寝ている。それで耳の根を狙ったがどうしても手応えがない。ついに五発用意した丸を撃ちつくしたので、その日は帰った。

翌日ゆくとまだ猪は寝ていた。また前日のごとく耳の付け根を狙ったが平気で寝ている。よって唾をつけて撃つとよいということを思い出し、丸に唾をつけてやると、これは手応えはあったが、依然、猪は平気である。この日も六発を撃ちつくした。

三日目にゆき、今度は正面に回って撃つと、これは一発で仕留めた。あとに見ると猪の耳の根の毛が丸のためであろうことごとく抜けて、唾をつけた丸だけが皮に打ちこんでいただけであるという。これはヤズクミなりという。

椎葉村聞書

オトコザウ　門松柱なり。門神柱に当たるもの。

ゴヤセキ　祭りの舞いを行なうこと。以前は那須兵部左衛門一家で勤めしが、今は各戸に行なう。その家をゴヘイで飾り、若者が舞うなり。

ザヤド（座宿）頭屋なり。また、マツリヤドともいう。

バッチョガサ　

カマンセド　竈の後なり。

ソノ　畑をいう。ソノの木などいう。

アテとムキ　アテは北、ムキは南なり。

ダツ　炭俵をいう。

コモガキ　炭俵を編む器具なり。これにて菰も編むなり。信州などにて馬（松本）、ウシをなどいうものと同じなり。

カルイノー　かるい（負い）縄なり。コーノートともいう。

ボクリ　手製下駄なり。

マエクモ　きぬがさなり。祭りのときのもの。天蓋なり。

椎　葉

キツケ　焼畑のうち、いわゆるオキヤボに立ててある木をいう。キツカとも。

サクバゴヤ　山小屋ともいう。夏期の焼畑作業にはいり居る建物なり。ここに起居もするなり。なおサクバゴヤの中には起居の装置なきもあり。高塚山に登る中腹にありしものなどそれにて、茅にて屋根を葺き、中には粟、稗の稈と、別に茶を煮る装置のみなせり。

ハマズナ　椎葉村大河内城《じょう》の大藪にある家の姓なり。

モマ　ももんがあ、なり。この獣比較的多く棲息せり。狩人などこれを捕らえて薬種として売るなり。

トマ　いたちなり。

フロ　風呂なり。一般に入浴を好まず、年内に一、二回ぐらい程度に沐浴せぬもの多数あり。したがって現在も大河内のうち、風呂桶を所持せぬ家庭、約半数ないし四分ぐらいあり。

サキッチョ　焼畑（ヤボ）の標示なり。これをなしおけば、その用役権を示すなり。二、三本木を伐り倒し、そこに別の材を立て、それに鉈目を入れておく。普通三つ入れるといえども、別の様式もあるべし。なお焼畑にあらずして、刈敷山の採取権標示には、茅を結びおき、または茅を刈り、小束にして、予定

上椎葉　那須生蔵家

椎葉村尾八重

地の四方に立てるもあり。これも同様に呼べと、別の称呼あるやもしれず。

シデオリ　シオリなり。山中にてうしろよりくる者に行先を知らするために、枝を折っておく（大河内）。

カヤミノ　裏が網のもの。

コボウシオドリ　一六人、うち四名女装。（以下、上椎葉本村）

カドメ　略式をいう。婚礼をカドメにやるなど。

ハルマトイ　椎葉村にてマトイが盛んにて、これに沢山の金をかける。一本矢一銭かけ、また五銭ぐらいかけるもあり。

南薩摩の旅

谷山の女たち

あてがないというと、随分呑気な旅に聞えるが、わずかしかない時間に、ただ土地の概念だけを得ておこうという、何を観よう調べようとの準備もない、そういう点にあてなしの忙しい旅なのである。鹿児島高等農林学校の、谷口教授から大体の順序を教えていただいた。もちろんその通りにはゆかぬが、今のところそれが唯一の予定となる。その日は南国の明るい陽光を浴びて第一日の指宿《いぶすき》行きにはまず恵まれた天候だ。鹿児島山下町の宿を出ると、そのまま林田の乗合自動車の発着所に向かった。林田というのは南九州一円に交通網を張っている会社の名であるそうな。

前日鹿児島に着くと、もうひと渡り町を歩いてみた。高等農林の手前で、路上に売っている郁子《むべ》を買って、それを道々しゃぶって歩いた。葡子《あけび》に似て紫色の柔らかい膚の持つ感触が、珍しくもなつかしかった。路上に遊ぶ子供、町の辻の花売り、市場に通う女たちの、サシ（天秤）をかついだ姿も何枚かフィルムに納めた。

自動車はいつか鹿児島の街を出離れていた。道々手籠《てご》をかついだ女たちに遇う。谷山からくるのだ。花売りも野菜も、そうして魚をかついだのがことに多い。女の働いているのが目につく。サシの形式が、東京などの天秤とは反対で、上に向いて反っているのも自分には珍しかった。女たちがそれをかついで、走るように歩いている姿は凄まじい。髪も皮膚も陽に灼け放題で、そうしてみんな裸足だ。跟《かかと》の骨が発達して、はては足の恰好が撞木のようになろう、そうした憎くたれ口を利きたくなるような、健脚ぶりである。

喜入《きいれ》村の麓

鹿児島藩特有の、いわゆる一所持地頭の本拠で、薩摩百二都城のひとつである麓の、以前の面影を見るには揖宿郡の喜入がよいと、谷口教授から聞いてきた。村へはいって、橋の手前から右へ折れたところだと教わっていた。その橋をいっきに渡ったところで自動車を止めてもらった。一行は高橋さんと、鹿児島から同行した赤星昌さんである。鞄をそこの仕立屋さんの店先に預けて引き返して行った。暖かい、外套を抱えていても、ボーとする。道の片側は石垣を綺麗に積みあげて、どの屋敷にも門がある。今は大抵農家であるが、ここは以前の姿が、比較的亡びずにあるとの話である。山の根に前に田圃を控えて、いかにも小さな城下町という感じである。元《もと》麓《ふもと》という地名が、田圃のすぐ彼方にあるから、ここは後の移住であろう。屋敷の居回りの手入れが届いて、棕櫚の枝や朱欒《さぼん》（方言ボンタン）が、垣根から外へ垂れているのも、外から訪れる者には床しい静かな情景である。小学校がその間にあって、道いっぱいに生徒が並んで体操をやっている、全部裸体になっていた。これが一一月の半ばとは思えぬ光景である。

青く苔むした石垣のある家で、家内の様子を見せてもらうことにした。門をはいると、縁側に菊の鉢をいっぱい並べてひとつひとつが陽に輝いていた。座敷の中からも、長く懸崖造りの枝が垂れている。門標に松下末七と書いてある家である。主人は留守で、細君と子供と、それに妹らしい娘さんがいた。ひと渡り座敷の間取りなど

麓の家（喜入にて）

喜入の麓

見せてもらって、この地方のいわゆるオスエの入口に回ると、頭の上にぶらさがった、紡錘形のシオテゴ（塩籠）がまず目につく。昨夜鹿児島の町で買ったが、実際に使用しているのははじめて見た。越後の長岡あたりで、シオタッボなどという塩の小出しの器は、藁を編んで、台所の柱などに引かけてあった。それに比べると、これは材料が竹だけに手綺麗に見える。塩の容器といえば、陶器が多くて、ことごとくそれに移りつつあったが、その一方には、こういう笊形式の物が各所に用いられていた。三河の山地等には、シオオケ・シオビツなどという器が以前はあった。ともに貯蔵の目的で、シオビツの方は、四角な東京あたりの米櫃に似た箱であった。

こちらが勝手口の器具に興味を持つのを見て取ってか、近頃藪の中から拾い出したという、琉球製の泡盛の甕らしいのを出して見せてくれた。胴に、「嘉永二年酉六月吉日」の彫文字が読まれた。

お茶とココアの振舞いを受けて、母と子と、オモテの間に座ってもらってカメラに入れた。辞して外に出ると、南の国を思わせる、髪を櫛巻きにした女が、野菜をかついで売り歩いていた。ブラブラと田圃の傍らの道の辻に出て、三人とも小用をたした。気がつくと、高さ一尺ばかりの石が立っていて、石敢当《いしがんとう》の三字が微かに読める。なお喜入には路傍にヒルギの自生地がある。琉球笄《こうがい》と呼んでいる。

指宿の村にて

海をへだてて、鈴・生見《ぬくみ》・瀬崎・今泉と、左手に大隈の山々を見ていた道が、宮カ浜を過ぎる頃から丘に向かって上ってゆく。ここから池田湖の北を回って穎娃《えい》へゆく別の街道があった。指宿へゆくには、真直ぐに南の丘に向かうのだ。粟の収穫期で、一帯の野面が黄色に、そうして代赭《だいしゃ》を混じた穂並が風にそよいでいる——あたり

頭上に頂く女たち

の感じが、北の国からきた者には、何だか夏に還りつつあるようだ。今泉の麓では、青草の束を頭いっぱいに載せて、両手で支えながら歩いてゆく娘があった。その着衣は、胴も腰も、ただ一色の赤であった。この辺のいわゆる上下ヒトモンの着物である。それが指宿の村へはいると、もう頭に物を載せた人は見ない。指宿女学校の手前の川の傍で車を下りた。

指宿村東方の元地頭処に訪ねてみたい家があったのである。川の傍らの茶店にいた人がついでだからと案内してくれた。あそこの森の中だと指さされて田圃道を歩いて行った。田の中に温泉が湧いている村の共同湯だと聞いたが、外から覗くと、子供が三、四人湯の中で笑っていた。たずねる家の女主人というのが、路傍の田圃で頻りに鋤を使っていた。母親一人で家は農家だと聞いてきたが、この人かと少し意外な感じもした。一人の息子を東京の学校に送っているその苦悩が一目見た時から感じられた。泥足のまま先に立ってゆく、それを見てゆくのが痛々しかった。一方竹藪で区切って、大きくもない構えの家であった。表の垣にこの辺でクソゴイと呼ぶ烏瓜と、そうしてトッシャゴ（鳳仙花）の小さな花が咲いていた。さっき見た喜入の麓の家と比べるとこれはどうしてもその下にいる農民の住居だ。たずねてはみたが格別に話もなかった。鹿児島へ行ったら、たずねてあげようと約束した、それを果たすためであった。鰻池の伝説や、その近くにある池底にまつわるシジンドン（水神殿）の伝説を聞いた時から寄ってみようとは思っていた。茶の煮えるのを待つ間、家の前の厩に回ってみたが馬はいない。一方の隅に鶏小屋があって、その上に堆肥などを運搬する藁製の綱袋が二つ吊るしてあった、この土地でカリまたはカガリ等という。カガリは動詞のカリゲルなどという語と関係があると柳田先生もかつていわれた。土地によって、用法材料等でいろいろの名が使われている。

暇乞いして別れる時に、どうか悴のタマシイが変わらぬように見とりをしてくれ――という意味のことを繰り返していうたようであったが、タマシイという言葉の他は、意味が充分に判らなかったのは、そういう場合われながら不本意である。

摺カ浜から山川港

鹿児島から一〇余里、潟口《がたくち》・摺カ浜の温泉は、県の案内記にいうほど勝れていたかどうか、自分には判断がつかぬが、未だ田舎味を脱し切らない点に、少なからず誘惑を感じたが、その日に予定した穎娃の村までゆくには、夕方五時の自動車で立たねばならぬ。最終の車である。左方に知林カ島の松林を見て、真向かいに大隈の半島を望む摺カ浜の景色は忘れ難い。キラキラと輝く潮の中に真白い帆が浮かんでいた。波打際に立って、指先で砂を掻き分けると、底からホケが出て熱い。防波堤の下に二、三人病人らしい男が、砂に埋まっていた。そこを通っ

摺カ浜で

て帰りかけると一方の石を積んだ蔭に筵を敷いて、帯を締めかけている商家の内儀らしい婦人がいたが、ともに潟口の砂風より明るくて感じがよい。そうして絵葉書にあるような賑やかさはない。やはり季節によるのであろう。

摺カ浜から一五町、大渡の崖の上から見た、山川の港は美しかった。陽はすっかり暮れて、路傍の蘇鉄が影のように立っている。南国特有の、明るい星空の下に町の灯が水に瞬いていた。穎娃泊りの予定を早めて泊ってしまった。湾内に船を浮かべて見た景色はまた別であった。まんまるい月が限なく照っていた。いっぱいに帆を張った大きな船が、その中を静かに静かに港口に向かって動いている。名高い福元の熊野神社の、榕樹《あこう》連理の鳥居も、小学校の校庭の橄欖《かんらん》も龍眼も、月明りを頼りに見てきた。

開聞嶽

月並のようだが、ここへやってくると、何というても開聞嶽の秀麗を語りたくなる。ことに自分にとっては、この御嶽には、忘れられぬ思い出がある。以前柳田先生の『海南小記』の装丁をやった時であった。見返しの扉

田の神殿（山川村大山）

に開聞嶽を描くように命ぜられた。いく枚試みても感じが出ないといわれて、そのたびに随分と苦労をした。地図を見つめて、琉球から還ってくる船客の一人にもなってみたが、もちろん想像の上であった。実際を見ていない悲しさには、茫漠として摑みどころがない。事情がゆるせば、一足飛びに飛んで一目見てきたいと思ったのも何度だかしれなかった。その開聞嶽をいよいよ目のあたり見る日がきたのだ。

山川港から約一里、大山《おやま》の村を過ぎて、岡児水《おかちゆがみず》の浜へ下る岐れ路から少し進んだあたりが、山の全幅を見るにもっともよい。灌木が腰から上にギッシリと繁って、遠くから見ると、ビロードでも覆いかけたようで、ところどころに雲気が流れている。南の方を望むと、松林の丘陵の彼方に海があって、硫黄島が見えている。畑と丘を囲って、櫨《はぜ》の古木が多かった。その中を、まっすぐな道が嶽の麓に向かっているのだ。しかし開聞の特色の、全部をここにとらえることはあるいは不充分かもしれぬ。ただいかにも丘陵との配置が美しい。

ちょうどそのあたりであった。街道から松林の丘に上

開聞獄

ってゆくと、畑の畔に、三つ四つぐらいの男の子が、絆纏にくるまって座っていた。手にグミの枝を持たされて、睫を細くしてまさに眠ろうとしているのは、まさに一篇の詩である。そうして微かな咳をしている。折柄空が影って、思いなしか風も少し冷たかった。遙かに薩南の海洋を望んで、一方には秀麗な開聞嶽がそびえている藷畑の畔であった。

物を運ぶ器具

十町の村から、池田湖遊覧の自動車が出た。官幣小社牧聞《ひらきき》神社の参詣とを併せ済ませてから、頴娃に向かって歩くことにきめたが、鞄を託する人夫が得られない。これには山川でも困ったのだ。それをさがしあぐんだ末に、町の角に立って、郁子《むべ》の籠を並べていた女を説いて納得させることとした。籠の中の四〇幾個の郁子をことごとく買ったことにし、その上にいくばくかの代を払うことで話ができた。この交渉には言葉の充分わかる赤星さんが当たってくれられた。しかし女が三人の鞄をサシ（天秤）の両端に通して、かつぎ上げるまでには四〇分余りもかかった。どうしても決心がつかなかったらしい。なんだか不安そうな面持ちをして、後からついてくるその中年の女を見ると、気持が滅入ってくる。昨日指宿の村では、道をたずねた女が、こともなく三人の鞄を、かついでいた魚籠の両方に納めて案内してくれたが、それとは雲泥の違いで、旅の者に馴れていないのだ。それにしても、こうして、荷物を天秤の両端に引かけた恰好を見ると、一行の様子までなんだか中世の旅を思わせる。これが東北地方や中部地方なら、むろん背に直接に負うか、背負梯子の類にくくりつけるのだが、この地方では、ああいう運搬の様式はほとんど見なかった。ショイマだのヤセウマだの、あるいはショイタなどという、ああいう器具も見ない。この旅行の後に見たのだが、豊後の山地等では、いわゆるオコとかオウコなどというこの辺のサシと同じ形式のものも使ってはいたが、一方カルイという一種の背負枠は、その頑丈さが、熊野あたりの山村の人々が使っているのとよく似ていた。その一方には、木の枠のないただ縄だけの、カリナ——などというもの、東北の津軽秋田地方で、メナとかニナなどという、こういうものもあまり見ない。女が頭に物を載せる風はこの辺一帯に多いが、背負う形式は稀である。その日も何回となく見たが、山から薪を運んでくるのに、薪の束の胴にいわゆるサシを突通してかつぐ、稲や粟の束をそうして運んでくるのも何人か見た。山川村の成川で見た女は、花束をやはりそうしてかついでいた。有名な北斎の草賊刈りの図にある形だが、中部関東地方ではあまり見かけない図である。いわゆるかつぎ棒天秤の類はあるが、荷を直接にくくりつけてはいない。自分などが子供の頃、郵便の逓送人がよくやっていたが、それは量が遙かに少ない場合のようであった。

これには土地の習慣や体力ばかりではない、地形の制限があるには違いないが、この形式の分布は、女が頭にかつぐのと同じに、興味のある問題だと思う。

頴娃から枕崎

鞄持ちの女との約束は、頴娃の少し手前の鬼の口までであった。巖頭に松が茂って、その間を穿って道が通っている。脚下に白波が砕けて、西の方遙かに磯を通して、枕崎から坊に続く山々を見るところで女と別れた。めいめい鞄を手にさげて、田圃を越して、丘の上に見える頴娃の村へ向かった。

頴娃へ頴娃へと、昨日からしきりにいい暮らしてきた村であったが、きてみると台地の上に展けた、何の変哲もない町村であった。ひとつにはその名に誘われてきたのである。自動車を待つ間、鹿児島以来馴染のカルカンに舌鼓を打って、豆腐屋の前に据えられた、豆腐の容物を写真に撮る。琉球などと形式が同じらしい。豆腐を写真に撮るというて、高橋さんの回りを子供たちが珍しそうに取り巻いた。鹿児島地方一帯に豆腐をオカベという。そうして豆腐屋の多いことも特色である。頴娃の町などにも、わずか四、五丁の区域に豆腐屋が四軒とかあるそうだ。

自動車は海に沿って、枕崎へ向かう五里の道をただ西に向かって走る。ここで『石神問答』の末章の、あの名文があらためて思い出される。――榕樹に杜鵑なき、浜の末山に雨ふりて幽境限りなく道を開聞の方に急ぎ候処――われわれの一行とは逆の路である。あれはたしか石垣浦の西隣の村とあったから、別府の中の木成川あたりかもしれぬ。入江に沿ってゴチャゴチャと家が建っている。しかしあの文はもう二〇幾年も昔である。入江に出ては村にはいり丘を越えて走る。ダンチクの茂った丘も幾度か通り過ぎた。西の方夕陽の影を追うて車はひた走りに走る。粟をサシでかついだ人々がまた三人並んでゆく。

枕崎は半島唯一の繁華な町で伊集院から汽車も通じている。鰹節の産地で、港口に立つ立神《たちがん》の奇巌は名所のひとつである。町中の市場には、花や蜜柑を売る女が多い。鰹のハラゴという、節に取った後の、えらに続いた部分だけを乾して、婆さんたちが売っている。

坊の津にて

一

枕崎から、耳取峠の彼方には、ろくな宿はありませんと、自動車の運転手がくり返しいうてくれた。その昔唐湊ともいい中国貿易の盛んであったという坊の津も、すっかり寒村になってしまった。漁船以外の停泊はほとんどない。しかしこのごろでは、鹿児島まで三時間で走る乗合自動車がある。

耳取峠の絶景はこの旅行を精算して、最後のくくりをつけるものである。通ってきた後の山々嶽々を墨絵の中に見て、遙かに南海から押し寄せる潮の波が、開聞の裾に立ち騒いでいる。硫黄・竹島に続いて、屋久島かと思うのもその後に尾を引いている。近くは枕崎の甍、それから手前に続く浜の松山、粟の畑、稲田、櫨の紅葉が一本その中から立っていた。坊では田畑という宿に泊った。

船を漕いで海から見た坊の港は、ひとつの洞《ほら》の腰に家の建ち重なった村であった。磯からだんだんに建てていって、高い崖の上にまで、家がもうつまっている。山を開いて寺が建ち、墓地があり、それから奥にも今新しくできかけた家がある。それらの五〇〇に余るという家々が何の障るものもなしにことごとくひと目に見えるのである。半農半漁の村というが、農の方は、畑がみんな山の上にあるから楽ではない。雨の中を磯の岩には烏賊釣

雨の坊の津港

りの人が幾人か立っていた。

海岸通りから、崖に沿って、だんだんに続いた屋敷の軒を伝って、ひと渡り村を歩いてみた。上から望むと甍の屋根が重なってよい町でもある。元の士族の屋敷だという付近にある榕樹は見事であった。これは海からもよく見えた。ちょうどその樹の下を歩いていた時である。崖にかかって咲いたクサギの花を見て通りがかりの女に名称をたずねると、うしろからきた六〇がらみの白足袋の男がそれを引き取って、何やら早口に語り出した。そうして、いきなり駆け出して往って、下の家から小さな箱を抱えて戻ってきた。これが白クサギの木で作ったエギ（餌木）だというて取り出して見せた。箱の中には、同じようなエギがまだいくつか入っていた。クサギの名をたずねたのが、そのことと早合点したらしい。

白い花の咲くクサギは、千本に一本も容易にないという。その木で作ったエギなら必ず烏賊がつくと信じて、相当の金を惜まぬ者もあるという。多くは桐で作るのだが、こんな木も使うらしい。――あんたにあげます――と、鼻の先へ出された時には少し面喰った、気味も悪かった。雨のそぼふる崖の路で、初めて遇った人なのである。

二

宿の娘もそういうたが、村では気狂いで通っているのだそうである。そういえば正気と思えぬ点が、言葉の節々にあるが、まったくの狂人でもなさそうに思えた。この村の二十幾人のノーカイの会長をしている。そのために汽車にも無料で乗せてもらえる、満員の時だけは遠慮せよといわれたなどとしおらしく付け加えた。この程度なら、正気の人だって時によって吐く文句である。そのノーカイは脳病会だと、宿の主人が笑ったが、何かの信心に凝っているらしい。貧しいが間違った道はかつて踏まぬ、村会議員も村長も、みんな欲のために心が腐っている。そんな者が村のために何になるか――などと激しい言も吐いた。私は五十幾つの今日でも、こうして働いて一日も休んだことがないと、何やら薪でも割るような手つきをして見せたが、意味は判らなかった。ただその手がいかにもひどく荒れていて、拇指から他の四本の指の節々が、ことごとく切れて口を開いて、ひどいアカギレであった。よくよくの力業か、手入れを怠らぬ限り、到底なりそうもない掌であった。

旅の感傷に加えて、白花のクサギのエギをくれた人に、心がどこかおびえてもいたらしい。坊の津の二日目の夜は、海から吹きつける雨を混えた風の音に防げられて眠れなかった。雨戸を叩く雨の合間合間に、どこかで叫び声がする。夢現の中だが、たしかに聞覚えのある声だ、宿の前でも二度ばかりくり返したようであった。――みんな眠るでないぞ――どうもそんな意味の言葉である。たしかに昼間の白花のクサギの主であった。

翌朝になって、隣りに眠っていた高橋さんもあの男の声だったというていた。もう一度宿の人に、身の上を聞くつもりでいたが、それも忘れて立ってしまった。川辺三島中の黒島の生まれで、名前は竹下伊勢吉というと、それだけは本人の口から聞いていた。

鹿児島県坊の津付近

ほんの一夜泊まりのつれづれに聴いたことだから、充分に意を尽くさぬ点が多い。鹿児島県川辺郡西南方村(現坊津町)坊の津で聞いた話では、婚礼の水掛銭のことが興を呼んだ。話し手は去年(昭和七年)八一歳の右田三之助さんである。右田さんは明治一〇年の役に官軍にあって働いたが、中途賊方に寝返りしてしまった。戦後捕らえられて一〇年近く徴治監に送ってきた経歴を持つ人である。

この頃では漸次婚礼の風もあらたまりつつあるが、他部落から嫁を取るには、必ず水掛銭の沙汰がある。家が貧しくてその金が調わぬ、一方娘の親許ではひそかにくれたいような場合もある。そういうときは、娘の方からあらかじめ調えて出すのもあった。明治二〇年頃でも、三〇円ないし五〇円の額は普通であったから、家によっては相当の負担であった。婚礼の行列の中には、必ず酒樽をかついだ者が混ざっているが、これが女の村方の若者で、この地方のいわゆるニセ衆である。酒樽背負いのニセ衆には、ニセ頭または小頭が付いて二、三人ゆくのが例で、その者が水掛銭を受け取って帰るのである。受け取った水掛銭は、そのまま村のニセ衆の酒代というわけにはゆかぬ。いったん組頭《くんがしら》、年寄りに出す。その中から若干の酒代がニセ衆一同に振舞われるわけで、残りは部落の収入とする。部落単位の一種売買婚の形式を持っていたのである。

水掛銭は聟方に苦情があって離婚の場合は、返す義務はないが、女方の身勝手でこわれ話の時は元どおり調えて返すのが作法となっている。前にもいうとおり、水掛銭は他部落との交渉に限られていて、同一部落内では行なわれないが、しかし一部には家同士で取り交わすのもあった。

　娘と後家は村の若者の監視にあるというしきたりは、この地方もしかりで、何よりまず嫁を取るには、ニセ衆の諒解を得ることが肝要であった。時には水掛銭だけ出せばむりやりに奪い取るような例も以前はあったが、これとてニセ衆の諒解を得た上のことである。こうなれば一種掠奪婚の形式に近づいてくるが、これが盛んに行なわれたのは、川辺郡でも山地にはいった、知覧村の耳原《みんはる》、松山辺で、やはりカツギともいうたそうである。あるいは今でも行なわれるかもしれぬと聞いたが、たしかめるまでの暇がなかった。あの地方に詳しい方に伺いたいと思っている。

　仲人はナカダチドンであるが、結納はユイナともいうが、多くはチャ（茶）ともいい、焼酎を贈るのが多い。これは土地がずっとかけ離れているが、阿蘇山麓の内の牧の駅で「やっとチャまで漕ぎ着けて昨日済ました」と語っているのを耳にして、チャに対する実感を深めることができた。

石垣島聞書
――昭和一〇年一〇月五日――

一

ピライウッザ　男で、女から男をいう。交際や親類をいうとき、あれは誰々のピライピッ（人）であったなどという。
シイ　蒲の類にて葦なり。これは葉の裏にとげあり、これを刈る時、持つと傷つく。故に前に新城の詞で呪文を唱えて刈る。さすれば傷つかぬという。
ヌーヤーハカ　画あり。四つに締めたるとまを葺く。大浜町平井に見る。
ミズアゲの式　葬式後、癸寅の日に行なう。墓の傍らに三尺四方ぐらい土を掘り起こし、四方にフキ（一種の注縄のごときもの）を立て、水をその土に灌ぎかく。四十九日以内にその寅の日のくるを喜ぶ。
ミイタビ　三荼毘。年に二度も葬式が出るとこの式を行なう。鶏を傷つけないで殺して羽毛をむしり、それに紙の着物を着せ、箱に納れて近所に葬る。一種の擬葬なり。
サキバルオタケ（オン）　これは鉄（金物）を島に入れた最初の人という。
ミズタケオタケ　大きな拝殿あり。宮良橋に往く手前に道路より左に入りたるところにありたり。拝所には蒲葵を植えている。はいって見たり。

ハンニヤー（半峰）**マンタ**　老婆の名、宮良の人。年六五。四箇の役人との間に子を産んでいる。明治になってからの役人。で今の家に嫁にきたもの。子供の成績よく孫はまたよしという。

九月九日　夜籠りのこと、今は行なわぬ。お昼頃なりしが、これから〔御嶽〕に拝みにゆくところなりといい、いろいろ御馳走を作っていた。握飯（ぼた餅）、味噌汁、野菜のあえものなどありたり。これにお酒、ハナ米（花米）、これに菊の葉をそえてゆく。

ボンナー　握飯のこと。重箱に九つ入れ持ってゆく。

マカグ（ハ、ヤ、サフナ）をゆで、刻んで味噌混えにして重箱にいっぱい持ってゆく。ボンナー、マカグなどは、いったん供え、あとは家に持ち帰り食べる。食べぬのは土まつりの供え物だけ。これは土に埋める。

芋のオハツ　これも持ってゆく。

酒　盃に注ぎ、第一回は地上にこぼす。これをマツルという。オハツなり。次に盃に注いで献じる。この二回目に注いだものは持って帰るもある。

ニイルビチ　仁王尊をいう。桃林寺にあり。

シラフツ　シラ人という意にて、産児、産婦をいう。シラにいるというと、産室にいること。産褥にあること。

シラを出る　産忌みのすむこと。産室を出ること。

シーライ　棒やゴミをそこいらに取り散らしたこと。

シーライノミ　これは中ということ。

シラをしている　子を産んでいる。

タナシ　型付きの着物をいう。夏物、模様あり。美しい。

ヨイサ　揺籃。宮良の半峰家にても見る。
クルチョウ　黒朝衣か？
チョークン　これは黒のカカン、フミ（墨？）カシ。葬式の折は白布。
かえし　贈り物を受けた場合は、いわゆるウツリのことは以前はなかった。
オガミバコ　これは八重山にはなかりし。このごろ沖縄の人から習ってできた。
ムイチヤー　労働着なり。これの柄は一定しており、他からはいりこんだ者は直ぐ判る。村々で定まっているという。宮良のものは白地に藍の棒縞で、のちこれを労働着、日常に着る。自分が訪れた半峰家でも子供が着ていた。

二

［アカマタ　半峰マンタの話を主に］

アカマタ・クロマタ　西表島古見、新城島、小浜島、石垣島宮良の四カ所にあり。旧六月の豊年祭の時に出る神様をもいう。前者は赤面で男といい、家にはいる時も先になる。後者は黒面なり、凄い顔だが優しい。

日時　アカマタの祭り（穂利《プーリ》）は年々で異なっており、その年々でに予め決定する。その選定の方法は？　日時決定すれば、もはや最後のものにて、いかなる天災あるも変更のことなし。

第一日　オンプール（おがん穂利）。おがんまつり。第一日を西原《イリ》あそび二日を東原《アラハラ》あそびと小浜ではいう。

二日　サンツクノプン（桟敷の日）で、その夕がスメーノパア。ムラプール。夕方から三日目の朝にアカマタ。

三日　名はなし。正月気分で楽しく遊ぶ。

扮装　宮良の面は一尺七、八寸もあり。歯は貝らしくキラキラ光る。頭は香炉になり、線香を焚く。全身薄の葉にてつづり、若者が被って歩く。時に交代するが、その時は人家の裏にはいり、青年が垣をつくりて他の人を近づけず、その中にて行なう。

役　太鼓役は前から選ばれて稽古するが、面を被る者は決定せぬ。よって誰がなるかわからぬ。面を被ることが村人として光栄なりとは『海南小記』にも書いてあるが、これは家の栄誉として喜ぶ風あり。面を被ることをオガムという。

メグル　家々をまわること。メクリの順序は、一はマイモリヤー、二は番所（今はなし。西の端。そこに大木ありしが今は伐られたり。樹種何なりしか記憶なし）、次に司を最初に勤めた家（半峰家）、次にその他の司の家、次に役人の家、その他は村の長老の家にて、他は順序なし。メグリには禁厭なし。不浄のあった家にもゆく。メグリには全然明かりなし。

アカマタの巡りがある時は、家々で甕に水を汲んで用意しておく。これは全部ではない。役の者が交代の時に水を飲むなり。

舞　歌に合わせて舞いがある。

歌　家々の巡りには歌はある種のもの一、二をやるに過ぎぬ。しこうしてその家の家運のいかんによって歌詞が異なる。子供を亡くした家、新妻に逝かれた家には、盆の小唄の文句が異なるようにそれぞれ違うのである。家庭の運命に応じて、これを慰め、かつともに悲しみ悦ぶのである。

行列　行列には女も加わる。しかし他村から家にきた者は、子供が生まれぬうちは遠慮する。しかし村の評判のよい者なら加えてもらうことができる。しかし処女のうちは加われぬ。男子は一五歳に達した者ならよい。

アカマタを迎える　神が家にめぐってくると、家人は一番座に迎える。この時は前に香炉をおくのを作法とする。その時、一方、家の位牌にも香炉を上げ、ニイルビツの来訪ありしことを告げる。

アカマタの来訪と家人の感情　きた時は嬉しさがこみ上げてくる。また懐かしい。怖ろしいという感情はないという。

神の帰還を送る　未明に、村はずれの東原までは、村人全部といってよいほどお供をなし、そこにて別れ、あとは男たちだけがお供する。なお送ることは、村人全部がそうするわけではないが、それを建前としている。

別れ　訣別は泣きわかれである。自家を訪れた時も涙を出すが、送る時も感きわまって泣く者あり。

保管　暁方ナービンドウに送りこみ、〔面は〕そこに納めしこととして、実は民家に保管するものなるべし。

シンツキャー　新たに青年の仲間入りした者。毎年、化粧することなきか。

成女の式　アカマタは男女成年式と関係あり、村の女が加入の際は格別に式なし。

マエモリヤー　宮良部落のやや東寄りにあり、昔からこの家にアカマタの面が蔵ってある。この家がメグリの時の最初の家なり。

ニールフツ（人）　アカマタの名なり。これは平素もいう。半峰婆さんの口からもたびたび出た。

ニール　地底の国の意なり。地の底をニーラスク（底）という。強風があると、この風はニーラスクまで行ったなどいう。

ナービンドウ　ニーラスクに通ずる口にて、ニールフツの出でくる路なり。

ニーラアブ　底なし穴、ニーラスクに通じた穴。別に大食漢をいう。彼奴はニーラアブでいくらでも食う。

ニーラコンチエアンマ　ケラのことをいう。地を潜り歩くよりいう。

線香　小浜島の穂利では、アカマタの頭に線香を三本ずつ立てる。宮良へは小浜島から伝えたのだが、今はそのことなし。以前はあった。

香炉　アカマタの頭に香炉があるとの説も、これから出たのらしい。線香を立てるには、耳に当たる部分にさされる場所を索めて立てる。

棒　この棒の名不明。二尺くらいあり、木にてただの物なり。

プールムツ　芭蕉の葉で包んだ餅なり。

サンツク（桟敷）　村（宮良）の出口、白保《スサブ》の方。

サンツクのプン（パア）　サンツクのプンには午前一〇時か一二時頃から、酒肴を携え村の出入口に村人一同、子供など集まり遊ぶ。ここでシンツキヤー（若者組合の新参者）の挨拶があるなり。酒肴を出す。以前は辻で鍋で煮て食った。夕方からスメーノパアになる。

スメーノパア　大人がやる。今は番所跡の道で演ずる。仕度はその場所でする。昔は番所の庭で行ない、神二人が番所の縁側に座って行なった。この時出るアモーツとパア（ヨンガフの神）は、新城の島からきたことになっている。一人称で語る。初め歌があり、太鼓を打ち、その最中にヨンガフの神が現われる。二人対座して語りがある。語りは滑稽を交え、人を笑わせる。この時は、明かりはある。「宮良には豊年がつづかぬので、パナリの方から、四反帆、六反帆に、ヨガフ（豊年）を持って来た」というような意の豊年に関すること、来年の米は数珠玉のようにできるとか、一本の稲も担がれぬようにできる、米で床が落ちるくらいできる、税金を納めて余るなどと語る。

ヨンガフの神には面はなく、やすを被っているだけ。アモーツとパアはほぼ同じ服装。衣類の上に藁で編んだ蓑のごときものを着ているというが、男鹿半島のナマハゲの装束と同じらしい。頭には藁を束ねた冠を被る。その先端を長くしているところ、信濃などのヤスに近く、中之島のエボシなり。その形から他村の者が象のようだとか、鼻が長いなどもっぱらいうのもそれなり。先端に稲と粟の穂がついている。アモーツとパアが体に着けたものは、あとでオンに持ってゆく。

禍い　宮良の町では信仰盛んにて、豊年祭以外にアカマタの話はせぬ。唄も歌わぬ。先年、岩崎、喜捨場、宮城、牧志（医）の四人で豊年祭を見にゆき、その時、南洋の踊りかもしれぬとて、体に触ってみた。すると帰りに牧志が宮良橋の付近で急に発熱し動けなくなり、葡萄酒など飲ませ、無理に連れ帰り寝かしたが、大いに患ったことあり。

古見のアカマタ　古見のアカマタは暁方帰る時、丘の上から振り返って、また来年くるぞ、というしぐさある由。これは花祭りと同じ。

マヤー　石垣島の川平、桴海、平久保にていう豊年祭の神。これは面を被り蓑笠に芭蕉の葉で体を包んでくる。アカマタのごとくニールスクからくることなく、家から出る。

新城島《パナリ》《アラグスク》聞見記

上地、下地の二島に分かる。干潮は徒渉できる由。その他は渡し船。全部七〇戸、上地四八戸。

昭和一〇年九月三〇日、午前一〇時、黒島の共栄丸（五トン）という発動機船が石垣島四箇にきていて、黒島に帰るというので、それに乗せてもらうことにし、喜捨場氏に万事斡旋していただき、黒島の浦崎賢保校長と、新城島の佐久真長助校長に添え書きをいただき、喜捨場、岩崎の二氏に見送られ、それに大阪商船の是枝正彦氏の三氏に送られ、船長の当山にも紹介され一〇時半出帆。珊瑚礁の海を船は竹富島に向かって進む。港から眺めると港の船路標識塔の一直線に櫓でも見るように点々と七、八のはしらのやうなものが見えるのが黒島である。竹富島の東端をカスカスに通って進む。船は黒島の人々が一〇人ばかり乗っている。それに石垣の種屋（蚕種）さんがいる。黒島校の南風原氏も同船なので万事たのむ。世話して下さる。

途中、黒島近く、小浜島を真横に見るあたりウッフツ（大淵の意か）とて、珊瑚礁の具合にて、あたかも阿波の鳴門のごとき箇所あり。船相当に動揺する。それでも今日は静かなる方という。潮は干潮時にて風は北西風なり。

船がだんだん黒島に近づくと、ところどころ白砂の浜あり。その間に珊瑚の岩礁が下が海波にあらわれて凹形をして立っている。黒島の保里の里につく。白鷺一、あそ鷺一、白黒の二島岩影に餌を拾っている。水中をのぞくと、南海特有のルリ色の小魚が遊んでいる。今しがた潮がひいたばかりの珊瑚礁上に船がつく。一人が下りてアンカを岩に引かけておき、梯子をかけて水中に下るなり。ちょうど一二時半、二時間を要せしわけなり。新城にゆくつもりなので、下船を見合わせんとせしが、南風原氏の薦めのままに一〇分間荷役する間だけ下船、浜から上にあがりゆく。牛が放してある。女や子供が珍しそうにこっちを見ている間を、村の中にゆく。南風原氏の下宿の農家にゆく。この辺、瓦ぶきの屋根多く、垣の中に家あるなり。茶と黒糖を出してくれる。顔を洗いしばらく話を聞き、藁算を見せてもらう。氏子の数を示すものにて、現在使用中のものなり。これは保里区の総代の家に保管せるものなり。一時半出発、新城に向かう。二時二〇分新城につく。島の感じ黒島とまったく同じなり。船のつきしところは白砂の浜にて直ぐ左手の丘はコウソコおがんという御嶽なり。船が三艘ばかり繋いである。子供に小学校をきくまでもなく、浜を上ればそこが学校にてありしなり。生徒はすでに帰りしとみえ、誰もおらず。暑きこと限りなし。

新城島の御嶽

舎宅らしき一隅の家にゆき声をかけると女が出てきた。校長さんをきくと遊びに行ったという。喜捨場氏よりの手紙を渡し、時間がないから、できれば早くお目にかかりたいから呼んできていただきたいという。よって一人で村にはいる。ここも条理整然と区画され家あり。一定の区画をとり、まわりに高木の桑を植え、その中にウフヤあり。その前にまづみとて、稲つみあり。別にトーラとて竈屋ある。写真をとりさらに進む。コウソコ御嶽にはいりて見る。拝所あり、その建物特色あり、広場なり、正面に奇怪の白亜の門あり朱にて日月を現わす。その下に燈籠の形せる石と香炉花立があり、一種陰惨の感あり、痩せた犬が一匹ねてこっちを見ている。

新城島の拝所

ちょっと躊躇せしが誰もおらぬので、思い切って中にはいってみる。白砂の砂にて自ずから道あり、木を横たえ段々になり、約半町進みしところに右手にフクギの大樹あり、その根元に花立（陶器）と香炉すえてある。路はその前を通って丘に上る。上るとそこは海につづき、鳥居が海に面してある。帰り、拝所のスケッチをなし、さらに民家を訪う。畑を見んとして郊外に出るに甘藷畑あり。全然畑の体をなさず。

一農家をのぞけばの形の臼あり、珍しく思い通りがかりの男に聞く。いろいろ話をなし、まづみのこともきく。西表に出作りしおるなり。家は竹簀の床にて、正面に位牌を祀ることも他と同じ。裏口に回れば、婆さんが臼にて籾を挽いている。珍しき図なり、スケッチをする。ゲイツバルとむしろなどすべて面白し。ゲイツバルを一個買う。五〇銭お礼をする。

ようやく校長さんみえ、一緒に隣家を覗く。この家はフヤーにつづいてトーラがつづき竹簀になっている。ゴタゴタと話し、学校に帰り、校長さんと話す。藁算のこと、波照間の藁算のこと、また器具を一通り頼み、在来種の稲の名などきく。四時、船から迎いがくる。よって見送られ海岸に出て、乗船、四時一五分出発、黒島に向かう。海岸に礁の上に石垣をつみしところあり、昔、島の主がいた時の城のあとなりという。五時一〇分、黒島伊古につき上陸。

早川孝太郎の論考
――執筆の経緯と背景――

須藤　功

一

執筆する論考の表題は、早々と決まることもあれば、書き終えてから四苦八苦してつけることもある。また執筆中に旨いのが思い浮かんで、悦に入ることもある。表題はころよい長さで、論考の内容を的確にいい表わしていればよいわけだが、これにも個性がある。柳田國男は一体に文学的で短い。澁澤敬三は、どこで何を調べたのか一目でわかる表題を要望したので、実証的な長い表題になった。折口信夫は歌人的といったらよいだろうか。早川孝太郎はこの三人と深いつながりがあったが、特に影響を受けたというものはなく、長いものもあれば、短いものもある。共通しているのは実質的なことで、表題だけで見ると味気なく感じられるものもある。

柳田も折口も、そして澁澤も早川も実によく旅をしている。いうまでもなく、旅は文字を通して想像していた世界を大きく広げてくれる。発見もある。澁澤は、道端で出会った人に一〇分ずつ話を聞いても六人で一時間になる。それを資料として生かしたとき、旅のひとつの成果になる、といったという。

早川は道で出会った人に、そうしなければすまないかのように声をかけ、話を聞き、目につくもの、気になるもの、発見したものをこまめにスケッチして、論考の中に生かしている。

早川の民俗学研究の姿勢は、体験が基本になっているように思う。といって稲刈りをしたり、猪を鉄砲で撃ったり、海に潜って鮑を獲ったりするというわけではない。生まれ故郷の愛知県南設楽郡長篠村（現新城市）での少年時代の体験と、フィールドに通いつづけて、その地域の生活文化について、あたかもそれを実際に行なってきたかのように精通することで、その体験と精通によって得た知識は、さまざまな方向へつながって展開する。早川はそこに旅での採集を重ねて、論考、論文の軸としている。もうひとつ早川らしい特色を挙げると、旅先で出会った人の印象や息遣いを、論考のどこかにかならず書き留めていることである。いずれもごく短いものだが、読む人によっては、時代を隔ててなお、事象を単なる事象としてではなく、当時の生活の中に生きた姿として捉えることができる。そしてそれは、初めに感じる表題の味気なさを払拭する。

早川は一九歳のとき画家になるべく故郷を出て上京する。それが民間伝承、のちの民俗学の研究者に転向するのは、柳田が編集する『郷土研究』に、「三州長篠より」という短い報告を投稿したのがきっかけだった。以後大正六年一月号まで、故郷とその周辺地域の伝承一二編を寄せた早川に、柳田は民間伝承の研究者として期待をかけ、早川もそれに答えようと身近で柳田の教えを受ける。そのため当初の目的はあきらめなければならなくなるが、妻子を養うために、画業まで捨てるわけにはいかなかったので、柳田と相談の上、絵の頒布会を企画したりしている。早川が描いた見本の絵の予約を募るもので、発起人には、金田一京助、中山太郎、折口信夫、宮本勢助、岡村千秋らが名を連ねている。

大正六年三月で『郷土研究』を休刊にしたあと、柳田は爐辺叢書を企画する。郷土にいて郷土の研究をする人に、伝承をさらに発掘して記録してもらうのが目的で、五二冊が刊行された。早川は大正一〇年の『三州横山話』を初めに、『能美郡民謡集』『羽後飛鳥圖誌』『猪・鹿・狸』の四冊を執筆した。

『能美郡民謡集』は石川県、『羽後飛鳥圖誌』は山形県になるが、『三州横山話』と『猪・鹿・狸』は、それより前、大正九年二月に刊行した柳田と共著の『おとら狐の話』とともに、故郷に伝わる話や生活をつづったものである。この執筆のとき早川は幾度か故郷に帰り、あらためて話を聞いたりしたようである。

自分の生まれ故郷の伝承を発表するには、細心の注意と勇気を必要とする。かならず負の部分があって、それが公になるのをよしとしない人がいるからで、大げさに騒ぎ立てるわけではないが、それとなく耳にはいってくる非難が心理的な圧迫感となって、しだいに故郷には帰り難くなる。早川にもそれを推測させるものがないわけではないが、昭和六年一二月までに執筆した一〇〇余編の論考は、故郷の伝承を中心にしたものが多い。

二

早川孝太郎の名を不朽のものにしている『花祭』は、早川の故郷の祭りとして紹介されることが多い。しかし早川の生地である南設楽郡にはない。早川が初めて花祭に接するのは一三歳のときである。隣接する北設楽郡の花祭を近くの村で呼んだとき、早川の家では榊鬼の反閇を頼み、早川は父と一緒にその足で背を踏んでもらった。それは印象の強いものだったらしく、早川はそのときの反閇の様子をのちにしばしば絵にしている。

早川が花祭を実際に見るのは、大正一五年一月、折口と新野（長野県阿南町）の雪祭りに行って花祭のあることを知り、二人は急遽、新野峠を越えて豊根村（北設楽郡）に下った。そこで喧噪に満ちた花祭りの一夜を明かして新野にもどり、再び雪祭りの庭に夜通し立ちつくした。以後、『花祭』を書き上げるまでに花祭に行き逢った回数は一六回になると後記に記している。

昭和五年四月に岡書院より刊行された『花祭』について、当時、二、三の紹介記事はあるが、書評らしきものは見あたらない。何より花祭について精通していないと書けないということもあるが、柳田國男の序と折口信夫の跋が、書評の書き手をしりごみさせたのかもしれない。そうした中で一人厳しい指摘と注文をつけているのは澁澤敬三である。

『花祭』は初め爐辺叢書の一冊として予定されていた。それが上下二冊の大著となるのは、折口と初めて花祭を見て帰った直後、柳田から紹介された澁澤の調査費用の申し出と、できるだけ緻密なものにするように、という要請によるものだった。澁澤はいうだけではなく、自からも「花狂い」の一人となって、昭和三年から同一〇年まで、足繁く花祭に通っている。

澁澤は、「自分に物足らぬ感じが今なおしているのは、この行事に対する社会経済史的裏付けのなかったことである」という。花祭を単に芸能史の研究だけに留めるのではなく、これを必要としてきた人々の生活文化として、総合的に捉え研究する必要性を指摘したもので、澁澤はさらに、「しかしこの問題を、直接早川君に求めるのは求める方に無理がある。これは他日に何らかの手段で研究されるべき問題だと信じている」とつづけている。昭和八年の「アチックの成長」（『澁澤敬三著作集』第一巻）に掲載されたもので、この指摘と注文は、おそらく早川には、『花祭』が出る前にすでに伝えられていただろう。早川の残した資料に、『花祭』刊行の前後から、澁澤の注文に対する調査を始めていることが窺えるからである。澁澤も、「経済史的な見方に着目して、続々と資料を見つけてきた早川に一驚を喫した」と記している。

早川が特に強く関心を持ったのは、初め「入会村」といい、のちに「入混り村」というようになる村落形態についてであった。一見まとまった村（集落）の形をしているが、実は村（集落）ではないという藩制時代の形態で、たとえば十軒の家が並んでいても、それぞれの家の氏神、つきあい、労役などすべて親郷にあって、十軒がまとまって何かをするということはなかった。

早川が調査に歩いていたころ、花祭は二三ヵ所にあった。そのすべてに入混り村があったわけではないが、顕著だった一ヵ所の村について早川は、家を一軒ずつ調べて親郷の色分け図を描いている。画家を目指した早川にとって、地図の模写はそれほど難しいものではなかったはずである。寛政三年（一七九一）の月村など、入混り村に関係する村地図七、八枚を模写している。また江戸時代初期のものらしい、表題に『板垣一統記』とある古記録から金銭部分を抜書している。これなどは花祭を伝える村の、経済史の裏付けを探るつもりだったのかもしれない。

新たな気持ちで花祭についての調査を始める一方で、早川は研究法についても考えをめぐらしている。

この巻の「一　研究法と調査」に収めた、「民間伝承の採集」「資料採集の潮時」「民俗採訪余事」「民俗採集法」「外貌と内容」「樹木と色」「鳥追い行事のもつ特異性」「伝承保有者の一面」などの研究法についての論考は、『花祭』のあと、昭和五年八月から同八年八月にかけて執筆したものである。これは単なる偶然ではなく、澁澤の指摘に立った思考であり、『花祭』への自己反省をこめた、早川自身の研究法の整理でもあった。年代順には昭和五年八月の「伝承保有者の一面」が最初で、一年後に柳田らとともに『郷土科学講座』に執筆した「民間伝承の採集」、さらに一年後に他の論考をつづけざまに発表している。その中には、他の人があまり言及しないことや、現在に通ずる研究上の重要な視点を、先見の明を持って鋭く指摘している。

> 特種の慣習や行事等を記録する場合は、漫然とこうした事実ああした例をいうに止めず、説明の一方に、それに付帯する事実の見聞とか傍証をも挙げてゆくことであります。平面的から立体的の存在に向かって観察を進めねばなりません。これを期する上には、写真とか絵画、レコード等の要求も起こります。ことに形態を具えたものでは、スケッチまたは写真は必要で、百千語を連ねた文章より一枚の写真がかえって雄弁に事実の存在を物語るのであります。器具などは名称とその限界、使用法、材料、表作者または表作地等のみ

でなく、そのものに対する観念とか技法、部分的の名称等の穿鑿も必要で、数百年も前に忘却せられていたはずの名彙が、思いもかけぬ器具の端などに遺っていた例は、しばしば遭遇するのであります。

「民間伝承の採集」の一節である（傍線は筆者）。

柳田は『日本民俗圖録』の序で写真の必要性を説いているが、圖録の刊行は昭和三〇年なので、早川とは四半世紀の時間差がある。その間の写真機の改良と普及は著しい。自らたくさんの写真を撮った宮本常一にも、民俗写真についての考え方があったが、文章にはしていない。そうすると、民俗学者で写真の必要性を記しているのは、あるいはこの二人だけかもしれない。

早川が記している器具は、現在の民具を指している。そのものに対する観念、というのは、宮本が提唱する民具学の「民具を研究するのではなく、民具で研究する」という姿勢にもつながっている。たとえば民具の調査記録に付される寸法である。民具の大きさを推し量るということからも、研究に不可欠のものであるが、その民具がどんな気候、地形、地質のところで、誰が何年くらい使った結果の寸法なのか、ということを併せて記したなら、民具の性格と地域による工夫と民具にこめた知恵がより明確になるはずである。そうしたことが早川のいう〝ものに対する観念〟であり、宮本の「民具で研究する」姿勢のひとつである。

出会った人から話を引き出すことと、民具蒐集の名手といわれながら、早川の民具についての論考は極めて少ない。そのことに関連があると思われるのは、民具を通じて交友の始まった礒貝勇に、「とにかく集められるだけ集めておく。そうすれば、あとで、誰かが体系づけてくれるだろう」（『早川孝太郎全集』月報1）と語っていることである。といって何も考えずにただ集めていたわけではない。昭和八年六月六日消印の礒貝宛の手紙に、つぎのような一節がある。

民俗学又は方言の調査は近年殊に旺んでありますが民俗生活に最も縁の深い「物」に対する関心は全く払

はれて居りません。事実に対する調査は閉却されて各地の又聞きや文献の上の比較ばかりでどんなものが使はれてそれを何と呼んで居るかも判らぬ状態では心細い限りと思ひます。一はし理屈を言う人達も（名彙の上で）実際はどんなものなのか知らずに居る状態です。それもこの問題をしんけんにやらねばならぬと思ふのならば格別一部の虫の名や植物の名を比較すればそれで事足りると考へる風が一帯に承認されてゐる事は少し情けないと思ひます。市井蒙昧の民の使用するものはどうだって構わぬといふやうな事大的思想が学者にこびりついて離れぬのではないかと思ひます。

民具の研究、蒐集が始まったばかりで、そうしたものへの人々の関心と認識がまだ薄かったこともあったはずで、こうした怒りが、早川を民具の蒐集に集中させたといえないこともない。澁澤が目安に過ぎないといった、『民具蒐集調査項目』（アチックミューゼアムノート・昭和一一年六月）の相談会の様子を記した「ひとつの回顧」の、外部から声援と支援を受けたという一節に見る、励言とか感激を喚起とかいう文字に、三年前とは明らかに異なる早川の心情が示されている。

少ないながら早川の民具についての論考は、いずれも又聞きではなく、実際に見たものを、まわりの情景を含めて書いているので、いまとなってはまたと得られない、貴重な報告にもなっている。

「農家と生活に」の〈ツラフキ〉の項に記された岩手県のモッペの、布のあるなしの比較は、うっかり見逃してしまいそうなことである。新潟県で見た、一家族が代わるがわる洗面して顔を拭く麻布のユテなどは、家族みんなでまわし使っていることでは、秋田県の私の生家でも同じだった。ただし木綿の手拭いで、使ったあと毎日洗っていた。

〈シハン〉の項では、女が顔を包んでいる布をフルシキともシハンともいい、後者の呼称は葬式の折りに、白紙や白布で三角を作って額に着けるのと同じだと書いている。その姿を見た岩手県の方言で、一般には額烏帽子といわれる。中世の絵巻物に、日常生活に黒の額烏帽子を着けた人物が描かれていて、元は葬式にかぎったものではなかったらしい。それが葬式用になるのは、江戸時代の浮世絵師が、幽霊を現わすものとして使うようになってからといわれる。早川のいう、思いもかけぬ器具の端などに遺っていた例とは少し違うが、その呼称が日常生活と葬式のどちらが先だったのか、という点において興味深いものがある。

〈写真機〉の項に記された、目上の者に会ったときに履物を脱ぐ感覚などは、いまの人には、そうした感覚があったことさえ疑問とするかもしれない。生活の事実が語られ、伝えられてこなかったために起こるもので、他にも似たような感覚はまだあったはずだが、それが早川の論考にしか見出すことができないとしたら、これもまた不幸なことである。

「辺土に見る陶器」は、焼物を撫でまわしているときが一番の安らぎだったという早川の、焼物（陶器）への愛着が感じられる。徳利を入手した静岡県の水窪の町は、当時は鉄道もない陸の孤島のようなところだった。水窪川の支流である翁川沿いの街道を、静岡県では信州街道、青崩峠を境にした向こう側の長野県では秋葉街道と呼んだ。火伏せの秋葉山へ通じる街道だったからで、その中ほどにある西浦は、中世芸能の面影を残す田楽を伝えている。早川がいう「五年ほど前」を逆算すると大正一五年ごろで、あるいはその西浦を訪ねたあと、青崩峠を越えたのかもしれない。徳利を見つけた辰之戸は西浦から八キロほど北にあって、五、六戸の家は、昭和四〇年代の初めに、生活の不便さからみな町へ下った。早川は「ひどい山村」と書いているが、その集落から青崩峠までの山道も、さらに先の飯田までの山道もひどい悪路だったはずで、徳利をおき去りにしなければならなかった気持ちは想像できないわけでもない。それでもなお頑張って持ち帰れなかった悔しさは、早川にとってひとしをだったようである。

「伊豆内浦の若者制度」は、同じ静岡県の海側になる。澁澤が病気の静養先で始めた、「豆州内浦漁民史料」の整理の手伝いに行ったとき、聞き取ったものだろう。明治三〇年ごろの回顧で、シタバンと呼ばれた新加入の若者は、息つく間もないほどに動かなければならず、軍隊生活の新兵よりなおひどいこともあった。そのために早くヒラになりたいと思った。ヒラは、三年目経ってどうにか一人前の資格を認められる、ヒラノワカイモン（平若者）の略だという。

伊豆の三津で静養していた澁澤は、漁民史料の発見もあって、漁業史の必要性を痛感する。アチックミューゼアムに漁業史研究室を新設して研究者の人選もするが、そこに早川の名は見あたらない。あるいは早川自身が山人と里人の研究を強く望んだためかもしれないが、早川に漁村、漁業の論考はまったくない。

「信濃園原にて」の園原は、万葉集の防人の歌で知られる神坂峠の手前にあって、現在は阿智村にはいっている。そのとき早川は夢にだに思わなかったであろうが、十年ほどあとに早川は、阿智村に隣接する下条村に新妻と戦後まで住むことになる。東京の戦火を遠い伊那谷の山里で聞くのだが、早川のそこでの生活も、いつも穏やかだったわけではない。

三

再び「民間伝承の採集」の一節になる。

伝承者への将来の期待は、男女の性的区別等を撤して、いずれかといえば女性に多くの望みをかけております。（中略）男性と異なって成心を持たなかったこと、生活の視野が狭く限られていたために、記憶にも比較的混乱がなく、性格的にも保守的で、見たまま聞いたままを忠実に保持していた点に尊重すべきものがありました。（中略）神隠しのような特殊な現象に対しても、特有の敏感から驚怖懐疑の観念も強く、男性が数十年あるいは数百年前に忘れたようなさまざまな世界を見ていたのであります。私の手許に蒐めた神隠しの類例がざっと三五、六種ありますが、偶然かもしれませんが、その中の約八割は、直接女性の口から得たものであります。

柳田の民俗学は、中流階級の民俗学だといわれる。それは常民の中の知識階層の民俗ということもできるが、むしろ知識階層の見た民俗という方が、的を得ているかもしれない。その目は確かに女性の生活にも向けられてきたが、どれほど頭を低くして生活の事実を見つめたか、ということになると疑わしい。早川が女性にかける望みの理由などは、たとえ一時でも、鍬鎌を握って田畑に立った経験のある者でなければ出てこないだろう。

［二　家と民具］の家の論考には、家における女性の役割なども記している。「いろりの座席」は囲炉裏の座の作法からその発生に迫ろうとしたもので、囲炉裏のある間をダイドコ、デイドコと呼ぶことなどから、本来は食事調達の場とひとつづきにあったとする。そこは女性の居場所であったわけで、そこに集う家族の長老のために用意されたのが、囲炉裏の一般にヨコザと呼ばれる座で、老いてもなお家族の一員として遇する古い作法が下積みになっているとする。

そうしたダイトコに仕切りが入れられて食事調達の場と囲炉裏の間がわけられ、一方は台所、囲炉裏のある間は常居と呼ばれ、ヨコザは家長の座となる。それでも囲炉裏の主婦の座は、台所に近い側というのがどこでも決まりだった。台所の位置によって主婦の座は、ヨコザの左にも右にもなったが、どちらにしても主婦の座の対面が客座であった。ヨコザの家長の向かいはキジリなどと呼び、くべた大きな榾木の端がはみ出したりしていた。そこは家によって使用人か下人の座になっていた。

戦後の生活の変化で家長は単に親父になり、囲炉裏が火燵に代わっても、なおしばらく座の作法に変わりはなかった。ところが早川が世を去ったあとのテレビの普及とともに、その作法は崩れてしまう。ヨコザの位置にテレビが据えられ、誰もがテレビがよく見えるキジリに座りたがるようになる。結果として親父の座はなくなってしまう。また囲炉裏はないものの、現在のダイニングキッチンが、茅葺屋根時代のダイドコと形態に似通ったところがあるなど、前者をいちがいに、主婦のための新しい台所などとはいえないような気がする。

早川の論考には、男たちの身勝手さに耐えながら、しっかり家庭を守ってきた女性の姿がしばしば描かれている。意図して並べたわけではないだろうが、「れんじゃく、その他――農村生活図説――」と「器物の名称について」に挿入された絵図、写真の人物が、少年と男一人のほかは女性であるのも、たまたまそうなったのではなく、家まわりで荷を運ぶ多くが女性だったことから、おのずとそうなったまでのことである。男たちがまったく運ばなかったわけではないが、女性は男たちに劣らぬ、かなり重い荷を頭上に頂いたり、背負ったりして運んだ。そうした姿は、早川が旅をしていたころにはあちこちにあって見ているはずだが、それについては、漁村、漁業についての論考とともに早川にはない。穿った見方をするならば、男まさりの姿よりも、早川はやはり男たちの身勝手の中に身をおく女性に目があったといえるようである。

つぎは「女性生活史の一部面――タヤのこと――」の書き出しの一節である。

女性が月の穢れをすすぐために、川のほとりに出たなどというと、今日の都会人などは、あるいは妙な感じさえ持たれるかもしれぬが、私などの聞いているところでは、以前はことごとくそれを行なっていた。天然の流れに臨んでの湯浴みのふうは、村ではまだまったく廃れてはいなかった。いまの人たちなら、不始末もあるいはしないであろうが、東三河などの以前の生活では、家族共同に住む家の中などでそうしたことの処置はゆるされない、厳しい禁忌が守られていたのである。

こうした姿から、女性が月に一度はいらなければならなかったタヤ、いわゆる別火屋について筆を進め、早川は結びで女性とともにその家族にも同情を寄せている。

このタヤの論考は、昭和一一年六月号の『旅と伝説』に掲載された。逆算すると執筆は三月初めごろになろうか。留学していた九州帝大から東京に戻った、苦しい愛を胸に秘めていたころである。その愛とタヤの執筆を関連づけるのは性急のそしりを免れられないが、苦しいときに女性の生活史を執筆している例は早川にもう一遍ある。略奪婚についても書いている［一　研究法と調査］の「鹿児島の民俗」である。掲載誌は昭和二五年一月発行の『鹿児島民俗』一号だが、資料をあさって筆を起こしているのは昭和一九年八月、その少し前の七月三〇日に、早川はもうすぐ二歳になる最愛の娘を、急病のために住んでいた下条村で亡くしている。

四

早川が九州帝国大学農学部農業経済室に留学するのは、昭和八年一一月のことである。それから二年半近く妻子と離れて福岡で生活する。「花祭の奥に、また基底にある宗教学的または社会経済学的、さらには、農村地理学的についての解明に不十分な点も感じられたので」と澁澤は「早川さんを偲ぶ」（『花祭』抄録序文）に書いている。留学は澁澤の援助なしではできないことで、「アチックの成長」にある、「他日に何らかの手段で」というのを実行に移したものである。早川にとってこの留学は、民俗学においても人生においても大きな転換となる。それまでにもなかったわけではないが、論考も故郷中心から、全国を視野に入れたものになる。

早川は留学前から九州へ足を運んでいる。［三　採訪と聞書］の「豊後路にて――由布から湯の原へ――」や「南薩摩の旅」「鹿児島県坊の津付近」にその様子を窺うことができる。九州に腰を据えてからは、同じ福岡に住む櫻田勝徳とともに、あるいはひとりで時間をつくっては九州を歩きまわっている。「五家荘聞書」はそのまとめのひとつである。

早川が大学の生活にも慣れた昭和九年五月、アチック同人二〇数名が、借り切った船にのりこんで薩南十島をめぐった。澁澤の発案である。同月一七日付の大島新聞に、「澁澤子爵一行　中央学会の大斗を網羅し　今朝名瀬上陸」と大見出しで報じている。早川は同じ年の一〇月、特に印象の強かった黒島にひとりで再び渡り、詳しい民俗調査を行なった。それをまとめて昭和一六年に刊行したのが『古代村落の研究——黒島——』(第四巻収載)で、学会でも高い評価を受けた。

昭和一〇年九月から一〇月にかけて、四六歳の早川は、九州にいる間ではもっとも大きな、そしてただ一度だけになる沖縄の旅をしている。手帳に克明に書かれた日記には、沖縄の人に対する感情的な記載もあるが、また早川らしい観察もある。

石垣島への船が途中の宮古島に碇泊すると、船荷を扱う荷船が何隻も競うようにやってきた。まるで喧嘩のようで、中には裸体で海中に飛び込む勇敢な者もいる。顔の表情不敵、糸満が船をあやつり、五人、六人が櫂を操って来る。そして「婆さんも櫂を握っている細雨の中に」と結んでいる。

石垣島に上陸すると、荷を宿においてそのまま石垣測候所の岩崎卓爾を訪れた。やせて目の丸い大きな人で、部屋の窓に、やもりが二つはっていた。いろいろな本がある。石黒氏、澁澤氏、江崎氏などの伝言を伝え、全集出版のことも話して、大事な用件のひとつを終える。そこに八重山諸島の歌謡や民俗を調べている喜捨場永珣がやってきて、互いに初対面の挨拶を交わし、三人でしばらく話をした。一一時に岩崎家を辞すと警察により、島で写真を撮る許可をもらった。

午後からは喜舎場氏の案内で島のあちこちを見てまわり、その日から石垣島には一〇月六日まで滞在する。その間に黒島や新城島にも渡った。「新城島聞見記」はそのときの印象記で、石垣島にもどるとすぐに書き上げたようである。もうひとつの「石垣島聞書」は、宮良村（現石垣市）の豊年祭に現われるアカマタ・クロマタについて聞いたまとめで、こちらから行った者、いわゆる大和人《やまとんちゅう》では早い時期の聞き取りになるだろう。あるいは、この祭りを行なう村人に、その内容を直に聞くということは、同じ島の当時の石垣町の人にもなかったかもしれない。他言は許されていないからである。

アカマタ・クロマタは、西表島、小浜島、新城島、そして宮良に伝わっている。体全体に草木をまとった神の姿は、見ようと思えば見られないことはないが、大事な神事の部分だけは、それに関わる者以外に見ることが許されない。そのためひところは秘密結社などといわれた。全国に数ある中で、いまなお写真撮影も神歌の録音も許されない、それ故にかえって貴重な祭りである。

このときの一ヵ月近い沖縄の旅のまとめは、断片的なもの以外にはない。早川はまとめるつもりで、資料を分類して袋に入れてある。しかし執筆の時間が取れないままに終わった。早川がもし筆を執っていたなら、おそらく柳田や折口とは違った、当時の沖縄の実情をありのままに記すことも忘れなかったに違いない。

昭和一一年五月、九州帝大から東京にもどった早川は、財団法人・農村更生協会の一員となる。身分は、昭和一三年七月に報告書としての『大蔵永常』が出るまでは嘱託、以後は主事となる。ちなみにこの報告書としての『大蔵永常』は早川にとって満足のいくものではなく、手を加えた『大蔵永常』を四年後に山岡書店から出版する。それが第六巻に収載した『大蔵永常』である。

農村更生協会の会長は農本主義者とも農政の神様などともいわれた石黒忠篤である。石黒は澁澤とは親戚関係にあって、民俗学研究者としての早川のよき理解者でもあったから、早川は終生、公私ともに石黒と強いつながりを持ちつづける。協会の一員となった当座、早川は『大蔵永常』の調査、執筆と併せて、協会の仕事もこなした。編輯をしたものに、昭和一二年三月発行の『山村研究と国有林』、一三年二月発行の『山村生活と指導』、一四年発行の『公有林と山村生活』の三冊がある。いずれも協会が主催した、第一回から三回までの、山村更生研究会の研究発表と質疑応答をまとめたものである。出席者の顔ぶれはその都度異なるが、大きくは営林署、関係官庁、地域の山林研究員、それに農村更生協会の理事、主事などである。研究発表の内容や質疑応答は、固い表題とは裏腹に、農山村の実生活に密着したものが多く、当時の農山村の生活の一端を知ることができる。ただこれらは早川の著作ではないので、全集にはいることはない。そこで早川の仕事と人柄を広く知る上で、ここに少し記しておきたい。

第一回の研究会は、昭和一一年一〇月に山形県の瀬見温泉で開催された。そのときは、前日にやってきた人が無為な時間を過ごさないためと、顔つなぎをかねて前日座談会も持っている。出席者は三五名、司会の早川はまず夜衾について説明し、その使用状況をたずねている。おそらく「夜衾のこと」が頭にあったのだろう。ところがそれに対する反響はなく、わずかに秋田県東成瀬村の一人が、かつてはあったと述べただけだった。仕方なく早川は居常慣行に話を移すと、青森県の十三潟の藻で作る布団の話が出る。この布団は保温より囲炉裏の火が跳ねた場合、夜具の損傷や火傷を防ぐためのものだという。夜の寝る場所が薪を十分くべた囲炉裏のまわりで、敷布団などなく、床に藁を敷いて休むときに使うもので、秋田県の八郎潟の藻を使ったものをモクブトンといい、いまも県北の米代川流域の町では売っているという話も紹介される。

エヅメや床のない家の話のあと、ナカニオブウについて意見が交わされた。裸の子どもを母親の肌合わせに負い、その上から着物を着けるもので、乳は背中から懐の方にまわして飲ませる。当時はそうした負い方がわりに広くあったらしく、ナカニオブウは寒気の強い早朝に多いということでみんなの意見が一致したが、そうして負うことがよいものかどうか、処女会で問題になっているという報告もあった。子どもの体温を奪ってしまうのではないか、それが子どもに有害ではないか、という心配である。

編輯は速記録を一冊にまとめるもので、早川の仕事は文章の多少の整理と、小見出しをつける程度のものだったと思われる。発言の中から引き出して小見出しにしているのだが、その小見出しにつられて本文に目を通したくなるものもある。たとえば岩手県の大沢温泉で開催された第二回の『山村生活と指導』には、「行き詰れる農山村の経済更生」「理事者の不信行為」「組合長になると必ず役得」「金のあるうちは居食いをして」「組合と商人を天秤」「融通の利かぬことをお役所式」などといった小見出しがつづいている。

「主人に内密で濁酒の密造」小見出しは、岩手県の盛岡営林署の森林主事の発表で、質疑応答がある。

早川　それでは、造ったものは女達だけで飲んでいたのですが。

物井　女だけで飲んでおりました。できるだけ酒は節約したいという方針で、皆申合わせが済んでいるのでありますが、そのため従来酒を飲む人は少なからず苦痛を感じた者があった。それに対して中老の婦人は自ら酒が飲めないのは困るという具合で、不満に思っていたところへたまたまある麹商人に誘惑されて密造したので、常に飲んでいたと云うのではないのであります。

戦時体制の緊迫感がまだそれほどでもなかった昭和一二年のことで、これが一、二年あとだったら、こうした発言が出たかどうだか、時間はまだゆったりと流れていた。

五

農村更生協会は、恐慌と冷害で疲弊した農村の更生を目指して昭和九年に設立された。多義にわたる活動内容には、いまも耳にする満洲開拓移民、満蒙開拓少年義勇軍の支援業務も含まれていた。後者は昭和一二年一二月二三日に建白書が閣議決定をみて動き出すのだが、その日、協会の主事、職員は全員足止めされていて、閣議決定がありしだい、手分けして全国各地の小学校に説明にまわることになっていた。学校が冬休みになる直前だったからで、早川は鹿児島県に派遣されている。満洲開拓移民の早川の担当は長野県の下伊那地方で、移民を募る業務を積極的に行なっている。

農村更生協会の主事としてさらに早川に求められたのは、大きくは農業生産力の向上と、やがて困窮するであろう食糧の確保を前提にした、米以外の稗、粟などの作物の栽培を民俗学を切り口に、主に協会の機関紙『村』を通じて農民に知らしめることだった。協会の旅の多くはそのための調査であったが、それは早川自身の研究とも無関係ではなく、むしろ民俗調査がやりやすくなった一面もあった。

「福島県南会津郡檜枝岐村採訪記」は昭和一四年七月、早川がまえがきに書いているように、山村経済講習会に出席した機会の見聞で、日数がなく十分な調査はできなかったといいながら、かなりのページをきっちり埋めている。これには土地に一台しかない自動車を用意してくれたりという、多少であれ、とにかくまわりが準備をしてくれる位置に早川が立つようになったことだった。

この採訪記の村勢を見て、まず、米ナシ、麦二反に驚き、ページをめくった食糧のところでもう一度、米への執着に驚いてしまう。米飯に混ぜる粟、主食代わりの蕎麦、あるいは稗などは山の焼畑で作った。そのために夏期は居住を畑小屋に移して生活した。小屋といっても一家で毎年使うので、冬期に過ごす家とそれほど違いはない。この夏期と冬期で居住の場所を移すのは、長野県清内路村にもあった。養蚕のための移住で、そこでは夏期の居住地に移るのを「山へ行く」といった。その時期はどちらも氏神の春祭りをすませてから、という決まりだった。民俗学では春祭りに田の神が山から下りてくるというのが常識になっているが、檜枝岐と清内路ではそれが逆に人が山に上るのである。

農村更生協会主事として日々を過ごした昭和一〇年代は、早川の人生でもっとも充実していた。朝鮮や中国にも足を運んでいる。切迫しつつあった、国内の食糧事情に対応するための調査が目的だったが、早川の研究の視野を大きく広げた。

原稿の執筆も数多い。そのほとんどはすでにこれまでの巻に収載されているので、断片的になるが、筐底の遺稿と日記から一、二拾ってみることにする。昭和一七年に満州に行ったとき、早川は北京大学で講義をしている。三月五、六、七日の三日間で、そのときの講義に使った「日本民俗学の現状」と題する草稿がある。その中で『遠野物語』を取り上げてつぎのように述べている。

遠野物語は、民間に伝承された珍しい事実や物語の紹介であって、何故にそれが存在したかの理由などについては、格別に触れる処がなかった。その理由などについては、一、二想像される事実もあったが、先ず事実を記録して後世に伝え、かつ湮滅を防ぎこれが解釈はつぎに譲るというのが、柳田氏のこの学に対する態度であった。この事実は全面的に正しいとはいへぬが、ひとつの謙虚なる方法ではあった。日本の民俗学はその意思を大体に継承して発展しつつあった。すなわち当面の湮滅を救うことに関心がおかれた。

遠野物語の内容は、必ずしも未知の珍説のみではない。歴史的な過去の記録にも発見されると同時に、注意すると、他地方にも伝承されていることが漸次明瞭にされた。したがって、数百年前に記録されていた事実が、一辺陬地域の農民間に、比較的まとまった形で保存されると同時に、それらは他地方にも見る現象であることが具体的に明らかにされたのである。

ことに記録にあるものは、その時期を境に固定したのであるが、一方、民間に伝承されたものは、成長がある。これは他との比較で明らかにされた。この成長の糧となるものは、これを継承する人の思考である。

この思考が基礎であることを知るにおよんで、この研究に大きな刺激と示唆を与えた。そして異なった成長段階にあるものは、それぞれの思考形式の表れであることも想像される。

昭和二〇年四月一五日、早川は農商省より「急遽上京せよ」という電報を受け取る。用件はわからないものの、石黒の配慮だろうと上京してみると、四月一三日の空襲で、飯田橋の石黒邸も池袋の早川の家もすっかり丸焼けになっていた。池袋の焼跡には先妻の長男もきていて、早川は「神慮なるべし」と日記に書いている。

敗戦近く、敵機が日本の空に頻繁にやってくるようになると、汽車の運行も正常ではなくなった上に、一般の人は切符を手に入れることも難しくなる。その点、早川には駅でも特別に配慮したようで、八月二日の日記に、「駅に電話をかけ切符の打合せをする。後大月以遠不通ときく、しかし出かける事とする」と記している。翌三日の午前三時一五分に與瀬に着くと、そこから小佛峠を歩いて浅川に下り、そこである工廠のトラックに紛れこんで日野まで行き、ようやく東京にはいった。その夜は青山の石黒邸に泊まり、翌四日は農村更生協会の同僚と一緒に農商省に出向き、各課長にヤキハタの要点を話している。それがそのときの何がなんでも東京に行かなければならない用事だったらしい。

その帰途、八月五日の新宿発一〇時一〇分の汽車に乗った早川は、浅川（現高尾駅）・與瀬（現相湖駅）間で機銃掃射を受け、左上腕肩のつけ根をやられる。幸いだったのは、同じ集落に千葉医大の先生が疎開していたことで、傷はその先生の手当で化膿することなく一ヵ月ほとで治る。

敗戦の日、八月一五日の日記の最後に、「陛下国民に愬へ給うなり」と書いている。ところがインクの色が違うので、おそらくあとで書き足したものだろう。じわじわといいようのない複雑な気持ちがわいてきて、早川は改めてペンを執ったものと思われる。何か異常なことがあると、よく「万事休す」と書くが、翌一六日の日記には、「陛下側近の和平論が勝ちたるべし、万事休す。仕事も手につかぬなり智恵も忠比古（長男）も気の毒な事が起こるかもしれぬなり。アメリカの兵たいの姿思うもけがらわし」と書いている。

戦後の早川は、茨城県内原町にある鯉淵学園に席をおいて依頼原稿や一、二の仕事をする。忘れていたわけではないが、花祭とは縁遠くなっていた。再び花祭のために働くのは、昭和二八年から翌年にかけて、愛知県北設楽郡町村会の企画で花祭の映画を作ることになったときである。「花祭映画筋書―解説」の執筆だけではなく、不足する資金集めにも奔走している。完成した『奥三河の花祭』は、昭和二九年度の観光映画コンクールの優秀賞に選ばれ、早川への感謝の手紙も数多く届いている。昭和三一年一二月に世を去る早川にとって、花祭との最後の関わりになった。少しく残念なのは、九州帝大に留学するときの目的だった、花祭の総合的研究は、結局ならなかったことである。

編者あとがき

○「民間伝承の採集」は、『郷土科学講座』第一冊（昭和六年九月、四海書房）に収録された。
○「民俗研究の一つのゆき方」は、『九州民俗』二（昭和一八年四月、九州民俗の会）に掲載された。
○「資料採集の潮時」は、『民俗学』五巻六号（昭和八年六月、民俗学会）に掲載された。
○「民俗採訪余事」は、『ドルメン』創刊号、二号（昭和七年四月、五月、岡書院）に掲載された。
○「民俗採集法」は、『ドルメン』五号（昭和七年八月、岡書院）に掲載された。
○「外貌と内容」は、『ドルメン』六号（昭和七年九月、岡書院）に掲載された。
○「樹木と色」は、『ドルメン』八号（昭和七年一一月、岡書院）に掲載された。
○「鳥追い行事のもつ特異性」は、『ドルメン』二巻四号（昭和八年八月）に掲載された。
○「伝承保有者の一面」は、『民俗学』五巻六号（昭和五年八月、民俗学会）に掲載された。
○「伝承者のこと」は、『民族』三巻三号（昭和三年三月、民族発行所）に掲載された。
○「民俗学と常民」は、『民間伝承』一七巻五号（昭和二八年五月、六人社）に掲載された。
○「事実の普遍性」は、『民間伝承』四巻三号（昭和一三年一二月、民間伝承の会）に掲載された。
○「東北民俗の調査研究」は、『東北民俗学会たより』創刊号（昭和二三年一〇月）に掲載された。
○「鹿児島県の民俗」は、『鹿児島民俗』一号（昭和二五年一月、鹿児島民俗学会）に掲載された。

○「オージという地名」は、『設楽』第六巻（昭和七年九月、設楽民俗研究会）に掲載された。
○「おかたという家のこと」は、『郷土』一巻一号（昭和五年一〇月、郷土発行所）に掲載された。
○「家名のこと」は、『民俗学』三巻一二号（昭和六年一二月、民俗学会）に掲載された。
○「あみだ屋敷」は、『民俗学』一巻六号（昭和四年一二月、民俗学会）に掲載された。
○「再び屋敷名のこと」は、『民俗学』二巻二号（昭和五年二月、民俗学会）に掲載された。
○「日本の家」は、『新論』一巻一号（昭和三〇年七月、新論社）に掲載された。
○「日本の農家」は、切抜き保存原稿による。掲載誌不明。
○「農家と生活に」は、『旅と伝説』六巻六号（昭和八年六月、三元社）に掲載された。
○「いわゆるオジボーのこと」は、『社会経済史学』二巻二号（昭和七年五月、社会経済史学会）に掲載された。
○「女性生活史の一部面――タヤのこと――」は、『旅と伝説』九巻六号（昭和一一年六月、三元社）に掲載された。
○「女性と家」は、『新論』一巻三号（昭和三〇年九月、新論社）に掲載された。
○「いろりの座席」は、『ドルメン』五巻二、三号（昭和一四年三月、四月、岡書院）に掲載された。
○「炉辺」は、『守操』（昭和六年九月、愛知県北設楽郡田口町青年団）に掲載された。
○「薪のことなど」は、『旅と伝説』九巻二号（昭和一一年二月、三元社）に掲載された。
○「竈屋のことなど」は、『旅と伝説』九巻四号（昭和一一年四月、三元社）に掲載された。
○「日本の鍬」は、『村』九巻三号（昭和一七年六月、農村更生協会）に掲載された。
○「鍬と鎌――鍬鎌は「百姓の表道具」――」は、『農機具タイムス』（昭和二八年八月、近代農業社）に掲載された。
○「れんじゃく、その他――農村生活器具図説――」は、『社会経済史学』二巻一一号（昭和八年二月、社会経済史学会）に掲載された。

○「雪具考」は、『登山講座』五巻（昭和一八年四月、山と渓谷社）に掲載された。
○「かんろく羽織」は、『設楽』第二巻（昭和六年一〇月、設楽民俗研究会）に掲載された。
○「夜衾のこと」は、『旅と伝説』三巻一二号（昭和五年一二月、三元社）に掲載された。
○「もんぺの話」は、『少女倶楽部』に掲載か。掲載年月不明。
○「器物の名称について」は、『方言』三巻二号（昭和八年一一月、春陽堂）に掲載された。
○「マルゼン」は、『民具問答集』第一集（昭和一二年五月、アチックミューゼアム）に掲載された。
○「辺土で見る陶器」は、『茶わん』一巻九号（昭和六年一一月、宝雲舎）に掲載された。
○「嫁子鰤の地位」は、『旅と伝説』七巻二号（昭和九年二月、三元社）に掲載された。
○「ひとつの回顧」は、『アチックマンスリー』九号（昭和一一年三月、アチックミューゼアム）に掲載された。
○「北津軽の民俗」は、『旅と伝説』四巻八号（昭和六年八月、三元社）に掲載された。
○「岩手県二戸郡荒沢村浅沢見聞書」は、著者の草稿による。執筆年月不明。
○「福島県南会津郡檜枝岐村採訪記」は、『民族学研究』五巻五、六号（昭和一五年三月、四月、日本民族学会）に掲載された。
○「採集手帳より　婚姻習俗・出産習俗」は、『民俗学』二巻八号（昭和五年八月、民俗学会）に掲載された。
○「伊豆三宅島視察記」は、『農村更生時報』三巻七号（昭和一一年一〇月、農村更生協会）に掲載された。
○「伊豆内浦雑記」は、『郷土研究』五巻二号（昭和六年五月、郷土研究社）に掲載された。
○「伊豆内浦の若者制度」は、『旅と伝説』五巻七号（昭和七年七月、三元社）に掲載された。
○「信濃園原にて」は、『郷土研究』五巻三号（昭和六年七月、郷土研究社）に掲載された。
○「蔵木村採訪記――島根県鹿足郡――」は、著者の草稿による。昭和二三年四月執筆。

○「豊後路にて——由布から湯の原へ——」は、『旅と伝説』六巻一〇号（昭和八年一〇月、三元社）に掲載された。

○「長崎県北松浦郡生月町採訪記」は、筆者の草稿による。昭和二六年八月執筆。

○「五家荘聞書」は、著者の草稿による。昭和一〇年二月執筆。

○「椎葉村聞書」は、著者の草稿による。昭和一三年六月執筆。

○「南薩摩の旅」は、『旅と伝説』六巻二号（昭和八年二月、三元社）に掲載された。

○「鹿児島坊の津付近」は、『旅と伝説』六巻一号（昭和八年一月、三元社）に掲載された。

○「石垣島聞書」は、著者の草稿による。昭和一〇年一〇月執筆。

○「新城島聞見記」は、著者の草稿による。昭和一〇年九月執筆。

早川孝太郎全集　第十一巻　（第11回配本）

二〇〇〇年　八　月三〇日　第一刷発行

定価（本体七五〇〇円＋税）

著　者　早《はや》川《かわ》孝太《こうた》郎《ろう》

編　集　須《す》藤《とう》功《いさを》

発行者　西　谷　能　英

発行所　株式会社　未　來　社

〒112－0002 東京都文京区小石川三の七の二

電話〇三（三八一四）五五二一～四

振替〇〇一七〇－三－八七三八五

http://www.miraisha.co.jp/

E-mail:info@miraisha.co.jp

印刷・製本＝図書印刷

ISBN 4-624-90111-8 C0339

編集＝宮本常一・宮田登・須藤功

早川孝太郎全集（全12巻・別巻１）

第一巻 民俗芸能 1	15000円
第二巻 民俗芸能 2	8000円
第三巻 芸能と口承文芸	4500円
第四巻 山村の民俗と動物	7000円
第五巻 農村問題と農村文化	（品切中）
第六巻 農村更生	6500円
第七巻 農経営と技術	7000円
第八巻 案山子のことから	8000円
第九巻 島の民俗	5000円
第十巻 食と儀礼伝承	7000円
第十一巻 民俗研究法・採訪録	7500円
第十二巻 雑纂・絵と写真	〔次回配本〕
別巻 日記・書簡その他／索引	

（消費税別価）